专利创造性判断研究
Research on Assessment of Inventive Step of Patent

石必胜　著

知识产权出版社
全国百佳图书出版单位

内容提要

对我国专利行政案件的实证分析表明,创造性判断是专利行政案件最突出的重点和难点,但国内还缺乏系统的理论和实务研究。本书围绕我国专利创造性判断实务中的问题,运用比较研究法、历史分析法、案例分析法和法律经济学分析方法,系统地研究了专利创造性判断。

读者对象:知识产权法官、专利行政执法人员、律师、知识产权教学研究人员等。

责任编辑:汤腊冬　　　　　　　**责任校对:**韩秀天

特约编辑:卞学琪　　　　　　　**责任出版:**卢运霞

图书在版编目(CIP)数据

专利创造性判断研究/石必胜著. —北京:知识产权出版社,2012.1
(2017.5 重印)

(知识产权法官论坛)

ISBN 978 - 7 - 5130 - 0914 - 0

Ⅰ.①专…　Ⅱ.①石…　Ⅲ.①专利权法—研究—中国　Ⅳ.①D923.424

中国版本图书馆 CIP 数据核字(2011)第 230134 号

专利创造性判断研究

石必胜　著

出版发行:知识产权出版社有限责任公司	网　址:http://www.ipph.cn
社　址:北京市海淀区西外太平庄 55 号	邮　编:100081
发行电话:010 - 82000860 转 8101/8102	传　真:010 - 82005070/82000893
责编电话:010 - 82000860 转 8108	责编邮箱:tangladong@cnipr.com
印　刷:北京嘉恒彩色印刷有限责任公司	经　销:新华书店及相关销售网点
开　本:880mm×1230mm　1/32	印　张:13
版　次:2012 年 2 月第 1 版	印　次:2017 年 5 月第 2 次印刷
字　数:330 千字	定　价:35.00 元

ISBN 978-7-5130-0914-0/D · 1357(3814)

序　　一

　　本书是石必胜博士在其博士学位论文基础上修改完善而形成的专著。作为他的博士生指导教师，我对本书的正式出版感到由衷的高兴。

　　创造性是专利实质性条件之一，是专利制度的基石。对专利创造性的系统研究，在国内尚付阙如。本书从理论和实践两个方面对专利创造性进行了卓有成效的系统研究，填补了国内的有关空白，具有重要的学术价值和实践意义。

　　本书的一个突出特点，是其"从实践中来、到实践中去"的实证性研究进路。作为具有丰富审判经验的法官，本书作者结合国内审判工作的实际需求，对近十年来国内所有专利行政案件判决书进行收集、整理和消化，归纳、提炼了存在于国内案例中的大量实务问题，并对此进行系统、深入的分析和探讨，保证了本书的实践意义和价值。例如，本书对创造性判断司法实践中常见的基本概念界定、程序以及证据问题等所作的研判分析，就能对解决我国司法实践中的相关问题提供切实可行的指导。

　　沿着上述研究进路，作者在本书中援引了大量国内外相关判例。通过国内判例，本书鲜活地反映了我国专利授权确权行政审判的现实，保证了本书研究的现实性、针对性。通过美国、欧洲等国外判例，本书及时地追踪了在相关司法实践中的国际经验和教训，使本书研究具备了非同寻常的视野和高度。我于1996～1999年在美国攻读法博士学位时，深切地体会到判例研究对于法律学者、律师、法官以及其他法律人士的重要性，因此非常赞同本书对判例的关注。

结合上述司法实践，本书进行了相当深入的理论研究。例如，本书首次对专利创造性的法律移植现象、创造性判断的客观化问题、专利创造性高度理论和专利创造性判断的基本原则进行了理论探讨和分析，首次提出了创造性判断应当遵守的三项原则，即创造性判断应与专利权救济相互协调的原则、创造性判断的整体评价原则以及创造性判断的综合评价原则，等等。在上述研究的基础上，本书对修改和完善专利法的创造性制度提出了富有启发性的建议。

本书不仅是一部优秀的知识产权法著作，也是一部相当优秀的比较法著作。结合其专利创造性制度研究，本书较为充分地采用了比较法研究方法，不仅进行概念比较，而且针对司法实践进行了大量的功能比较，对法律移植等比较法的重要理论问题也进行了较为深入的探讨。例如，本书结合专利创造性制度在美国、欧洲和日本的发展与国际协调，归纳出专利创造性在制度层面和实践层面的大量法律移植现象，为法律的可移植性讨论提供了新的素材。

本书资料丰富，注释认真、翔实；其理论研究综合运用了比较研究、历史分析、案例分析和法律经济学分析等相关研究方法，对专利创造性这个专业性较强的题目进行了涉及古、今、中、外'，综合、立体但又较为清晰、简洁的论述，体现出作者严谨的学术作风、较强的理论研究能力和扎实的文字功底，充分表明作者对待其博士研究生学业、对待学术研究、对待法律事业的端正态度，也充分表明比较法等相关研究方法可以被切实、有效地应用到部门法的具体研究中，并以此丰富其研究进路和基本理论。

当然，由于专利创造性涉及较为繁杂的理论和实践问题，整理、消化国内外相关判例需要大量的时间投入，而本书的完成时间又较为紧张，因此其不尽完美之处在所难免。在写作本书时，作者既要完成繁重的审判任务，又要照顾刚出生的孩子，殊属不易。我相信，凭借其一贯的勤勉、努力和研究热情，作者会在本书的基础上，继续进行深入、细致的相关研究，取得更多、更好的研究成果。

　　是为序。

　　　　　　　　　　　　　　　　　许传玺
　　　　　　　　　　　　　　　　　北京市社会科学院副院长
　　　　　　　　　　　　　　　　　中国政法大学博士生导师
　　　　　　　　　　　　　　　　　2011 年 12 月于北京

序　二

　　本书找准了专利授权确权行政审判的重点和难点。专利创造性不仅是重要的专利性实质条件，也是专利授权确权行政审判的重点。石必胜博士的实证分析印证了这一点。实证分析表明，争议焦点为专利是否具备创造性的案件占到了一审专利授权确权行政案件的一半，占到了二审专利授权确权行政案件的80％。专利创造性判断之所以成为专利授权确权行政审判的重点，除了创造性是影响专利效力的最重要因素之一外，还因为创造性判断是专利授权确权行政审判的主要难点。在专利性实质条件中，创造性相对于新颖性和实用性的判断主观性更强，当事人更容易产生分歧。创造性判断的主观性强主要有两方面原因，一是创造性判断实质上是定性分析而非定量分析，判断主体的差异很容易导致判断结论的分歧；二是规范层面的专利创造性判断规则还比较粗略，审查员之间、审查员与法官之间以及当事人之间在具体规则的适用上往往会有不同认识，从而产生争议。正如石必胜法官所建议的，要促进专利创造性判断的客观化，不仅应当保证专利授权确权行政案件的集中管辖，促进专利法官的同质化，还要尽量统一专利创造性判断的具体规则。本书对于制定统一、细致的专利创造性判断规则，解决专利授权确权行政审判的难点，非常有帮助。

　　本书占尽天时、地利、人和。1984年专利法规定人民法院可以审理发明专利无效行政案件，2001年专利法把实用新型和外观设计专利的授权和确权行政纠纷都改为司法终局，2002年起人民法院受理的专利授权确权行政案件逐年增加。人民法院在近二十年中积累了审理专利授权确权行政案件的丰富经验，结合司法实践对专利创造性制度进行系统研究的条件已经成熟。2009年7月后，一、二审专利授权确权行政案件由分布在北京市第一中级人民法院和北京市高级人民法院的行政庭和知识产权庭改为集中到知识产权庭。专利授权确权行政案件的集中使知识产权庭的专利授权确权行政审判任务越来越重，对专利授权确权行政审判的重点和难点进行深入研究的需求也更加迫切。本书回应了专利授权确权行政审判工作的迫切需求，此谓顺应天时。石必胜法官作为积累了丰富专利授权确权行政审判经验的北京市高级人民法院知识产权庭的一员，不仅能够通过亲自审理专利授权确权行政案件积累实践经验，还能够通过向经验丰富的法官、审查员和专利代理人学习交流以扩展视野，具有研究专利授权确权行政审判重点和难点的环境优势，此谓地利。石必胜法官曾在北京市海淀区人民法院主审过一千多件商事和知识产权案件，具有丰富的审判经验；石必胜法官获得了中国政法大学的法学博士学位，在《法学研究》等法学核心期刊发表过多篇学术论文，具有较强的学术研究能力；石必胜法官具有工学学士学位并获得了专利代理人资格，具有从事专利审判工作的天然优势。石必胜法官的这些情况表明其与本书主题的结合是顺其自然，此乃人和。

本书有重要的实践价值。首先，本书研究的问题是真实的。石必胜法官收集了2001年以来的全部专利行政判决，逐一进行了分析，比较全面地提炼出专利创造性判断实务中存在的问题，并以此为基础进行研究。提炼司法实践中的真问题并将其呈现给法学理论界和司法实务界，本身就是很有价值的工作。这些工作确保了本书从实践中来、到实践中去的研究方向。其次，本书结合专利创造性判断实务中存在的问题，进行了历史分析和比较研究，进行了规范分析和实证分析，对多数问题提出了有针对性的解决方案，有助于专利代理人、审查员和法官理解和解决这些问题，从而有利于统一认识、减少分歧。再次，本书援引了大量判例，体现出石必胜法官对司法实践的重视和偏好。本书涉及中国判例132件、美国判例126件、欧洲专利局判例70余件。以判例为主要素材的研究方法符合法官的思维特点，也体现了石必胜法官从事法学研究的比较优势。光是这些创造性判断的典型判例，就能够为专利代理人、审查员和法官提供丰富信息。

　　本书也有理论创新。首先，本书对专利创造性制度的研究是系统的。本书题目虽然强调的是专利创造性的判断，但却有一半的内容是研究专利创造性制度的基本理论。本书的理论部分不仅研究了专利创造性制度的历史、法律移植和制度价值，还创造性地研究了专利创造性的高度这个理论性很强的问题，并深入研究了创造性判断中最为困难也最为复杂的客观化问题。其次，本书对专利创造性制度的研究是深入的。它既是专利法研究的专著，也是比较法研究的专著。它不仅分析了专利创造性制度的法律移植问题，还结合具体创造性判断规则的比较研究讨论了如何借鉴国外专利制度和规则。本书还大量运用经济学的分析方法，对专利创造性制度的价值等基本理论问题进行了深入的研究。石必胜法官提出了专利创造性判断的三项基本原则，即与权利救济相互协调原则、整体评价原则和综合评价原则。这些观点不仅有新颖性，也有创造性。再次，本书对我国专利法有关创造性的规定提出了有建设性的修改建议，这些建议有充分的比较研究和实证分析为基础。

　　本书开了一个好头。本书并非解决专利创造性判断所有问题的万能钥匙，有些问题只是提出来了，尚待更深入的研究；有些内容只是介绍国外规定，尚缺乏深入的分析。但瑕不掩瑜，本书确实具有较高的理论和实践价值，能够对相关的理论和实务工作者提供重要帮助。但愿石必胜法官以本书为起点，结合司法实践继续进行深入研究，取得更多有丰富理论和实践价值的成果。

是为序。

陈锦川

北京市高级人民法院知识产权庭庭长

摘　要

对我国专利行政案件的实证分析表明，创造性判断是专利行政案件最突出的重点和难点，但国内还缺乏系统的理论和实务研究。本书围绕我国专利创造性判断实务中的问题，通过与美国和欧洲进行比较，系统地研究了专利创造性判断。本书整体上分为两个部分：第一至四章统称为理论篇，主要讨论了专利创造性判断涉及的基本理论问题；第五至八章统称为实务篇，主要讨论了创造性判断的实务问题。本书的主要研究方法有比较研究法、历史分析法、案例分析法和法律经济学分析方法。

长期以来，创造性只是美国司法判例创设的专利性条件。创造性条件先后经历了"发明"、"创造性天赋"、"创造天赋火花"、"非显而易见"标准，判例法表现出了混乱和不确定。联邦巡回上诉法院的成立和美国《专利法》第 103 条的制定统一了非显而易见性标准，Graham 案和 KSR 案具体发展了该标准。欧洲和国际专利法实体规则的协调促进了创造性制度的统一。比较研究和实证分析都表明，我国的创造性条件并不需要"显著的进步"。比较研究表明，各国的专利创造性在制度和实践层面都出现了大量的法律移植。

美国的情况表明，客观化是创造性判断面临的最大难题，事后眼光和判断者的分散是创造性判断主观性泛滥的根本原因，具体判断规则的约束和判断主体的集中和同质化是促进创造性判断客观化的最有效途径。

经济分析表明，最佳的创造性高度是边际社会成本与边际社会收益相等的点，但创造性难以量化分析，因此经济分析难以提供可操作的工具。经济分析表明，各国的创造性判断实践实际上符合经济理性。美国创造性判断标准时高时低。为了应对社会各界的批评，美国最高法院在 KSR 案中提高了创造性判断标准。创造性判断是定性分析而非定量分析，因此发明和实用新型在创造性高度上的差异在实务中难以区分。

创造性判断应当遵守三项基本原则。创造性判断应当与专利权救济相互协调，这被称为相互协调原则。创造性判断应当针对权利要求限定的技术方案整体进行评价，这被称为整体评价原则。创造性判断中应当将技术方案、技术问题和技术效果综合起来看待，这被称为综合评价原则。

专利创造性判断是个法律问题而非事实问题。在创造性判断的行政程序中，专利复审委员会应当严格遵循体现公平原则的听证原则和请求原则。在司法程序中，人民法院只能对具体行政行为的合法性进行审查，不能超出专利复审委员会的审理范围，也不能直接宣告专利权无效，但应当对专利性进行实体判断。专利授权和专利确权的性质不同，举证责任和证明标准应当有所区别。

公知常识包括本领域技术人员的技术常识和日常生活经验，技术常识又分为公知的技术常识和普遍使用的技术常识。记载现有技术的文献被称为对比文件，最接近的现有技术是创造性判断的起点。创造性判断的一般步骤为，解释本专利和现有技术中的技术方案，认定区别技术特征和客观技术问题，分析是否存在技术启示。

选择发明可以分为数值选择发明和种类选择发明。在美国，组合发明的创造性判断经历了协同效果标准的提出、支持、反对等不同的阶段。KSR 案最终支持了协同效果标准。协同效果标准只是组合发明具备创造性的必要条件，组合发明的创造性判断应当根据创造性判断的基本原则进行。

辅助判断因素包括商业成功、长期存在但未满足的需求、预料不到的技术效果、他人的失败等。在美国，辅助判断因素包含在 Graham 要素中，是创造性判断必须考虑的因素。在欧洲，辅助判断因素只是在创造性判断有疑问时才会发挥作用。欧洲和美国的规定在实践中并无本质差异。在实务中，应当重视审查辅助判断因素与创造性之间的因果关系。

本书的研究表明，在专利创造性判断这个问题上，不管各国表面上的制度有多大差异，但在实践中的做法却惊人地相似，而且基本上都符合经济理性。为了促进创造性判断的客观化、稳定性和统一性，本书提出了一些建议。

ABSTRACT

Trough the empirical analysis of patent administrative cases in our country, we find that assessing inventive step is the most prominent focus and difficulty problem, but the systematic theory and practice research on this subject matter is little. This dissertation focuses on the practical problems of assessing inventive step in our country, by comparison with the United States and the European patent system to find solutions. This dissertation includes two parts, the first four chapters collectively referred to as the theoretical part focused on the basic theoretical issues about assessing inventive step, the fifth to the eighth chapter referred to as practical part, discuss mainly the practical issues including concepts, procedures and methods. The main research methods are comparative study, historical analysis, case analysis and law and economics analysis.

For a long time, nonobviousness as a requirement of patent is only the case law in U. S. juridical practice. The definition has gone through the "invention", "inventive genius" test, "flash of creative genius" test, "nonobviousness", case law showed confusion and uncertainty. A unified standard of "nonobviousness" was affirmed after the establishment of U. S. Court of Appeals for the Federal Circuit and enactment of the Patent Act of 1952, 35 U. S. C. § 103, then the rule developed by Graham v. John Deere Co. and KSR International Co. v.

Teleflex Inc.. The coordination of substantive rules of patent law in European Union and other international cooperation promoted the unity of the system of inventive step. Comparative study and empirical analysis show that "notable progress" is not necessary in our country. Comparative study also shows lots of legal transplantation of "inventive" were made in both theoretical level and practice level.

Developments in U. S. over the last years have shown that objectivity in determining inventive step is the biggest challenge. Hindsight and judges' decentralization are root causes of rampant subjectivity when determining nonobviousness. Specific rule constraints and the homogenization of judges is the most effective way to promote the objectivity in determining nonobviousness, because the objectivity is determined by the personality, experience and technical knowledge of judges.

Economic analysis shows that the optimal size of inventive step lies in the position where marginal social costs equal to marginal social benefits, but economic analysis can not provide operational tools because the quantification of the size of inventive step is complicated. Economic analysis also showed that the practices in other countries to assess inventive step comply with economic rationality. The criterion of nonobviousness in U. S. is sometimes rigid and sometimes relaxed, and keeps changing in different stages of development. In response to criticism of the relaxation of the nonobviousness requirement, the Supreme Court of the United States upgraded the criteria of inventive step in KSR. In practice, the size of inventive step depends on qualitative analysis rather than quantitative analysis, so the size of inventive step between invention and utility model is difficult to distinguish in practice.

Three principles have to be met when assess "inventive". The rules to assess inventive step should coordinate with the rules to relief the patent right, it is called "principle of coordination". The "principle of overall evaluation" is embodied that the assessing of inventive step should base on the overall evaluation all technical features of the claimed invention. The "principle of comprehensive evaluation" requires viewing the technical problems, technical solutions and technical effects as a whole.

It's a question of law rather than a question of fact to assess inventive step. In administrative practice, The Patent Reexamination Board should strictly follow the principle of fair, including the principle of hearing and the principle of reexamination upon request. In judicial practice, courts can only review the legality of the specific administrative practice, but can not beyond the jurisdiction of the Patent Reexamination Board, directly declare the patent invalid is also forbidden, what can be done is to examine the substance of patent. The burden and standard of proof should be different between the reexamination procedure cases and the invalidation procedure cases.

China can learn from foreign countries to make a clear definition of common general knowledge. The common general knowledge means technologies generally known to a person skilled in the art or matters clear from empirical rules. Technologies generally known to a person skilled in the art includes well-known or commonly used art. The literature which records the prior art is called reference in assessing inventive step, the most similar prior art is the starting point to determine the "inventive". There are three steps, first is to interpret the subject matter of the prior art and claimed invention, after that, the differences between technical features shall be identified, and then determining whether there are technical teachings.

The invention by selection is divided into invention by parameter selection and invention by species selection. In the United States, the history of determining nonobviousness went through different stages in which the requirement of synergism effect was proposed, supported, opposed, and supported again. The Supreme Court of the United States in KSR ultimately supported the requirement of synergism effect. Synergism effect is just the requirement of combination of invention; the assessing inventive step of combination of invention shall depends on the basic principles of assessing inventive step.

The secondary considerations include evidence of commercial success, long-felt but unsolved needs, failure of others, and unexpected results. In the United States, secondary considerations shall be considered as necessary factual requires in determining nonobviousness, they are included in Graham's factual requires. But in the Europe Union, the secondary considerations are only of importance in cases of doubt. The difference is little between the United States and the Europe Union in practice. In all countries, it is emphasized to make sure that there is relationship between secondary considerations and technical features.

Research results in this dissertation imply that the practices are strikingly similar in the assessment of inventive step in every country regardless of how different between patent systems, and these practices basically in line with economic rationality. This dissertation presents a number of recommendations aimed to promote the objectivity, stability and unity in assessment of inventive step.

目　　录

导　　论

一、选题背景和意义

（一）我国专利行政案件审理概况

2000 年修正的《专利法》修改了专利复审委员会的部分行政终局制度，全面确立了专利授权和确权的司法终局制度。1984 年，《专利法》在第六届全国人大常委会第四次会议上通过。1992 年，为落实《中美知识产权保护备忘录》中的承诺，我国对《专利法》进行了第一次修改。2000 年 8 月，为适应我国加入世界贸易组织的形势需要，我国对《专利法》进行了第二次修改。这次修改取消了撤销程序，取消了专利复审委员会对实用新型和外观设计的终局决定权。2008 年 12 月，我国再次对《专利法》进行修改。2000 年修正的《专利法》（简称 2000 年《专利法》）第 41 条规定，国务院专利专利行政部门设立专利复审委员会。专利申请人对国务院专利行政部门驳回申请的决定不服的，可以自收到通知之日起 3 个月内，向专利复审委员会请求复审。专利复审委员会复审后，作出决定，并通知专利申请人。专利申请人对专利复审委员会的复审决定不服的，可以自收到通知之日起 3 个月内向人民法院起诉。第 46 条第 2 款规定，对专利复审委员会宣告专利权无效或者维持专利权的决定不服的，可以自收到通知之日起 3 个月内向人民法院起诉。人民法院应当通知无效宣告请求程序的对方当事人作为第三人参加诉讼。按照 2000 年《专利法》第 41 条规定提起行政诉讼的案件，被称为专利驳回复审行政纠纷案件，又被称为专利行政授权案件；按照 2000 年《专利法》第 46 条第 2 款规定提起行政诉讼的案件，被称为专利无效行政纠纷案件，又被称为专利行政确权案件。两类案件一并简称为专利行政案件。

我国的专利行政案件集中由北京市第一中级人民法院和北京市高级人民法院审理。人民法院 2002 年才实际受理依照 2000 年《专利法》以专利复审委员会为被告的专利授权和确权行政案件。按照最高人民法院 2002 年 5 月 21 日法〔2002〕117 号《关于专利法、商标法修改后专利、商标相关案件分工问题的批复》的规定，不服专利复审委员会对专利确权的决定或裁定提起行政诉讼的，由北京市高级、中级人民法院管辖。按照 2002 年最高人民法院的批复，对于人民法院受理的涉及专利权的民事诉讼，当事人就同一专利不服专利复审委员会的无效宣告请求复审决定而提起行政诉讼的行政案件，由知识产权庭审理；不服专利复审委员会或者商标评审委员会的复审决定或者裁定的其他行政案件，由行政审判庭审理。因此专利授权和确权案件最终确定由北京市第一中级人民法院的知识产权庭和行政庭一审，由北京市高级人民法院知识产权庭和行政庭二审。从统计情况来看，专利授权和确权案件基本是平均分布在知识产权庭和行政庭。

2009 年 7 月，我国所有专利行政案件都集中由知识产权庭审理。2009 年 6 月 26 日，最高人民法院发布了法发〔2009〕39 号《关于专利、商标等授权确权类知识产权行政案件审理分工的规定》，规定专利授权和确权行政案件集中由知识产权庭审理，行政庭不再审理专利行政案件，自 2009 年 7 月 1 日起施行。2009 年 7 月 6 日，北京市高级人民法院根据最高人民法院的上述规定，发布京高法发〔2009〕289 号《关于执行〈最高人民法院关于专利、商标等授权确权类知识产权行政案件审理分工的规定〉的意见》，规定专利行政案件由北京市第一中级人民法院知识产权庭一审。这样一来，2009 年 7 月起所有新立案的专利行政案件一审都集中在北京市第一中级人民法院知识产权庭，二审都集中在北京市高级人民法院知识产权庭。

为了研究专利行政案件中存在的问题，笔者通过北京市高级人民法院内部的案件信息管理系统统计了 2001 年 1 月 1 日至 2010 年 12 月 20 日以专利复审委员会为被告的所有行政案件，案件数量如表 1 所示。

表 1　以专利复审委员会为被告的行政案件

时间（年）	一中院行政庭	一中院知产庭	高院行政庭	高院知产庭
2001	0	0	0	0
2002	15	136	0	0
2003	57	98	21	69
2004	106	98	79	118
2005	130	114	56	99
2006	203	151	107	77
2007	274	238	110	115
2008	298	227	156	139
2009	256	361	186	160
2010	0	503	98	243

注：北京市第一中级人民法院简称一中院，北京市高级人民法院简称高院，知识产权庭简称知产庭。

（二）专利行政案件的主要特点

笔者收集了 2001 年 1 月 1 日至 2010 年 11 月 24 日审理终结的所有以专利复审委员会为被告的行政判决书和裁定书，裁判文书总数为 4729 件，包括知产庭、行政庭、审监庭和申诉审查庭的裁判文书。为了研究专利行政案件中的问题，笔者将所有裁判文书进行了整理归类，并将所有涉及创造性判断的判决书筛选出来作进一步研究。● 在重点分析知产庭和行政庭的专利行政案件裁判文书的情况下，发现了以下特点：

（1）专利行政案件的数量稳定增长。虽然表 1 中包含的是所有以专利复审委员会为被告的行政案件，并非全部都是专利授权或确权行政案件，也有个别的非专利行政案件，但数量极少，每年也就一两件，几乎可以忽略，因此将其归入统计表中的"其他"中，并不单列。专利行政案件的增长趋势可以用图 1 表示。从图中可以看出，一审专利行政案件数量大致是每两年增长 100 件左右，二审案

● 统计和区分判决书的方法简介如下：第一步，先区分是专利确权行政案件（无效）还是专利授权行政纠纷案件（复审），如果都不是，或者是撤诉方式结案，从判决书中看不出案由，就归入到"其他"。然后，搜索"无效宣告请求审查决定"，再搜索"复审请求审查决定"，并根据两次搜索的情况进行核实。接着，搜索"复审请求审查决定"，再搜索"无效请求审查决定"，并根据搜索情况进行核实。第二步，在已经分类的无效和复审判决书中分别再进一步区分案件所涉专利是否为外观设计专利。搜索"外观设计"和"实用新型"后再核实两次搜索重合的判决书。搜索"外观设计"和"发明"后再核实两次搜索重合的判决书。通过前述工作将涉案专利为外观设计的判决书区分出来。这样一来，所有判决分为三大类：复审、无效和其他。在复审和无效中又将外观设计专利区分出来，其余的是实用新型专利或者发明专利。第三步，在无效和复审这两大类中的发明和实用新型相关判决书中再区分是否与创造性有关。搜索"创造性"和"显而易见"并进行核实。再搜索"创造性"和"技术启示"再进行核实。通过上述方法，基本上将所有文书进一步区分为涉及创造性判断的判决书和不涉及创造性判断的判决书。第四步，在与创造性有关的判决中再区分专利复审委员会的决定或者一审判决是否被撤销。在一审判决中分别搜索"撤销被告中华人民共和国国家知识产权局"、"撤销被告国家知识产权局"、"撤销中华人民共和国国家知识产权局"、"撤销国家知识产权局"，将撤销专利复审委员会的决定的判决区分出来。在二审判决中分别搜索"撤销中华人民共和国北京市第一中级人民法院"、"撤销北京市第一中级人民法院"，将二审判决中撤销一审判决的判决区分出来。第五步，对各个与创造性有关的判决书分别进行复查。

件数量大致为一审案件的一半左右。在我国的专利申请数量和授权数量持续增长的大背景下，专利授权行政案件和专利确权行政案件的数量应当会继续增长。

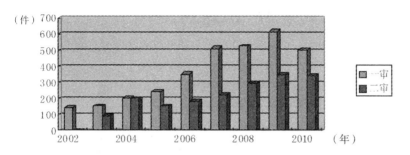

图1 专利行政案件数量趋势

（2）专利行政案件在 2009 年前大致平均分布在行政庭和知产庭（参见图2、图3）。知产庭长期审理知识产权民事案件，而行政庭长期审理传统的行政案件，两个庭对案件的审理思路必然有所区别。专利行政案件既有知识产权因素又有行政案件因素，分别由两个庭同时审理会产生程序上和实体上的差异，这种差异也体现在创造性判断中。最高人民法院最终确定统一由知产庭审理专利行政案件，有利于统一裁判标准。

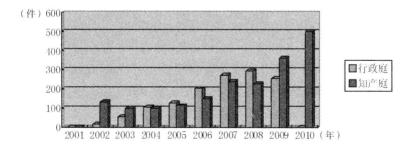

图2 一审专利行政案件在行政庭和知产庭的分布

2009 年 7 月起，行政庭不再受理一审专利行政案件，所以图 2 显示一中院行政庭在 2010 年的收案为零。但由于专利行政案件的审理周期较长，由行政庭审理的一审案件上诉后，仍然由北京高院行政庭审理，因此图 3 显示北京高院行政庭在 2010 年仍然有专利行政案件。

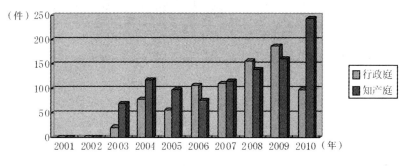

图 3　二审专利行政案件在行政庭和知产庭的分布

（3）专利授权行政案件在全部专利行政案件中的比例较小（参见图 4）。在一审案件中，专利授权行政案件所占比例大致为 6 %。在二审案件中，专利授权行政案件比例与一审基本相同。这表明专利授权程序中经过了专利复审委员会的复审，申请人对于专利申请是否应当授予专利权有了比较清楚的认识，再提起行政诉讼的比较少。另外，专利授权过程中涉及的利益冲突相对较小，没有专利无效纠纷中专利权人与无效宣告请求人之间的利益冲突大，因此提起诉讼的数量也较少。

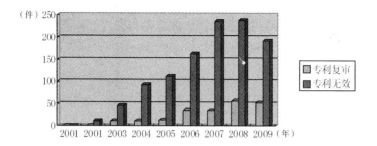

图 4　授权和确权在一审专利行政案件中的比例

（4）涉及创造性判断的案件在全部专利行政案件中占了很大比例。在所有专利授权行政案件中，涉及创造性判断的案件与创造性无关的案件数量大致相当，这表明创造性判断在专利授权行政案件中是一个重要的争议焦点（参见图 5）。

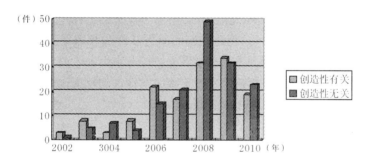

图 5　一审专利授权行政案件中创造性相关案件比例

（三）专利创造性判断的重要性

在涉及实用新型和发明的专利确权行政案件中，创造性判断有关的案件远远高于创造性无关的案件；这表明，不具备创造性成为提起无效宣告请求的最重要理由之一。创造性判断问题成为争议最为集中的问题，而且相对于其他无效理由，是否具备创造性是当事人最不容易达成一致意见的问题, 成为专利确权行政诉讼中最重要的争议焦点。这一点可以更加明显地从专利确权行政案件中创造性相关案件与创造性无关案件的比例中看出 (参见图6)。

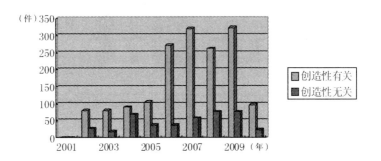

图6　一审专利确权行政案件中创造性相关案件比例

二审专利确权行政案件在经历了复审、一审之后, 当事人对多数问题的争议已经解决, 保留到最后的争议中创造性判断问题是比例最大的 (参见图7)。创造性判断案件在专利行政案件的申诉案件中的比例也比较高, 占到一半以上。提起申诉, 表明当事人对终审判决仍然不服, 对创造性判断不服的案件占到较大比例, 表明创造性判断是一个争议较大的问题。

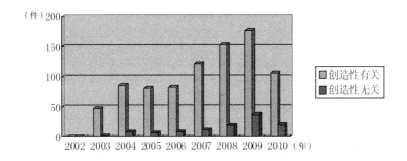

图7　二审专利确权行政案件中创造性相关案件比例

上述实证分析非常清楚地表明，对专利创造性判断进行研究，不仅有重要的理论意义，也有重要的实践意义。在美国，显而易见性也是专利诉讼中最为普遍和最为成功的抗辩，同时也是专利审查员最为常见的驳回理由。❶

从实践中来，到实践中去。我国审判实践中专利创造性判断的大量难题，使笔者认识到专利创造性判断相关理论和实务的研究能够在一定程度上解决司法实践的难题，填补理论研究的空白，因此笔者决定对此进行研究。

二、研究方法

(一) 比较研究法

"只有傻瓜才会因为金鸡纳霜（奎宁）不是在自己的菜园里长出来而拒绝服用它。"❷ 本书的出发点和落脚点是中国的实践问题，但希望借助外国的理论和实践资源。本书主要通过与专利制度稳定发展二百多年的美国的比较，以及与欧洲和日本的比较，意图借鉴国外的相关规则来改善和解决本国的问题。至于比较研究的具体方法，则不仅宏观比较，而且微观比较；不仅功能比较，而且概念比较；不仅静态比较，而且动态比较。由于欧洲和美国的整体法律制度与中国差异较大，语言也不相同，因此比较过程中应当注重比较解决相同问题、具有相同功能的法律规则。"功能是一切比较法的出发点和基础"❸，因此，功能比较方法将是本书最为重视的比较研究方法。

---

❶ John R. Allison et al., Empirical Evidence on Patent Validity, AIPLA Q. J. 1998, (26), pp.185, 208, 210.

❷ [德] 鲁道夫·冯·耶林：《罗马法的精神》，见 [德] K.茨威格特、H.克茨：《比较法总论》，潘汉典、米健、高鸿钧、贺卫方译，法律出版社 2003 年版，第24页。

❸ [德] K.茨威格特、H.克茨：《比较法总论》，潘汉典、米健、高鸿钧、贺卫方译，法律出版社 2003 年版，第63页。

之所以重点比较美国和欧洲，主要考虑到中国的专利制度是参考国际公约和以欧美为主的外国专利制度建立起来的，中国专利法中很多制度是移植而来。要正确地理解和适用专利法，往往需要正确理解我们所借鉴的那个法律制度本身。而且，美国的专利制度发展较早，对科技进步的促进非常显著，确有很多值得借鉴和学习的地方；欧洲专利制度的统一对比较法研究具有强烈吸引力。另外，欧美的文献获取相对方便，也有利于较为深入地比较研究。

但必须强调的是，对外国的比较研究，出发点和落脚点都是中国的实践问题。即使要移植法律，我们也必须了解我们需要什么，即使拿来主义也有要眼光。❶

（二）历史分析法

美国专利创造性制度的发展历史，不断反映出专利保护水平以及专利创造性高度的变化，不断反映出法律适应社会发展需要的外在轨迹和内在逻辑，对中国准确地认识别国专利制度的本质具有重要作用。中国正沿着欧美的科技进步道路前进；欧美的专利制度发展史，在某种程度上就是中国专利制度的发展历史。因此对欧美专利制度的研究，应当重视其发展过程，需要也应当从欧美的专利制度发展史中得到有益启示，吸收他人的经验教训，避免不走或少走弯路。历史分析不仅应当关注法律制度的变迁，还应当重视法学理论的发展。欧美的专利创造性基本理论在不断的发展过程中，不断丰富的基本理论可以为中国专利制度发展提供理论支持。

（三）案例分析法

比较法学者强调，法学研究不仅应当关注文字上的法律（law in books），更应当关注运行中的法律（law in action）。实际运行中

---

❶ 苏力：《送法下乡——中国基层司法制度研究》，中国政法大学出版社2000年版，第12页。

的法律最直接的体现就是司法裁判的准则。无论是大陆法系还是普通法系，无论是中国还是美国，最为直接和细致的法律规则存在于法院的判决之中。如果要深入地研究专利创造性，就必须要深入地研究法院的案例。案例不仅提供最为真实的规则，也体现规则背后的利益平衡和价值选择。案例中还存在大量的规则变迁的印记，对表面上没有变化的制定法之下更为细致规则的实际变化提供了最好的证据。案例是鲜活的法律，多年从事审判实务的笔者深知这一点。本书的最大特点就是从丰富的案例中分析规则，不仅从中国的专利案例中提出问题，也从欧美的专利案例中寻找法律。

（四）法律经济学

法律的经济分析是法律工作者唯一可用的交叉学科。它可以真正有助于它们处理日常法律技术问题。❶ 比较法的一条基本规律是：各种不同的法律秩序，尽管在其历史发展、体系和理论的构成及其实际适用的方式上完全不同，但是对同样的生活问题——往往直到细节上，采取同样的或者十分类似的解决办法。❷ 这一比较法的基本规律常常可以从法律经济学中得到答案。法律不是自给自足的，法律这一上层建筑往往由经济基础决定，而且，法律不约而同地朝着有效率的方向变化。❸

本书的法律经济学分析准确地说是比较法律经济学分析。一方面，比较法有可能为经济分析提供一种可供选择的"制度蓄水池"；

❶ G. Calabresi, The New Economic Analysis of Law: Scholarship, Sophistry, or Self-Indulgence, Proceedings British Academy , 1982,（68）, p. 85. 转引自［美］乌戈·马太：《比较法律经济学》，沈宗灵译，北京大学出版社 2005 年版，第 5 页。
❷ ［德］K. 茨威格特、H. 克茨：《比较法总论》，潘汉典、米健、高鸿钧、贺卫方译，法律出版社 2003 年版，第 63 页。
❸ ［美］理查德·A. 波斯纳：《法律的经济分析》（上），蒋兆康译，中国大百科全书出版社 1997 年版，第 19 页。

11

另一方面，比较法可以利用法律经济分析中所使用的功能分析工具获得理论视角。因此，在本书前面部分关于创造性基本理论的分析中，将着重进行专利创造性的经济分析，以期能够为表面上不同的规则寻找到共同的内在经济规律。

三、结构和主要内容

（一）整体结构

本书整体上可以分为两个部分：第一至四章可称为理论篇，主要论述专利创造性判断涉及的基本理论问题；第五至八章可称为实务篇，主要论述我国专利创造性判断的实务问题、现实中的规则应用情况以及如何比较借鉴美国和欧洲的法律规则。

（二）主要内容

第一章首先对专利创造性的制度发展和法律移植进行了研究。由于美国的专利制度稳定发展的时间最长，因此主要对美国的创造性制度发展进行了回顾。然后，对专利创造性制度的实体法国际统一情况进行了论述，接着分别从制度层面和实践层面对专利创造性制度的法律移植进行了分析。

第二章讨论了专利创造性判断中最为困难也最为复杂的客观化问题。第一节仍然以美国创造性判断客观化的发展历程为对象进行了历史研究。第二节重点分析了与创造性客观化相关的几个问题，如创造性判断步骤、辅助判断因素等对创造性判断客观化的影响，并分析了分别按照发明类型或技术领域具体确定创造性判断规则对创造性客观化的影响。第三节则对创造性判断客观化的关键和本质因素即创造性判断主体的相关问题进行了分析。

第三章试图从理论和实践两个方面来分析创造性高度这个较为抽象的问题。第一节试图利用经济学理论对创造性高度这个问题进行经济分析。由于创造性高度难以量化，因此第二节对美国有关创造性高度的历程和争论进行了论述，重点介绍了 KSR 案对创造性高度的影响，以图从中得到某些启示。第三节对实践中与创造性高度密切相关的问题进行了分析：首先对本领域技术人员这个与创造性高度最为相关的因素进行了论述，然后对发明和实用新型的创造性高度差异在创造性判断实践中如何体现进行了分析。

第四章论述了创造性判断的基本原则，主要论述了与权利救济相互协调原则、整体评价原则和综合评价原则。在分别论述了这三项原则的基本概念后，分别结合具体案例和外国相关规定对三项原则的具体应用进行了分析。

第五章是实务篇的第一部分，对创造性判断的程序和证据问题进行了分析。由于创造性判断分别处于专利复审委员会的行政程序和法院的司法程序中，因此第一节讨论了创造性判断的行政程序；第二节讨论了创造性判断的司法程序；第三节讨论了任何裁判活动都面临的基本问题，即证据问题，分别从举证责任分配、证明标准、证据形式等方面进行了分析。

第六章对创造性判断中的基本概念和主要步骤进行了论述。第一节讨论了公知常识这个实务中经常发生争议的概念，第二节讨论了现有技术和对比文件及其相互关系。由于权利要求的解释和对比文件的理解已经结合创造性判断的基本原则进行了讨论，因此本章第三节关于创造性步骤直接进入到了认定区别技术特征；第四节讨论了如何认定客观技术问题；第五节讨论了如何认定是否存在技术启示。

第七章讨论了选择发明和组合发明的创造性判断。第一节选择发明又大致分为数值的选择和种类的选择两大部分，分别结合案例和外国相关规定进行了分析。第二节对组合发明的创造性判断在美国的发展历程，主要是协同效果标准的发展变化进行了分析，然后介绍了 KSR 案对组合发明的创造性判断规则的影响，最后结合我国的案例及外国的相关规则对组合发明的正确的创造性判断规则进行了分析。

第八章对辅助判断因素进行了研究。辅助判断因素的地位和作用及其具体运用规则，在美国的专利创造性制度判例史上非常重要。第一节对美国的发展情况进行了研究；第二节对辅助判断因素的作用进行了研究；第三节对实务中最为常见的商业成功如何在创造性判断中具体适用进行了分析，并比较了不同国家的处理规则；第四节对其他的辅助判断因素，如预料不到的技术效果、长期存在但未解决的技术问题等在我国实务中表现出来的问题进行了分析。

本书最后进行了小结，并结合研究成果对专利复审委员会和法院等提出了建议。

第一章　专利创造性制度的发展与法律移植

第一节　美国专利创造性制度的变迁

一、巡回上诉法院建立前

（一）Earle 案

国际上一般承认英国 1623 年的《垄断法规》是近代专利保护制度的起点。[1] 但美国的专利制度是相对稳定和持续地发展的典范：无论是制度层面还是实践层面，都积累了大量规则和经验。因此，本书以美国的专利创造性制度发展为历史分析的样本。

美国宪法赋予国会授予专利权的权力，但却没有规定任何标准。[2] 专利制度需要实现的目标只有一个，即模糊的概念"发明"。[3] 专利性标准的最早参考文献来自 1790 年《专利法》，标准只是简单要求"发明"应当"足以有用并重要"。[4] 根据 1790 年《专利法》，由国务卿牵头，与战争部长、司法部长三人组成设置在国务院内的专利审查机构，只要其中两人同意就可以颁发专利。时

---

[1]　郑成思：《知识产权论》，法律出版社 2003 年版，第 6 页。

[2]　U. S. Const. art. I, § 8.

[3]　Giles S. Rich, The Vague Concept of "Invention" As Replaced By Sec. 103 of the 1952 Patent Act, J. Pat. Off. Soc'y, 1964, (46), pp. 855, 861 n. 14a.

[4]　Patent Act of Apr. 10, 1790, ch. 7, § 1, 1 Stat. 109.

任国务卿，后来成为美国第三任总统的托马斯·杰弗逊（Thomas Jefferson）成了美国最早的专利审查员。❶ 杰弗逊被过多的细微的专利所困扰，因此建议改变立法，拒绝对那些并不重要的和显而易见的发明授予排他性权利。❷

1793 年的《专利法》规定了新颖性和实用性标准。正如美国最高法院 1966 年在 Graham 案❸中表示，虽然在 1790 年至 1950 年间《专利法》被修正了约 50 次，但国会一直坚持专利的制定法标准仅限于杰弗逊起草的 1793 年《专利法》中的新颖性和实用性。

在 1793 年《专利法》背景下，法院在 1825 年的 Earle 案❹中拒绝认为专利性除新颖性和实用性之外还需要其他条件。在该案中，陪审团认定原告的专利有效，被告因侵权应当赔偿损失 300 美元，巡回法院的法官斯托里（Story）驳回了重新审理的请求。该案的发明用环形锯代替现有技术中木瓦制造机器中的直角锯。❺ 一个受到挑战的陪审团指示是："如果有人能制造新的和有用的机器，就应当获得专利"。❻ 被告抗辩称，要获得专利应当具备更多的条件，起码应当是一个"发明"。被告提交的证据中有用环形锯替代直角锯的技术方案，因此主张本领域普遍技术人员能够显而易见地将这份证据应用于发明涉及的情形中。❼ 但法院并未支持该项主张。法院

---

❶ 方慧聪、和育东："专利创造性判断之比较研究"，见周林主编：《知识产权研究》第十九卷，知识产权出版社 2010 年版，第 166 页，第 167 页注 3。

❷ Paul Leicester Ford ed., The Writings Of Thomas Jefferson, G. P. Putnam's Sons, 1895, pp. 1788-1792, See Giles S. Rich, Principles of Patentability, Geo. Wash. L. Rev., 1960, (28), pp. 393, 403.

❸ Graham v. John Deere Co., 383 U. S. 1, 10 (1966).

❹ Earle v. Sawyer, 8 F. Cas. 254 (C. C. D. Mass. 1825).

❺ Earle v. Sawyer, 8 F. Cas. 254 (C. C. D. Mass. 1825).

❻ Earle v. Sawyer, 8 F. Cas. 255 (C. C. D. Mass. 1825).

❼ Earle v. Sawyer, 8 F. Cas. 255 (C. C. D. Mass. 1825).

认为 1793 年《专利法》要求法院采用"发明"的抽象定义。斯托里法官支持陪审团对专利有效的裁决。在对陪审团的指示中，斯托里法官论述到："如果它是新的和有用的，如果它并未被公开或使用过，则符合了专利法中发明的每一项定义，因此在我看来，符合立法机关的真实意图。"

为了拒绝给专利施加除新颖性和实用性之外的第三个条件，即需要智力进步以使得相对于本领域技术人员而言并不是显而易见，斯托里法官援引了英国的判例法：一个在外国使用并公知的发明可能在英国被授予专利，这在英国是公认的法律，英国法院又不会认为在新颖性之上，专利还应当具备智力劳动。进口一件已知的机器并不具备智力劳动。英国法中的发明者，就是第一个制造者、建造者或者使用者。❶

（二）Hotchkiss 案

Hotchkiss 案❷也许是美国早期最重要的专利相关判例，美国最高法院认可了初审法院给陪审团的一个指示即专利除新颖性和实用性之外还需要更多的条件。

该案中的专利涉及用黏土或陶瓷做成的更耐用、更便宜的门把手，虽然用于门把手的材料并不是新材料，但现有技术中的木质材料容易变形或裂开，而金属材料则容易生锈。

初审法院的陪审团无效了本专利。在美国最高法院看来，争议焦点在于一个特别的陪审团指示。初审法院给了陪审团以下指示：如果用金属或其他材料做的门把手在此前已经公知或使用，如果本专利的门把手的柄和轴在此前已经公开或使用并且柄和轴与金属门把手的连接方式与争议专利中的连接方式相同……相对

---

❶　Earle v. Sawyer, 8 F. Cas. 255（C. C. D. Mass. 1825）.

❷　Hotchkiss v. Greenwood, 52 U. S. 248（1851）.

于熟悉本领域的技术人员而言，设计此门把手不需要更多的创造性或技能，则本专利应当无效，原告不应得到陪审团裁决的支持。❶

原告认为，初审法院给陪审团的上述指示是错误的，应当重新进行审理。美国最高法院在驳回原告的主张时，接受了该案初审法院的标准。美国最高法院没有援引任何在先判例法来支持包含在陪审团指示中的专利性条件。美国最高法院认为，使用在争议发明中的陶瓷材料以及门把手的构造方式在美国的现有技术中都是公知的，"用陶瓷做门把手仅仅是简单的材料替换"。❷ 因此，美国最高法院支持以下观点，使用黏土仅仅证明在产品制造过程中应用了为特定目的选择和调整材料的技能，并不能证明更多。❸

在该案中，美国最高法院并没有提供方法或标准来决定某项改进是否属于普通技术人员的技能，而且，忽略了专利权人的主张，即将陶瓷材料应用于具有金属的柄和轴的门把手存在的技术难题，也没有考虑陶瓷门把手的商业成功。这些后来被称为辅助判断因素。在比较普通技术人员和发明者时，美国最高法院要求法院以后要将"发明"理解为比普通技术人员更高的技能要求。

美国最高法院在 Hotchkiss 案中追溯了一个英国判例，即 19世纪 30 年代的 Losh v. Hague 案。在该案中，法院认为，将众所周知的能够应用于 5 万种用途的事物应用于与之前相同的功能并不能获得专利。❹ 这表明，即使回溯到 19 世纪 30 年代，无论是

---

❶ Hotchkiss v. Greenwood, 52 U. S. 248, at 264–65 (1851).
❷ Hotchkiss v. Greenwood, 52 U. S. 248, at 265 (1851).
❸ Hotchkiss v. Greenwood, 52 U. S. 248, at 266 (1851).
❹ Symposium , Panel I: KSR v. Teleflex: The Nonobviousness Requirement of Patentability, Fordham Intell. Prop. Media & Ent. L. J. (17), pp. 880.

英国还是美国，都要求专利应当不仅仅满足新颖性和实用性，还应当有更高的要求。

在 Hotchkiss 案中，多数法官主张维持原审法院认定本专利无效的判决，认为仅仅是材料的替换缺少"灵感和发明"。当然，也有一位法官强烈地反对上述意见。❶ 在反对意见中，伍德伯里（Woodbury）法官不同意对作出发明的能力提出高度要求。他表示："新发明是否应当获得专利的真实标准是，发明是否是新的，相对于之前的是否更好或便宜。"❷ 这基本上是被美国最高法院推翻的下级法院的观点。伍德伯里法官援引了 Earle 案作为其主张的依据。Earle 案中的理由为：如果组合是新的，即使其是简单的和显而易见的，也具备专利性。❸

虽然 Hotchkiss 案的判决已经有一百多年了，却并没有被推翻过。它为后来制定法中的非显而易见性条款播下了种子，并在此后1952 年《专利法》第 103 条的司法解释中起到了重要作用。

（三）Hotchkiss 案后的 19 世纪

在 1875 年的 Reckendorfer 案❹中，美国最高法院推进了在 Hotchkiss 案中的观点，引入了"创造性天赋"标准（"inventive genius" test）。1941 年，美国最高法院在引用 Hotchkiss 案时认为该案对专利性提出了"创造性天赋的火花"标准（"flash of creative genius" test）。❺

1876 年的 Smith 案❻中，美国最高法院被认为第一次采用了后来

---

❶　52 U. S. 248, at 266（1851）.

❷　Hotchkiss, 52 U. S. at 268.

❸　Hotchkiss, 52 U. S. at 269-70.

❹　Reckendorfer v. Faber, 92 U. S. 347（1875）.

❺　Cuno Eng' Corp. v. Automatic Devices Corp., 314 U. S. 84, 90-91（1941）.

❻　Smith v. Goodyear Dental Vulcanite Co., 93 U. S. 486（1876）.

被称为"辅助判断因素"（secondary considerations）或"显而易见或非显而易见的标志"（indicia of obviousness or non-obviousness）的创造性辅助判断因素。❶

在 1876 年的 Dunbar 案❷中，美国最高法院以缺乏"发明"为由无效了一个涉及伐木锯的专利。在该案中，法院认为此新装置并不满足"发明"要求，因为外形、比例、尺寸的变化并不足以构成可获得专利的发明。❸ 被称为"已知要素的组合"专利引发美国最高法院和下级法院作出了很多相互冲突的判决。❹

在 1881 年的 Loom 案❺中，美国最高法院似乎对专利更宽松一些。美国最高法院支持了一个对织布机进行改进的专利。布拉德利（Bradley）法官是此案判决的起草者。在 Loom 案中他认为在决定是否显而易见时应当考虑例如长期渴望解决的技术问题和他人的成功等辅助判断因素，同时也批评了事后眼光（hindsight）在判断是否具备"发明"时的不恰当应用。

在 1891 年的 Magowan 案❻中，美国最高法院仍然寻求对专利性增加模糊的"创造性才能的创造性贡献"标准。值得注意的是，本案中承认发明的商业成功是不应当被忽略的事实，在专利性判断中具有重要作用。

1892 年的 Washburn & Moen 案❼较早地明确了发明专利的价值不

---

❶ Graham v. John Deere Co., 383 U. S. 1, 17–18 (1966).

❷ Dunbar v. Myers, 94 U. S. 187 (1876).

❸ Dunbar v. Myers, 94 U. S. 187, at 199 (1876).

❹ Giles S. Rich, Laying the Ghost of the "Invention" Requirement, Am. Pat. L. Ass'n Q. J., 1972, (1), p. 26.

❺ Loom Co. v. Higgins, 105 U. S. 580 (1881).

❻ Magowan v. New York Belting & Packing Co., 141 U. S. 332 (1891).

❼ Washburn & Moen Manufacturing Co. v. Beat 'Em All Barbed–Wire Co., 143 U. S. 275 (1892).

应当放在与其背景相隔离的真空中进行评判，而是应当放在本技术领域的背景中进行评判。也这是说，法院应当考察与"辅助判断"因素或"非显而易见性的标志"有关的客观证据。❶ 在 Washburn 案中，美国最高法院明确地承认，尽管一个发明与现有技术相比的区别仅仅是一个细微的而不是根本性的改进，但细微的区别能够使专利产品取得实际效果上和商业上的成功，而且他人曾经失败过，则能够满足一个有效专利权的条件。

美国最高法院 1850 年的 Hotchkiss 案到 1891 年国会建立巡回上诉法院期间的诸多判决，在决定发明专利是否具备"发明"条件时，在判断方法上存在不协调和混乱。这些案件没有统一判断专利性的操作标准或方法。这些案件中的进路和思维方式形成了在 20 世纪的两个司法学派：一派主张，发明的显而易见性判断应当结合发明作出的技术背景和产业发展状况来进行，如辅助判断因素；另一派则主张，一个发明应当隔离其技术背景来判断其是否显而易见，这是因为只有参考现有技术中的对比文件而不关注本技术领域当时和发明之后的发展状况才有利于避免事后眼光。

二、巡回上诉法院建立后

（一）1892 年至 20 世纪 30 年代期间

在 1891 年巡回上诉法院建立起来以及调卷令制度实施后，美国最高法院开始能够选择其审理的专利案件的数量和类型。❷ 尽管如此，美国最高法院在 1892 年至 20 世纪 30 年代期间，仍然表现出了对专利的复杂态度。

---

❶ George M. Sirilla, 35 U. S. C. 103: From Hotchkiss To Hand To Rich, The Obvious Patent Law Hall-of-Famers, J. Marshall L. Rev. 1999, (32), p. 437, 468.

❷ The writ of certiorari is codified at 28 U. S. C. § 1254 (1) (1994).

在 1911 年的 Diamond 案❶中，判决暗含地拒绝了专利性的 "创造性天赋" 标准或者 "创造天赋的火花" 标准。麦克纳（McKenna）法官认为即使发明相对于现有技术进步较小也应当予以专利保护。这种思路在 1923 年的 Eibel 案❷中得到了重新确认。法院认为只是对旧有设备进行改进也非常值得称赞，值得授予专利。❸ 美国最高法院再次明确地拒绝了主观且难以操作的标准如 "创造性天赋"，而倾向于根据发明在结果上的技术贡献来确定其专利权。塔夫特（Taft）法官也采用了辅助判断因素，如产业上对新设备的采用以及在先努力的失败。❹ 美国最高法院在此期间的其他判决也承认和强调了辅助判断因素。

从 20 世纪初到 30 年代，美国最高法院对专利的态度是复杂的。有的时候，美国最高法院适用了 Hotchkiss 标准或其变种；有的时候，美国最高法院使用了所谓的主观标准，如 "创造性天赋" 标准、"创造性才智" 标准。有些案件看起来承认保护发明者权利的重要性，另一些则对专利和垄断性权利表示了怀疑和否认。而且，法院对发明所处背景的态度在每个案件中都在变化。总之，美国最高法院在判断专利是否有效时的不连贯思路难以对下级法院提供稳定的指导。

（二）大萧条时期

从 20 世纪 30 年代起，美国最高法院对专利的态度可以归结为对专利很不待见。在 1937 年之前的 10 年间，美国最高法院在无效 17 个专利的同时只认定 2 个专利有效。❺

---

❶ Diamond Rubber Co. v. Consolidated Rubber Tire Co., 220 U. S. 428 (1911).

❷ Eibel Process Co. v. Minnesota & Ontario Paper Co., 261 U. S. 45 (1923).

❸ 261 U. S. 45, 63 (1923).

❹ 261 U. S. 45, 66, 68 (1923).

❺ Picard v. United Aircraft Corp., 128 F. 2d 632, 639 n. 2 (2d Cir. 1942).

美国最高法院在 1938 年的 Lincoln 案❶中认为：仅仅是一些已知要素或材料的集合，各部件在集合中发挥或行使与现有技术中相同的功能或作用，并不是具备专利性的发明。❷

在美国最高法院认定专利有效的案件中，1941 年的 Cuno 案❸是最为著名的专利案件之一。在第二巡回上诉法院，汉德（Hand）法官判决本专利有效并认定侵权成立。❹ 美国最高法院接受本案的上诉是因为此案与第七巡回上诉法院审理的 Automatic Devices 案❺存在冲突。美国最高法院在本案判决中提出了一个新的更为严格的起源于 1875 年的 Reckendorfer 案❻的"创造性天赋"标准的变种，该标准在 1952 年《专利法》第 103 条中被驳斥了。

在 1950 年的 Great Atlantic & Pacific 案❼中，代表美国最高法院起草判决的是杰克逊（Jackson）法官，他提出了一个新的"协同效果"标准。杰克逊法官对此标准解释道：已知要素的组合必须有所贡献，只有整体上以某种方式超出了已知要素的功能总和才具备专利性。组成元素在组合后可能产生新的功能，如在化学或电子领域，而不只是已知机械部件组合的一般效果。❽

20 世纪 30 年代至 1952 年期间，美国最高法院对专利和专利垄断权表现了最为严格的态度。在此期间专利制度唯一的希望火花出

---

❶ Lincoln Engineering Co. v. Stewart-Warner Corp. , 303 U. S. 545 (1938).

❷ 303 U. S. 545, 549-50 (1938).

❸ Cuno Engineering Corp. v. Automatic Devices Corp. , 314 U. S. 84 (1941).

❹ Automatic Devices Corp. v. Cuno Eng' Corp. , 117 F. 2d 361 (2d Cir. 1941), rev', 314 U. S. 84 (1941).

❺ Automatic Devices Corp. v. Sinko Tool & Manufacturing Co. , 112 F. 2d 335 (7th Cir. 1940).

❻ Reckendorfer v. Faber, 92 U. S. 347, 357 (1875).

❼ Great Atlantic & Pacific Tea Co. v. Supermarket Equipment Corp. , 340 U. S. 147 (1950).

❽ 340 U. S. 147, 152 (1950).

现在 Goodyear 案❶中，但这希望随后又破灭在 Jungersen 案❷中。在该案中，杰克逊法官断言"只有美国最高法院的手够不着的那个专利才能有幸成为唯一有效的专利"。❸ 即使是他，后来在起草 Great Atlantic & Pacific 案的判决时，也无效了涉案的专利。

（三）第 103 条的制定背景

由于美国最高法院和下级法院的判决中缺乏统一的专利性判断标准，各方都提出了批评意见。美国专利局安排首席审查员费德里科（Federico）起草专利法，❹ 全国专利法协会理事会安排瑞奇（Rich）参与起草。❺ 费德里科的第一个草案第二段就来自瑞奇1948 年在纽约专利法协会起草的提案。1949 年，举行了一次立法听证会。❻ 这次听证会讨论是否增加以下规定：发明的专利性应当根据其技术贡献情况客观地判断，而不根据发明完成过程中的智力活动情况来主观地判断。在这次听证会后，瑞奇说服纽约专利法协会提出自己的提案。纽约专利法协会的提案简要地表述为："专利性应当根据技术进步的情况而不是发明完成过程的情况来判断。"❼

然而上述语言表述并未最终被立法采用。费德里科在他的第一个草案中（当时是第 23 条）使用了一个形式上稍微有点修改的表述：专利性的条件，即使发明与公开或描述在第 22 条的材料中的

❶ Goodyear Tire & Rubber Co., v. Ray-O-Vac Co., 321 U. S. 275 (1944).

❷ Jungersen v. Ostby & Barton Co., 335 U. S. 560 (1949).

❸ Jungersen v. Ostby & Barton Co., 335 U. S. 560, 572 (1949).

❹ Giles S. Rich, Address to American Inn of Court Inaugural Meeting, October 1, 1991, J. Pat. & Trademark Off. Soc' y, 1994, (76), pp. 309, 317-18.

❺ Giles S. Rich, Address to American Inn of Court Inaugural Meeting, October 1, 1991, J. Pat. & Trademark Off. Soc' y, 1994, (76), pp. 309, 318.

❻ H. R. 5248, 80th Cong. (1949).

❼ Giles S. Rich: Why and How Section 103 Came to Be, in Nonobviousness—The Ultimate Condition of Patentability, see John F. Witherspoon ed.: Nonobviousness-the Ultimate Conditin of Patentability, 1980, P1: 201, 1: 209.

并不相同，但如果申请专利的技术方案与前述材料中的技术方案之间的区别使得申请专利的技术方案作为一个整体相对于一个熟悉本领域技术的普通技术人员是显而易见的，则申请专利的主题缺乏"发明"，不能获得专利。

瑞奇一直在尽力说服国会下属委员会的成员将令人厌烦的"发明"这一术语从制定法中去掉。瑞奇主张采用显而易见标准。至于显而易见是对谁而言，瑞奇回答道："相对于一个在本技术领域的普通技术人员显而易见。"至于显而易见的判断应当在什么时候作出，瑞奇回答："在发明作出之时。"瑞奇还主张，在判断发明是否显而易见时，权利要求的技术方案应当作为一个整体来考虑。

最后，瑞奇和专利法起草委员会为了确保"天赋火花"标准被永久地放逐，将费德里科草案的第二句话修改成非常清楚的表述：专利性"不应当被贡献完成的方式所否定"。在瑞奇和专利起草委员会的建议和评价被整合后，提案中该条的内容与现在《专利法》中第103条❶的表述基本相同，表明这些修改经受住了历史的考验。

毫无疑问，第103条相对于"发明"标准是一个进步。正如瑞奇所说，当然，有人会问："这有什么区别呢，现在不仍然是一个主观判断吗？"确实是，但现在制定法提供了一个标准，主观标准必须根据这个标准作出。基于创造性才能、天赋、火花、惊奇和激动作出判断，与基于相对于本领域技术人员非显而易见的标准作出判断有巨大差异。这个标准也会有棘手的问题，但这是一个确定的思维方式，并不会使专利局和法院随意以旧的理由认定一个发明不具备专利性，然后以不具备不明确和不确定的"发明"作为理由。

---

❶　35 U. S. C. § 103（a）（1994）.

至少他们必须以相对于本领域技术人员显而易见这样的词语来表述。虽然本领域技术人员的技能是什么以及什么是显而易见的最终决定是主观的，这是一个明确的可以举出证据的表述。法院在过去能做到最好的就是在某些背景因素的考察下认定是否具备"发明"，这些因素有长期存在的需求和迅速的市场接受等。❶

三、第 103 条制定后的发展

（一）早期适用第 103 条的艰难

1952 年 7 月 4 日，《专利法》第 103 条获得通过，非显而易见性与新颖性和实用性共同成为专利性的条件，这成为美国专利法历史上的一个里程碑。因为对第 103 条的制定作出了巨大贡献，瑞奇后来被称为"专利法创建之父"。❷

在 1952 年《专利法》制定后的几年中，关税和专利上诉法院等多数法院和专利局并没有正确认识或应用体现在第 103 条中的精细立法变化。1955 年，第二巡回上诉法院审理了在 1952 年《专利法》制定后的首个涉及专利性的案件，直到这时瑞奇的理论才出现一个能够接受它的听众——汉德法官。长期批评模糊的"发明"标准的汉德法官非常欢迎这个可以用新制定的非显而易见性标准来替代"发明"标准的机会。初出茅庐的第 103 条遇到了一个受到极大尊重的联邦法官来适用它。这个案件是 Lyon 案❸，纽约西区联邦地区法院判决本专利有效并认定被告侵权。❹ 汉德法官认定本专利有

---

❶ Giles S. Rich, Principles of Patentability, Geo. Wash. L. Rev. , 1960, (28), P393, 406.

❷ Nadine Cohodas, The Founding Father of Patent Law, Legal Times, 1995, July 10, P1.

❸ Lyon v. Bausch & Lomb Optical Co. , 224 F. 2d 530 (2d Cir. 1955).

❹ 119 F. Supp. 42, 51 (W. D. N. Y. 1953).

效。为了支持本专利的有效性，汉德法官将考察的重点放在了本发明作出之前和之后的技术背景上。在 1960 年的 Reiner 案❶中，汉德法官坚持了他在 Lyon 案中对第 103 条非显而易见性标准的解释和发展。他援引了 Reiner 案的决定，表示 1952 年《专利法》体现了国会有意恢复 Hotchkiss 案的规则的目的，而且将其从司法解释提升为制定法。

（二）Graham 案对第 103 条的适用

1966 年，第 103 条最终通过四个案件摆在了美国最高法院面前：Graham 案❷、Calmar 案❸、Colgate 案❹、Adams 案❺。在三个涉及第 103 条的案件中，Graham 案与第 103 条和非显而易见专利性标准最为相关。克拉克（Clark）法官代表美国最高法院起草 Graham 案的判决。他明确表示在已有的新颖性和实用性条件之外，制定法的标准又增加了非显而易见性标准。❻美国最高法院也列举了判断显而易见性时应当依据的事实要件：现有技术的范围和内容应当被认定；现有技术与争议权利要求之间的区别应当确定；相关领域的普通技术人员的水平应当明确。在这些前提下，再来确定技术方案是否显而易见。

克拉克的意见也遵循了汉德法官在 Lyon 案中确定的道路。克拉克法官以对专利法的历史回顾作为对第 103 条的分析的开头。从宪法的授权基础和专利制度第一管理人杰弗逊开始，克拉克法官逐步引出了美国最高法院作出的 Hotchkiss 案判决。克拉克解释了

---

❶　Reiner v. I. Leon Co. , 285 F. 2d 501 (2d Cir. 1960).

❷　Graham v. John Deere Co. , 383 U. S. 1 (1966).

❸　Calmar, Inc. , v. Cook Chem. Co. , 383 U. S. 1 (1966).

❹　Colgate v. Cook Chem. Co. , 383 U. S. 1 (1966).

❺　United States v. Adams, 383 U. S. 39 (1966).

❻　Graham, 383 U. S. at 12.

Hotchkiss 案中涉及的"发明标准"问题：正如美国最高法院所注意到的那样，"事实上是，'发明'这一术语不能对判断具体设计是否应用了创造技能提供任何实质性帮助"。

克拉克法官随后解释了"发明"标准产生的问题：正如美国最高法院所注意到的那样，"事实上，在决定某个具体的技术方案是否运用了创造性才能时，'发明'这个词并不能被界定为能够提供任何实质性帮助的方式"。它作为标准使用，在专利局、法院和律师中引发了大量关于其含义的争论。❶ 他列举了汉德法官在 Lyon 案中分析过的同样问题：自从"发明"成为专利性判断标准被广泛适用于很多案例中，它的变体有很多，在为各种不确定的情形提供司法适用标准的努力中，"发明"也许是最为令人困惑的概念。❷ 然后，克拉克法官继续分析第 103 条，他发现在 Hotchkiss 案与制定法中存在类似的语言表述。他分析到：第 103 条第 1 句话强烈地援引了 Hotchkiss 案的表述，二者都强调了在涉案发明作出时的相关技术领域以及明确地强调该技术领域的进步。主要的区别在于，国会强调了"非显而易见"作为本条的可操作性标准，而非导致大量不同表述的 Hotchkiss 案中的"发明"标准。❸

克拉克法官表示：辅助判断因素，如商业上的成功、长期渴望但未满足的需求、他人的失败，可能被用于帮助认定发明的最初技术背景。❹

克拉克法官以对专利局提出建议作为对第 103 条讨论的结尾：专利局负有重要责任确保对第 103 条的适用符合 Graham 案中的观点。克拉克法官表示：筛选不具备专利性的申请是专利局的基本职

---

❶ Graham, 383 U. S. at 11–12.
❷ Lyon, 224 F. 2d at 536.
❸ Graham, 383 U. S. at 14.
❹ Graham, 383 U. S. at 17–18.

责。我们发现专利局和法院适用的标准有很大区别，可能的原因有很多，其中一个就是审查员会过分自由地使用"发明"标准。克拉克法官最后建议专利专员确保审查员能够"严格地坚持"在Graham案中所解释的1952年《专利法》第103条。❶

在Graham案中，美国最高法院认定本专利无效。本专利涉及弹簧夹子的应用，当农耕用的犁遇到土地中的障碍物时，弹簧夹子可以吸收震动从而提升犁使之通过障碍物，防止犁的损坏。❷ 1955年第五巡回上诉法院认定本专利有效，但1964年第八巡回上诉法院认定本专利无效。❸ 美国最高法院支持了第八巡回上诉法院的无效认定，认为本专利并不符合上诉人所说的"灵活"的专利有效性条件。美国最高法院在判决Graham案的同时，还判决了Calmar案❹和Cook Chemical案❺。美国最高法院同样推翻了Graham案涉及的其他巡回上诉法院认定涉案专利有效的判决。

美国最高法院同一天作出判决的还有Adams案❻。原美国索赔法院判定涉案专利有效，美国最高法院维持该有效判定。涉案专利涉及电池，采用了超出本领域常规技术的手段，使著名专家对该发明都感到惊讶。这对于美国最高法院认定涉案专利的有效性起到了重要影响。❼

在Graham案中有一段阐释非显而易见性的表述：尽管专利的有效性最终是一个法律问题，但第103条本身却引出了几个基本的

---

❶　Graham, 383 U. S. at 18.

❷　Graham, 383 U. S. at 4.

❸　Graham, 383 U. S. at 4.

❹　Calmar, Inc., v. Cook Chem. Co., 383 U. S. 1 (1966).

❺　Colgate–Palmolive Co. v. Cook Chem. Co., 383 U. S. 1 (1966).

❻　383 U. S. 39 (1966).

❼　383 U. S. 39, at 52. (1966).

事实问题。依据第 103 条，现有技术的范围和内容应当被确定；现有技术与有争议的权利要求之间的区别应当被明确；相关技术领域中的一般技术水平应当被确认。在这一背景下，就可以确定有关技术方案是否是显而易见的。辅助判断因素，如商业上的成功、长期存在但未能解决的需求、他人的失败，可以用来说明与专利申请的创造性有关的一些情况，作为是否显而易见的标志。然而，这并不是说在适用非显而易见性的判断标准时不存在困难。就每一个特定的案件事实而言，什么是显而易见并没有一个一致的看法。但是，困难是相对于忽略或了解技术背景来说的；这些困难是法院在日常具体案件中遇到的，应当根据个案情况来解决。这就是所说的 Graham 要素。在阐述了上述的标准后，美国最高法院满怀信心地表示："我们相信，恪守这里所确定的各种要求，将产生国会在1952 年《专利法》中所要求的一致性和确定性。"

在 Graham 案适用第 103 条之后，各巡回上诉法院在创造性判断中逐渐放弃"发明"标准，认为在创造性判断过程中应当认定美国最高法院在 Graham 案中确定的事实要件；[1] 而且认为创造性判断按照发明时的情况来作出，而不是基于事后眼光。[2] 如果不遵循 Graham 案的规则，将会被改判。[3] "天才火花"标准已经被拒绝适用。[4]

在 1969 年美国最高法院对 Black Rock 案[5]的判决中，"协同效果"标准出现了。美国最高法院在判决书中表示：部件的组合可能

---

[1] 383 F. 2d 252, 258 n. 10 (5th Cir. 1967), 392 F. 2d 29 (2d Cir. 1968).

[2] 387 F. 2d 855, 858 (D. C. Cir. 1967).

[3] Colourpicture Publishers, Inc., v. Mike Roberts Color Prods., Inc., 394 F. 2d 431, 433–35 (1st Cir. 1968).

[4] Jones Knitting Corp. v. Morgan, 361 F. 2d 451, 456–58 (3d Cir. 1966).

[5] Anderson's-Black Rock, Inc., v. Pavement Salvage Co., 396 U. S. 57 (1969).

取得大于各部件总和的技术效果，本案中不存在这种协同效果。❶

（三）联邦巡回上诉法院的作用

瑞奇对《专利法》尤其是第 103 条的贡献得到了认可，他在 1956 年成为第一个被任命为关税和专利上诉法院的专利法官。他利用自己的职位继续促进第 103 条非显而易见性标准的适用。1961 年，关税和专利上诉法院确立了"教导—启示—动机"（TSM）检验法（teaching-suggestion-motivation test）。❷

在 1981 年关税和专利上诉法院改制为联邦巡回上诉法院后，联邦巡回上诉法院取得了专利上诉案件的专属管辖权。随后几年中，联邦巡回上诉法院不断通过上诉案件的审理改变协同效果标准。例如，在 1984 年的 Sowa & Sons 案❸中，瑞奇法官代表联邦巡回上诉法院在撰写判决中表示：虽然组合发明产生新的难以预料的功能或技术效果即所谓的"协同效果"可以支持具备创造性的主张，但我们的前任法院（关税和专利上诉法院）已经否定了这样的观点，认为新的效果或功能或协同效果是专利性的条件。❹ 马克（Markey）法官在 1984 年的 Jones 案❺中也表达了相同的观点。联邦巡回上诉法院最终通过不断地纠正联邦地区法院的观点而限制了协同效果标准。

联邦巡回上诉法院的瑞奇法官和马克法官能够确保在每个专利案件中都强制性地考虑辅助判断因素。在 Stratoflex 案中，马克法官认定用于航空工业的电子传导管的发明具备创造性。马克纠正了下

---

❶　396 U. S. 57, at 61 (1969).

❷　Application of Bergel, 292 F. 2d 955, 956. 957 (1961).

❸　American Hoist & Derrick Co. v. Sowa & Sons, Inc., 725 F. 2d 1350 (Fed. Cir. 1984).

❹　Id. at 1360.

❺　Jones v. Hardy, 727 F. 2d 1524 (Fed. Cir. 1984).

级法院对辅助判断因素的评价，表示必须在创造性判断过程中考虑辅助判断因素的证据，辅助判断因素的证据并不只是在判断者对专利是否显而易见有疑惑的时候才使用。❶

在创造性判断中，Graham 要素需要全面考虑，并不存在优先的要件以忽视对其他要件的考察。联邦巡回上诉法院认为，创造性判断并不被预先的公式所决定，如将分开的已知要素组合起来或者说将组合中的一个已知要素替换为另一个就是显而易见的。这种预先公式的应用不需要法院全面考虑 Graham 四个要素。

（四）KSR 案对创造性制度的发展

专利界一般认为 2007 年美国最高法院在 KSR 案❷中对联邦巡回上诉法院过于僵化地适用有利于客观地判断创造性的"教导—启示—动机"检验法进行了修正，KSR 案实际上又将创造性判断的客观化限度定位在了一个相对合理的位置上。

美国最高法院在判决中首先对联邦巡回上诉法院僵化适用"教导—启示—动机"检验法进行了批评。美国最高法院认为，对于非显而易见性的判断，美国最高法院的判例已经确立了一个广泛的灵活判断方法，而联邦巡回上诉法院在本案中对"教导—启示—动机"检验法的机械适用不符合美国最高法院已经确立的方法。Graham 案认识到了创造性判断需要统一性和确定性。❸ 然而 Graham 案中确定的原则也重申了 Hotchkiss 案的功能评价法。❹ Graham 案规定了宽泛的认定要件并要求法院重视可能有用的辅助判断因素。❺

---

❶ Stratoflex Inc., v. Aeroquip Corp., 713 F. 2d 1530, 1538–39 (Fed. Cir. 1983).

❷ KSR International Co. v. Teleflex Inc., 550 U. S. ＿＿＿, 82 USPQ2d 1385 (2007).

❸ Graham v. John Deere Co. of Kansas City, 383 U. S. 1, 18 (1966).

❹ 383 U. S., at 12.

❺ 383 U. S., at 17.

美国最高法院认为，无论是《专利法》第 103 条的制定还是 Graham 案中的分析都与联邦巡回上诉法院在本案中对组合发明创造性要求的解释不相同。半个世纪以前，美国最高法院在 1950 年的 Great Atlantic & Pacific 案❶中就表示，仅仅组合现有技术中的已知部件而未改变其功能如果能够获得专利，明显会垄断本领域的现有技术从而减少本领域技术人员可以自由使用的技术，这是拒绝授予显而易见的专利的基本理由。根据已知方法将旧有部件组合起来而没有取得预想不到的技术效果是显而易见的。在 Graham 案之后，美国最高法院判决的三个案件都应用了这一规则。

为了认定组合是显而易见的，需要认定存在将已知部件组合起来的教导、启示或者动机，关税和专利上诉法院 1961 年首次确立的这一规则确实提供了很有益的分析视角。❷ "教导—启示—动机"检验法，对于客观地判断创造性确实很有帮助。然而，有益的视角并不能成为僵化的强制形式，如果死板地适用"教导—启示—动机"检验法，就会与美国最高法院的先例规则不符。美国最高法院认为，创造性判断不能局限于教导、启示和动机的形式化概念，或者过分强调出版文献和公开专利的表面内容。技术进步的多样性并不能将分析局限于过于呆板的方式，事实上市场需求远远要比科技文献更能促进技术进步。将专利授予并没有创造性的发明如将已知要素组合起来的发明，将会剥夺现有技术的价值和用途。自从关税和专利上诉法院确定了"教导—启示—动机"检验法后，联邦巡回上诉法院将其适用于很多案件。适用 Graham 案规则与适用"教导—启示—动机"检验法并不存在冲突；但如果法院将一个普遍的"教导—启示—动机"检验法机械适用于创造性判断，正如联邦巡

---

❶　Great Atlantic & Pacific Tea Co. v. Supermarket Equipment Corp., 340 U. S. 147, 152（1950）.

❷　Application of Bergel, 292 F. 2d 955, 956. 957（1961）.

回上诉法院在 KSR 案中的适用，则是不正确的。

联邦巡回上诉法院在 KSR 案中对"教导—启示—动机"检验法的分析狭隘地理解了创造性。在决定专利主题是否显而易见时，关键既不在于特定的动机也不在于专利权人所声称的目的，而在于权利要求客观上的技术效果。美国最高法院认为联邦巡回上诉法院在应用"教导—启示—动机"检验法时存在四个方面问题：第一个错误是，联邦巡回上诉法院认为法院和专利审查员只能受到专利权人试图解决的问题的限制；第二个错误是，联邦巡回上诉法院认为面临技术问题的本领域技术人员只能从现有技术中解决相同问题的素材中寻找解决办法；第三个错误是，联邦巡回上诉法院忽略了只要一项专利的权利要求被证明是明显值得尝试也应当被认定为显而易见；❶ 第四个错误是，为了防止法院和审查员受到"事后的眼光"的影响，因此机械地阻止本领域技术人员从公知常识中寻求技术启示。❷

第二节　专利创造性制度的国际协调

一、各国专利创造性制度的创建

（一）"显而易见"的历史

英语 obvious 来源于拉丁文 ob via，意思是"在路的前方"。在 1970 年的一个英国案例❸中，法院表示，英国法院在判断专利申请

---

❶ 119 Fed. Appx., at 289.

❷ 82 USPQ2d at 1395.

❸ Philips (Bogsra's) Application, [1974] R. P. C. 241, 251 (Pat. Appeal Trib. 1970) (U. K.).

是否显而易见时，考察因素之一就是专利申请的权利要求对从事研发的本领域技术人员而言是否"存在于路的前方"。单词 obvious 第一次出现在英语的判例法中，是在 1889 年的 Thomson 案❶中，英国上议院对使用编织的金属丝筒作为裙子的裙撑是否显而易见进行论述时使用了该词。直到 19 世纪 80 年代至 90 年代，单词 obviousness 才出现在第一个英语判决中用以表述专利的条件。在这之前，法院一般会说"我们不会给缺乏创造性的主题授予专利"。❷ 直到 1932 年，英国才在制定法中规定，要获得专利，技术方案应当不是显而易见的，而且相对于专利之前已经使用或公开的技术具有创造性步骤（inventive step）。❸ 美国 1952 年在《专利法》第 103 条中正式规定了非显而易见性（nonobviousness）。

（二）专利创造性制度在欧洲的创建

在德国，1877 年的《帝国专利法》❹ 是第一部专利制定法，专利性条件限定为新的和有用的。虽然德国是民法法系国家，但案例法仍然非常重要。德国在案例法中增加了两个专利性的附加条件，分别是创造性和技术进步。❺ 1977 年，《欧洲专利公约》生效。在欧洲，创造性表述为"创造性步骤"，与美国的非显而易见性不同。欧洲专利局对于创造性判断采用了"问题—解决"方法（"problem and solution" approach），这在一定程度上受到德国思维方式的影响。

---

❶ Thomson v. American Braided Wire，[1889] 6 R. P. C. 518, 528（H. L.）（U. K.）.

❷ Symposium，Panel I：KSR v. Teleflex：The Nonobviousness Requirement of Patentability, Fordham Intell. Prop. Media & Ent. L. J., 2007, (17), P880.

❸ Patents and Designs Act, 1932, 22 & 23 Geo. 5, c. 32（Eng.）.

❹ Patentgesetz [Patent Act], May 25, 1877, RGBl. I at 501（F. R. G.）.

❺ F. K. Beier, The Inventive Step in its Historical Development, Int'l Rev. Indus. Prop. & Copyright L., 1986, (17) pp. 301, 317.

直到 1968 年，法国才在制定法中规定专利应当具备非显而易见的条件。❶ 如果技术方案是对现有技术的细微改进，法国法院将会认定技术方案不是新的。他们基本上是通过扩张适用新颖性来涵盖对现有技术的细微改进。

（三）专利创造性制度在日本和韩国的创建

日本的专利制度建立于 1885 年，有两次较大的修改。目前的专利法是在 1960 年 4 月 1 日实施的专利法基础上经过多次修订而形成的《特许法》、《特许法施行法》、《特许法施行令》、《特许法施行规则》。专利法规定授予专利的基本条件为"三性"，即新颖性、创造性和实用性。日本 1959 年专利法规定，如果技术方案相对于本领域技术人员而言是容易得出的，则不具备专利性。❷

韩国的专利法来自于对日本专利法的法律移植。韩国 1908 年制定并公布了《特许令》，直接引进并适用日本的专利法制度。韩国 1946 年制定第一部真正意义上的《特许法》并建立了专利局（特许院），《特许法》后来经过多次修改。

二、欧洲专利创造性制度的统一

（一）欧盟法律制度

1950 年 5 月 9 日，在欧洲各国举行的部长理事会上，法国外长舒曼提出成立一个共同机构管理法国和德国的煤炭、钢铁生产的计划，建议将来形成一个欧洲联邦。这个计划被称为"舒曼计划"。1951 年 4 月 18 日，在舒曼计划的基础上，法国、联邦德国、意大

---

❶ Law No. 68–1 of Jan. 2, 1968, Journal Officiel de la République Fran? aise〔J. O.〕〔Official Gazette of France〕, Jan. 3, 1968, p. 13, translated in 67 Pat. & Trade Mark Rev. 100, 100–09, 128–36 (1969).

❷ Patent Act, Act No. 121 of 1959, art. 29 (2), translated in http：//www. cas. go. jp/jp/seisaku/hourei/data/PA. pdf.

利、比利时、荷兰和卢森堡的代表签订了《建立欧洲煤钢共同体条约》。6个成员国在煤钢共同体的成功基础上，于1957年3月25日签订了《欧洲经济共同体条约》。1958年1月1日该条约生效时，欧洲经济共同体诞生。与此同时生效的，还有《欧洲原子能共同体条约》。《建立欧洲煤钢共同体条约》、《欧洲经济共同体条约》和《欧洲原子能共同体条约》形成了"欧共体"。1973年1月1日，丹麦、英国和爱尔兰加入欧共体。1981年1月，希腊参入欧共体。1986年1月，葡萄牙和西班牙参入欧共体。1986年2月，欧共体成员国签订《单一欧洲法令》，规定建立统一市场，并规定各国将自身的法律一体化。1992年，欧共体的12个成员国签订了《欧洲联盟条约》。1995年1月，奥地利、瑞典和芬兰正式加入欧盟，欧盟成员国增为15个。1995年3月，7个成员国签订了关于人员自由流动的"申根协定"。1997年10月，欧盟各国签订《阿姆斯特丹条约》。1999年1月，10个成员国建立"欧洲区域"。2001年2月，欧盟各国签订《尼斯条约》。2004年，捷克等东欧10国加入欧盟，欧盟成员国增为25个。2007年，保加利亚和罗马尼亚正式加入欧盟，欧盟成员国增为27个。2007年，欧盟27个成员国签订《里斯本条约》，该条约于2009年12月1日生效。至此，一个联邦式的欧洲联盟产生了。❶

　　欧盟的立法机关是欧盟理事会；有关的立法建议或者法律草案，只能由欧盟委员会提出，然后由理事会表决。欧盟委员会是欧盟的行政机关，享有广泛的执行权力，包括立法提议权。欧盟议会是一个咨议性机构，并分享部分欧盟理事会的权力。欧盟法院负责解释和适用欧盟的法律，但不是各成员国的上诉法院。欧盟法院通过解释《欧共体条约》等相关规定，作出了一系列有关知识产权的

---

❶　参见 http：//europa. eu/index_ en. htm。

判决。初审法院主要审理欧共体机构与雇员之间的纠纷案件以及对欧共体相关决定不服的案件，不服可以上诉到欧盟法院。审计法院负责审计欧共体的财政收入和财政支出。

欧盟的法律分为两个部分，即基本法律和二级法律。❶ 基本法律是指《欧共体条约》及其修正案、建立欧洲联盟的条约及其修正案以及欧洲与其他国家签订的条约。二级法律是由欧共体制定的、旨在实施或者细化基本法律尤其是《欧共体条约》的法律，由欧盟议会制定的条例、指令、决定、建议和意见。❷《欧共体条约》中没有出现"知识产权"的字样，但《欧共体条约》第 30 条中规定了"工商业产权"，与《巴黎公约》所说的工业产权是相对应的，包括专利权、商标权、外观设计权和制止不正当竞争的权利及《与贸易有关的知识产权》中的商业秘密。❸

（二）《欧洲专利公约》对创造性制度的统一

1965 年，为了消除知识产权保护的差异对自由贸易的影响，欧共体委员会起草了一部完整的欧共体专利法草案。1969 年，该草案分为两个条约。第一个条约最终形成了《欧洲专利公约》（European Patent Convention），其目的是建立欧洲范围内集中的专利程序，根据该条约获得授权的专利在指定成员国有效。1977 年，《欧洲专利公约》生效。第二个条约最终形成了 1975 年的《欧共体专利公约》（Community Patent Convention），目的是创立统一的专利制度，但至今没有生效。

按照《欧洲专利公约》的规定，欧洲专利成员国的国民只要向

---

❶ 李明德、闫文军、黄晖、郭中林：《欧盟知识产权法》，法律出版社 2010 年版，第 13 页。

❷ See E. C. Treaty, article 249.

❸ 李明德、闫文军、黄晖、郭中林：《欧盟知识产权法》，法律出版社 2010 年版，第 31 页。

欧洲专利局提出一个专利申请，指定要求得到保护的国家，在授权后就可以在指定的国家得到专利保护。欧洲专利成员国可以不是欧盟成员国，其效力覆盖了38个国家。

2000年11月，《欧洲专利公约》进行了修改，主要集中在程序方面，实体法的修改很少。新修改的2000年《欧洲专利公约》于2007年12月13日生效。相应地，欧洲专利公约实施细则、欧洲专利局《审查指南》都进行了修改并与2000年《欧洲专利公约》同时生效。《欧洲专利公约》最近的修改是2010年8月的第14版。❶《审查指南》最近的修改是2009年4月。❷

《欧洲专利公约》规定了专利实质条件。《欧洲专利公约》第52（1）条规定："对于任何技术领域的所有发明，只要是新的、有创造性并能在工业上应用，授予欧洲专利。"因此，欧洲专利授权的实质条件有四项：属于某一技术领域的发明；具有新颖性；具有创造性；适于工业应用。❸关于创造性，《欧洲专利公约》中使用了"创造性步骤"（inventive step）一词。《欧洲专利公约》第56条规定，如果考虑到现有技术，一项发明对于本领域技术人员不是显而易见的，则应当认定其具备创造性。《欧洲专利公约》通过实体法的方式在立法层面上统一了欧洲专利的创造性制度。

（三）欧洲专利局上诉委员会对创造性制度的统一

欧洲专利组织根据《欧洲专利公约》的规定而成立，下设欧洲专利局和行政理事会。行政理事会主要起到监督作用，具体的专利行政事务由欧洲专利局完成。欧洲专利局的组成部门包括受理处、检索部、审查部、异议部、法律部、上诉委员会。

欧洲专利局上诉委员会审理不服受理处、审查部、异议部和法

---

❶　ISBN 978-3-89605-103-2.

❷　ISBN 3-89605-091-5.

❸　参见欧洲专利局《审查指南》第3部分第4章第1.1节。

律部等部门作出的决定提出的上诉，相当于我国的专利复审委员会。欧洲专利局上诉委员会包括 24 个技术上诉委员会、法律上诉委员会、扩大申诉委员会、纪律上诉委员会。24 个技术上诉委员会负责处理针对驳回或授权决定或异议决定的上诉。法律上诉委员会只负责涉及法律问题而不涉及技术问题的上诉。扩大申诉委员会负责对上诉委员会提交的法律问题作出决定，并对欧洲专利局局长提交的法律问题提出意见。纪律上诉委员会负责处理对纪律委员会的决定提起上诉的案件。❶

欧洲专利局异议部依照《欧洲专利公约》受理对专利提出的异议。异议是在专利授权后的程序，任何人都可以提出，不需要有利害关系，类似于我国的无效宣告请求。提出异议的理由只能是《欧洲专利公约》第 100 条规定的情形，❷ 如技术方案不具备专利性、公开不充分或者权利要求得不到说明书支持。异议申请必须在欧洲专利公开后 9 个月内提出，并需要缴纳异议费用。有统计表明，欧洲专利局授予的专利中有大约 6% 被提出异议。❸ 其中，有 1/3 专利被撤销，有 1/3 通过修改被保留，但权利要求保护范围被限制，有 1/3 维持授权而驳回异议。异议部作出决定后两个月内可以提出上诉。❹ 上诉程序中，当事人可以申请口头审理。❺ 口头审理在慕尼黑举行，而且是公开的，❻ 可以在欧洲专利局网站上查询到。上诉委员会与欧洲专利局相对独立，只对《欧洲专利公约》负责。上诉委

---

❶　相关内容参见 www. epo. org。

❷　G 1/95 (19 July 1996), reasons 4. 1.

❸　EPO web site, CA/PL 29/99 dated 8. 11. 1999, Revision of the EPC: limitation procedure, in Travaux préparatoires 1997 – 2000, Patent Law Committee documents, item II. 7.

❹　Article 108 EPC.

❺　Article 116 (1) EPC.

❻　Article 116 (4) EPC.

员会的成员由欧洲专利局局长提名，由欧洲专利组织理事会任命，❶
因此相对独立，除了名义上不是，事实上就是法官。❷

欧洲专利局技术上诉委员会是最主要的处理专利异议上诉案件
的部门，2008 年受理案件达 2403 件，而扩大申诉委员会受理的案
件只有 4 件。很多有关创造性判断的具体案例都由上诉委员会作
出。欧洲专利上诉委员会还将重要的案例汇编整理为《判例法》。❸

三、专利创造性制度的国际公约

（一）TRIPS 协议

1993 年 12 月，包括我国在内的 117 个国家和地区在日内瓦将
"关税与贸易总协定"改为"世界贸易组织"（WTO）并签署了一
系列文件。在美国主导下，1993 年 12 月 15 日相关国家达成"一揽
子"的《与贸易有关的知识产权协议》（The Agreement on Trade-
Related Intellectual Property Rights，简称 TRIPS 协议）。TRIPS 协议
是 WTO 的三大支柱之一。多边货物贸易和服务协议只对成员的政
策进行约束，而 TRIPS 协议要求各成员国积极采取行动保护知识产
权，而且规定了成员国必须达到的知识产权最低保护标准。如果不
成为 TRIPS 协议的成员国就不能加入 WTO，因此 TRIPS 协议第 2
部分是世界上至今最为全面的知识产权保护公约，世界上大多数国
家都遵守其中的知识产权最低保护标准。TRIPS 协议试图对专利创
造性的判断标准进行一定程度的统一，第 27 条第 1 款规定：所有
技术领域的任何发明，无论是产品还是方法，只要是新颖的，具备

---

❶ Article 11 (3) EPC.

❷ Robin Jacob, National Courts and the EPO Litigation System, GRUR Int., 2008, Vol.
8-9, pp. 658-662.

❸ 本书中所用的欧洲专利局上诉委员会《判例法》，如果没有特别指明，是 2006
年第 5 版的《判例法》。

创造性而且能够在产业上应用，都可以获得专利。

（二）专利实体法条约

虽然《巴黎公约》和 TRIPS 协议较为普遍地规定了创造性实体条件，但只是规定了最低标准，将创造性判断的具体规则留给了各国自己规定。而其他专利国际条约如《专利合作条约》（PCT）等主要集中在程序问题上，仅对专利的申请、检索和申请作了具体规定。随着专利在国际贸易中的影响日益增强，专利国际保护的需求不断增长，《巴黎公约》和 TRIPS 协议中有关创造性的规定已经不能满足专利保护国际化的需求。在 2000 年 6 月 1 日世界知识产权组织外交会议通过了协调各国专利程序问题的《专利法条约》（Patent Law Treaty，简称 PLT）后，在发达国家的推动下，世界知识产权组织的专利法常务委员会（the Standing Committee on the Law of Patents，简称 SCP）开始研究协调专利实体法。2000 年 11 月，专利法常务委员会在第四次会议上就实体专利法草案的框架达成协议，认为草案应当主要集中于直接涉及专利授予的实体条件，如现有技术、新颖性、创造性和实用性的界定以及权利要求的撰写和解释及充分公开等方面。专利法常务委员会还同意在以后的阶段再讨论涉及实体专利法的协调问题，如先申请制度还是先发明制度、18 个月公开、授权后再异议等制度。2001 年 4 月，在专利法常务委员会第五次会议上，第一个《专利实体法条约》（Substantive Patent Law Treaty，简称 SPLT）草案被提出来讨论。这个草案涉及创造性等 6 个专利授予的实体条件。专利法常务委员会还讨论了《专利实体法条约》与《专利合作条约》和《专利法条约》的衔接问题，以及《专利实体法条约》是否应当涉及专利侵权的问题。在 2001 年 11 月第六次会议上，专利法常务委员会讨论了《专利实体法条约》修改草案，并就《专利实体法条约》与《专利合作条约》和《专利法条约》之间的衔接达成协议，还同意了美国的提议，成立专门工作小组对批量的和复杂的专利申请进行研究。在 2002 年至 2003 年间，专利法常务委员会又召开了第七次至第九次会议，进一步修改了《专利实体法条约》草案。根据一些国家代表团的提议，《专利实体法条约》的内容有所扩展，并对各国政策的灵活性给予了考虑。在会议中，各国代表团对专利申请中的传统知识和遗传资源等问题产生了较大分歧。在 2004 年专利法常务委员会第十次会议上，美国、日本和欧洲专利局联合提议将现有技术、新颖性、创造性等作为优先议题来讨论，但遭到部分国家代表团的反对。在美国和日本的推动下，世界知识产权组织总干事组织相关代表团就美国和日本的提议进行了磋商，除巴西外，其他代表团同意对包括专利创造性和遗传资源在内的 6 个问题进行优先讨论。在 2005 年 6 月专利法常务委员会第十一次会议上，以巴西为首的部分国家代表团提出应当在整体上讨论《专利实体法条约》，并提出对技术转移、公众利益保护等议题进行讨论。虽然在会议上对专利法常务委员会的工作重要性进行了肯定、对专利实体法协调的推进符合各方利益予以了强调，但并未就《专利实体法条约》草案达成共识。专利法常务委员会在此后不断召开会议继续就《专利实体法条约》的制定进行讨论。在 2008 年 6 月的第十二次会议上讨论过的《国际专利制度的考察报告》对各国的专利制度进行了综合分析，其中包括对各国专利创造性制度的比较分析。2010 年 10 月 11 日至 15 日，在瑞士日内瓦召开了十五次会议，其中一个主题是"可专利性主题和专利权的限制和例外"，❶ 另一个主题是听取《国际专利制度的考察报告》❷ 修改稿。

---

❶ SCP/15/3 , Experts' Study on Exclusions from Patentable Subject Matter and Exceptions and Limitations to the Rights.

❷ Report on the International Patent System: Revised Annex II of Document SCP/12/3 REV. 2.

《专利实体法条约》草案中提出的创造性标准并不高，由掌握一般知识的普通技术人员来评价创造性，而不是由（所属）本领域掌握专业技术的人员来评价创造性。从理论上讲，创造性的判断标准较低不利于发达国家的专利质量，容易导致专利申请量过度增长，并导致专利数量过多。创造性的判断标准较高，则不利于促进发展中国家的技术进步和发展。因此，对于创造性标准难以达成共识。另外，抵触申请是否能够作为判断创造性的现有技术，各国也存在争议，有意见认为抵触申请既应当作为评价新颖性的现有技术也应当作为评价创造性的现有技术对待。《专利实体法条约》草案中规定抵触申请只能作为新颖性判断的现有技术使用而不能作为创造性判断的现有技术使用。

第三节　制度层面的法律移植

一、创造性制度的趋同

（一）创造性制度的立法和目的

专利的创造性是在国际上被广泛接受的专利的四个条件之一。其他三个条件是：新颖性，是指发明应当是新的，在英语中被表示为 novelty；❶ 实用性，是指发明应当是有用的或者说能够适于工业应用，在英语中被表示为 utility；❷ 能够实施，是指在专利申请文件中被充分公开。❸ 新颖性和创造性一起作用于保证专用权利只提供给真正新的发明。新颖性关注发明是否已经被描述过或实施过，它用于判断发明是否已经存在于现有技术之中。

在美国，文字中有"显而易见"的表述的最早专利判决就是

---

❶ 35 U. S. C. § 101.

❷ 35 U. S. C. § 101.

❸ 35 U. S. C. § 112.

1825 年的 Earle 案❶判决。美国《专利法》关于创造性的条件规定在第 103 条，其中（a）款是原则性规定，该条（b）款特别规定了生物工艺学方法专利的创造性判断规则。（a）款的内容是：虽然发明与第 102 条公开或者描述的现有技术并不相同，但如果专利申请与现有技术的技术方案的区别使得专利申请的技术方案作为一个整体相对于发明作出时的本领域技术人员是显而易见的，则不能授予专利。❷

我国 1984 年制定的《专利法》第 22 条第 1 款规定：授予专利权的发明和实用新型，应当具备新颖性、创造性和实用性。第 22 条第 3 款规定：创造性，是指同申请日以前已有的技术相比，该发明有突出的实质性特点和显著的进步，该实用新型有实质性特点和进步。《专利法》1992 年第一次修正、2000 年第二次修正、2008 年第三次修正都没有改变创造性的规定。

《欧洲专利公约》第 56 条第 1 段规定，在现有技术基础上，如果发明相对于本领域技术人员不是显而易见的，则发明具备创造性。欧洲专利局认为，授予专利权的权利范围应当以技术进步为依据，并与技术进步相对应。用于认定《欧洲专利公约》第 83 条和 84 条中的专利保护范围的法律基本原则，也适用于《欧洲专利公约》第 56 条中的创造性判断，因为有效的权利要求覆盖的范围应当有创造性。除非权利要求应当进行修改，通过删除显而易见的内容确保专利权是正当的。❸

日本《专利法》第 29 条第 1 款规定了新颖性条件，第 2 款规定了创造性条件，其中规定：专利申请日前，如果本领域技术人员可以基于第 29 条第 1 款规定的发明容易地作出发明，则不应给这样的发明授予专利。关于创造性条件的目的，日本《审查指南》认

❶ Earle v. Sawyer, 8 F. Cas. 254（C. C. D. Mass. 1825）.
❷ 35 U. S. C. 103（a）.
❸ T 939/92, OJ 1996, 309；T 930/94, T 795/93, T 714/97.

为,《专利法》第 29 条第 2 款的目的是不给那些本领域技术人员容易作出的发明授予专利,因为对这些发明授予专利不仅不促进技术进步反而阻碍技术进步。❶

韩国《专利法》第 29 条第 1 款规定了新颖性条件,第 2 款规定创造性条件。《专利法》第 29 条第 2 款规定:如果发明申请相关的本领域技术人员基于申请日前的第 29 条第 1 款规定的发明能够容易地作出发明,则该发明申请不应授予专利。韩国《专利法》中并没有出现创造性这个词。关于创造性条件的目的,韩国《审查指南》认为,《专利法》第 29 条第 2 款的目的是不给本领域技术人员容易作出的发明授予专利,因为授予这种相对于现有技术并不具备创造性或重要技术进步的发明以专利不仅给了发明者以专用权,也由于限制了第三方获得技术而阻碍了技术进步。❷

(二) 广泛采用的"非显而易见"

有意思的是,欧洲和美国似乎是用了不相同的思路来规定创造性,但都使用了显而易见性。具体就创造性的判断而言,欧洲专利局《审查指南》也专节规定了显而易见性。❸ 显而易见与否,是以本领域技术人员为主体作出判断。正如欧洲专利局上诉委员会在《判例法》中明确表示的,"显而易见"这个词意味着不仅仅是简单地或顺其自然地沿着现有技术向前的技术进步,例如只是本领域技术人员的技术或能力的运用。❹

我国《审查指南》对"突出的实质性特点"的判断作出规定:判断发明是否具有突出的实质性特点,就是要判断对本领域的技术人员来说,要求保护的发明相对于现有技术是否显而易见。如果要求保护的发明相对于现有技术是显而易见的,则不具有突出的实质

---

❶ 参见日本《审查指南》第 2 部分第 2 章第 2.1 节。

❷ 参见韩国《审查指南》"专利实质条件"部分第 3 章第 2 节。

❸ 参见欧洲专利局《审查指南》第 3 部分第 4 章第 9.4 节。

❹ 参见欧洲专利局《审查指南》第 3 部分第 4 章第 11.4 节。

性特点；反之，如果对比的结果表明要求保护的发明相对于现有技术是非显而易见的，则具有突出的实质性特点。❶

各国基本上都规定是否显而易见取决于本领域技术人员这个判断主体，但不同国家有不同的具体判断方法。美国现行的创造性判断方法集中体现在美国最高法院 1966 年在 Graham 案❷中确定的 Graham 四要素法和 2007 年在 KSR 案❸中对联邦巡回上诉法院的"教导—启示—动机"检验法的修正意见中。联邦巡回上诉法院采用的"教导—启示—动机"检验法认为，要认定权利要求是显而易见的，只能是因为在现有技术中、技术问题本身中或本领域技术人员知识中公开了结合现有技术的教导的动机或提示。欧洲的方法可以简单称为"问题—解答"方法。不同的创造性判断方法都是为了尽量客观地判断创造性。

二、我国创造性制度的修改

（一）突出的实质性特点和显著的进步

我国《审查指南》规定，发明有突出的实质性特点，是指对所属技术领域的技术人员来说，发明相对于现有技术是非显而易见的。❹如果发明是所属技术领域的技术人员在现有技术的基础上仅仅通过合乎逻辑的分析、推理或者有限的试验可以得到的，则该发明是显而易见的，也就不具备突出的实质性特点。❺

---

❶ 参见 2006 年《审查指南》第 2 部分第 4 章第 3.2.1 节。由于 2010 年《专利审查指南》在创造性判断方面的规定基本上没有变动，而且目前为止的专利审查和专利审判都适用的是 2006 年《审查指南》，因此，没有特殊原因，本书原则上只引用 2006 年《审查指南》。

❷ Graham v. John Deere Co. of Kansas City, 383 U. S. 1 (1966).

❸ 82 USPQ2d 1385 (2007).

❹ 参见 2006 年《审查指南》第 2 部分第 4 章第 2.2 节。

❺ 参见 2006 年《审查指南》第 2 部分第 4 章第 2.2 节。

我国《审查指南》规定，发明有显著的进步，是指发明与现有技术相比能够产生有益的技术效果。❶《审查指南》还规定了几个具有显著的进步的情形。例如，发明克服了现有技术中存在的缺点和不足，或者为解决某一技术问题提供了一种不同构思的技术方案，或者代表某种新的技术发展趋势。❷

在司法实践中，大量判决引用了上述规定。例如，在"一种镇痛药和其制造方法"发明专利权无效行政纠纷案❸中，一审判决在界定突出的实质性特点和显著的进步时表示："在评价发明的创造性方面，根据《专利法》第二十二条第三款的规定，具备创造性的发明同现有技术相比，应当具有突出的实质性特点和显著的进步。其中，对于具有突出的实质性特点方面，应当以对所属技术领域的技术人员来说是否显而易见为标准；对于显著性进步的判断方面，则是发明与最接近的现有技术相比能够产生有益的技术效果。"

（二）"显著的进步"的必要性

在专利审查和专利审判实践中，大量决定和判例在创造性判断中只是分析是否有实质性特点，并不分析是否有显著的进步。例如，在"一种能够组合拆卸的型材"实用新型专利权无效行政纠纷案❹中，二审法院认为，本领域技术人员无法得到将凹槽设置于推拉框上部设置的三个突起的端部这一技术启示，故本专利权利要求

---

❶ 参见 2006 年《审查指南》第 2 部分第 4 章第 2.3 节。

❷ 参见 2006 年《审查指南》第 2 部分第 4 章第 2.3 节。

❸ 参见日本脏器制药株式会社与国家知识产权局专利复审委员会、威世药业（如皋）有限公司发明专利权无效行政纠纷案，北京市第一中级人民法院（2005）一中行初字第 692 号行政判决书。

❹ 参见山西仁德信塑钢型材工业有限公司与国家知识产权局专利复审委员会、程田青实用新型专利权无效行政纠纷案，北京市第一中级人民法院（2007）一中行初字第 282 号行政判决书，北京市高级人民法院（2007）高行终字第 459 号行政判决书。

1 中的这种改进是非显而易见的，具有实质性特点，因此，本专利权利要求 1 相对于证据 2 具有创造性。在"一种镇痛药和其制造方法"发明专利权无效行政纠纷案❶中，一审法院虽然引用了《审查指南》的规定认为具备创造性条件同时要求具有突出的实质性特点和显著的进步，但在是否具备创造性的具体分析中，只是分析了本专利的技术方案相对于本领域技术人员是否显而易见，并未具体分析是否具备显著的进步。

也有判例同时分析了本专利是否具备实质性特点和进步，但这样的案例很少。例如，在"亚光抗静电胶板"实用新型专利权无效行政纠纷案❷中，一审法院认为："一项权利要求所限定的技术方案与现有技术相比具有区别技术特征，并且现有技术中没有给出采用这一区别技术特征的技术启示，同时该技术方案具有有益的技术效果，则该权利要求具备创造性。"

也有当事人以本专利没有技术进步而主张其不具备创造性。在"电路断路器的辅助跳闸单元"发明专利权无效行政纠纷案❸中，无效宣告请求人正泰公司不服第 5685 号无效宣告请求审查决定，提起行政诉讼，认为专利复审委员会在无效决定中缺少本专利是否具有显著进步的评析，不符合对发明专利创造性评价的要求，而且还主张："本专利的技术方案比对比文件 2 和 3 的技术方案更加复

---

❶ 参见日本脏器制药株式会社与国家知识产权局专利复审委员会、威世药业（如皋）有限公司发明专利权无效行政纠纷案，北京市第一中级人民法院（2005）一中行初字第 692 号行政判决书。

❷ 参见上海普田橡胶制品厂与国家知识产权局专利复审委员会、上海百盛橡胶制品有限公司实用新型专利权无效行政纠纷案，北京市第一中级人民法院（2006）一中行初字第 310 号行政判决书。

❸ 参见正泰集团股份有限公司与国家知识产权局专利复审委员会、施内德电气工业公司案，北京市第一中级人民法院（2005）一中行初字第 537 号行政判决书，北京市高级人民法院（2006）高行终字第 181 号行政判决书。

杂，跳闸时间更长，因此是一个变劣的技术方案，不具有创造性。"

从逻辑上来讲，如果有实质性特点就必然有技术进步，那就没有设置技术进步这个条件的必要。我国《审查指南》规定实质性特点认定的主要步骤为认定最接近现有技术、认定区别特征和客观技术问题、认定是否存在技术启示。既然能够解决客观技术问题并产生一定的技术效果，就必然具有技术进步。从这个角度来说，实质性特点是否具备的判断，包含了发明是否能够解决客观技术问题的判断；既然具备了实质性特点，就能够符合技术进步的要求，在实质性特点之外再规定技术进步作为创造性的条件是没有必要的。实践中，专利复审委员会和法院在很多决定和判决中并不单独论述本专利是否有技术进步，也从一个侧面表明以审查员和法官的经验看来，实践中没有具备实质性特点而不具备显著的进步的发明创造。因此，有人主张删除"显著的进步"这一条件。❶

以笔者对 2002 年以来所有专利行政案件判决书的分析经验来看，绝大多数判决都没有单独分析本专利是否具备技术进步，即使有单独分析也往往一笔带过。可能的原因有：第一，就本专利来看，有技术进步是不言而喻的，并不需要详细论述；第二，在对是否具备实质性特点的论述过程中，尤其在对本专利的技术效果进行分析时，已经论述了本专利的技术进步，有实质性特点就必然有技术进步，不必再单独论述技术进步。

是否存在虽然有实质性特点但却没有技术进步的发明或者实用新型，是一个关键问题。如果没有，则意味着具备实质性特点就必然具备技术进步，没有必要再单独规定技术进步这一要件；如果有，则有必要在认定实质性特点后再认定是否有进步。这个问题实

---

❶ 赵佑斌：《发明专利的创造性判断案例研究》，上海交通大学 2010 年硕士毕业论文，指导教师寿步，第 16 ~ 17 页。

际上取决于实质性特点的内涵和判断方法。如果单纯从逻辑上看，相对于本领域技术人员非显而易见的技术方案也确实有可能并没有技术进步；但如果按照我国《审查指南》或者欧洲专利局的"问题—解决"方法来判断创造性，都需要认定区别技术特征及其要解决的客观技术问题，能够解决客观技术问题实际上就表明有技术进步。因此，如果按照上述方法来判断是否显而易见，则已经包含了是否有技术进步的判断。

从国外的立法来看，多数国家没有将技术进步规定为创造性的必要条件。《欧洲专利公约》第56条关于创造性的定义中并没有将技术进步规定为专利性条件。因此，相对于市场中的产品具有的技术进步可以作为支持创造性的理由，但并不能代替相对于最接近现有技术的创造性的分析。❶ 美国《专利法》第103条规定的专利创造性条件就是非显而易见性，而且美国对非显而易见性的判断方法中并没有单独就是否有技术进步作出规定。日本《审查指南》规定，如果有有益的技术效果，则在创造性判断中应当予以考虑。❷ 但是，无论有无有益的技术效果，如果本领域技术人员容易作出发明申请，都应当认定不具备创造性。除非当发明申请相对于引证发明具有的有益技术效果非常突出以至于本领域技术人员根据现有技术不能预料，则可能认定具备创造性。❸ 这个时候，实际上已经符合了非显而易见性。

而且，根据我国《专利法》第22条第1款的规定，授予专利权的发明和实用新型应当具备新颖性、创造性和实用性。实用性，是指发明或者实用新型申请的主题必须能够在产业上制造或者使用，并且能够产生积极效果。在专利的实用性条件中已经规定了积

---

❶　T 181/82, OJ 1984, 401；T 164/83, OJ 1987, 149；T 317/88, T 385/94.

❷　参见日本《审查指南》第 2 部分第 2 章第 2.5 节。

❸　参见日本《审查指南》第 2 部分第 2 章第 2.5 节。

极效果的情况下，在创造性条件中也没有必要再规定"进步"或"显著的进步"要件。

第四节　实践层面的法律移植

一、判例法移植的两个典型例证

（一）有关发明完成过程的规则的移植

美国《审查指南》规定，在判断创造性时，作出发明的特别动机或者发明人正在解决的技术问题都并不是决定性的，正确的分析是在考虑了所有的事实要件后分析发明申请相对于本领域技术人员是否显而易见。[❶] 这实际上是体现美国《专利法》第 103 条（a）款的最后一句话——专利性的认定不受发明完成过程的影响。[❷] 这一观点在第 103 条制定前有过争议，瑞奇为此还专门强调："专利性应当根据技术进步的情况而不是发明完成过程的情况来判断。"[❸]

虽然我国的《专利法》中并没有相同的规定，但我国 1993 年《审查指南》中有类似的规定，而且这一规定在历次《审查指南》的修改中都予以保留。1993 年《审查指南》规定：不管发明者在创立发明的过程中是历尽艰辛，还是唾手而得，都不应当影响对该发明创造性的评价。绝大多数发明是发明者创造性劳动的结晶，是

---

❶　Manual of Patent Examining Procedure （MPEP），§ 2141. III. Rev. 6，Sept. 2007.

❷　Giles S. Rich：Why and How Section 103 Came to Be，in Nonobviousness—The Ultimate Condition of Patentability，see John F. Witherspoon ed.：Nonobviousness-the Ultimate Conditin of Patentability，1980，pp. 1：201，1：209.

❸　Giles S. Rich：Why and How Section 103 Came to Be，in Nonobviousness—The Ultimate Condition of Patentability，see John F. Witherspoon ed.：Nonobviousness-the Ultimate Conditin of Patentability，1980，pp. 1：201，1：209.

长期科学研究或者生产实践的总结。但是，也有一部分发明是偶然作出的。例如，公知的汽车轮胎具有很好的强度和耐磨性能，它曾经是由于一名工匠在准备黑色橡胶配料时，把决定加入3％的碳黑错用为30％而造成的。事实证明，加入30％碳黑生产出来的橡胶具有原先不曾预料到的高强度和耐磨性能，尽管它是由于操作者偶然的疏忽而造成的，但不影响该发明具备创造性。❶

这表明，专利法是一个受政治、文化的差异影响不大的部门法，外国的法律移植在专利法领域比较容易实现。法律移植的方式是灵活多样的，具有相同含义实现相同功能的规则并不一定体现在相同形式的法律规范中。上述例证中，在美国制定法中的规则，可以移植到我国的部门规章中。表现形式如何并不重要，只要在实际上能够产生相同的作用。

（二）美国判例在我国和日本的引用

1979年美国关税和专利上诉法院有个判例涉及带凹槽以排除表面水的碳刹车盘的发明。❷ 该判例被美国《审查指南》所引用，❸用以说明只是揭示现有技术中的内在属性并不能使已知的发明具备创造性。

日本《审查指南》引用了该案例，而且明显地标明该案例是参考201USPQ658。❹ 日本《指查指南》引用该判例的具体内容为：发明申请涉及一种带有凹槽以排除表面水的石墨刹车盘。对比文件1公开了一种石墨刹车盘，对比文件2公开了一种带有凹槽以清除表面尘土的金属刹车盘。在本案中，即使是对比文件1公开的石墨刹车盘也存在清除表面尘土的问题。本领域技术人员根据对比文

---

❶　参见1993年《审查指南》第2部分第4章第3.4.1节。

❷　In re Wiseman, 596 F. 2d 1019, 201 USPQ 658（CCPA 1979）.

❸　MPEP § 2145. II.

❹　参见日本《审查指南》第2部分第2章第2.5节案例1。

件 2 的启示能够容易地提供一种带有凹槽的石墨刹车盘解决该技术问题。然而，如果申请人提供充分证据证明引证发明 1 和 2 的结合在技术上是有障碍的，例如，石墨刹车盘不像金属刹车盘，没有尘土问题，没有理由为了消除尘土而想到在石墨刹车盘上也开凹槽，那么依据对比文件不能否认发明申请的创造性。

我国 1993 年和 2001 年《审查指南》中并没有此案例，但 2006 年《审查指南》中却引用了该案例。❶ 不过，《审查指南》并没有注明此案例是一个美国案例。我国《审查指南》引用该案例是为了说明：所述区别特征为另一份对比文件中披露的相关技术手段，该技术手段在该对比文件中所起的作用与该区别特征在要求保护的发明中为解决该重新确定的技术问题所起的作用相同。《审查指南》对该案例的具体描述为：

要求保护的发明是设置有排水凹槽的石墨盘式制动器，所述凹槽用以排除为清洗制动器表面而使用的水。发明要解决的技术问题是如何清除制动器表面上因摩擦产生的妨碍制动的石墨屑。对比文件 1 记载了一种石墨盘式制动器。对比文件 2 公开了在金属盘式制动器上设有用于冲洗其表面上附着的灰尘而使用的排水凹槽。

要求保护的发明与对比文件 1 的区别在于发明在石墨盘式制动器表面上设置了凹槽，而该区别特征已被对比文件 2 所披露。由于对比文件 1 所述的石墨盘式制动器会因为摩擦而在制动器表面产生磨屑，从而妨碍制动。对比文件 2 所述的金属盘式制动器会因表面上附着灰尘而妨碍制动，为了解决妨碍制动的技术问题，前者必须清除磨屑，后者必须清除灰尘，这是性质相同的技术问题。为了解决石墨盘式制动器的制动问题，本领域的技术人员按照对比文件 2 的启示，容易想到用水冲洗，从而在石墨盘式制动器上设置凹槽，

---

❶ 参见 2006 年《审查指南》第 2 部分第 4 章第 3.2.1.1 节。

把冲洗磨屑的水从凹槽中排出。由于对比文件 2 中凹槽的作用与发明要求保护的技术方案中凹槽的作用相同，因此本领域的技术人员有动机将对比文件 1 和对比文件 2 相结合，从而得到发明所述的技术方案。因此，可认为现有技术中存在上述技术启示。

上述分析表明：第一，虽然我国和日本规定了不同的创造性判断方法，但在实际应用过程中对相同情况的处理产生的结果是相同的，即使是美国的判例也能够同时被我国和日本所引用。第二，同一个判例，在我国、日本和美国的"审查指南"中被使用的角度是不相同的。这表明即使最终结果相同，但由于创造性判断的路径不同，相同的判例也可以从不同的角度来审视。第三，我国在借鉴外国的创造性判断规则时，也应当考虑到我国法律规定的原则和方法与外国的差异，有选择性地合理引用外国判例法。

二、判断方法的法律移植

（一）美国的创造性判断方法和步骤

美国最高法院在 1966 年的 Graham 案❶对《专利法》第 103 条加以解释，提出了非显而易见性判断的"Graham 要素"：决定现有技术的范围和内容；明确现有技术与所审查的权利要求之间的区别；确定本领域技术人员的水平。商业上的成功、长期渴望解决的技术需求、他人的失败等辅助判断因素，可以用来评价专利申请的技术方案所处的技术背景。正如美国最高法院在 KSR 案中所述，虽然这些要素的顺序在每个案件中是不相同的，但 Graham 要素一直被用于界定创造性的要件。❷ 美国《审查指南》要求审查员按照"Graham 要素"进行非显而易见性的审查。❸ 联邦巡回上诉法院为

---

❶　Graham v. John Deere Co. 383 U. S. 1, 148 USPQ 459（1966）.

❷　KSR, 82 USPQ2d at 1391.

❸　MPEP, §2141.

了使创造性判断更加协调一致，采用了关税和专利上诉法院 1961年首次确立的"教导—启示—动机"检验法。❶ 美国最高法院在KSR 案❷中重新肯定了 Graham 案确定的创造性判断方法，但认为联邦巡回上诉法院在适用"教导—启示—动机"检验法过程中过于生硬和形式化，提出了修正的适用意见。❸ 结合 Graham 案、"教导—启示—动机"检验法和 KSR 案的创造性判断规则，美国法院在判断创造性中的主要步骤为理解本专利和现有技术、认定区别特征、认定是否显而易见，最后一步主要运用"教导—启示—动机"检验法。

在美国，初步显而易见性是创造性判断过程中的一个很重要的概念，也体现了创造性判断的过程。初步显而易见性这一法律概念是创造性判断中适用于所有技术领域的程序工具，它在创造性判断过程中起到分配进一步的举证责任的作用。❹ 审查员应当证明初步显而易见性；如果审查员不能证明初步显而易见性的成立，则申请人没有义务提交非显而易见性的证据。当然，如果审查员证明了初步显而易见性，则举证责任转移到申请人，申请人再提交非显而易见性的证据，如提交发明具有现有技术预料不到的技术效果的比较实验数据等。初步显而易见性依据现有技术和说明书来认定，不需要审查员和申请人再提交其他证据。

申请人对初步显而易见性提出反驳，应当明确地、详细地指出审查员的认定中存在的错误，并对驳回理由进行答复。答复必须指

---

❶ Application of Bergel, 292 F. 2d 955, 956. 957 (1961).

❷ KSR, 82 USPQ2d at 1385.

❸ KSR, 82 USPQ2d at 1391.

❹ See In re Rinehart, 531 F. 2d 1048, 189 USPQ 143 (CCPA 1976); In re Warner, 379 F. 2d 1011, 154 USPQ 173 (CCPA 1967), cert. denied, 389 U. S. 1057 (1968).

出能够使权利要求相对于现有技术具备创造性的特别明确的理由。如果申请人不同意审查员认定的事实要件，反驳必须说明为什么审查员认定事实要件有实质性错误。

一旦申请人提交了反驳证据，审查员应当根据整个记录重新考虑最初的创造性判断。[1] 所有的驳回理由都需要重新审查以确保其仍然站得住脚。如果没有证据支持，只是笼统地主张公知常识或初步显而易见性的认定是错误的，不能反驳初步显而易见性的认定。审查员可以坚持驳回并终结审查程序。[2]

（二）欧洲、日本和韩国的创造性判断方法和步骤

为了判断创造性，欧洲专利局上诉委员会通常应用"问题—解决"方法。这种方法包括：（1）认定最接近现有技术；（2）认定相对于最接近现有技术发明申请取得的技术效果；（3）认定发明申请想要取得的结果为要解决的技术问题；（4）判断根据《欧洲专利公约》第54条第2款规定的现有技术，本领域技术人员是否被教导用发明申请的技术特征去获得发明申请取得的技术效果。[3] 欧洲专利局上诉委员会经常援引《欧洲专利公约实施细则》第27（1）条（c）款作为"问题—解决"方法的依据。

日本《审查指南》规定的创造性判断基本方法为：（1）在认定发明申请和一项以上的现有技术后，从引证发明中选择一项最接近的现有技术；（2）在比较发明申请和现有技术之后，认定相同和区别技术特征；（3）基于最接近的现有技术、其他现有技术（包

---

[1] See e. g. , In re Piasecki, 745 F. 2d 1468, 1472, 223 USPQ 785, 788 (Fed. Cir. 1984); In re Eli Lilly & Co. , 90 F. 2d 943, 945, 14 USPQ2d 1741, 1743 (Fed. Cir. 1990).

[2] See MPEP § 706. 07 (a).

[3] See also Guidelines for Examination in the European Patent Office, April 2009, C-IV, 9. 8. 以下简称欧洲专利局《审查指南》。

括公知的或者普遍使用的技术手段）以及公知常识判断是否缺乏创造性。创造性判断应当广泛地考虑各个方面的情况，如审查员要考虑发明申请是否只是性能更好的材料选择、是否只是设计的常规改进、是否只是在引证发明基础上的技术特征集合、是否引证发明公开了本领域技术人员作出发明的原因或者动机。发明申请相对于引证发明具有的有益技术效果是否可以在说明书的描述中清楚地找到等情况，可以作为判断创造性的事实予以考虑。❶

韩国《审查指南》专门规定了"判断创造性的步骤"，❷ 主要包括：第一步，解释申请发明；第二步，解释对比发明；第三步，选择确定与申请发明最接近的对比发明，并认定二者的区别特征；第四步，判断在申请日前本领域技术人员根据对比发明和公知常识是否容易作出申请发明，虽然申请发明与对比发明之间存在区别。❸

（三）比较分析

我国 1993 年《审查指南》并未规定创造性判断的具体方法。但在 2001 年《审查指南》中首次规定了"判断要求保护的技术方案相对于现有技术是否显而易见"的三个步骤：（1）确定最接近的现有技术；（2）确定发明的区别特征和发明实际解决的技术问题；（3）判断要求保护的发明对本领域的技术人员来说是否显而易见。❹ 2006 年《审查指南》专门规定了突出的实质性特点的判断方法，上述三个判断步骤的规定没有变化。❺

美国创造性判断方法的特点在于，强调认定本领域技术人员的水平，强调辅助判断因素在一开始就应当用于认定技术背景，而且

---

❶ 参见日本《审查指南》第 2 部分第 2 章第 2.4（2）节。
❷ 参见韩国《审查指南》专利实质性条件部分第 3 章第 5.1 节。
❸ 参见韩国《审查指南》专利实质性条件部分第 3 章第 5.1 节。
❹ 参见 2001 年《审查指南》第 2 部分第 4 章第 3.2.1 节。
❺ 参见 2006 年《审查指南》第 2 部分第 4 章第 3.2.1.1 节。

在最后的判断步骤上一般会使用"教导—启示—动机"检验法。欧洲专利局的特点在于强调认定客观技术问题，而且在最后的判断步骤上一般会使用"主观能—客观能"方法。因此有学者认为，欧洲专利局与美国的创造性判断方法相比，多了些逻辑判断，少了些经验判断，体现了大陆法系法学思维中的强烈形式理性。❶ 我国的创造性判断采用的"三步法"，从《审查指南》的规定来看，基本上采用了欧洲专利局的"问题—解决"方法。❷ 我国《审查指南》也强调客观技术问题的认定，这一点与欧洲最为相近；但我国《审查指南》也强调依据是否存在技术启示来判断是否显而易见，这一点其实与美国的"教导—启示—动机"检验法最为相近。综合来看，我国的规定既借鉴了欧洲专利局的规定，也借鉴了美国的规定。

各国的创造性判断方法和步骤的比较表明，创造性判断的方法和步骤基本相同，都是在基本相同的事实要件的基础上判断是否显而易见，最后的判断都依赖于判断者的主观认识，因此都面临着克服主观性、促进客观化的问题。

（四）创造性判断方法和步骤的灵活应用

虽然我国《审查指南》规定了创造性判断方法和步骤，但《审查指南》只是部门规章，在诉讼程序中可以为人民法院参考适用，但人民法院并不必须遵守。人民法院如何判断创造性，并没有法律或行政法规进行规定，最高人民法院也没有制定相应的司法解释。在司法实践中，人民法院的很多判决都严格按照三步法来判断创造性。例如，在"用于沥青混合料转运的自行式车辆装置"实用

---

❶ 方慧聪、和育东："专利创造性判断之比较研究"，见周林主编：《知识产权研究》第十九卷，知识产权出版社 2010 年版，第 166 页，第 192 页。
❷ 国家知识产权局专利复审委员会编著：《创造性——专利复审委员会案例诠释》，知识产权出版社 2006 年版，第 4 页。

新型专利权无效行政纠纷案❶中，一审法院认为，判断实用新型专利是否具有实质性特点，就是要判断对本领域的技术人员来说，要求保护的实用新型专利相对于现有技术是否显而易见。对此通常按照以下三个步骤进行：（1）确定最接近的现有技术；（2）确定区别特征和实际解决的技术问题；（3）判断要求保护的实用新型对本领域的技术人员来说是否显而易见。一审法院认为，本专利权利要求 1 和对比文件 2 要解决的技术问题完全不同，对比文件 2 并没有给出将沥青废气进行集中强制排放以改善劳动条件的技术启示。因此一审法院认为："专利复审委员会关于本专利权利要求 1 不具备创造性的认定缺乏事实和法律依据，是错误的，本院不予支持。"一审判决撤销了专利复审委员会的决定，要求其重新作出决定。

但我国也有很多判决没有严格按照三步法来判断创造性。例如，在"接线端子"实用新型专利权无效行政纠纷案❷中，二审法院认为，实用新型专利权创造性判断中，应当主要考虑产品的形状、结构、部件的连接关系的区别以及由此带来的技术效果。如果该实用新型技术方案与对比文件相比体现了不同的技术构思，同时也取得了更好的技术效果，则应当认为该实用新型具备创造性。

我国有判例认为创造性判断步骤与《审查指南》规定的步骤不一致，并不构成撤销的理由；是否应当撤销，取决于实体问题

---

❶ 参见三一重工股份有限公司与国家知识产权局专利复审委员会、美国路科公司实用新型专利权无效行政纠纷案，北京市第一中级人民法院（2009）一中知行初字第 2330 号行政判决书。

❷ 参见杭州盘古自动化系统有限公司与国家知识产权局专利复审委员会、浙江中控自动化仪表有限公司实用新型专利权无效行政纠纷案，北京市第一中级人民法院（2008）一中行初字第 1247 号行政判决书，北京市高级人民法院（2009）高行终字第 1447 号行政判决书。

的认定是否正确。在"电池组合件"发明专利权无效行政纠纷案❶中，一审法院认为，由于本领域技术人员不需经过创造性劳动即可得到权利要求1的技术方案，亦能解决相应的技术问题和产生相应的技术效果，虽然被诉决定未对"解决的技术问题"、"产生的技术效果"作出评述，但并不影响被诉决定的结论。该案二审维持原判。

上述实证分析表明，在我国的司法实践中，创造性判断方法具有一定的灵活性：有一般做法，也有根据具体案件的情况灵活判断创造性的方法。实际上这种情况在其他国家也是正常的。欧洲专利局专利上诉委员会在T 465/92案❷的创造性判断中并没有采用"问题—解决"方法，表示这只是一种可能的方法，既有优点也有缺点。但这只是个别判例，并不是普遍情况。

在美国，主流观点也认为有无技术启示的考察不应当过于僵化，根本出发点和归结点还是技术方案整体上是否显而易见。过分强调有无具体的技术启示，而忽略考虑技术方案在整体上是否显而易见，也会导致整体上显而易见的发明被授予专利。美国联邦贸易委员会早在2003年的报告中也强调不应当机械适用"教导—启示—动机"检验法。❸最高法院在KSR案❹中认为联邦巡回上诉法院在适用"教导—启示—动机"检验法时过于机械和僵化，特别地

❶ 参见索尼公司与国家知识产权局专利复审委员会、深圳市宝安区观澜柏力电子二厂、博罗园洲华基塑胶制品有限公司发明专利权无效行政纠纷案，北京市第一中级人民法院（2005）一中行初字第864号行政判决书，北京市高级人民法院（2006）高行终字第451号行政判决书。

❷ T 465/92, OJ 1996, 32.

❸ Fed. Trade Comm'n, To Promote Innovation: The Proper Balance of Competition and Patent Law and Policy, 2003, p. 11.

❹ KSR International Co. v. Teleflex Inc. （KSR）, 82 USPQ2d 1385 （2007）.

指出了联邦巡回上诉法院在四个方面存在错误，❶ 其第二项是联邦巡回上诉法院认为面对技术问题的本领域技术人员只能从现有技术中解决相同技术问题的要素中得到教导。❷

三、创造性制度法律移植的可能性及限度

（一）法律移植的可能性

在比较法学界，法律移植的可能性与限度是一个热门的话题。❸沃森（Watson）是主张现实中大量存在法律移植并认为法律移植具有可行性的代表之一。❹ 有很多其他学者也提出了许多支持法律移植可行性的理由，本书在此不详细讨论这个比较法学的重要主题，仅简要从专利制度的国际统一趋势这个角度来分析专利创造性制度的法律移植的可能性。

专利自身的无形性是其寻求国际保护的内在动因，也是创造性制度法律移植的内在动力。随着贸易全球化和世界经济一体化趋势的日渐明显，国家利益尤其是发达国家的利益成为专利权国际保护不断发展的外在推动力，也是创造性法律移植的外在动力。以美国、欧盟和日本为首，各国开始致力于建立一个全球统一的专利保护制度，以降低专利保护成本，形成有利于专利权人在全球范围内迅速、便捷地获得专利保护和实施专利技术的机制。《专利合作条约》和 TRIPS 协议的签订和实施，表明各国的专利制度已呈现统一的发展趋势。以欧洲为例的区域性专利制度的统一更提供了专利国

---

❶ Id. 82 USPQ2d at 1397.

❷ KSR，82 USPQ2d at 1396.

❸ 在 1990 年加拿大蒙特利尔举行的国际比较法科学院大会上，法律移植是讨论的主题之一。

❹ ［美］罗·赛德曼："评阿兰·沃森的《法律移植》：比较法的方法"，王晨光译，载《中外法学》1989 年第 5 期，第 58 页。

际协调的最有效机制。在《欧洲专利公约》的基础上，欧洲国家建立了自己的跨国专利保护机制。随着班吉协定的实施，非洲法语国家也建立起了类似的机制。《欧亚专利公约》在 1995 年的生效以及欧洲专利局、美国专利商标局和日本特许厅于 1997 年在京都三方会议上达成建立全球性专利审批制度共识，表明人类正在建立真正意义上的全世界统一专利制度。在专利制度的统一过程中，专利创造性制度的法律移植不仅仅成为可能，也成为必须。

（二）法律移植的限度

制定法的移植，本身就有各种难题。德国比较法学家格罗斯菲尔德（Grossfeld）就是主张法律不可移植的代表之一。他认为文化、地理、语言、宗教等都会阻碍法律移植，并表示了对部分学者提出"法律的不可移植性规律"的赞同。❶ 本书只简要分析法律习惯对创造性制度法律移植的阻碍。即使是立法层面上的法律移植发生了，实践中的法律移植也需要一个较长的过程。习惯很难改变，尤其是一个职业共同体的习惯。在职业共同体内，成员之间的习惯相互强化，很难有改变的需求。在美国 1952 年《专利法》之前一百多年的历史中，专利法中存在的习惯就是这样形成和延续的。❷ 形成于 Hotchkiss 案中的观点是，专利除具备新颖性和实用性外，不仅仅是本领域技术人员的技能，还应当是"发明"的结果。这一观点被美国法律职业界广泛接受。在 1952 年《专利法》生效后，美国专利局仍然在专利性判断中认为如果缺乏"发明"则不授予专利，而且关税和专利上诉法院也保持相同的习惯。在 1952 年《专

---

❶ ［德］伯恩哈德·格罗斯菲尔德：《比较法的力量与弱点》，孙世彦、姚建宗译，清华大学出版 2002 年版，第 10 页，第 61 页。

❷ George M. Sirilla, 35 U. S. C. 103: From Hotchkiss To Hand To Rich, The Obvious Patent Law Hall-of-Famers, J. Marshall L. Rev. , 1999, (32), p. 437.

利法》之后的很长时间内，无论是在辩论中还是案例摘要中，"发明"仍然成为评价专利性的条件在起作用。● 瑞奇多次强调专利性判断标准在制定法中已经发生变化。在 1964 年的凯特林基金会致辞中，他幽默地提议专利局应当在审查员的办公室围一个纸墙，重复写明专利性的条件为"新的—有用的—非显而易见的"。瑞奇甚至建议联邦法官们阅读解释制定法中的专利性条件的图书，以清楚1952 年《专利法》为专利性确立了创造性条件。●

● George M. Sirilla, 35 U. S. C. 103: From Hotchkiss To Hand To Rich, The Obvious Patent Law Hall-of-Famers, J. Marshall L. Rev. , 1999, (32), p. 443.

● Giles S. Rich, The Vague Concept of "Invention" As Replaced By Sec. 103 of the 1952 Patent Act, J. Pat. Off. Soc' y 855, 1964, (46), p. 874.

第二章 专利创造性判断的客观化

第一节 美国创造性判断客观化的启示

一、美国创造性判断客观化历程

（一） 第 103 条制定之前

从 Earle 案❶起，美国最高法院开始认识到"发明"可以作为除新颖性和实用性之外的第三个专利性条件。在 Hotchkiss 案❷中，美国最高法院认可了初审法院给陪审团的一个指示，即专利除新颖性和实用性之外还需要更多的条件。在 Reckendorfer 案❸中，发明涉及铅笔和橡皮的组合。同样是在 1836 的《专利法》制定法背景下，美国最高法院 1875 年在 Reckendorfer 案中推进了在 Hotchkiss 案中的观点，认为："普通技能与创造性天赋的区别在所有的案件中都被认可。"❹1941 年后，美国最高法院又对专利性提出了"创造性天赋的火花"标准。❺

---

❶ Earle v. Sawyer, 8 F. Cas. 254 (C. C. D. Mass. 1825).

❷ Hotchkiss v. Greenwood, 52 U. S. 248 (1851).

❸ Reckendorfer v. Faber, 92 U. S. 347 (1875).

❹ Reckendorfer v. Faber, 92 U. S. 347, at 356–57 (1875).

❺ Cuno Eng'g Corp. v. Automatic Devices Corp., 314 U. S. 84, 90–91 (1941).

1941 年的 Cuno 案❶是最为著名的专利案件之一。该案中，专利权人发明了汽车用无线点烟器。在第二巡回上诉法院，汉德法官判决本专利有效并认定侵权成立。❷汉德法官注意到发明取得了显著的商业成功，成为汽车中的标准配置。在竞争激烈的汽车行业，即使是涉案发明这样一个细微的装置都可能成为研究和实验的对象。正是这样一些细节的改进常常导致销量的变化。为了支持本专利有效，汉德法官还表示："如果专利应当授予那些超出普通技术人员的想象力而研发出新设备的人，则涉案发明对咱们来说确实值得被授予专利。"❸

因为该案与第七巡回上诉法院审理的 Sinko 案❹存在冲突，美国最高法院接受了该案的上诉。道格拉斯（Douglas）法官作为判决起草者认为涉案点烟器的唯一进步是装有加热部件的移动插头。❺美国最高法院认为：新的设计虽然有用，但必须显示出"创造性天赋的火花"而不仅仅是普通技能。如果不具备此条件，则不应在公共领域中享有私人的垄断权。我们还不能得出作出涉案发明时付出的技能达到了《宪法》第 1 条第 8 款授予专利权所需要的"创造性天赋"。❻美国最高法院因此认定涉案发明不具备创造性。

在 1952 年《专利法》之前，美国最高法院在对待专利和"发明"标准的路途中走得非常曲折，"发明"标准则可以像橡皮一样被捏弄成各种形状以满足个案中的专利性判断。可以用于帮助法官全面

---

❶ Cuno Engineering Corp. v. Automatic Devices Corp., 314 U. S. 84 (1941).

❷ Automatic Devices Corp. v. Cuno Eng'g Corp., 117 F. 2d 361 (2d Cir. 1941), rev'd, 314 U. S. 84 (1941).

❸ Automatic Devices Corp. v. Cuno Eng'g Corp., 117 F. 2d 361, 363. (2d Cir. 1941).

❹ 112 F. 2d 335 (7th Cir. 1940).

❺ Cuno Eng'g Corp. v. Automatic Devices Corp., 314 U. S. 84, 89 (1941).

❻ Cuno Eng'g, 314 U. S. at 91-92.

认识技术背景的辅助判断因素并不能得到广泛的重视，创造性判断案例充斥着混乱和主观性，这导致了下级法院的困惑和专利界的迷茫。[1]

（二）对第 103 条的期待

在 1952 年《专利法》第 103 条制定前，正如瑞奇法官描述的那样，"'发明'是法律中的'美丽的不确定'，专利法律职业界如何赖以谋生实际上是一个秘密"。[2]

法官的主观性在这种背景下随意发挥。瑞奇法官描述了法官们利用案例法中的随意和混乱适用主观的专利性判断标准的情形。瑞奇法官说到：一般来讲，法官们根据他们的理解能力和对证据的判断所确定的喜好来决定，然后再选择能够支持他的判决的判例。专利审查员和专利上诉委员会成员也这么干。[3]

但法律职业界曾经有一些活动意图纠正这种主观性过于泛滥的问题。例如，在 1948 年，由著名发明家凯特林（Kettering）带领的国家专利规划委员会，制作了一份关于专利法状况的报告。他们的考察反映了当时的情况：专利制度最大的技术缺陷在于对发明的界定缺乏一个明确的标准。最为严重的问题在于，当前的专利制度在判断一个发明者是否应当获得专利时，缺少一个统一标准。国家专利规划委员会对模糊的、没有界定的"发明"标准表示了遗憾。适用这个标准的困难引发了"发明"和"发现"等

---

[1] George M. Sirilla, 35 U. S. C. 103: From Hotchkiss To Hand To Rich, The Obvious Patent Law Hall-of-Famers, J. Marshall L. Rev. , 1999, (32) pp. 437, 462.

[2] Giles S. Rich: Why and How Section 103 Came to Be, in Nonobviousness—The Ultimate Condition of Patentability, see John F. Witherspoon ed. : Nonobviousness-the Ultimate Conditin of Patentability, 1980, pp. 1: 201, 1: 207.

[3] Giles S. Rich: Why and How Section 103 Came to Be, in Nonobviousness—The Ultimate Condition of Patentability, see John F. Witherspoon ed. : Nonobviousness-the Ultimate Conditin of Patentability, 1980, pp. 1: 201, 1: 208.

词语的出现。仅有新颖性是不够的，实用性也不够，还必须具备一些隐含在"发明"这个词中的神秘的条件。❶

国家专利规划委员会对这个问题提出了一个解决方案。虽然并不具备任何法律效力，但有包括瑞奇法官在内的几个专利法律职业者给予了关注。国家专利规划委员会呼吁"制定一个政策声明，规定专利性应当通过发明对技术进步的贡献来客观地决定，而不是通过发明完成过程的性质来主观地决定"。❷

（三）第 103 条对客观化的促进

1955 年，《专利法》第 103 条制定后的首个涉及创造性的案件才出现在第二巡回上诉法院；这个案件是 Lyon 案❸，汉德法官认定了本专利有效。为了支持本专利的有效性，汉德法官将考察重点放在了本专利之前和之后的技术背景上，包括"辅助判断因素"或"非显而易见的客观标志"。

在 1960 年的 Reiner 案❹中，汉德法官坚持了他在 Lyon 案中对第 103 条非显而易见性标准的解释和发展。其他几个巡回上诉法院采用了汉德法官对第 103 条的解释。❺ 通过援引 Bausch 案❻，这些

---

❶ Giles S. Rich: Why and How Section 103 Came to Be, in Nonobviousness—The Ultimate Condition of Patentability, see John F. Witherspoon ed.: Nonobviousness-the Ultimate Conditin of Patentability, 1980, p. 1: 201, 1: 207.

❷ Report of the 1948 National Patent Planning Commission, quoted in Giles S. Rich: Why and How Section 103 Came to Be, in Nonobviousness—The Ultimate Condition of Patentability, see John F. Witherspoon ed.: Nonobviousness-the Ultimate Conditin of Patentability, 1980, p. 1: 201, 1: 207.

❸ Lyon v. Bausch & Lomb Optical Co., 224 F. 2d 530 (2d Cir. 1955).

❹ Reiner v. I. Leon Co., 285 F. 2d 501 (2d Cir. 1960).

❺ Robert W. Harris, The Emerging Primacy of "Secondary Considerations" as Validity Ammunition: Has the Federal Circuit Gone Too Far?, J. vPat. & Trademark Off. Soc'y, 1989, (71), p. 185.

❻ Lyon v. Bausch & Lomb Optical Co., 224 F. 2d 530, 536 (2d Cir. 1955).

法院开始将认定专利有效的理由建立在"专利技术方案与现有技术之间的区别"以及是否这些区别"在发明作出时，相对于本技术领域或相关技术领域的普通技术人员是显而易见的"的基础上。❶ 这样的创造性判断方法和步骤，促进了创造性判断的客观化。

二、创造性判断客观化的难题

（一）创造性判断固有的主观性

从 Earle 案❷起，"发明"开始作为标准认定专利无效。受 Hotchkiss 案❸的影响，法院在专利案件中首先关注"发明"或者"创造性才能的贡献"，然后根据该条件是否满足来判决发明相对于本领域技术人员是否显而易见。由于"发明"这个词的含义很宽泛，字典中的定义涵盖了任何可以想象的产品，❹ 任何新的机器、制造方法或材料都可能满足这种定义的要求。不同法官对"发明"的理解不同，各种判决导致了很多混乱。❺

汉德法官所在法院对专利案件的审理使其不可避免地面对"发明"标准。"发明"标准扰了他。他对"发明"标准评价道："我知道在回答'发明'标准在每个案件中引发的问题时，不存在客观标准；必须努力解决的是重新建构普通技术人员的想象力的范围和

---

❶ Patent Act of 1952, 35 U. S. C. §103（a）.

❷ Earle v. Sawyer, 8 F. Cas. 254（C. C. D. Mass. 1825）.

❸ Hotchkiss v. Greenwood, 52 U. S. 248（1851）.

❹ Webster's Third New International Dictionary 1188（1986）（including among its definitions of "invention"："a product of creative imagination or fertile wit,""an act of mental creation or organization：application of knowledge" and "a product of thought or mental synthesis"）.

❺ Giles S. Rich, Laying the Ghost of the "Invention" Requirement, Am. Pat. L. Ass'n Q. J. , 1972,（1）, p. 26.

边界。"❶ 汉德法官也注意到，"发明"标准需要根据个案的事实个别决定。这些案件中的判断标准，正如在其他部门法中的过失、注意等等，并不适合于演绎推理，必须根据个案情况来处理。❷

在 Earl & Wilson 案❸中，汉德法官判决认定涉及多层的、交织的衬衣领的专利有效。他重申了他早期的主张，"发明"标准需要个案判断（case-by-case adjudication）。他表示，我并不认为法律对"发明"标准的判断曾经规定过如此绝对的规则。对发明判断的客观标准的期待确实很诱惑人，但却只是一个幻想。怎么可能提前预知什么样的部件的组合需要原创性思维、什么样的组合只是普通技能的结果？一个人创造性的水平的判断，必须要通过在该技术领域的已有历史背景中重新构建其作出发明的环境中进行，难道这一点还不够清楚吗？在"发明"的判断中并不存在万能袖珍指南。❹

汉德相信判断"发明"的必要前提是，重构发明作出时本技术领域的之前状态和之后状态。这根本上是个主观的判断。他使用一个简单的例子来演示了这个假设：我们未知的第一个把斧头的青铜替换为铁的祖先，是所有发明者应当学习的模范。然而，如果被已知材料的替换并不构成"发明"的客观标准所约束，就会认为这不是一个发明。在这个主题上，标准不应当受到抽象的界定，因为被考虑的目标需要不断进行调整。认识到使用他所主张的专利性标准会损害可预见性，汉德法官指出，法律应当达到的目标除了确定性之外，还有其他更广泛的目标。"这个标准的缺陷确实是它的不确定性，但确实性只是法律的目标之一。"❺

---

❶ 266 F. at 227.

❷ 266 F. at 227.

❸ Van Heusen Products v. Earl & Wilson, 300 F. 922 (S. D. N. Y. 1924).

❹ 300 F. 922 , at 929. (S. D. N. Y. 1924).

❺ 300 F. 922 , at 929. (S. D. N. Y. 1924).

汉德法官相信发明的专利性判断最终会涉及主观性，但并不必然意味着他同意主观和模糊的"发明"标准。事实上，在 Western States 案❶中，他认为"发明"标准"难以捉摸"。在其他案件中，他又对"发明"标准进行了评论，称它为"易变、难解、任性和模糊的幻影"。❷

在我国，创造性判断不可避免要归结为主观判断也可以从行政决定和判决大量使用的"容易想到"中得到体现。例如，在"多节扩孔灌注砼桩成型装置及其处理方法"发明专利权无效行政纠纷案❸中，一审法院在认为调整挤密器具的间距是本领域技术人员根据实际需要容易想到的。不仅在认定区别特征时使用了"容易想到"，一审法院还认为，由于本领域技术人员"很容易"在对比文件 1 的基础上想到权利要求 2 的技术方案，被告认定本申请权利要求 2 相对于对比文件 1 不具有创造性并维持了驳回决定是正确的。在本案二审判决书中，也使用了相同的表述。

（二）事后眼光的影响

在 1911 年的 Diamond Rubber 案❹中，美国最高法院明确地批评了事后眼光（hindsight）对创造性判断的影响。该案专利涉及用于普通车辆如马车、手推婴儿车等的轮胎轱辘。麦肯纳（McKenna）法官拒绝使用事后诸葛亮的眼光判断其是否显而易见，并认可本专利存在"发明"，因而认定本专利有效。麦肯纳法官表示：马后炮

---

❶ Western States Machine Co. v. S. S. Hepworth Co., 147 F. 2d 345（2d Cir. 1945）.

❷ Harries v. Air King Prods. Co., 183 F. 2d 158, 162（2d Cir. 1950）.

❸ 参见王彦林民国家知识产权局专利复审委员会发明专利驳回复审行政纠纷案，北京市第一中级人民法院（2005）一中行初字第 771 号行政判决书，北京市高级人民法院（2006）高行终字第 240 号行政判决书。

❹ Diamond Rubber Co. v. Consolidated Rubber Tire Co., 220 U. S. 428（1911）.

总是容易的，问题一旦解决了，就不再有困难。新事物常常看起来就在眼皮子底下，唾手可得，常人只要稍微注意一点就能发现，但法律对于专利的显而易见性判断却设定了不同于精明推测的标准。❶

在 1943 年的 Marconi 案中，美国最高法院认定一个涉及无线电报发明者马可尼（Marconi）的专利无效。法兰克福特（Frankfurter）法官投了反对票。他批评美国最高法院在专利判断中受到了事后诸葛亮的影响，忽视了马可尼技术方案在马可尼发明出来并向公众公开之前的 40 年间就没有被提出来的事实。法兰克福特法官表示：以事后诸葛亮的眼光重新审视，当然会觉得在被公开之前相对于任何聪明大脑都根本不是显而易见的东西显得显而易见。这种情况很容易发生。在 1943 年来评价马可尼所做的东西，会认为其并没有促进科技进步，因为这种思想已经掺杂了远不止事后诸葛亮的幻想。❷

其他法院也认为创造性判断不应当被事后诸葛亮的分析而否定。例如，在 1924 年的 Pupin 案❸中，专利专员以显而易见驳回了部分涉及直流电机的权利要求，华盛顿特区巡回上诉法院推翻了该认定。法院认为专利专员的判断受到了事后诸葛亮的不良影响。法院认为：我们不能认定在斯坦梅茨（Steinmetz）的发现之后，本专利权人的设备相对于本领域技术人员而言是显而易见的。这只能意味着，电子装置的发明人和本领域技术人员在斯坦梅茨的公式公布后的 6 年多时间里，面对一个能从噪声发生装置消除令人讨厌的嗡嗡声的强烈需求，对这个所谓的显而易见的解决方案都是瞎眼的。一旦问题被解决了，长期伤透脑筋的问题突然就变得显而易见了，

---

❶ 220 U. S. 428, 430 (1911).

❷ Marconi Wireless Tel. Co. v. United States, 320 U. S. 1, 62-63. (1943).

❸ In re Pupin, 299 F. 697 (D. C. Cir. 1924).

但事后的显而易见并不等于事前是显而易见的。❶

在 1938 年的 Kelley 案中，华盛顿特区巡回上诉法院再次认定专利专员拒绝给一个为了岩石钻机的抽气装置授予专利错误地受到了事后诸葛亮的影响。涉案发明作为从钻孔中抽出空气的方法，与现有技术相比，以吹风机或吸气泵替换了送风机。法院认为："因为跟随一个鲜明的踪迹是容易的，所以产生一个鲜明的踪迹也是容易的，专利专员采用的就是这样一个典型的推理方式。"❷ 专利专员主张，任何本领域技术人员都能从各种专利中选取各种技术特征组合在一起设计出本发明的方法，但法院基于本技术领域存在长期需求的证据反驳该主张。法院认为：事实上是，面临着本技术领域中对新方法的强烈需求，没有一个对这个技术问题关注了将近三十年的世界上最好的工程师能够看到专利权人所看见的，或者作出他能作出的结果。❸

在 1933 年涉及转发罗盘的专利申请的 Otto 案中，法院提出了类似的批评。华盛顿特区巡回上诉法院表示：在一个机械装置已经被设计出来并被成功应用之后，再去思考该装置的完成方法是不是简单，这往往很容易做到。对本领域技术人员显而易见技术方案与发明之间的模糊地带往往难以判断。❹

（三）判断主体的分散性

美国早期在创造性判断上表现出来混乱与判断主体的分散性有密切关系，不同的法院在具体规则上各自为政，具体判断规则难以统一。例如，在 1952 年《专利法》制定后的几年中，各巡回上诉法院仍然按照自己的理解认定创造性。例如，第一巡回上诉法院

---

❶　299 F. 697, 701（D. C. Cir. 1924）.

❷　Kelley v. Coe, 99 F. 2d 435, 440（D. C. Cir. 1938）.

❸　99 F. 2d 435, 442（D. C. Cir. 1938）.

❹　Otto v. Robertson, 66 F. 2d 213, 214（D. C. Cir. 1933）.

1954 年在 Wasserman 案❶中、第三巡回上诉法院 1953 年在 Stanley Works 案❷中、密歇根西区联邦地区法院 1954 年在 De Burgh 案❸中、1953 年纽约东区联邦地区法院在 Channel Master Corp. 案❹中、新泽西州地区联邦法院 1953 年在 Joseph Bancroft & Sons 案❺中，仍然宣称制定法 "只是在先案判法的法典化"，有些法官继续要求专利权人证明 "发明" 或 "不寻常的或惊奇的结果"。

在 1981 年关税和专利上诉法院改组为联邦巡回上诉法院后，联邦巡回上诉法院取得了专利上诉案件的专属管辖权。随后几年中，联邦巡回上诉法院不断通过上诉案件的审理稳定并相对统一了创造性判断标准，客观上促进了创造性判断的客观化。

第二节　判断方法与客观化

一、判断方法对客观化的影响

（一）判断步骤对客观化的影响

Graham 案确立了判断创造性的事实要件，但如何进一步判断非显而易见性，美国最高法院并没有给出一个可操作的明确标准。联邦巡回上诉法院为了使创造性判断更加协调一致，采用了 "教导—启示—动机" 检验法。联邦巡回上诉法院采用的 "教导—启示—动机" 检验法认为，要认定权利要求是显而易见，只能是因为

---

❶　Wasserman v. Burgess & Blacher Co., 217 F. 2d 402, 404 (1st Cir. 1954).

❷　Stanley Works v. Rockwell Mfg. Co., 203 F. 2d 846, 849 (3rd Cir. 1953).

❸　De Burgh v. Kindel Furniture Co., 125 F. Supp. 468, 474 (W. D. Mich. 1954).

❹　Channel Master Corp. v. Video Television, Inc., 117 F. Supp. 812, 815 (E. D. N. Y. 1953).

❺　Joseph Bancroft & Sons v. Brewster Finishing Co., 113 F. Supp. 714, 721 (D. N. J. 1953).

在现有技术中、技术问题本身中或本领域技术人员知识中公开了结合现有技术的教导的动机或提示。❶

欧洲专利局上诉委员会通常应用"问题—解决"方法。❷ "问题—解决"方法是用于确保客观地判断创造性，以避免对现有技术的事后眼光分析（ex post facto analysis）。根据欧洲专利局上诉委员会的案例法，创造性判断必须基于发明人的客观的而不是主观的成就。❸ 从客观地认定现有技术开始，技术问题也应当基于客观标准进行认定。虽然"问题—解决"方法并不是法律强制规定的方法，但正确的适用"问题—解决"方法能够排除不适当地使用发明申请本身的知识进行的事后眼光分析。❹ 如果例外地适用其他创造性判断方法，应当说明不使用普遍方法的原因。

如果本领域技术人员能够选择几个可能获得发明申请的解决方案，则"问题—解决"方法的推理要求在作出认定具备创造性的决定前对所有可能的解决方案进行分析。作出否认创造性的决定，则可以只选择其中一个相对于本领域技术人员显而易见的方案进行分析。❺

在 T 970/00 案中，专利上诉委员会表示，正确适用"问题—解决"方法可以避免任何事后眼光的分析，即受到发明申请的事后眼光的影响从而在现有技术中得出超出本领域技术人员客观上推导出来的内容。这也应当适用在判断发明申请对现有技术的技术贡献中。在决定发明申请相对于最接近现有技术的技术贡献时，也需要

---

❶　Al-Site Corp. v. VSI Int. 1, Inc. , 174 F. 3d 1308, 1323. 1324（CA Fed. 1999）.

❷　参见欧洲专利局《审查指南》第 3 部分第 4 章第 9.8 节。

❸　T 1/80, OJ 1981, 206；T 20/81, OJ 1982, 217；T 24/81, OJ 1983, 133；T 248/85, OJ 1986, 261.

❹　T 564/89, T 645/92, T 795/93, T 730/96 and T 631/00.

❺　T 558/00, T 970/00, T 172/03, T 323/03.

有利于本领域技术人员客观地、技术上可行地、统一地进行比较的方法。

我国《审查指南》借鉴欧洲专利局的相关规定规定了创造性判断的三步法。❶ 有案例认为，不按照三步法来判断创造性可能导致创造性判断错误。在"电路断路器的辅助跳闸单元"发明专利权无效行政纠纷案❷中，本专利与对比文件 2 和 3 的区别技术特征在于，本专利有三个心轴，对比文件 2 和 3 都仅有两个心轴。一审法院认为，由于本专利权利要求 1 中的三个心轴与对比文件两个心轴存在区别，导致其结构必然存在一些差异。但是从工作方式而言，上述功能部件的工作方式是相同的。一审法院认为："仅根据本专利与对比文件 2 和 3 在心轴数量上的差别认定本专利权利要求 1 的技术方案相对于对比文件 2 和 3 的技术方案具有创造性，理由不充分。""专利复审委员会应当就本专利权利要求 1 中技术方案与现有技术存在的区别技术特征及其实际解决的技术问题进行对比，确定本专利权利要求 1 中技术方案是否具有创造性。"

殊途同归，发明人与本领域技术人员可能通过不同的路径作出发明。对最接近现有技术和技术问题的认识不同，作出发明的过程就不相同。创造性判断步骤中，应当坚持客观认定最接近现有技术和技术问题的原则，这样才能有利于客观地判断本专利的创造性。在"电路断路器的辅助跳闸单元"案中，法院之所以认为专利复审委员会的创造性判断有问题，就是因为其没有按照符合客观化要求的创造性判断步骤进行分析。

---

❶ 参见 2001 年《审查指南》第 2 部分第 4 章第 3.2.1 节。

❷ 参见正泰集团股份有限公司与国家知识产权局专利复审委员会、施内德电气工业公司发明专利权无效行政纠纷案，北京市第一中级人民法院（2005）一中行初字第 537 号行政判决书，北京市高级人民法院（2006）高行终字第 181 号行政判决书。

（二）"客观能—主观能"方法

我国《审查指南》专节规定了如何避免"事后诸葛亮"：审查发明的创造性时，由于审查员是在了解了发明内容之后才作出判断，因而容易对发明的创造性估计偏低，从而犯"事后诸葛亮"的错误。审查员应当牢牢记住，对发明的创造性评价是由发明所属技术领域的技术人员依据申请日以前的现有技术与发明进行比较而作出的，以减少和避免主观因素的影响。[1]

认定是否存在技术启示的创造性判断步骤有利于避免"事后诸葛亮"。欧洲专利局上诉委员会认为，一旦发明作出了，往往很容易证明本领域技术人员在主观上能够结合现有技术的各个技术特征做出发明，但这种分析是事后眼光的产物，应当予以避免。[2] 美国法院也认为："好主意在公开后很容易被认为是显而易见的，虽然在之前没有被认识到。"[3] 为防止因为事后眼光而认定显而易见，使创造性判断更加客观化，各国在创造性判断中都会通过设置一定的步骤和规则来防止事后眼光的不利影响。有无技术启示的判断也是预防事后诸葛亮的一个手段。我国《审查指南》规定，在确定最接近现有技术、区别特征和实际解决的技术问题之后，最后一步就是要判断要求保护的发明对本领域的技术人员来说是否显而易见。[4] 判断过程中，如果现有技术存在这种技术启示，则认定发明是显而易见的，不具有突出的实质性特点。这种思路实际上与美国的"教导—启示—动机"检验法的思路相同。

---

[1] 参见 2006 年《审查指南》第 2 部分第 4 章第 6.2 节。

[2] T 564/89.

[3] Arkie Lures, Inc. v. Gene Larew Tackle, Inc., 119 F. 3d 953, 956（Fed. Cir. 1997）.

[4] 参见 2006 年《审查指南》第 2 部分第 4 章第 3.2.1.1 节。

欧洲专利局特别强调在创造性判断中应当注意防止事后眼光。❶特别是对于初看起来技术方案是显而易见的发明申请，或者解决方案凭想象是比较简单的。正确适用"问题—解决"方法可以避免利用发明申请的知识来判断创造性的事后眼光分析。❷当判断创造性时，对对比文件的解释应当避免受到发明申请要解决的技术问题的影响，那是事后眼光的分析结果。❸

欧洲专利局上诉委员会确定的案例法是，问题并不在于发明在客观上能不能被做出，而在于对于本领域技术人员而言，受到当时的知识和技能的局限，主观上能不能作出发明，这被称为"客观能—主观能"方法。❹客观能由技术上的可能性客观地决定，主观能由本领域技术人员当时的创造能力客观地决定。因此，关键不在于本领域技术人员或其他人在客观上能不能通过改进现有技术作出发明，而在于为了取得预期的技术进步，在现有技术的启示下，创造能力有限的本领域技术人员主观上能不能作出发明。❺技术上的可能性或缺乏技术障碍并不足以认定本领域技术人员事实上作出的技术方案的显而易见性。本领域人员知晓技术手段的内在特点，所以有采用此技术手段的技能，只是说明有使用此技术手段的客观可能性，并不等于本领域技术人员主观上能够采用。然而，如果本领域技术有技术启示能够教导本领域技术人员使用此技术手段，则本领域技术人员就有了主观上采用此技术手段的可能性。

我国的司法实践中也有判例明显适用了"客观能—主观能"方

❶ 参见欧洲专利局《审查指南》第 3 部分第 4 章第 9.9 节。

❷ T 24/81，OJ 1983，133；T 564/89，T 645/92，T 795/93.

❸ T 5/81，OJ 1982，249；T 63/97，T 170/97，T 414/98.

❹ T 2/83，OJ 1984，265；T 90/84，T 7/86，OJ 1988，381；T 200/94，T 885/97.

❺ T 219/87，T 455/94，T 414/98.

法来判断创造性。在"线材固定装置"实用新型专利权无效行政纠纷案❶中，一审法院明确表示：本案判断创造性的关键不是取决于技术手段本身普通技术人员是否有能力采用，而是基于申请日前的现有技术的教导，看普通技术人员会不会有技术动因确实会采用这样的手段。

为了避免事后眼光，美国《审查指南》规定，为了正确地判断创造性，审查员必须回到正好在发明作出之前发明还不为人所知之时，穿上假想的本领域技术人员的鞋。在考虑了所有的事实因素后，审查员必须决定是否专利申请作为一个整体在发明作出时相对于本领域技术人员是否显而易见。为了作出判断，申请人所公开的知识必须抛到一边。创造性判断的本来程序使得根据申请人公开的内容很难避免产生事后眼光。然而，事后眼光是不允许的，必须被避免，创造性判断必须基于现有技术中得出的事实作出。❷

在美国，申请人可以主张审查员的显而易见性认定是受到了不正确的事后眼光影响。在 1971 年 McLaughlin 案中，关税和专利上诉法院认为："任何显而易见性的认定事实上都是基于事后眼光的对推理的重构，但只能考虑发明作出时本领域技术人员的知识，不能依据从申请人的发明申请中得到的知识来进行判断，则这样的重构的正确的。"❸申请人可以主张，对比文件中缺乏明确的结合对比文件的技术启示，因此审查员受到了事后眼光的影响。

美国的判例实际上也确定了"客观能—主观能"方法。有判

---

❶　参见陈惟诚与国家知识产权局专利复审委员会、瑞虹电子（昆山）有限公司实用新型专利权无效行政纠纷案，北京市第一中级人民法院（2009）一中行初字第 694 号行政判决书，北京市高级人民法院（2009）高行终字第 1285 号行政判决书。

❷　MPEP § 2141.03.

❸　In re McLaughlin, 443 F. 2d 1392, 1395, 170 USPQ 209, 212（CCPA 1971）.

例强调，对比文件能够被结合或者改进本身并不足以认定初步显而易见，除非结果相对于本领域技术人员是可以预料的。❶ 最高法院在 KSR 案中表示，如果本领域技术人员能够采用一个可以预料的改进，则此改进不具备创造性。同样的原因，如果一项技术可以用来改进某个产品，本领域技术人员将会认识到这个技术手段也可以以相同的方法改进类似的产品，除非技术手段的应用超出本领域技术人员的能力，否则使用这个技术手段是显而易见的。

（三）客观技术问题的作用

确定客观技术问题作为我国创造性判断的一个步骤最先规定在 2001 年《审查指南》中，2006 年《审查指南》和 2010 年《专利审查指南》沿用相同的规定。2006 年《审查指南》规定，审查过程中，由于审查员所认定的最接近的现有技术可能不同于申请人在说明书中所描述的现有技术，因此，基于最接近的现有技术重新确定的该发明实际解决的技术问题，可能不同于说明书中所描述的技术问题；在这种情况下，应当根据审查员所认定的最接近的现有技术重新确定发明实际解决的技术问题。❷

我国《审查指南》的规定，实际上参照了欧洲专利局的相关规定。欧洲专利局认为，如果新发现的现有技术比发明申请中原始记载的最接近现有技术更接近发明申请，则专利申请人或专利权人可能需要重新陈述说明书中表述的技术问题。最后，发明申请相对于新发现的最接近现有技术所具有的技术效果应当被用以确定新的客观技术问题。在 T 13/84 案❸中，专利上诉委员会表示，重新确定的客观技术问题也有可能与最初提出的技术问题相关或暗含在最初

---

❶　KSR International Co. v. Teleflex Inc. , 82 USPQ2d 1385, 1396 (2007).

❷　参见 2006 年《审查指南》第 2 部分第 4 章第 3.2.1.1 节。

❸　T 13/84 (OJ 1986, 253).

提出的技术问题之中，技术问题因此可能被表述为满足一个更小的技术目的。❶ 在有的案例中，专利上诉委员会认为重新确定技术问题并不被《欧洲专利法》第 123（2）条排除，如果本领域技术人员根据最接近现有技术能够被推导出该重新确定的技术问题。❷

　　欧洲专利局确定客观技术问题的目的是客观地判断创造性。❸ 在 COMVIK 案中，欧洲专利局对"问题—解答"方法进行了说明："为了客观地判断创造性，问题—解答方法中的问题应当是一个技术问题，它应当实际被权利要求中的解答所解决，权利要求中的所有技术特征都应当用于解答。问题应当是在优先权日所属技术领域的技术人员提出来要求解决的……如果在专利申请中不能提取出技术问题来，则欧洲专利公约第 52 条中规定的具有专利性的发明就不存在。"❹

　　我国现有判例也强调，由于专利权人在说明书中描述的现有技术可能并非专利复审委员会认定的最接近现有技术，因此，基于专利复审委员会认定的最接近现有技术重新确定的该发明实际解决的技术问题，可能不同于专利权人认为的技术问题。在"电动自行车轮毂"实用新型专利权无效行政纠纷案❺中，专利复审委员会认为本专利权利要求 1 与附件 2 的区别主要在于离合器及其安装关系，由此可以确定本专利实际要解决的技术问题是现有技术中轮毂外壳的转动通过行星齿轮机构传递给电机转子，引起电机不必要的转动。专利权人上诉认为"行星轴固定在离合器上、离合器固定在主

❶　T 106/91, T 339/96, T 767/02.

❷　T 469/90, T 530/90, T 547/90, T 375/93, T 687/94, T 845/02.

❸　T 0024/81.

❹　T 0641/00.

❺　参见王清华、贺先兵与国家知识产权局专利复审委员会、徐德芳实用新型专利权无效行政纠纷案，北京市第一中级人民法院（2009）一中行初字第 1846 号行政判决书，北京市高级人民法院（2010）高行终字第 311 号行政判决书。

轴上，省略了行星架，解决了简化离合器结构、减轻构件重量的技术问题"。双方对本专利要解决的技术问题有不同认识。对此二审法院认为，本专利权利要求 1 相对于附件 2 的技术方案多了离合器这个部件，而增加离合器能够解决现有技术中轮毂外壳的转动通过行星齿轮机构传递给电机转子，引起电机不必要的转动的技术问题，因此该技术问题是本专利实际解决的技术问题。至于具体采用何种方式安装离合器以及能不能解决简化离合器结构、减轻构件重量的技术问题，不能认定为实际解决的技术问题。

美国在司法实践中也提出在确定技术问题时注意客观性，有的情况下不一定要与发明申请人或专利权人声称的技术问题相同。在 KSR 案中，最高法院还特别指出了联邦巡回上诉法院在四个方面存在错误，❶ 其中第一项就是认为联邦巡回上诉法院和专利审查员只是局限于考虑专利权人意图解决的技术问题。

美国《审查指南》规定，对比文件中记载的改进现有技术的动机往往就是发明人进行改进的原因，但有时发明人却是为了不同于创造性判断者的目的或解决不同的技术问题而进行相同的改进。❷只要取得相同技术进步或者效果，发明人改进的原因与创造性判断者认为的原因不相同并不影响显而易见的判断。是否有技术启示，应当根据发明人面临的普遍问题来确定，而不是由发明具体解决的问题决定。❸ 本领域技术人员并不需要认识到记载在现有技术中的相同技术问题以进行改进。❹

1972 年关税和专利上诉法院在 Linter 案中维持了驳回决定，法

---

❶ Id. 82 USPQ2d at 1397.

❷ MPEP § 2144.

❸ In re Kahn, 441 F. 3d 977, 987, 78 USPQ2d 1329, 1336 (Fed. Cir. 2006).

❹ In re Linter, 458 F. 2d 1013, 173 USPQ 560 (CCPA 1972); In re Dillon, 919 F. 2d 688, 16 USPQ2d 1897 (Fed. Cir. 1990), cert. denied, 500 U. S. 904 (1991).

院认为，申请人在发明申请中使用糖是为了另一个目的，并不能改变相对于对比文件中的技术问题而言使用糖相对于现有技术是显而易见的。❶ 1990 年联邦巡回上诉法院在 Dillon 案❷中表示，认定初步显而易见性，并不需要现有技术中预期要解决的技术问题与申请人认为能解决的技术问题是相同的。在本案中，由于发明申请中的合成物与现有技术中的物质在结构和化学属性上相近，可以认定现有技术已经给出了将发明申请中的物质用于燃料添加剂的技术启示，并不需要申请人认为的用途与现有技术中的完全相同。

（四）辅助判断因素的作用

促进创造性判断客观化的另一个方法就是重视辅助判断因素。虽然辅助判断因素的适用存在种种问题，对此一直存在争议，但正如瑞奇法官所认为的那样，难道它就比"本领域技术人员"、"技术启示"、"容易想到"等更加主观吗？相对而言，它是客观性更强的考量因素之一。另外，就专利法的立法目的而言，是鼓励技术进步，技术的进步可以从商业上的成功得到有力佐证。支持一个商业上成功的专利，总比支持一个商业上不成功的专利要强，尤其是在大量专利没有实际应用的中国。

辅助因素的重视能够促进客观化的另一重要原因在于，辅助判断往往会使创造性判断者掌握的信息更加完整。在 1960 年的 Reiner 案❸中，汉德法官认为专利性判断的标准事实上太过模糊，在判断非显而易见时对某些"路标"的依赖非常重要。本案中，汉德法官通过辅助判断因素的考察认定本发明是长期需求的答案。❹

---

❶ In re Linter, 458 F. 2d 1013, 173 USPQ 560, at 562（CCPA 1972）.

❷ In re Dillon, 919 F. 2d 688, 16 USPQ2d 1897（Fed. Cir. 1990）, cert. denied, 500 U. S. 904（1991）.

❸ Reiner v. I. Leon Co., 285 F. 2d 501（2d Cir. 1960）.

❹ 285 F. 2d 501, 503-04（2d Cir. 1960）.

二、创造性判断的类型化

(一) 创造性判断的类型化概述

创造性客观化的有效途径之一就是对于相同情况适用相同判断规则，判断规则的统一和稳定有利于创造性判断的客观化。对于一些常见的发明类型确定一些统一的判断规则，正如 KSR 案中增加的一些判断规则，有利于客观地判断创造性。

美国《审查指南》列举了支持显而易见性的认定的几种具体情形，[1] 包括：（1）根据已知的方法组合现有要素以取得可以预料的效果；（2）简单以一个已知要素替换另一个已知要素以取得可以预料的效果；（3）使用已知技术以相同的方式改进类似的设备（产品或者方法）；（4）在已知的设备（方法或产品）上应用一个已知的技术取得可以预料的效果；（5）明显值得尝试——从数量有限的、确定的、可预期的解决方案中选择能产生合理预期效果的方案；（6）在技术需求或者其他市场的力量驱动下，某一研究领域的已知工作本身，会促使对该已知工作进行变更，以应用在相同或不同的领域中，如果该变更对本领域技术人员来说是可预期的；（7）现有技术中某些教导、启示或者动机会引导本领域技术人员对现有技术文献进行修改，或者结合现有技术文献中的教导来实现发明申请。美国《审查指南》通过案例详细说明在上述情形中如何判断是否显而易见。

(二) 明显值得尝试

从数量有限的、确定的、可预期的解决方案中选择能产生合理预期效果的方案不具备创造性。要基于此项理由驳回发明申请，审查员在认定完 Graham 要素后，还必须论述以下问题：（1）发明申

---

[1] MPEP § 2141. III.

请作出时，本领域存在一个已经认识到的或需要解决的技术问题，包括解决技术问题的技术需求或者市场压力；（2）对于已经认识到的或者需要解决的技术问题，存在有限的、明确的、可以预期的可能解决方案；（3）采用该技术手段的本领域技术人员能够合理地预料到技术问题的成功解决；（4）本案中基于 Graham 要素认定的任何事实都支持显而易见性的认定。如果上述其中一个因素不能成立，则不能使用此项理由认定不具备创造性。本领域技术人员有充分的理由采用已知的在其技能范围内的可选技术手段。如果这导致可以预料到的成功，则这种产品并不是发明而只是常规技术手段或者普通知识的结果。在这种情况下，一个明显值得尝试的组合表明它可能是显而易见的。❶关税和专利上诉法院和联邦巡回上诉法院都有类似的判例。❷

申请人可以主张审查员不恰当地适用了显而易见值得尝试理由来认定创造性。如果本领域技术人员从有限数量的、明确的、可预测的解决方案中选择一项解决方案，而成功是可以预料的，则可以以明显值得尝试为理由认定发明申请不具备创造性。美国最高法院在 KSR 案中认为："本领域技术人员有充分的理由从属于其知识和技能范围内的已知选项中选择解决方案，而且产生可以预见的成功，则发明申请中的产品很可能并不是发明而不过是普通技能或普通常识的结果。这种情况下，改进或结合是明显值得尝试的事实表明其符合第 103 条规定的显而易见。"❸在 1988 年的 O'Farrell 案中，联邦巡回上诉法院认为发明申请中的方法相对于现有技术是显而易见的，因为对比文件公开了一个详细的实现方法和一个修改现

---

❶ KSR, 82 USPQ2d at 1397.

❷ Pfizer, Inc. v. Apotex, Inc., 480 F. 3d 1348, 82 USPQ2d 1321（Fed. Cir. 2007）；Ex parte Kubin, 83 USPQ2d 1410（Bd. Pat. App. & Int. 2007）.

❸ KSR International Co. v. Teleflex Inc., 82 USPQ2d 1385, 1397（2007）.

有技术以产生发明申请的技术启示，而且有证据表明修改将会成功。❶

（三）本领域技术人员可以预料的成功

在技术需求或者其他市场力量的驱使下，某一研究领域的已知技术本身会促使对该已知技术进行变换，以应用在相同或不同的领域中，而且本领域技术人员可以预料该变换的技术效果，这种情况应当认定初步显而易见。要基于此项理由驳回发明申请，审查员在认定完 Graham 要素后，还必须论述以下问题：（1）认定现有技术的内容和范围，看在发明人努力的技术领域或者其他技术领域是否存在相同或者近似的设备（方法或者产品）；（2）认定是否有设计激励或者市场力量会促使已知设备（方法或产品）的采用；（3）发明申请与现有技术的区别已包含在现有技术已知原理或者已知变换手段中；（4）本领域技术人员根据明确的技术需求或者市场压力能够采用发明申请中的现有技术变换手段，本领域技术人员可以预料到发明申请中的变换手段的技术效果；（5）本案中基于 Graham 要素认定的任何事实都支持显而易见性的认定。如果上述其中一个因素不能成立，则不能使用此项理由认定不具备创造性。关税和专利上诉法院、联邦巡回上诉法院和美国最高法院都有类似的判例。❷

现有技术中某些教导、启示或者动机会引导本领域技术人员对现有技术文献进行修改，或者结合现有技术文献中的教导来实现发明申请，这种情况应当认定为初步显而易见。要基于此项理由驳回发明申请，审查员在认定完 Graham 要素后，还必须论述以下问题：（1）认定在现有技术中或者本领域技术人员的知识范围中存在教导、启示或者动机对对比文件进行修改或者进行结

---

❶ In re O'Farrell, 853 F. 2d 894, 903, 7 USPQ2d 1673, 1681 (Fed. Cir. 1988).

❷ Dann v. Johnston, 425 U. S. 219, 189 USPQ 257 (1976)；Ex parte Catan, 83 USPQ2d 1568 (bd. Pat. App. & Int. 2007).

合；（2）本领域技术人员能够合理地预料到成功；（3）本案中基于 Graham 要素认定的任何事实都支持显而易见性的认定。如果上述其中一个因素不能成立，则不能使用此项理由认定不具备创造性。本领域技术人员能够被激励对现有技术进行结合以得到发明申请，而且本领域技术人员能够合理预料到成功，则发明申请不具备创造性。❶

（四）已知技术的应用

根据已知的方法组合现有要素以取得可以预料的效果应当被认定为显而易见。基于这个理由认定显而易见性，审查员必须认定 Graham 要素，而且必须阐明以下要件：❷（1）现有技术包括了发明中的所有要素，但并不要求是在一个对比文件中，发明申请与现有技术的唯一区别是事实上这些要素并没有组合在一项现有技术方案中；（2）本领域技术人员可能通过已知方法像发明申请一样将各个要素组合起来，每个要素在组合中只是发挥与其独立时相同的功能；（3）本领域技术人员能够认识到组合的效果是可以预料到的；（4）本案中基于 Graham 要素认定的任何事实都支持显而易见性的认定。发明申请的要素是现有技术已知的，本领域技术人员能够以发明申请中的方式将其组合起来，并不改变各要素各自的功能，这种组合并没有取得本领域技术人员预料不到的技术效果。❸ 认定存在一个能够促使本领域技术人员以发明申请的方式将各个要素组合起来的理由也很重要。如果上述任何一个要件不成立，都不能用这个理由认定不具备创造性。

---

❶ DyStar Textilfarben GmbH & Co. Deutschland KG v. C. H. Patrick Co., 464 F. 3d 1356, 1360, 80 USPQ2d 1641, 1645（Fed. Cir. 2006）.

❷ MPEP, §2143, A.

❸ KSR, 82 USPQ2d at 1395；Great Atlantic & P. Tea Co. v. Supermarket Equipment Corp., 340 U. S. 147, 152, 87 USPQ 303, 306（1950）.

简单将一个已知要素替换另一个已知要素并取得可以预料的效果应当被认定为显而易见。要基于这个理由驳回申请，审查员必须认定 Graham 要素，然后必须论述以下问题：（1）发明申请与现有技术的区别在于，其中一些部件（步骤、成分等）被替换；（2）替换的部件和功能在现有技术中是已知的；（3）本领域技术人员将一个已知要素替换为另一个，替换的结果是可以预料到的；（4）本案中基于 Graham 要素认定的任何事实都支持显而易见性的认定。将一个已知的要素替换为另一个已知的要素，取得本领域技术人员可以预料的技术效果，则可以认定初步显而易见性。❶

使用已知技术以相同的方式改进类似的设备（产品或者方法）应当被认定为显而易见。审查员需要先认定 Graham 要素，然后必须论述以下问题：（1）可以认定发明申请在现有技术中的基础设备（方法或产品）上有改进；（2）现有技术中包含着一个可以与发明申请相比较的设备（方法或产品，与基础设备不相同）被与发明申请相同的方式改进；（3）本领域技术人员将改进技术手段以相同的方式应用到基础设备（方法或产品），结果相对于本领域技术人员是可以预料的；（4）本案中基于 Graham 要素认定的任何事实都支持显而易见性的认定。本领域技术人员能够应用已知的改进方法到基础设备上并取得本领域技术人员可以预料到的技术效果。通过类似情况中的改进的教导，本领域技术人员有能力运用相同的手段改进某一类设备（方法或产品）。最高法院在 KSR 案中强调如果技术手段的应用事实上超出了本领域技术人员的能力范围，则不应认定为显而易见。❷ 如果上述其中一个因素不能成立，则不能使用此项理由认定不

---

❶ In re Fout, 675 F. 2d 297, 213 USPQ 532（CCPA 1982）；Ex parte Smith, 83 USPQ2d 1509（Bd. Pat. App. & Int. 2007）.

❷ KSR, 82 USPQ2d at 1396.

具备创造性。联邦巡回上诉法院也对此类案件作出过判决。[1]

在已知的设备（方法或产品）上应用一个已知的技术取得可以预料的效果应当被认定为初步显而易见。要基于此项理由驳回发明申请，审查员在认定完 Graham 要素后，还必须论述以下问题：（1）可以认定发明申请在现有技术中的基础设备（方法或产品）上有改进；（2）现有技术中存在一个可以应用于基础设备（方法或产品）的技术手段；（3）本领域技术人员可以认识到已知技术手段的应用可以取得能够预料的改进效果；（4）本案中基于 Graham 要素认定的任何事实都支持显而易见性的认定。如果上述其中一个因素不能成立，则不能使用此项理由认定不具备创造性。美国最高法院和联邦巡回上诉法院都有案例按照这种理由判断创造性。[2]

三、创造性判断的领域化

（一）化学领域的创造性判断

对于常见技术领域的发明的创造性判断，稳定地统一适用相同的创造性判断规则，也有利于创造性判断的客观化。但这些统一适用的规则必须根据技术领域的共同属性确定，而且在具体适用过程中应当遵循具体问题具体分析的原则，避免机械地适用统一规则。以下简要分析在化学领域的创造性判断中适用的统一规则。

在"制备一种噻吩并苯并二氮杂草化合物的方法"发明专利权无效行政纠纷案[3]中，本专利是用于制备 2-甲基-10-（4-甲基-1-

---

[1] In re Nilssen, 851 F. 2d 1401, 7 USPQ2d 1500（Fed. Cir. 1988）；Ruiz v. AB Chance Co. 357 F. 3d 1270, 69 USPQ2d 1686（Fed. Cir. 2004）.

[2] Dann v. Johnston, 425 U. S. 219, 189 USPQ 257（1976）；In re Nilssen, 851 F. 2d 1401, 7 USPQ2d 1500（Fed. Cir. 1988）.

[3] 参见常州华生制药有限公司与国家知识产权局专利复审委员会、伊莱利利公司发明专利权无效行政纠纷案，北京市第一中级人民法院（2005）一中行初字第 1012 号行政判决书。

哌嗪基）-4H-噻吩并［2，3-b］［1，5］苯并二氮杂，或其酸加成盐的方法。常州华生公司依据对比文件1和2对本专利提出无效宣告请求。一审法院认为专利复审委员会的第7313号无效决定认定事实正确，驳回常州华生公司的诉讼请求，维持了第7313号维持本专利有效的无效决定。

本案例表明，如果本专利与现有技术中的化合物基本结构不相同，且本专利的化合物具有一定用途或者效果，则法院会认定本专利具备创造性。常州华生公司主张对比文件1中的2-甲基-4-（4-甲基-1-哌嗪基）-10H-噻唑并［5，4-b］［1，5］苯并二氮杂（即化合物A），是现有技术中与奥氮平最接近的化合物，但一审法院经对比后认为二者的基本结构不同，对比文件1中也没有记载获得化合物A的反应物。对比文件1不能否定本专利的创造性。2006年《审查指南》第2部分第10章第6.1节规定：（1）结构上与已知化合物不接近的、有新颖性的化合物，并有一定用途或者效果，审查员可以认为它有创造性而不必要求其具有预料不到的用途或者效果。一审法院的该项认定与《审查指南》的规定是相符的。

本案例还表明，如果本专利与现有技术中的化合物基本结构相近，但其用途是本领域技术人员预料不到的，则法院会认定本专利具备创造性。常州华生公司还主张对比文件2可以破坏本专利权利要求1的创造性，对比文件2中公开了噻吩并苯并二氮杂草类化合物及其制备方法，该文献的实施例26（a）描述了2-乙基-10-（4-甲基-1-哌嗪基）-4H-噻吩并［2，3-b］［1，5］苯并二氮杂（即化合物B）及其制备方法。一审法院认为，对比文件2或者对比文件1和2的结合不能破坏本专利的创造性。《审查指南》第2部分第10章第6.1节"化合物的创造性"中规定：……（4）应当注意，不要简单地仅以结构接近为由否定一种化合物的创造性，还需要进一步说明它的用途或效果是可以预计的，或者说明本领域的技术人员在现有技术的基础上通过合乎逻辑的分析、推理或者有限的试验就能制造或使用此化合物。就本案而言，对比文件 2 中仅一般性概括了所述噻吩并 [2，3-b] [1，5] 苯并二氮杂具有有效的中枢神经系统的活性，例如在治疗轻度焦虑状态和某些类型的精神病状态中有效，但没有对所述通式噻吩并 [2，3-b] [1，5] 苯并二氮杂类化合物或一种具体化合物的体内外活性试验或结果作出描述。而本专利权利要求 1 所述制备方法的目的化合物奥氮平不但是在精神分裂症患者的治疗中有效，具有有效的中枢神经系统活性，而且它具有优异的安全性。因此，专利复审委员会和一审法院基于上述事实认定对比文件 2 并不能单独或者与对比文件 1 结合否定本专利的创造性，也是符合《审查指南》第 2 部分第 10 章第 6.1 节的规定的。

有判例认为，将化学性质相同的物质用于相同用途，并不使本专利具备创造性。在"氨氯地平对映体的拆分"发明专利权无效行政纠纷案❶中，本专利权利要求 1 与对比文件相比，区别特征仅在于所使用的手性助剂不同，本专利权利要求 1 使用 DMSO-d6 或者含有 DMSO-d6 的溶剂，而对比文件使用 DMSO 或者含有 DMSO 的溶剂。DMSO-d6 和 DMSO 的化学性质相同、其他性质相近，因此一审法院认为在对比文件所公开的使用 DMSO 作为手性助剂拆分氨氯地平对映体的情况下，本领域技术人员容易想到与之性质相近的 DMSO-d6 也能用于拆分氨氯地平对映体，并替代 DMSO 从而得到本专利权利要求 1 的技术方案。而且，虽然本专利权利要求 1 相对于对比文件来说，光学纯度有一定的提高，但没有产生新的性能，

---

❶ 参见石家庄制药集团欧意药业有限公司、石药集团中奇制药技术（石家庄）有限公司与国家知识产权局专利复审委员会、张喜田发明专利权无效行政纠纷案，北京市第一中级人民法院（2006）一中行初字第 810 号行政判决书，北京市高级人民法院（2007）高行终字第 68 号行政判决书。

不是一种"质"的变化，且没有证据证明其所提高的量超出人们预期的想象，因此一审法院认为本专利相对于对比文件并未取得意料不到的技术效果。一审撤销专利复审委员会的第 7955 号无效决定，并判决宣告本专利全部无效。

美国判例也认为，把结构相近似的化合物用在相同用途上是显而易见的。在 1986 年联邦巡回上诉法院审理的 Merck 案●中，涉案发明申请的技术方案为用密曲替林来治疗抑郁病的方法。涉案发明申请被认定为初步显而易见而被驳回，因为密曲替林具有作用于精神的药性是现有技术中的知识，而且与其结构相似的丙咪嗪具有抗抑郁病的药性，由于这两种化合物具有生物同位素，而且有研究论文表明在临床实验中密曲替林被用于抗抑郁药，根据现有技术中的教导可以预料到密曲替林具有相同的药效。联邦巡回上诉法院维持了驳回决定，认为现有技术中的教导为成功的预期提供了充足的理由。

欧洲专利局上诉委员会也作出过类似的判例。在 T 913/94 案中，溃疡与胃炎的病理近似，而溃疡比胃炎要严重，因此本领域技术人员应当可以想到治疗溃疡的药也可以用于治疗胃炎，因此用治疗溃疡的药治疗胃炎并不具备创造性。在 T 2/83 案●中，欧洲专利局上诉委员会认为，化学领域中所谓的类推方法只有在其要解决的技术问题在现有技术中还不存在的情况下才具有创造性。

由于一种新的化合物相对于已知化合物在结构上相似，本领域技术人员可能预料到这两种化合物具有相同的用途，可以用于解决发明申请中的技术问题，因此可以主张发明申请相对于本领域技术人员是显而易见的。如果本领域技术人员根据公知常识或

● In re Merck & Co., Inc., 800 F. 2d 1091, 231 USPQ 375 (Fed. Cir. 1986).

● OJ 1984, 265.

者某些具体公开信息推测化合物的结构差异太小以至于对技术问题的解决至关重要的根本属性不会有实质区别，则这样的推测是正当的。❶

　　我国《审查指南》中还有其他一些专门规定化学相关技术领域的创造性判断规则。例如，《审查指南》对"化学产品用途发明的创造性"进行了具体规定。❷ 美国《审查指南》也专节规定了化合物结构相似情况下的创造性判断，❸ 主要包括以下几方面：（1）基于结构相似而认定显而易见是建立在相似结构具有相似属性的预期上；（2）类似物和同质异构物的创造性判断必须与其他相关事实一并考虑；（3）同族和同质异构物的关系的作用；（4）现有技术中缺乏制造发明申请中的化合物的方法对于初步显而易见的认定有帮助；（5）结构相似但不能合理推测属性相同的情况下不能认定显而易见；（6）如果现有技术中的化合物没有用途，或者用途只是媒介，则发明申请中结构相似的化合物相对现有技术不构成初步显而易见；（7）初步显而易见可以被更优的或者预料不到的技术效果反驳。

　　（二）　机械领域的创造性判断

　　我国有判例对机械领域的创造性判断的特殊性进行了论述，认为对机械领域的技术方案应当重点考察机械的组成部件、部件的位置及连接关系等方面。在"高速编织机"实用新型专利权无效行政纠纷案❹中，附件 2 与本专利的下锭线股走线机构中的各个部件虽

---

❶　T 852/91.

❷　参见 2006 年《审查指南》第 2 部分第 10 章第 6.1 节。

❸　MPEP § 2144.09.

❹　参见黎日佳与国家知识产权局专利复审委员会、佛山市盈邦机器有限公司案实用新型专利权无效行政纠纷案，北京市第一中级人民法院（2008）一中行初字第 256 号行政判决书，北京市高级人民法院（2008）高行终字第 521 号行政判决书。

然实现的功能相同，但是具体结构及连接方式差异明显。二审法院认为，机械领域的实用新型专利创造性判断应当从机械的组成部件、部件的位置及连接关系等方面进行对比，不应仅仅从各部件实现的功能、效果方面进行对比，因此认为"本领域普通技术人员在附件1的基础上用附件2中披露的下锭线股走线机构，替换附件1中下锭线股走线机构从而得到本专利权利要求1的技术方案，需要付出创造性劳动"。二审因此撤销了认为本专利不具备创造性的无效决定和一审判决。

（三）电学领域的创造性判断

我国有的判例认为，电学领域的创造性判断应当着重考虑电路结构、连接关系及其功能。在"电子发音书装置"实用新型专利权无效行政纠纷案❶中，二审法院在判决中表示："电学领域创造性判断着重考察电路的结构、连接关系以及所实现的功能、效果的不同。"

有判例对在电学领域的创造性判断的特殊性进一步进行了论述，认为在电学领域进行创造性判断，不仅考虑电路的连接关系，还要考虑电路的工作状态。由于工作状态的不同导致技术思路、技术方案的差别一般会产生不同于现有技术的效果。在"开关装置触头耗损的测定方法和设备"发明专利权无效行政纠纷案❷中，本专利权利要求1与对比文件1的区别在于：（1）本专利是在电磁铁闭合移动期间进行测定，而对比文件1是在电磁铁

---

❶ 参见刘鸿标与国家知识产权局专利复审委员会、中山市启雅电子有限公司、创新诺亚舟电子（深圳）有限公司实用新型专利权无效行政纠纷案，北京市高级人民法院（2010）高行终字第686号行政判决书。

❷ 参见施耐德电器工业公司与国家知识产权局专利复审委员会、正泰集团股份有限公司案，北京市第一中级人民法院（2008）一中行初字第1156号行政判决书，北京市高级人民法院（2009）高行终字第225号行政判决书。

断开过程中测定，两者的不同导致测定的时间点不同；（2）本专利测定的一个点值是在闭合过程中测量电极导通或不导通的电信号（Ip），而对比文件 1 中触头断开的识别是通过在各开关极接线柱处测量接触电压确定时间信号（tK）；（3）本专利另一个点值是测量通过电磁铁线圈的励磁电流（Is），而对比文件 1 是通过第二计值模块 102 测量电枢断开时间信号（tA）；（4）本专利是计算由所述电信号（Ip）确定的触头闭合瞬间与所述励磁电流（Is）确定的电磁铁闭合移动终止瞬间之间的时间间隔，而对比文件 1 是根据由监控模块提供的电枢断开的时间信号（tA）和触点断开的时间信号（tK）之间的时间间隔。由上述区别技术特征，本领域普通技术人员可知，对比文件 1 中测量的其中一个点值是在切断对通过电磁线圈 6 上的励磁电流的供应后电磁线圈 6 上由于磁通的变化出现的感应电信号，而不是本专利中测量在工作中经电磁线圈的励磁电流（Is）。对比文件 1 中测量的另外一个点值是测量在触头断开时电线输出端的人造中点处的电压变化来测量触头断开时刻（tK）的结束瞬间，而本专利是测量通过电磁铁线圈的励磁电流。

二审法院认为，上述区别反映出两个技术方案是处于不同的工作状态，测定方法的不同导致两个技术方案进行测量的时机不同，所选取的数值存在明显区别。本专利采用了与对比文件 1 完全不同的方法解决测定开关装置触头耗损的技术问题，本专利提供了一种技术构思不同的技术方案，取得了比现有技术更好的技术效果，具有创造性。一审法院及专利复审委员会并未注意到两个技术方案的工作状态、测定方法导致的测定数值的差异。因此，二审法院认为一审判决及第 11364 号决定认定本专利不具备创造性是错误的，判决撤销一审判决和第 11364 号决定。

第三节　判断主体与客观化

一、判断主体与本领域技术人员

(一)"本领域技术人员"的提出

美国最早以本领域技术人员为基础判断创造性的案件是美国最高法院判决的 Hotchkiss 案。本发明涉及陶瓷门把手，在认定本专利无效的同时，美国最高法院接受了有争议的陪审团指示中的"熟悉本技术领域的普通技术人员"的技能标准，认定在应用原有的柄和轴的连接方式时，仅仅是将材料替换为陶瓷，并没有运用比普通技术人员更多的技能。除非将比本领域熟练的普通技术人员更多的创造性和技巧应用到新发明中，否则就缺少构成发明的基本技巧和创造性。换言之，改进只是普通技术人员的而不是发明者的，不能得到专利。❶ 在此案中，美国最高法院已经提出了非显而易见以本领域技术人员的知识和技能作为判断基准，确立了创造性判断的主体标准，为后来判例法的发展奠定了基础。

(二)创造性判断者与本领域技术人员的关系

本领域技术人员是思维的产物，是建立在我们对许多判断者的要求的基础之上假设的人，并不像具体的发明者一样是实际存在的人。各国的专利法都在认可上述假设。如果在具体案件中，审查员和法官非要把它作为实际存在的人看待，提出了本领域技术人员是什么这个虚假的问题并试图回答，就会非常困难。本领域技术人员像民法中的过错这个概念一样，是由想象而来的。想象是由看上去有联系的观察和经验综合而成的，观察和经验是确实存在，概念却

---

❶　Hotchkiss v. Greenwood, 52 U. S. 248, at 265 (1851).

只是经验的产物。❶ 如果人们把概念当做实存的事物，尤其是认真地对待这个概念并精确地使用它时，就更加危险。一旦我们假定概念有实存意义，我们又会为发现其实存的意义和恰当的度量尺度而大费周折。❷ 在美国，审查员被要求是本领域技术人员，能够依靠自己的技术知识确定本领域技术人员的知识和技能。❸ 联邦巡回上诉法院认为审查员和上诉委员会的专利行政法官"具备其工作所处技术领域的科技知识"，他们"能够根据其自身科技知识认定本领域技术人员从记载现有技术的对比文件中得到的信息"。

（三）本领域技术人员的重要性

创造性判断者应当是本领域技术人员，这一点可以体现在创造性判断的各个方面。在有的案例中，专利复审委员会只考虑对比文件中当事人主张的技术方案，对同一对比文件中记载的其他技术方案不予考虑，这实际上没有正确地将创造性判断主体认定为本领域技术人员。在"可触摸式过电压保护器"实用新型专利权无效行政纠纷案❹中，对比文件 2 说明书中文译文第 15 页第 3 段中的技术方案与本专利权利要求 1 的技术方案相同，但无效宣告请求人没有据此处记载的技术方案主张本专利权利要求 1 不具备新颖性或者创造性，因此专利复审委员会在第 14312 号无效宣告请求审查决定中对该技术方案不予考虑。按照请求原则，该技术方案在本专利新颖性判断中不予考虑是

---

❶ 喻敏："对侵权行为法中过错问题的再思考"，载《现代法学》1998 年第 4 期，第 95 页。

❷ ［美］艾尔·巴比：《社会研究方法》，李银河编译，四川人民出版社出版 1991 年版，第 91~93 页。

❸ MPEP § 2141.

❹ 参见西安安特高压电器有限公司与国家知识产权局专利复审委员会、西安神电电器有限公司实用新型专利权无效行政纠纷案，北京市第一中级人民法院（2010）一中知行初字第 1250 号行政判决书，北京市高级人民法院（2010）高行终字第 1507 号判决书。

有道理的；但在创造性判断中，判断者不仅仅要考虑无效宣告请求人主张的现有技术，还应当站在本领域技术人员的角度，以现有技术为基础来做出判断。在对比文件 2 说明书中文译文第 15 页第 3 段已经完全公开了本专利权利要求 1 的技术方案的情况下，审查员仍然置之不顾，就不再是站在本领域技术人员的角度在判断创造性了。

二、判断主体的技术盲点

（一）技术盲点的含义

在具体案件中，是否具备创造性的争议焦点往往集中于对本领域技术人员的知识和能力的认识上。首先提出的问题是，如果创造性判断者不具备本技术领域的知识和能力，如何对争议焦点作出正确判断。在"土力发电和水土保持"发明专利申请驳回复审行政纠纷案❶中，专利复审委员会创造性判断暗含着这样一个前提，即在名称为"土力发电和水土保持"的发明申请所属技术领域，对本技术领域的技术人员而言，以黄土代替物料碎屑是常见的技术手段，或者说以黄土代替物料碎屑是容易想到的。但这个前提是否在本领域技术人员的知识和能力范围内，当事人有很大争议。专利复审委员会并没有就此提供证据，因此法官对审查员的判断的正当性进行审查时，就面临技术信息不完整的难题。实际情况是，专利复审委员会的审查员要求具备技术知识，有可能是本领域技术人员；而法官则不要求具备技术知识，因此法官对审查员判断正当性的审查面临着技术盲点。正如在"土力发电和水土保持"发明专利申请驳回复审行政纠纷案❷中，法

---

❶ 参见马瑞志诉国家知识产权局专利复审委员会发明申请驳回复审行政纠纷案，北京市第一中级人民法院（2005）一中行初字第 568 号行政判决书，北京市高级人民法院（2006）高行终字第 00104 号行政判决书。

❷ 参见马瑞志诉国家知识产权局专利复审委员会发明申请驳回复审行政纠纷案，北京市第一中级人民法院（2005）一中行初字第 568 号行政判决书，北京市高级人民法院（2006）高行终字第 00104 号行政判决书。

院在面临这一问题时，往往趋向于与专利复审委员会保持一致以回避对这个问题的正面回答。如何克服创造性判断者尤其是法官的技术盲点，是创造性判断客观化的难题之一。

技术盲点是各国法官共同面临的难题。在被任命为联邦法官四年后，汉德法官在1911年的 Parke-Davis 案❶中，对技术性的发明由法官作出外行的主观评价提出了质疑。他认为：我必须不断地提醒大家注意法律的这种特殊条件，使得没有任何的化学知识甚至化学的入门知识的人来判断化学方面的专利。只有一个经过训练的化学家才真正能够判断这些事实。司法部门没有不偏不倚和有权威的科学帮助，还将多久地不断犯错误，没有人知道。汉德法官在后来1920年的 Wire Wheel 案❷中也再次提到了类似的观点。在该案中，汉德法官与美国最高法院不够谨慎的态度相反，对法官正确地认定现有技术和正确地评价发明人贡献的能力表示了怀疑。他表示，什么时候本技术领域的技术进步产生了，需要何种程度的想象力，总是很难说的问题。实际上法官不能很好地将自己置身于技术进步产生时的本领域技术发展阶段，或者尝试将自己置于那些取得进步的人的位置。然而实定法却需要他们这样做：如果不那样做，专利的新颖性条件和"发明"条件就没有了区别。❸ 在1946年的 General Elec. 案❹中，汉德法官表示，不得不由外行组成的法院在他们并不熟悉的领域中既不能低估也不能高估作出新的有利可图的发明所面临的困难。

---

❶ Parke-Davis & Co. v. H. K. Mulford Co., 189 F. 95, 115 (S. D. N. Y. 1911).

❷ Wire Wheel Corp. of America v. C. T. Silver, Inc., 266 F. 221 (S. D. N. Y. 1919), aff'd, 266 F. 229 (2d Cir. 1920).

❸ 266 F. at 227.

❹ Safety Car Heating & Lighting Co. v. General Elec. Co., 155 F. 2d 937, 939 (2d Cir. 1946).

（二）技术盲点的种类及对策

技术盲点实际上也可以分为两类。第一类是掌握一般技术知识的技术人员能够知晓和判断的，不是本领域技术人员但有普通技术背景的审查员和法官依靠常规技术知识和能力可以作出判断的技术盲点；第二类是（所属）本领域的专业知识，非本技术领域的普通技术人员不能知晓并作出正确判断。

对于第一类技术盲点，具有普通技术背景的法官实际上可以作出正确判断。例如，在"电动自行车轮毂"实用新型专利权无效行政纠纷案❶中，二审法院就对"行星轴固定在离合器上"及"离合器固定在主轴上"是否为本领域技术人员容易想到作了正面回答，并详细论述了理由："附件3给出了在中心轴和圆柱梢盘之间增设单项超越离合器的技术启示，其作用就是使圆柱梢盘与中心轴不做固定装配，防止在不同驱动方式下轮毂壳体的转动传递到电机。根据附件3给出的技术启示，将离合器应用到附件2公开的技术方案时，就涉及离合器的安装方式。就本案而言，可以选择直接安装即可以省略行星架而将行星轴直接固定在离合器上，或者选择间接安装即行星轴通过行星架固定在离合器上。本案的争议焦点在于，上述安装方式是否为本领域技术人员不需要付出创造性劳动即容易想到。在行星架与主轴之间增设离合器时，离合器的一个离合件必然要与行星架固定安装，而行星轴与行星架之间也为固定连接，因此，行星轴、行星架、离合件这三者实际上可以视为一体。在安装离合器之前，行星架的基本作用在于支撑、固定行星轴；而加入离合器之后，离合件本身就可以起到支撑、固定行星轴的作用。也即是说，行星架的作用完全可

---

❶ 参见王清华、贺先兵与专利复审委员会、徐德芳实用新型专利权无效行政纠纷案，北京市第一中级人民法院（2009）一中行初字第1846号行政判决书，北京市高级人民法院（2010）高行终字第311号判决书。

以由离合件代替并实现。本领域技术人员根据轮毂内部空间的大小及所使用的离合器的形状，可以选择是否保留行星架。如果内部空间不够，可以去掉行星架，无需付出创造性劳动。因此，直接安装对本领域技术人员是容易想到的。直接安装和间接安装的区别就在于减少一个零件，减少零件必然产生简化结构、减轻重量、简化制作工艺的效果，这些效果是本领域技术人员完全可以预见的，直接安装并未取得预料不到的技术效果。"

即使是第二类技术盲点，也可能因为当事人的共识而解决，并不需要判断者真正知晓该技术知识。例如，在"多晶硅层结构与其形成方法以及平面显示器"发明专利申请驳回复审行政纠纷案❶中，当事人对本领域技术人员具备以下知识达成了共识："采用固相晶化法，非晶硅层越薄，形成的多晶硅层的晶粒越小，因此在采用固相晶化法时，为了使驱动区的晶粒比显示区的晶粒大，必然需要驱动区的非晶硅层比显示区的非晶硅层厚。采用激光晶化法，非晶硅层越薄，形成的多晶硅层的晶粒越大，因此在采用激光晶化法时，为了使驱动区的晶粒比显示区的晶粒大，必然需要驱动区的非晶硅层比显示区的非晶硅层薄。"

但是，对第二类技术盲点，应当强调当事人的举证。在我国的专利授权案件中，应当由专利复审委员会承担举证责任；在专利确权案件中，则应当要求专利复审委员会正确地判定无效请求人和专利权人之间的证据优势。

欧洲关于创造性判断者的制度规定提供了另一种解决技术盲点的方案。《欧洲专利公约》第21条规定，欧洲专利局上诉委员会审理的上诉案件如果涉及技术问题，则合议组必须包括两个以上的具

---

❶ 参见友达光电股份有限公司与专利复审委员会发明专利申请驳回复审行政纠纷案，北京市第一中级人民法院（2009）一中知行初字第2717号行政判决书，北京市高级人民法院（2010）高行终字第513号行政判决书。

备相应技术能力的技术专家。这一规定的实际执行还得到了欧洲专利局扩大上诉委员会的确认。❶ 欧洲专利局的这种人员安排，实际上能够解决创造性判断者面临技术盲点的难题。在我国，如何借鉴欧洲专利局的这种制度，有专家辅助人、技术证人等各种可以考虑的办法，还需要专门的研究。

三、判断主体的同质化

（一）创造性判断客观化的有限性

创造性判断最终落到了主观判断上，因此客观化只是有限的追求。在 1931 的 Sachs 案❷中，汉德法官似乎采用了类似于 Hotchkiss 案中的"熟练技术工人"标准。他表示，专利法和其他部门法一样，都是一个利益问题。发明建立在是否能够满足比普通技术人员的创造性更高的要求上。这样一个标准与其他部门法采用的如"合理注意"一样，不过是一个迷惑人的"鬼火"（will-o'-the-wisp）而已。为了确定这个标准，又试图求助于平衡倾向、平均能力等。任何意图用一个概括的词语来界定它的努力都被证明是虚幻的，最好放弃这种努力。❸

即使是创造性判断步骤和规则的统一和稳定，也只能对创造性判断的客观化产生有限的影响。在 1935 年的 Walter Kidde 案❹中，汉德法官表示，认为"发明"能够通过那些推测性的客观原则被判断是幻想和无意识的模棱两可的产物，通过无情的三段论来得出结论是虚假的。

发明作出时的事实状态的不可重现性也是创造性判断客观化

---

❶ G 2/90, G 8/95, G 1/02, G 3/03（Annex I）.

❷ Sachs v. Hartford Elec. Supply Co., 47 F. 2d 743, 748 (2d Cir. 1931).

❸ 6 F. 2d 793, at 794. (2d Cir. 1925).

❹ Corp. v. Walter Kidde & Co., 79 F. 2d 20, 22 (2d Cir. 1935).

的客观障碍之一。美国最高法院在 1984 年 Garlock 案❶中表示：
"创造性的判断者虽然非常困难，但却必须忘记他或她从涉案发
明得到的教导……将思想回溯到发明作出之前（常常是多年前），
以回归到本领域技术人员当时的思想状态中。"但在实践中，真
正回溯到发明做出之前的事实状态是做不到的，或多或少都会受
到事后眼光的影响。

（二）　创造性判断者个性的影响

既然创造性判断最终是审查员或法官的主观判断，判断者的个
体特点必然会给创造性判断打上个性的烙印。1925 年，汉德法官
在 Kirsch 案中阐述了这样一个观点，即主观判断的环节在对发明的
专利性判断中不可避免。❷汉德法官认为：客观标准的可能价值在
于大体上给予我们方向，但最终的结果只能被模糊地指示出来。我
们必须通过这些客观的参照物尽力修正我们的标准，但在最后，毫
无疑问的是，判断将会呈现很大程度上的个人性，在这个意义上也
可以说是创造者的专断。❸

正如 Jungersen 案❹，在汉德法官反对多数意见的观点中，他写
道："然而，我承认自己困惑于不知道如何前进，虽然我们表示适
用规则本身，然而在每个具体的案件中，我们又会像规则并不存在
那样地作出判决。"❺判断者往往依靠的是经验积累基础上形成的
"感觉"。这种感觉即波斯纳法官所说的实践理性。❻这种感觉的应

---

❶　W. L. Gore & Associates, Inc. v. Garlock, Inc., 721 F. 2d 1540, 220 USPQ
303, 313 (Fed. Cir. 1983), cert. denied, 469 U. S. 851 (1984).

❷　Kirsch Manufacturing Co. v. Gould Mersereau Co., 6 F. 2d 793 (2d Cir. 1925).

❸　6 F. 2d 793, at 794. (2d Cir. 1925).

❹　Jungersen v. Baden, 166 F. 2d 807 (2d Cir. 1948).

❺　185 F. 2d 350, 259. (2d Cir. 1950).

❻　[美] 理查德·A. 波斯纳：《法理学问题》，苏力译，中国政法大学出版社
2002 年版，第 90 ~ 100 页。

用必须是个案的、具体问题具体分析的。

（三）创造性判断主体的同质化

对我国专利行政案件实证分析可以发现，判断主体的差异是主观化缺陷的不利影响扩大的主要原因，这可以从历年知识产权庭和行政庭审理的专利行政案件的改判情况看出。

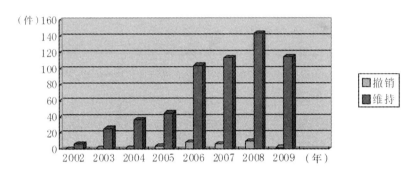

图8　因创造性而撤销行政决定的比例
（一中院行政庭的专利确权行政案件）

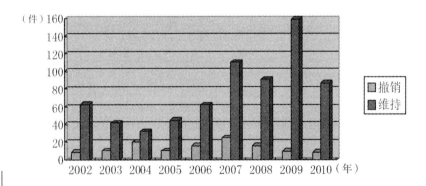

图9　因创造性而撤销行政决定的比例
（一中院知产庭的专利确权行政案件）

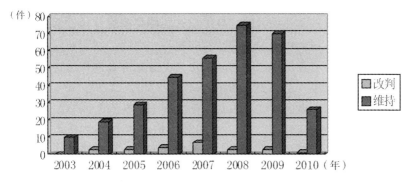

图 10　因创造性而改判的比例
（北京高院行政庭的专利确权行政案件）

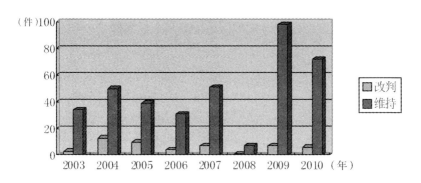

图 11　因创造性而改判的比例
（北京高院知产庭的专利确权行政案件）

从图 8 至图 11 可以看出，无论是行政庭还是知产庭，无论是一审还是二审，对专利创造性判断都可谓"小心翼翼"。但总体来看，行政庭更加保守，无论是一审对专利复审委员会无效决定的撤销比例，还是二审对一审判决的改判，都相对于知产庭的比例要低，而且非常明显。造成这种情况的原因很多，有行政庭和知产庭对专利行政案件在认识上的分歧，也有案件类型的差异，但归根结底，起决定作用的可以说是判断者的差异。因此，创造性判断者的同质化，需要审查员和法官的同质化，也需要审查员和法官的相对集中，还需要审查员和法官的相对稳定。

创造性判断者的相对集中有利于促进创造性判断的客观化，美国的历史是一个很好的例证。在联邦巡回上诉法院成立之前，虽然关税和专利上诉法院在专利授权和确权案件中起到重要作用，规则相对统一，但其他巡回上诉法院在专利侵权案件中通过对专利权效力的判断也确立了很多的创造性判断规则。不同的上诉法院确立的创造性判断规则简直就"开了花"。正如瑞奇法官所说，"'发明'是法律中的'美丽的不确定'，专利法律职业界如何赖以谋生实际上是一个秘密"。❶但在联邦巡回上诉法院建立后，这种"乱象"得到了有效的控制。根本的原因还是专利上诉案件集中到了以瑞奇法官为首的少数联邦巡回上诉法院的法官手中，他们的同质性保证了创造性判断标准的统一。

从这个角度来讲，将所有专利行政案件统一到行政庭或者知产庭审理，都有利于创造性判断的客观化，因为创造性判断的主体趋向于同质化。因此可以预料，我国的创造性判断标准自 2009 年统一由知产庭审理专利行政案件后，会向着更加稳定、统一的客观化方向前进。

❶ Giles S. Rich: Why and How Section 103 Came to Be, in Nonobviousness—The Ultimate Condition of Patentability, see John F. Witherspoon ed.: NONOBVIOUSNESS – THE ULTIMATE CONDITIN OF PATENTABILITY, 1980, pp. 1: 201, 1: 207.

第三章　专利创造性的高度

第一节　创造性高度的经济分析

一、创造性高度的基本经济理论

（一）专利制度的经济价值

对授予专利的创造性提出高度的要求，根源于经济上的理由，因此创造性高度的经济分析首先以专利制度的经济分析为前提。专利制度的第一个经济理由是激励创新。经济学家认为，知识和技术是公共产品。公众产品容易被过度使用，就像道路和渔业资源等，这种情况被称为市场失灵（market failure）。[1] 就知识产权而言，其公共产品属性意味着一旦发明创造出现后就能够被他人没有附加成本地免费使用。如果没有专利制度，没有人愿意承担技术创新需要负担的研发成本和投资风险，就不会激励技术创新。专利制度通过向发明者提供独占性的权利以防止他人免费利用其发明创造，从而能够使发明者从许可他人实施发明创造的过程中获得利益，发明者愿意继续从事研发。专利制度就是以公开换权利的成本—收益的交换。[2] 一方面通过提供一定期限的垄

---

[1]　[美] 曼昆：《经济学原理》（上册），梁小民译，机械工业出版社 2003 年版，第 9 页。

[2]　[美] 威廉·M. 兰德斯、理查德·A. 波斯纳：《知识产权法的经济结构》，金海军译，北京大学出版社 2005 年版，第 26 ~ 31 页。

断权利给发明者以激励其从事发明创造的研发，另一方面又要求其公开发明创造的内容。有学者对 32 个国家的情况进行了分析研究。他们的研究表明，对知识产权的高水平保护对研发投资有积极作用。[1] 有学者提供了经验数据证明在药品和化学行业，专利制度在激励创新方面尤其有效。[2]

专利制度的第二个经济理由是，授予专利权人制止他人利用其专利技术的独占性权利的对价就是向社会公开他的专利技术方案。如果没有专利制度，或者没有专利公开制度，发明人会趋向于选择对发明技术方案保守秘密，从而使得社会公众难以知晓技术方案的具体内容。专利公开制度能够及时扩充技术知识的总量，从而有利于整个社会的创新步伐。自 20 世纪 80 年代中期始，全世界每年有 100 万件专利申请提出并被随后公开出版，这使得专利信息成为最重要的技术知识来源。[3] 专利公开制度还能够有效地避免研发领域的重复投资。

专利制度的第三个重要经济理由是促进技术交易与应用。专利制度授予了可以交易的专利权，就会促进专利技术的本国和跨国转移。在没有专利制度的情况下，发明人会非常谨慎地将发明作为技术秘密来保护，他们不会大胆地与他人分享其技术成果，会小心地防止用户模仿其技术方案。在专利制度建立后，由于有专利法的强制保护，发明人不再那么担心其技术方案被免费使用。20 世纪 90 年代中期全球的技术市场交易额在 350 亿美元左右。2005 年的一项

---

❶ Kanwar, S. and R. Evenson, Does intellectual property protection spur technological change, Oxford Economic Papers, 2003, (55-2), pp. 235-264.

❷ Mansfield, E.: Patents and innovation: an empirical study., Management Science, 1986, (32-2), pp. 173 - 181.

❸ Report on the International Patent System, WIPO Standing Committee on the Law of Patents, SCP/12/3 Rev. 2, February 3, 2009, p. 10.

研究表明，美国每年技术许可的市场规模大约为 450 亿美元，而在全球大致为 1000 亿美元。❶ 2007 年，有学者研究后认为技术贸易的市场规模与技术许可的市场规模大致相当。❷

专利制度的上述三个方面价值都归结于促进经济发展和社会进步。专利制度的建立和完善是否真正地促进了经济发展和社会进步，有很多客观事实可以研究。无论是发达国家还是发展中国家，都在大量投资研发，都在向着知识经济（knowledge - based economy）迈进。近年来，在经济合作与发展组织的无形资产投资快速增长，增长率为 GDP 的 10 % 左右，成员国的研发投资达到了 7720 亿美元，已经超过了有形资产投资。我国的研发投资自 2000 年来每年增长率达到 18 %，研发投资达到了 1150 亿美元，已经成为第三大研发国。在 2005 年，全世界的专利申请量超过了 160 万件。大约一半左右的申请来自日本和美国。日本占全世界专利申请量的比例在 1995 年是 38.3 %，在 2005 年是 31.4 %。同期，中国、韩国和美国的专利申请量有所增加。❸ 事实上，这些专利申请量较大的国家也是同期经济发展最迅速的国家，这能够非常有力地说明专利制度促进经济发展的作用。

（二）最佳的专利创造性高度

专利制度的上述价值，都离不开专利制度中的创造性条件。专利法中的创造性条件的经济功能是什么，经济学家给予了越来越多的关注。在 1969 年诺德豪斯（Nordhaus）时代，经济学家只是以

❶ The Economist：A market for ideas：a survey of patents and technology.，The Economist，2005，（22），p. 1.

❷ Athreye，S. and J. Cantwell：Creating competition?：globalisation and the emergence of new technology producers.，Research Policy，2007，（36-2），pp. 209-226.

❸ Report on the International Patent System，WIPO Standing Committee on the Law of Patents，SCP/12/3 Rev. 2，February 3，2009，p. 12.

一个单独的变量即专利期限来描述和分析专利政策，[1] 此后不断发展。现在，有众多的经济学文献详细研究专利创造性的制度价值和创造性的合理高度等问题，这些研究深化了我们对专利创造性制度的理解。

在判断创造性时，审查员和法官面临的最重要问题在于，哪些可证实的技术特征应当用于确定是否具备创造性。经济学家并不擅长于处理此类问题，经济学并不能对发明的概念化表述方式提供分析手段。大体上，经济学文献含蓄地认为，评价专利创造性的变量是发明的度（size）。度的确切含义依赖于具体的评价模式：它可以是方法发明减少成本的量；它可以是产品质量提高的程度；它可以是新产品的市场规模。无论怎样，它都是与发明的积极价值正相关的。在经济学上，还可以用成本代替价值来评估创造性，但用成本比较罕见，也许是研发的花费众所周知的难以计算。而且，美国专利法规定，在评价发明的专利性时，不应当考虑发明是如何被研发出来的。[2] 这个规定表明，不能依据研发成本来评价发明的专利性。

一旦确定了如何在经济学上描述发明，经济学家就容易分析专利性的最佳起点了。1969 年诺德豪斯对专利保护的最佳水平进行了经济分析，[3] 认为最佳的专利保护水平是一个平衡点。更强的专利保护通过激励创造活动而产生社会收益，同时也使社会负担更重的固定成本。最佳的保护水平必须是边际社会成本和边际社会收益相等的点。但将专利创造性的度增加时，不同经济学家的分析模式不同，结论也不相同，也就是说，专利创造性的度是否会影响最佳

---

[1]　William D. Nordhaus：Invention, growth, and welfare：A theoretical treatment of technological change, 1969.

[2]　35 U. S. C. § 103（a）.

[3]　William D. Nordhaus：Invention, growth, and welfare：A theoretical treatment of technological change, 1969.

的专利保护水平还存在争议。

这种经济学思想实际上在 1923 年的 Eibel 案❶中得到了体现。在该案中，最高法院推翻了第一巡回上诉法院的判决，认定专利有效且侵权成立。这个案件中的专利涉及如何提高造纸机的速度。❷本发明与现有技术的区别在于本发明将移动筛子倾斜度从 2 至 3 英尺提高到了 12 英尺从而增加了向下流动的力量。❸塔夫特法官在判决中写道：

在判断专利时，法院首先考察本领域技术以确定发明或发现的真正贡献是什么，是否实质性地产生技术进步。如果确实存在进步，则法院可以自由裁量是否授予专利权以给予发明者奖励。如果发明者只是做了一小步改进，正好处于仅仅是普通技能改进和真正的发明之间的边界线上，则他的专利如果维持有效，应当给予较小的保护范围。我们认为本案发明人作出了非常有用的发明，实质性地产生了技术进步。他的发明虽然不是一个开创性的专利，没有产生一个全新的技术，但只是对旧有设备的改进也可能非常值得称赞，从而值得授予专利。❹

（三）专利创造性的经济学理论概述

专利创造性的经济学文献主要可以分为四个方面：选择价值理论、连续发明理论、错误成本理论、互补发明理论。❺所有的理论都有共同的前提：专利制度并不总是带来社会收益，也会产生负面的外在性。例如，当发明是连续的时候，给开创性发明的细微改进

---

❶　Eibel Process Co. v. Minnesota & Ontario Paper Co., 261 U. S. 45 (1923).

❷　261 U. S. 45, 46 (1923).

❸　261 U. S. 45, 55 (1923).

❹　261 U. S. 45, 63 (1923).

❺　Vincenzo Denicolò: Economic Theories of the Nonobviousness Requirement for Patentability: A Survey, Lewis & Clark L. Rev., 2008, (12), p.443.

以专利保护可能减慢技术进步的节奏。同样地，如果一项复杂技术的每一个细小组成部分都可以分别获得专利的话，在整体上对技术进行改进的激励就会受到损害，这种情况下，容易拒绝给真正的发明以专利保护。

选择价值理论建立在不可逆投资的概念之上。这种观点认为，市场经济中有一种过早地采用新产品或新设备的趋势，现在的发明者通过剥夺未来发明者研发更好发明的机会而会产生外部性，但现在的发明者并不会内化这种外部性。专利的创造性条件可以保护潜在的发明者不受早产的发明的影响。

连续发明理论与选择价值理论相反。这种理论认为，专利的创造性要求是一种保护在先发明不受后续改进的竞争的工具。当发明是连续的时候，后续的改进只有在前面的基本发明产生后才能发生，保护前面的发明者是非常重要的。

错误成本理论认为，专利的创造性要求只是对新颖性要求的强化，目的在于防止给一项已经存在于公共领域的技术授予专用权。

互补发明理论关注于对一项复杂技术进步有共同贡献的不同公司之间如何分配利润。这种理论认为，在某些情况下，否定某些组成部分的专利性有利于全面地激励发明。

法律学者和法律实务工作者能够从经济学分析中深入认识创造性条件的不同经济学功能，这对于全面和深入理解创造性制度和创造性高度有重要作用。但是，经济分析要为创造性判断提供实实在在的指导还有很多的工作要做。即使在抽象的理论层面上，仍然有几个没有解决的问题。现有经济理论中的一个缺陷是，他们人为地限制了意图加强创造性条件的作用的政策工具的运用。所有分析工具的使用使得创造性制度正当性的确认更加困难。这个问题在选择价值理论和连续发明理论中更加尖锐。另一个缺陷是多数经济学文献聚焦于难以观测的变量，然而政策制定和实务操作都必须依赖于可测定的变量。克服这些缺陷应当成为将来研究的重要任务。虽然经济学理论的应用难以提供可操作的工具，但换个角度来看，很多判例却反映了司法实践中的很多经济学思考。

二、连续发明理论

（一）连续发明理论与区别技术特征的认定

虽然正如选择价值理论所强调的那样，今天的发明会对将来的发明活动产生抑制作用，即所谓的提前虚化效应，但今天的发明也确实会刺激某些后续技术进步。发明者和学者都熟悉的虚化效应理论，在连续发明的研究方面已经成为大量经济学文献的焦点。这些文献强调，每个发明都是建立在在先发明基础之上的，反过来也是后续发明的基础。在市场经济中，新的发明的产生对旧的发明人产生负的外在性影响，旧的发明人的利润会因为新的更好的技术竞争而受到侵蚀。这种外在性能够解释为什么某些发明不值得专利保护。

连续发明理论和选择价值理论既有共同点也有区别。在选择价值理论中，负的外在性是失去了等待更好发明的机会。换言之，后续发明被抑制了。而在连续发明理论中，负的外在性在于在先的发明受到了抑制。两种情况中，现在的发明和将来的发明之间都存在一种平衡，发明活动的节奏的最大化需要放弃某些发明计划。

当发明是连续时，发明者既需要对过去发明的专利保护，又需要对将来发明的专利保护。这有两个原因。第一，缺乏对将来发明的保护，将来发明人将消除过去发明人的利益；第二，第一个发明人应当因为给将来的后续技术进步开道而受到奖励。❶当发明持续发生时，每个发明者都对前面的和后面的发明者施加一个负的外在

---

❶ Suzanne Scotchmer：Standing on the shoulders of giants：Cumulative research and the patent law，Journal of Economic Perspectives，1991，（5），pp. 29-41.

性。很多学者都在此分析框架的基础上发展出最佳创造性条件的分析。❶

专利权的保护范围由必要技术特征限定；必要技术特征越多，意味着限制越多，范围越小。将来发明与过去发明的区别往往就在于关键的一两个区别技术特征，实际上将来的发明通过区别技术特征而将放弃了对过去发明的权利主张。因此，在创造性判断实务中，在对将来发明和过去发明的保护的平衡，最有效的操作步骤就是正确地认定区别技术特征。其中一个方面就是，应当考虑过去发明中暗含的技术特征。在"自然风电风扇"发明专利权无效行政纠纷案❷中，一审法院认定"对比文件1已暗含地公开了风扇具有控制系统这一技术特征"，二审法院也认定"证据2-1暗含公开风扇具有控制系统"。美国《审查指南》也规定，在考虑对比文件的公开内容时，不仅应当考虑现有技术中的具体的教导，还要考虑本领域技术人员能够合理地从中预料到的启示。❸

（二）连续发明理论与不同技术领域的创造性高度

2004 年亨特（Hunt）的分析模式❹中，有一系列无限长的连续发明。前一个发明作出后，后一个发明才能开始，发明活动是连续

---

❶ Scotchmer, S., & Green, J.: Novelty and disclosure in patent law. RAND Journal of Economics, 1990, （21）, pp. 131 - 146. O'Donoghue, T.: A patentability requirement for sequential innovation, RAND Journal of Economics, 1998, （29）, pp. 654–679.

❷ 参见吴凤清与国家知识产权局专利复审委员会、北京市迪兰恒进科技有限公司、林锦波发明专利权无效行政纠纷案，北京市第一中级人民法院（2005）一行初字 1104 号行政判决书，北京市高级人民法院（2006）高行终字第212 号行政判决书。

❸ MPEP § 2144. 01.

❹ Hunt R.: Patentability, industry structure, and innovation. Journal of Industrial Economics, 2004, （52）, pp. 401–425.

的。发明时间长度是不确定的，跟研发投资数额有联系。每个发明可能受到专利保护，但当下一个发明产生，前面发明人的累积利益被清零，最新的发明人成为新的受益人。发明的创造性高度也不确定。当研发机构投入研发时，并不知道计划中的发明是否获得专利，也不知道发明规模和赢利水平。在这种不确定的世界中，投资研发的激励依赖于发明人的预期利益。预期利益不仅取决于专利性的高度和发明的创造性高度，也取决于发明人的专用权期限。专利性条件中创造性越高，当前发明获得专利的可能性越弱，而且也会减少下一代发明获得专利的可能性。然而，如果对发明授予专利，专利的期限也会延长。这意味着一个更强的专利创造性条件在激励发明方面有两个相反的激励效果。

如果政策制定者关注静态垄断产生的无谓损失，创造性的最佳高度似乎应当更加严格。为了说明为什么最优的专利性条件在这个分析框架中总是积极的，假设政策制定者的唯一目标是最大化技术进步节奏，假设从零开始增加专利性的起点，对创造性高度很小的发明不授予专利的政策变动对发明人可预期利益有负面影响，但即使可以获得专利，小发明的利润也很小。因此，这种影响是次要的。改变专利期限的影响是首要的，因为这并不依赖于发明高度而是只依据其节奏。因此，从零开始在创造性的起点上的每个小的提高会明显地加快技术进步的步伐。

亨特对最优创造性条件进行了比较统计分析。最主要的结论是认为在创新程度较高的产业领域，创造性的最低起点应当比其他领域更高一些。从直觉来看，在这些行业里，利润侵蚀非常快速，因此更需要促进专利保护。

实践中的一些做法符合了上述经济分析。美国《审查指南》规定考虑本领域技术人员的知识和技能时要考虑以下因素：（1）技术问题的类型；（2）现有技术对这些问题的解决方案；（3）创新的速度；（4）技术的复杂性；（5）本领域技术人员的教育程度。❶ 美国《审查指南》的上述规定表明，不同技术领域的本领域技术人员的知识和技能水平并不相同，不同技术领域的技术复杂性和技术创新频率也不相同，这些因素都应当作为本领域技术人员知识和技能水平认定的考量因素，换个角度来看，就意味着不同技术领域的创造性判断标准或创造性高度也应当有所不同。

欧洲专利局上诉委员会的《判例法》中也汇编了与计算机领域的本领域技术人员的界定有关的案例。❷ 在一个判例中，欧洲专利局上诉委员会认为，本领域技术人员的确认应当经过仔细考量。❸ 他应当是某个技术领域的专家。如果技术问题涉及对一个商业方法、保险精算或会计方法的计算机应用，他不仅应当是一个商人、保险精算师或会计，还应当熟练掌握数据处理技术。❹ 欧洲专利局上诉委员会的《判例法》这种按照技术领域对本领域技术人员进行更为精细的界定也体现了不同技术领域中创造性高度的差别化思路。

（三）连续发明理论与技术竞争

亨特的理论认为，即使是有专利性的进步也可能对基础专利构成侵权。❺ 2002 年，德尼卡罗（Denicolò）和赞册汀（Zanchettin）从不同角度讨论了创造性条件对在先发明人的保护。❻ 事实上，发

---

❶ In re GPAC, 57 F. 3d 1573, 1579, 35 USPQ2d 1116, 1121 (Fed. Cir. 1995); Environmental Designs, Ltd. V. Union Oil Co. , 713 F. 2d 693, 696, 218 USPQ 865, 868 (Fed. Cir. 1983).

❷ 参见欧洲专利局上诉委员会《案例法》（第 5 版）第 1 部分第 4 章第 7.1.4 节。

❸ T 641/00, OJ 2003, 352.

❹ T 172/03.

❺ Green J. , & Scotchmer S. : On the division of profit in sequential innovation, RAND Journal of Economics, 1995, (26), pp. 20–33.

❻ Denicolò V. , & Zanchettin P. , How should forward patent protection be provided?, International Journal of Industrial Organization, 2002, (20), pp. 801–827.

明必须满足的创造性条件可能抑制或阻碍后续技术进步，因此需要延长在先发明人的专利权期限。另一方面，认定技术改进侵犯基础专利权，法院可以强迫专利权人进行利益分享的交易，从而允许在先发明人从技术的后续进步中分享利益。这意味着创造性条件具有阻碍效果，而在先专利权利范围具有分享效果。

德尼卡罗和赞册汀进一步讨论认为，前后发明人的这种利益分配总比阻碍技术进步要好。基于发明累积属性产生的时间先后顺序上的这种外部性至少可以部分内化。[1] 如果第二代发明创造性程度较小而且侵犯第一代发明的专利权，则两代专利权人之间的交易会使研发成本沉淀下来。第二代发明人可能得到的利润很低，投资得不到收益。

这意味着现存的创造性条件作为给技术进步专利提供保护的现存经济理由是很不彻底的。除了解释为什么提供未来专利保护是值得的，理论还必须解释在什么情况下创造性条件是达到这个目标的最有效工具。技术竞争者之间的交易可能引发过于琐碎的知识产权，导致更大的交易成本产生，而创造性高度有利于降低这种技术竞争和交易成本。[2]

美国联邦贸易委员会在 2003 年的研究报告中就认为，由于专利的阻塞效应，给创造性高度太低的发明授予专利可能影响公平竞争、阻碍技术创新。[3] 其中一个原因是，创造性过低的专利会提高竞争成本。创造性太低的专利所属技术领域的竞争者可能会放弃对相同技术问题的研发。如果竞争者意识到其在相同技术领域进行相

[1] Denicolò V., & Zanchettin P., How should forward patent protection be provided?, International Journal of Industrial Organization, 2002, (20), pp. 801-827.
[2] Merges R. P., & Nelson R., On the complex economics of patent scope. Columbia Law Review, 1990, (90), pp. 839-916.
[3] Fed. Trade Comm'n, To Promote Innovation: The Proper Balance of Competition and Patent Law and Policy, 2003, p. 8.

应的技术研发可能会侵犯专利权，则很有可能放弃对专利权覆盖领域的研发；因为在先专利可能会影响在后专利的有效利用。例如，在后的研发者如果在在先专利相同领域进行研发并取得创造性较高的发明成果后，要实施其技术方案可能需要以在先创造性较低专利方案的实施为前提，这种情况下在后发明者需要取得在先专利权人的同意才能实施其专利。否则，将会有大量的成本用于解决侵犯专利权的纠纷。当然，相互许可对方实施自己的发明技术方案也是解决问题的较好办法。无论在先专利的创造性高低程度如何，都划定了一个"势力范围"，任何人未经允许不得入内。在后发明人如果觉得要绕开此"势力范围"的代价太高，或者取得进入许可的代价不值得，就会选择其他研究主题。这样一来，有问题的在先专利实际上阻碍了有价值的公平竞争。当然，在后的研发者也可以选择法律途径去申请宣告在先专利权无效。

在我国，法律对无效宣告请求人的资格没有限制，意味着任何人都可以提出无效宣告请求，有利于清除创造性高度较低的专利。实践中，有一些潜在的竞争者为了不暴露自己的身份，往往会让一个无关的人去提出无效宣告请求。如果利益冲突已经公开，则直接出面提出无效宣告请求。在美国，专利商标局限制了提出异议的主体范围，但在民事诉讼中被告可以提出无效和抗辩主张，只不过只能在专利权人提起诉讼之后。由于在美国，专利诉讼的费用非常昂贵，往往动辄上百万美元，因此往往出现问题专利拦在路上挡住了他人去路的情况。为了解决这种问题，美国联邦贸易委员会就提议建立在专利授予之后的专利审查制度，❶ 即类似于我国的专利无效宣告请求的制度，以利于社会公众对包括创造性高度太低的问题专利提出挑战。

---

❶ Fed. Trade Comm'n, To Promote Innovation: The Proper Balance of Competition and Patent Law and Policy, 2003, p. 8.

三、其他创造性高度的经济学理论

(一) 选择价值理论与专利投机

选择价值理论是建立在不可取消投资的基础上的，将采用新产品或者设备比做作出选择。这种理论认为，有一批潜在的发明人，他们不时想着填补技术市场的需求。有学者 2007 年在论文中[1]想象有人不断产生发明构思，不同的发明构思有不同的实施成本，但都是可以相互替代的。因此，如果专利保护足够宽泛，或市场竞争足够激烈，在第一个发明构思实现发明获得专利后，发明进程就停止了，第二个发明人将不会获得发明成本的补偿。

这个简单的模式表明，除了为后续发明开辟道路外，在先的发明还会产生抑制后续发明的效应。在市场经济中，在决定是否投资于发明时，私人发明人不会内化他们通过剥夺他人作出更好发明的外在性，如具有更低实施成本的发明构思。因此，如果发明人能够充分获取发明的价值，如通过获得专利享有专用权，则市场平衡将会呈现研发的过度投资。也即是说，发明将会以付出过高的成本而过早地出现。抑制不成熟发明还存在一个政策空间。在有的学者的分析模式中，当实施成本低于某个关键的起点后，第一个最好的解决方案可以授予专利权。尔卡 (Erkal) 和斯科特美尔 (Scotchmer) 明确地计算了这样一个起点，而且还提出一种比较统计分析方法。[2]从直觉上分析，如果灵感发生的可能性大，不用投资的选择价值也大，起点应当设置得高一些。相反地，当发明灵感稀缺时，起点就应当降低，这样更容易获得专利保护。

---

[1] Erkal, N., & Scotchmer, S., Scarcity of ideas and options to invest in R&D, Competition Policy Center Working Paper CPC07–080. 2007.

[2] Erkal, N., & Scotchmer, S., Scarcity of ideas and options to invest in R&D, Competition Policy Center Working Paper CPC07–080. 2007.

尔卡和斯科特美尔的分析为政策制定提供了有益的视角。首先，这一分析暗示创造性高度应当根据研发成本衡量。然而，与常识相反的是，在这种模式中，大规模研发投入是显而易见性的标准。其次，专利局和法院应当试着考虑创造灵感的稀缺性，在创造性思维稀缺时更加慷慨地授予专利权。在外观设计专利领域，已经开始讨论"设计空间"这个问题了。

这些分析结论存在的一个问题是，研发成本和创造思维的稀缺程度都是难以观察的。然而，政策应当依赖于各种可证实的变量。尔卡和斯科特美尔还提出来，发明的等待时间可以作为判断发明灵感是否稀缺的决定指标。但对于专利局和法院而言，在创造性判断过程中难以对发明开始的时间进行认定。这种方案的可操作性并不强。❶

另外，最优的政策可以通过各种等同的路径来实现。例如，政策制定者可以使用最优化的金钱奖励方案来代替创造性制度这种政策工具，也可能实现对专利的最佳保护水平。当然，这需要更为完善的分析模式来比较各种政策工具的优劣。

在早期，美国最高法院就在判决中斥责了那些"投机倒把分子"，他们专门对仅有细微改进的产品和设备获取排他权利从而对国家的产业发展施加沉重的负担。例如，1883 年的 Atlantic Works 案 ❷，本专利涉及挖泥船，布拉德利（Bradley）法官戏剧般地改变了在 Loom 案中的基调，作为法院判决的起草者认定本专利无效。布拉德利法官在判决中认为：

制造业的发展不断催生新的装备，普通工人和工程师的技能就能够设计的装备，是制造业发展的必然结果。每一个进步都为下一

---

❶ Erkal, N., & Scotchmer, S., Scarcity of ideas and options to invest in R&D, Competition Policy Center Working Paper CPC07–080. 2007.

❷ Atlantic Works v. Brady, 107 U. S. 192, 200 (1883).

个进步作了铺垫。对每一个细微的改进授予排他性专利权，原则上是不公平的，有损于产业的正常发展，除非发明明显地采用了高于普通工人和技术人员的技能。

专利法的目的在于奖励那些作出实质性发现或发明的人，这些发明或发现使我们在实用技术领域增加了知识或提前取得了进步。这些发明者值得授予专利权。专利法的目的绝不是对任何细微的进步或任何思想的轻微进步都授予专利权。这些进步将会自然而然地发生在产业过程中的任何熟练的技术人员身上。不加选择地授予专有权利更容易阻碍而不是激励发明创造。

专利制度也造就了一些投机分子。这些人专门观察产业进步的趋势，然后制造专利权泡沫，他们对产业发展施加了沉重的负担，却并未对真正的技术进步贡献力量。这种情况使得真正的产业进步缩手缩脚，害怕不小心卷入到诉讼中，以其善意使用技术而获得的利润承担赔偿责任。❶

Loom 案和 Atlantic Works 案的结果虽然正好相反，但却能够协调起来，法院认为 Loom 案中的发明并不是显而易见以至于对发明没有丝毫贡献，❷ 然而 Atlantic Works 案中的发明却被认为是能够自然而然地由本领域技术人员产生的，因此是显而易见的。❸

（二）错误成本理论

错误成本理论认为创造性条件是为了减少适用新颖性条件的错误而设立的。如果把技术空间描述为一条线，则专利权覆盖的是一段距离而不是一个点。专利权授予一整套技术专用权。如果专利权只是根据文字限定于权利要求书中的产品，则专利很容易被架空；因为稍微的改变是很容易的。专利相关的一个重要问题

---

❶　Atlantic Works v. Brady, 107 U. S. 192, 199–200 (1883).

❷　Loom, 105 U. S. at 591.

❸　Atlantic Works, 107 U. S. at 200.

就是如何决定专利保护的最佳范围。专利权的范围可能引发的问题是：即使是最好的权利要求书，由于人类语言的模糊性，专利局和法院在确定专利权范围时也存在犯错的危险。两种错误可能出现：第一，拒绝承认发明人事实上相对于现有技术作出的进步；第二，将专用权授予那些已知的技术或公共领域的技术，对应地，也存在将专利权给予那些还没有发明出来的技术方案的危险性，这也会扼杀后续发明。错误成本理论用以减少第二种错误的危险。专利应当授予那些技术进步超越技术前沿并超过较小程度的创造性的发明。

专利权的范围不能被专利局和法院精确控制。能够有效避免第二类错误的方法是拒绝给予那些相对于现有技术并不具有足够进步的发明。这种政策即使可能产生第一种错误，也是可取的。专利施加的负的外部性是产生无谓损失的危险。发明与技术前沿越近，危险越大。这就说明为什么创造性程度较高的发明才能授予专利权。虽然错误成本理论看起来是创造性条件的自然经济理论，但却缺乏正式的经济分析。一旦专利性起点确定下来，实践中适用起始条件的错误就会出现。

专利权范围认定的错误可能发生在对没有技术贡献的技术特征的理解上。如果在授权和确权过程中将没有技术贡献的技术特征作为限定条件考虑，则可能实质上授予没有创造性的技术方案以专利权。而创造性条件能够有效地防止这种错误发生，司法实践中的案例规则实际上符合了这种思路。在"一种鼠标"实用新型专利权无效行政纠纷案❶中，本专利权利要求 1 为："一种鼠标，其是由底部壳体和上盖壳体所构成，其特征在于：鼠标的尾部结合有一液体摆

---

❶ 参见番禺创胜电子有限公司与国家知识产权局专利复审委员会、李国威实用新型专利权无效行政纠纷案，北京市第一中级人民法院（2004）一中行初字第 82 号行政判决书，北京市高级人民法院（2004）年高行终字第 353 号行政判决书。

饰器。"本专利说明书载明："本实用新型的目的是提供一种具有动感装饰的鼠标，此动感是以一液体摆饰器来实现的，能给人一种耳目一新的感觉，并提高鼠标的商业价值。"一审法院认为，鼠标本体和摆饰器均为公知产品，两者在功能上没有彼此相互支持，仅仅是一种简单的叠加，没有产生比两个组成要素的效果总和更优越的技术效果，因此，这种组合不具有实质性特点和进步。但实际上，权利要求1中的摆饰器只是起到动感装饰作用，并不产生技术效果，在创造性判断中就不应当考虑此技术特征，也没有必要从是否产生协同效果的角度来判断其创造性。

根据欧洲专利上诉委员会已有的案例法，对技术问题的解决没有贡献的特征在组合发明的创造性判断中不应予以考虑。❶ 但如果申请人证明该特征能够独立地或者与其他特征结合地对技术问题的解决作出贡献，在对组合发明进行创造性判断时必须考虑该特征。❷ 因此，只要是对技术问题的解决有贡献的技术特征都应当被考虑。❸ 在 T 294/89 案中，欧洲专利上诉委员会表示，并不产生任何技术进步的附加特征对技术问题的解决并无任何贡献，因此，该附加特征与技术特征组合发明的创造性判断并无关系。

（三）互补发明理论与"专利丛林"

现代技术的不断复杂化导致知识产权的激增和琐碎化。在许多创新产业如电信、软件和生物产业中，新产品的制造经常需要几十个甚至上百个互补发明的实施，每个产品涉及一个或者更多专利的保护。自 1990 年起，有学者就注意到专利的琐碎程度提高会增加

---

❶　T 37/82，OJ 1984，71.

❷　T 65/87，T 144/90，T 206/91，T 574/92，T 226/94，T 912/94，T 15/97，T 471/98，T 442/02.

❸　T 285/91.

交易成本并导致低效率。❶ 这也产生一个发明人施加给其他发明人外在性的潜在可能性以及拒绝给某些发明授予专利的理由。很多经济学文献提到了互补发明理论的各种模式。有些研究认为研发机构只是专长于研究某类发明而非其他种类。❷ 另一些研究模式认为研发机构是全面的，每个研发机构都能研发新技术产品的全部组成部分。❸ 另一些研究模式认为研发机构是全面的，每个公司都能研发新技术产品的全部部件。❹ 也有些研究模式认为某些研究机构对某些部件的研发是有比较优势的。❺ 在有些研究模式中，有些研发公司从事连续研究，有些研发公司则同时从事全面研究。

　　法律经济学者认为，科斯定理可以用于解释和解决有关交易成本带来的问题。❻ 科斯定理可以概括为，构建法律以消除私人协商的阻碍。❼ 合理的创造性法律制度可以减少交易成本。美尼尔（Ménière）在 2004 年的研究模式中认为较高的创造性条件通过减

---

❶ Merges, R. P. , & Nelson, R. , On the complex economics of patent scope, Columbia Law Review, 1998, (90), pp. 839–916. Heller, M. A. , & Eisenberg, R. S. , Can patents deter innovation? The anticommunist in biomedical research. Science, 1998, (280), pp. 698–701.

❷ Shapiro, C. Patent reform: Aligning reward and contribution. Retrieved March 11, 2010, from http://www. nber. org/papers/w13141.

❸ In A. Jaffe, J. Lerner and S. Scott (Eds.): Innovation Policy and the Economy, The University of Chicago Press, 2006.

❹ Non-obviousness and complementary innovations. Retrieved March 11, 2010, from http://www. cerna. ensmp. fr/Documents/YM-WP-NonObviousness. pdf.

❺ Fershtman, C. , & Markovich, S. . Patents, imitation and licensing in an asymmetric dynamic R&D race. (CEPR Discussion Paper No. 5481). Retrieved March 11, 2010, from http://ssrn. com/abstract=902343.

❻ [美] 理查德·A. 波斯纳:《法律的经济分析》, 蒋兆康译, 中国大百科全书出版社 1997 年版, 中文版译者序言第 20 页。

❼ [美] 罗伯特·D. 考特、托马斯·S. 尤伦:《法和经济学》, 施少华、姜建强等译, 上海财经大学出版社 2002 年版, 第 74 页。

少知识产权琐碎化造成的合作和交易成本提高效率。[1] 然而，较高的创造性要求也会减少研发小发明的激励，并因此鼓励重复研发。达到平衡的最优选择只能是分别给那些确实难以作出的发明分别授予专利。如果成功的可能性较大，技术革新应当整体上授予专利，也就是说，只有一个发明人研发了所有的新组成部分才能获得产品专利。美尼尔的关键理论前提是研发投资是一个零或一的变量，研发机构只能选择投资或者不投。将这种分析应用到研发成功可能性由研发投资决定的情况中是很有意思的，但与创造性判断实务相距太远。

美国联邦贸易委员会在 2003 年的研究报告中认为，由于专利的阻塞效应，给创造性高度太低的发明授予专利可能影响公平竞争，阻碍技术创新。[2] 其中一个原因是，创造性太低的专利会增加防御专利和许可的复杂性。有些技术领域，如计算机软件和硬件，由于其技术特性，往往是技术进步的不断累积和叠加，要形成一个最终产品，可能需要申请成百上千个专利。单就微处理器而言，就可能涉及很多公司的上千个专利。这些专利是相互交叉许可的，也存在严重的阻塞效应。过度的交叉许可成本使得一些公司难以生产出最终产品。[3] 为了在专利交叉许可中增加交易筹码，很多公司不断地申请具有叠加关系的专利。但是，与其将成本花费在不断地研发并无太多创造性高度和实用价值的防御专利还不如去研发一些真正有创造性高度和有价值的发明创造上面。创造性高度较低的专利容易形成"专利丛林"

---

[1] Ménière, Y. Non-obviousness and complementary innovations. Retrieved March 11, 2010, from http://www. cerna. ensmp. fr/Documents/YM-WP-NonObviousness. pdf.

[2] Fed. Trade Comm'n, To Promote Innovation: The Proper Balance of Competition and Patent Law and Policy, 2003, p. 8.

[3] Carl Shapiro, Navigating the Patent Thicket: Cross Licenses, Patent Pools, and Standard-Setting, in Innovation Policy and the Economy (Adam Jaffe et al. eds.), 2001, pp. 119, 120.

（patent thicket），使任何前进者都需要艰难地披荆斩棘。❶ 很明显，美国联邦贸易委员会的观点受到了互补发明理论的影响。

第二节 美国司法实践中的创造性高度

一、美国早期的创造性高度

（一）第 103 条制定前的情况

自从 1791 年杰弗逊建议不授予专利权给那些不重要的和显而易见的发明以来，对创造性高度的要求不断变化，走过了曲折的历程。在 1851 年美国最高法院关于 Hotchkiss 案❷的判决中，法院认为：除非将比本领域熟练的普通技术人员更多的创造性和技巧应用到新发明中，否则就缺少构成发明的基本技巧和创造性。没有创造性和技巧，改进只是熟练工程师的工作而不是发明者的。❸ 发明应当具有比普通工程师的技能更高的创造性高度。在 20 世纪中期，创造性条件又被放在了宪法背景下进行解说。如果缺少创造性，专利制度就不能为宪法规定的"实用技术的进步"❹ 提供支持。在那个时期，最高法院提出了"创造灵感的火花"标准。❺ 但 20 世纪 40 年代后期的专利法改革者认为，"创造灵感的火花"标准过于严格。❻

---

❶ Fed. Trade Comm'n, To Promote Innovation：The Proper Balance of Competition and Patent Law and Policy, 2003, p. 8.

❷ 52 U. S. 248 (1851).

❸ 52 U. S. 248 (1851), at 267.

❹ U. S. Const. art. 1, § 8, cl. 8.

❺ Cuno Engr. Corp. v. Automatic Devices Corp., 314 U. S. 84, 91 (1941).

❻ George Sirella, 35 U. S. C. § 103：From Hotchkiss To Hand To Rich, The Obvious Patent Law Hall-of-Famers, John Marshall L. Rev., 1999, (32), p. 437；N. Smith, Remembrances and Memorial：Judge Giles S. Rich, 1904-1999, Berkeley Tech. L. J., 1999, (14), p. 909.

在 1911 年的 Diamond Rubber 案中，麦肯纳法官认为：多数人中的成功者只是在前进的道路上多迈了一步，正如本专利那样。可能这种谦逊的进步并不如自大的那么激动人心，但同样具有应当被保护的稳固专利权。发明来自多次实验的结果而不是即刻的完美创造性力量的成果，也同样应当授予专利权。专利权人可能非常经验主义，看不见实验结果之外的东西，然而只要他对世界上有用物品增加了新的有价值的成员，他就值得被作为发明者被保护。❶ Diamond Rubber 案的判决非常重要，它承认了即使发明相对于现有技术进步较小也应当予以专利保护。

从 20 世纪 30 年代开始，美国最高法院对专利很不待见。在 1937 年前的 10 年间，美国最高法院无效了 17 个专利的同时只认定了 2 个专利有效。❷ 可能的原因是，国家面临大萧条和极端的经济困难，而且盛行对垄断性权利的不信任为美国最高法院对专利的敌视提供了充足的理由。❸ 事实上，汉德法官在国会参议院司法委员会下属专利、商标和著作权分会的听证会上就美国最高法院对专利的否认态度表示："我认为有大量的公愤围绕在专利是垄断性的话题周围。"❹ 这表明确实有可能是罗斯福新政前的大萧条和国家经济困难影响到了美国最高法院对专利的态度。

罗斯福总统看起来对专利也持否定的态度，这导致对专利创造性高度的要求更加苛刻。例如，在 1938 年给国会的意见中，他就

---

❶ Diamond Rubber Co. v. Consolidated Rubber Tire Co., 220 U. S. 428, 435 (1911).

❷ Picard v. United Aircraft Corp., 128 F. 2d 632, 639 n. 2 (2d Cir. 1942) (Frank, J., concurring).

❸ Edward B. Gregg, Tracing the Concept of "Patentable Invention", Vill. L. Rev., 1967, (13), p. 98.

❹ Hearings on S. Res. 92 Before the Subcomm. on Patents, Trademarks and Copyrights of the Senate Comm. on the Judiciary, 84th Cong., 1955, p. 114.

主张专利制度是"困扰国家的经济病"。"二战"结束后，司法部反垄断局"开展了一项反对专利滥用的运动"。[1] 1931 年，美国最高法院在此期间明显反对专利的趋向在 Carbice 案的听证中首次变得非常明显。本专利涉及冷藏设备，该设备是一个运输集装箱，由三个部分组成，即外部的船装箱、固体二氧化碳（干冰）和被冷冻的物品。[2] 在为美国最高法院起草的判决中，布兰代斯（Brandeis）法官用了三段来论述应当无效该专利，他认为："本案中的组合缺乏可专利性的发明和新颖性，其中的每一个组成部分……都在以公知的方式发挥作用。"[3]

在 1949 年的 Jungersen 案[4]中，美国最高法院维持了联邦第二巡回上诉法院对专利无效的认定。杰克逊法官也反对多数意见。他认为不能因为怀疑专利局过于热衷授予专利就过于热衷地认定专利无效。[5] 杰克逊法官随后写下了令当时的专利界感到震惊的著名断言："美国最高法院对认定专利无效的热衷，将会使得只有美国最高法院的手够不着的那个专利才能有幸成为唯一有效的专利。"[6]

（二）第 103 条制定后的情况

1952 年《专利法》第 103 条制定后，对专利创造性高度的严格要求有所缓和。1952 年《专利法》通过后的首个涉及专利性的 Lyon 案[7]出现在第二巡回上诉法院，本专利涉及获得镜头表面的无

---

[1] George E. Frost, Judge Rich and the 1952 Patent Code—A Retrospective, J. Pat. & Trademark Off. Soc'y, 1994, (76), p. 343.

[2] American Patents Dev. Corp. v. Carbice Corp., 38 F. 2d 62 (2d Cir. 1930), rev'd, 283 U. S. 27 (1931).

[3] 283 U. S. at 421.

[4] Jungersen v. Ostby & Barton Co., 335 U. S. 560 (1949).

[5] 335 U. S. at 572.

[6] 335 U. S. at 572.

[7] Lyon v. Bausch & Lomb Optical Co., 224 F. 2d 530 (2d Cir. 1955).

机盐无反射薄膜的方法。纽约西区联邦地区法院判决涉案专利有效并认定被告侵权。❶ 汉德法官认定本专利有效。他在判决中表示：第二巡回上诉法院发现，美国最高法院最近倾向于坚持一个比过去更加严格的"发明"标准，虽然并不明确，但毫无疑问要比第 103 条的规定更为严格。事实上，有些美国最高法院的法官也有同感。❷

瑞奇法官非常赞同汉德法官的判决。他表示：1955 年，汉德法官在第二巡回上诉法院判决的 Lyon 案中的意见是第 103 条立法目的的第一个司法认可。汉德法官也理解了第 103 条的隐含逻辑。他正确地在 Reiner 案中表示制定法是为了"改变缓慢但稳定的反对专利的司法趋势"。❸

在一段时间之后，又有人认为授予美国专利的发明创造性高度太低。1994 年，美国专利局发布了对创造性标准进行公共听证的公告。❹ 专利局被批评在适用第 103 条时过于宽松，听证会上的唯一争议在于创造性标准是否应当再严格一些。❺

二、KSR 案前对创造性高度的讨论

（一）学者的争论

对美国法院是否正确掌握了专利性创造性判断标准，一直没有停止过争论。在 2007 年美国最高法院对 KSR 案作出判决前，理论界和实务界对联邦巡回上诉法院适用"教导—启示—动机"检验法

---

❶ 119 F. Supp. 42, 51 (W. D. N. Y. 1953).

❷ Lyon, 224 F. 2d at 535 (footnotes omitted).

❸ Giles S. Rich, Laying the Ghost of the "Invention" Requirement, 1 Am. Pat. L. Ass'n Q. J. 26, 36–37 (1972).

❹ Public Hearings and Request for Comments on the Standard of Nonobviousness, 59 Fed. Reg. 22152 (1994).

❺ Id. at 296.

进行专利创造性判断提出了批评，意见集中在联邦巡回上诉法院降低了专利创造性的标准。2001 年，就有学者对联邦巡回上诉法院的判决进行了实证研究。研究者对联邦巡回上诉法院 1995 年前 15 年期间的判决进行了研究，发现被认定为不具备创造性的比例有所下降。❶ 但是，也有学者在经过经验分析后认为联邦巡回上诉法院并没有降低创造性标准。❷

（二）相关机构的意见

2003 年，美国联邦贸易委员会发布了题为《促进创新：专利法与政策的适度平衡》的研究报告。❸ 2004 年，另一研究机构发布了题为《二十一世纪的专利制度》的研究报告。❹ 这两个报告以联邦巡回上诉法院的案例为重点进行了研究，总的结论都认为联邦巡回上诉法院不恰当地降低了创造性标准，并认为降低创造性标准的其中一个重要原因就是联邦巡回上诉法院采用的"教导—启示—动机"检验法。但《二十一世纪的专利制度》也明确指出，并没有经验分析表明创造性标准的降低确实与"教导—启示—动机"检验法有关。❺ 为了提高专利的创造性高度，联邦贸易委员会提出两个方面的建议：一是正确适用商业成功等辅助判断因素，二是正确适

❶ Glynn S. Lunney, Jr., E-Obviousness, 7 Mich. Telecomm. & Tech. L. Rev. 363, 370 (2001).

❷ Christopher A. Cotropia, Nonobviousness and the federal circuit: an empirical analysis of recent case law, 82 Notre Dame L. Rev. 911.

❸ Fed. Trade Comm'n, To Promote Innovation: The Proper Balance of Competition and Patent Law and Policy (2003), available at http://www.ftc.gov/os/2003/10/innovationrpt.pdf.

❹ Nat'l Research Council, A Patent System for the 21st Century (Stephen A. Merrill et al. eds., 2004).

❺ Nat'l Research Council, A Patent System for the 21st Century (Stephen A. Merrill et al. eds., 2004), p. 3.

用"教导—启示—动机"检验法。把商业上的成功作为创造性判断因素时，应当进行个案分析，而且将证明发明导致商业成功的举证责任分配给专利权人。商业上的成功可能由多个因素导致，如广告、市场等原因，因此应重视因果关系的分析。

三、KSR 案对创造性高度的影响

（一）KSR 案对技术问题认定的态度

美国最高法院认为，联邦巡回上诉法院在 KSR 案中对"教导—启示—动机"检验法的分析狭隘地理解了创造性。[1] 在决定专利主题是否显而易见时，关键既不在于特定的动机也不在于发明人所声称的目的，而在于权利要求客观上的技术效果。美国最高法院认为联邦巡回上诉法院在应用"教导—启示—动机"检验法时存在四个方面问题，这四个方面实际上都反映了美国最高法院对创造性高度的意见。

美国最高法院认为联邦巡回上诉法院的第一错误是，联邦巡回上诉法院认为法院和专利审查员只能受到专利权人试图解决的技术问题的限制。联邦巡回上诉法院并没有正确地认识到激励专利权人解决的技术问题只是专利主题的诸多技术问题之一。问题并不在于发明相对于专利权人是否显而易见，而在于发明相对于本领域技术人员是否显而易见。在这种正确的分析前提下，在发明作出时本领域的任何需求和问题以及专利本身所说的技术问题，都可能是将发明中的各种因素组合起来的原因。[2]

美国最高法院令人惊讶地提出了与欧洲专利局相似的看法：发明人意图要解决的技术问题并不起到决定作用，所谓的技术问题的

---

[1]　KSR，82 USPQ2d at 1391.

[2]　82 USPQ2d at 1395.

认定不能限于发明人认为的技术问题，因为创造性判断的主体应当是本领域技术人员，本领域技术人员可能与发明人认识到的技术问题不相同；而且，由于对现有技术的检索手段不同，发明人与本领域技术人员选择作为起点的现有技术也可能不相同，因此，创造性的判断应当更加客观。这样一来，事实上提高了授予专利权的创造性高度要求。

（二）KSR案对本领域技术人员创造能力的态度

美国最高法院认为联邦巡回上诉法院的第二个错误是，联邦巡回上诉法院认为，面临技术问题的本领域技术人员只能从现有技术中解决相同问题的因素中寻找解决办法。本案中，浅野（Asano）专利的基本目的是为了解决固定比率问题（即无论如何调整油门踏板的前后位置，踩动油门踏板所需要施加的压力是恒定的），因此联邦巡回上诉法院会认为思考如何将电子传感器安装在一个可调节踏板上的发明者没有理由去考虑将传感器安装在浅野专利的踏板上。常识会教导人们，某个技术方案或某个物件的用途并不唯一，都会有与其主要功能明显不同的其他用途。评价发明非显而易见性的本领域普通技术人员应该有能力把多个专利的教导整合在一起，就像是玩智力拼图一样。本领域技术人员也具备普通的创造能力，并不是一个机器。只因为浅野专利是为了解决固定比率问题就认为希望制造一个可调节电子踏板的发明者会忽略浅野专利的技术方案，这种想法是没有道理的。❶

美国最高法院在此处认为联邦巡回上诉法院不能过于机械地认定本领域技术人员，实际上对本领域技术人员的定义进行了调整，认为其是具有普通创造能力的人。美国最高法院认为，联邦巡回上诉法院将本领域技术人员认定为一个不具有创造能力的人过于死板

---

❶ 82 USPQ2d at 1395.

和僵化。本领域技术人员在面临技术问题时不仅要考虑解决同一技术问题的现有技术，也具有一般的判断、分析能力，能够将现有技术中的多个技术方案结合在一起。美国最高法院认为，本领域技术人员不是只会学习现有技术的机器，他应该具有将多个专利的教导组合在一起的能力，在试图解决某一技术问题时，能够根据现有技术的明显用途将多份专利的教导像智力拼图那样组合在一起。当技术需要或者市场压力促使他们去解决所面临的技术问题时，能够去寻找确定的或是可预知的解决方案。美国最高法院实际上通过提高本领域技术人员的创造能力标准提高了专利创造性高度。

（三）KSR 案对"明显值得尝试"的态度

美国最高法院认为联邦巡回上诉法院的第三个错误是，联邦巡回上诉法院认为，一项专利的权利要求被证明是明显值得尝试也不能被认定为显而易见。❶美国最高法院认为，当存在解决技术问题的技术需求或者市场压力时，会有大量比较明确的可预测的解决方案出现，本领域技术人员有充分理由在他的能力范围内去寻找已有的解决方案。如果这只是可以预料的成功，则解决方案只是普遍技术和常识的结果而不是发明的结果。在上述情况下，明显值得尝试的组合有可能符合《专利法》第 103 条规定的显而易见。❷

美国最高法院在 KSR 案中明确表示，如果技术方案是本领域技术人员明显值得尝试的结果，应当被认定为显而易见。究其原因，在很多情况下，技术的发展趋势是由市场需求决定，本领域技术人员面对市场需求会不断寻求解决方案，科技文献并不是唯一决定技术发展趋势的因素。美国最高法院认为联邦巡回上诉法院在创造性判断中排除"明显值得尝试"标准过于机械。如果本领域技术

---

❶ 119 Fed. Appx., at 289.

❷ 82 USPQ2d at 1395.

人员不用花费创性劳动就可从其掌握的技术知识中寻找该已知的方案，在这种情况下所组合起来的方案就是显而易见尝试的结果，而且该组合技术方案并没有产生预料不到的技术效果，则应当可以按照"显而易见性的尝试"标准推定该方案是显而易见的，这从客观上提高了创造性判断的灵活性。

美国最高法院的这一观点实际上是认为"教导—启示—动机"准则不再是唯一标准。判断是否具备创造性可以根据具体案情多角度进行；在有的情况下，即使不存在明确技术启示，一项权利要求也有可能是显而易见的。实现发明的途径有多个，并不因为发明人选择和认为的那条道路是曲折的，就一定要认定发明是非显而易见的。美国最高法院实际上主张更加灵活地判断创造性，客观上必然提高创造性的判断标准。

（四）KSR 案对现有技术的态度

美国最高法院指出的第四个错误是，联邦巡回上诉法院强调法院和审查员易于受到"事后眼光"偏见的影响，因此机械地阻止本领域技术人员从公知常识中寻求技术启示。❶ 在认定事实时，创造性判断者确实要防止受到事后眼光造成的偏见导致的混乱的影响，因此应当警惕受到事后诸葛亮推理逻辑的影响。❷ 第六巡回上诉法院在 1964 年的一个案件中也警告说，要防止根据涉案发明的教导理解现有技术，防止使用事后眼光。❸ 然而，过于严格地限制判断者求助于公知常识既不必要，也不符合案例法。事实上，联邦巡回上诉法院在其他案例中详细阐述了比在 KSR 案中适用的"教导—启示—动机"检验法更为宽泛的"教导—启示—动机"检验法。

---

❶　82 USPQ2d at 1395.

❷　Graham, 383 U. S., at 36.

❸　Monroe Auto Equipment Co. v. Heckethorn Mfg. & Supply Co., 332 F. 2d 406, 412（CA6 1964）.

例如，在 2006 年 Patrick 案中，联邦巡回上诉法院认为，"教导—启示—动机"检验法事实上非常灵活，不仅准许，而且要求考虑公知常识。❶ 在 2006 年 Alza 案中，联邦巡回上诉法院表示，在判断创造性时应当具有灵活性，因为动机可能隐含在现有技术中。我们并不机械地要求有一个事实上的教导来结合对比文件。❷ 美国最高法院在 KSR 案中表示，联邦巡回上诉法院在该案中没有正确适用这些判例规则，而在将来的案件审理中应当遵循这些判例。

在这里，美国最高法院强调非显而易见性的判断不能局限于对比文件中表达教导、启示或者动机的文字，也不能过分地强调公开文献和授权专利字面内容的重要性。美国最高法院虽然认为创造性判断时认定存在明确的教导、启示或动机非常重要，但不应局限于此，应当扩大现存解决方案的寻找范围，尤其是应当重视在本领域技术人员的技术常识中寻找解决方案的既存启示。美国最高法院的这一观点，实际上回应了社会各界对专利创造性高度过低的批评，意在减少质量不高的专利授权，提高授权专利的创造性高度。

肯尼迪大法官代表美国最高法院在 KSR 案判决书的最后表示：我们所处的现实世界不断出现新的事物，这些新事物或者来源于直觉，或者来源于简单逻辑，或者来源于常规推测，或者来源于非凡灵感，甚至来源于天赋。我们在这些新事物中建设和创造生活。这些新事物一旦出现，就界定了发明创造开始的新起点。我们希望更高水平的进步出现，普通的革新并不能够成为专利法中授予独占权利的主题。如若不然，专利的授予就不符合美国宪法❸的精神，不会促进而是抑制技术的进步。考虑到这个因素，应当限制对显而易

---

❶ DyStar Textilfarben GmbH & Co. Deutschland KG v. C. H. Patrick Co. , 464 F. 3d 1356, 1367 (2006).

❷ Alza Corp. v. Mylan Labs. , Inc. , 464 F. 3d 1286, 1291 (2006).

❸ U. S. Const. , Art. I, §8, cl. 8.

见的技术方案授予专利权，这一规则已经确立在 Hotchkiss 案中，并在《专利法》第 103 条中变成制定法。适用这一规则不能过分地被一个标准或公式所约束，以至于不能实现这一规则的根本目的。

第三节　实务中的创造性高度

一、本领域技术人员的界定

（一）本领域技术人员的拟制性

发明是否具备创造性，应当基于本领域技术人员的知识和能力进行评价。在具体案件中，本领域技术人员水平的认定就成为确定创造性高度的关键。

最早表述"普通技术人员"的专利判决是 Earle 案❶的判决，但比较正式的定义是 Hotchkiss 案中的"熟练技术工"，其具备了"所有现有技术知识"。1900 年，美国最高法院在 Mast 案❷中无效了本专利并适用了 Hotchkiss 案中假设的"熟练技术工"标准，该标准假定本领域技术人员"具有各种设备，知晓各种事实，具备现有技术中的所有知识"。法院甚至将假设扩展到了专利权人，认为："我们必须假定专利权人充分知晓在其面前的所有信息，无论客观上是否是如此。"❸

我国《审查指南》对本领域的技术人员专节作了规定。❹ 首先，设定这一概念的目的，在于统一审查标准，尽量避免审查员主观因素的影响，因此所属技术领域的技术人员，也可称为本领域的

---

❶ Earle v. Sawyer, 8 F. Cas. 254（C. C. D. Mass. 1825）.

❷ Mast, Foos, & Co. v. Stover Manufacturing Co., 177 U. S. 485, 493（1900）.

❸ 177 U. S. 485, 494（1900）.

❹ 参见 2006 年《审查指南》第 2 部分第 4 章第 2.4 节.

技术人员，是指一种假设的"人"。其次，这个假定的人知晓申请日或者优先权日之前发明所属技术领域所有的普通技术知识，能够获知该领域中所有的现有技术，并且具有应用该日期之前常规实验手段的能力，但他不具有创造能力。最后，如果所要解决的技术问题能够促使本领域的技术人员在其他技术领域寻找技术手段，他也应具有从该其他技术领域中获知该申请日或优先权日之前的相关现有技术、普通技术知识和常规实验手段的能力。

欧洲专利局《审查指南》也专门界定了本领域技术人员。❶ 根据欧洲专利局上诉委员会的案例法，本领域技术人员应当被假定为在相关日期前知晓本领域公知常识的普通技术人员，被认为是一个"平均的技术人员"。他被假定为能够获得现有技术的任何知识和技能，尤其是检索报告中的文献，能够熟练地使用各种工具并且有能力进行常规的工作和实验。本领域技术人员应当是本技术领域的专家。❷

在美国，本领域技术人员也被认为是一个假设的人，被假定知晓发明作出时的相关技术。决定本领域技术人员的水平时考量因素包括：（1）技术问题的类型；（2）现有技术中对那些技术问题的解决方案；（3）发明作出的速度；（4）技术的复杂性；（5）本领域实际工作人员的教育水平。在一个具体案件中，每个因素都可能考虑到，其中一个或者几个因素可能是决定性的。❸

日本《审查指南》规定，发明相关技术领域的普通技术人员（被称为本领域技术人员）是一个假想的人，而且还规定：（1）他具有发明申请相关领域的普通技术知识，具有使用常规技术手段进行研发的能力；（2）他有普通的创造能力进行材料选择或设计修改；

---

❶ 参见欧洲专利局《审查指南》第 3 部分第 4 章第 11.3 节。

❷ 参见欧洲专利局《审查指南》第 3 部分第 4 章第 9.6 节。

❸ 参见 In re GPAC, 57 F. 3d 1573, 1579, 35 USPQ2d 1116, 1121（Fed. Cir. 1995）; Environmental Designs, Ltd. V. Union Oil Co., 713 F. 2d 693, 696, 218 USPQ 865, 868（Fed. Cir. 1983）.

（3）他能够依靠自身的知识理解申请日前发明申请相关的现有技术中的各种技术内容。另外，本领域技术人员被认为能够依靠自身的知识理解申请日前发明申请要解决的技术问题相关的技术内容。❶

（二）本领域技术人员的群体性

欧洲专利局上诉委员会认为，有时本领域技术人员可能是一组人，如一个研究或者制造团队。为了实现《欧洲专利公约》第56条规定的目的，本领域技术人员通常不认为知晓遥远技术领域的专业知识或技术文献。然而在有些情况下，可以考虑本领域技术人员的知识由一组不同领域的专家的知识组成。❷ 这种情况就是技术问题的一个部分适合由一个技术领域的专家解决，而技术问题的另一部分则要求另一个领域的专家来解决。❸

欧洲专利局《审查指南》也规定，有的时候，从一组人的角度去考虑比从一个人的角度考虑更恰当，比如一个研究和生产团队。有的情况下，这个团队的知识由不同技术领域的专家构成。❹ 这可能适用于某些尖端技术（如计算机和通信系统）或者高度专业化的方法中（如集成电路或复杂化合物的商业生产）。❺ 在欧洲专利局上诉委员会的判例中，如果出版物记载了充分的指示，进一步的技术细节在计算机程序中，电子领域的平均技术人员如果不具备足够的计算机语言知识，可以向编程人员寻求咨询。❻ 这个技术问题的解决需要不同技术领域的知识的综合运用。在先进的激光技术领域，本领域技术人员被认为是一个分别由物理学、电子学和化学专

---

❶ 参见日本《审查指南》第2部分第2章第2.2（2）节。
❷ T 141/87, T 99/89.
❸ T 986/96.
❹ T 141/87, T 99/89.
❺ 参见欧洲专利局《审查指南》第3部分第4章第11.3节。
❻ T 164/92, OJ 1995, 305.

家组成的三人小组。❶ 在很多案例中，欧洲专利局上诉委员会认为，本领域技术人员是一个小组，例如包括一个邮件处理领域的专家和一个熟悉称量技术的专家。❷

我国没有相关规定，目前在司法实践中对此问题也没有明确的表述；但如果发明本身涉及多个技术领域的交叉，将本领域技术人员视为一组人可能符合实际情况，并不一定会不适当地提高创造性高度的要求。除了欧洲专利局，日本《审查指南》也规定，有些情况下认为本领域技术人员是一群人可能比单个人更合适。❸ 因此，欧洲专利局的上述规定可以考虑借鉴，但在司法实践中如何借鉴还需要更为精细的考量，包括关注产业发展水平和产业发展政策。

二、本领域技术人员的知识和技能

（一）知识和技能的认定因素

在本领域技术人员知识和技能的认定方面，美国和欧洲专利局的规定更为细致，有很多值得借鉴的地方。美国《审查指南》规定，应当客观地认定本领域技术人员的水平。❹ 创造性判断中必须客观地进行认定本领域技术人员的水平。❺ 审查员必须考虑在发明作出时发明申请相对于本领域技术人员是否显而易见，而不是相对于发明人、法官、外行人或者本领域的天才。❻ 本领域技术人员具有发明申请相关技术领域的普通技能，具有理解应用相关领域的科

❶ T 57/86，T 222/86.

❷ T 141/87，T 986/96.

❸ 参见日本《审查指南》第 2 部分第 2 章第 2.2（2）节。

❹ MPEP § 2141. 03.

❺ Ryko Mfg. Co. v. Nu-Star, Inc., 950 F. 2d 714, 718, 21 USPQ2d 1053, 1057（Fed. Cir. 1991）.

❻ Environmental Designs, Ltd. v. Union Oil Co., 713 F. 2d 693, 218 USPQ 865（Fed. Cir. 1983），cert. denied, 464 U. S. 1043（1984）.

技和工程原理的能力。❶

本领域技术人员是否根据学历来认定，美国的判例给出了否定的回答。在1988年专利上诉委员会审理的 Hiyamizu 案中，上诉委员会并不同意审查员对本领域技术人员的定义。审查员认为，本领域技术人员具有博士和工程师或每周在半导体研发领域工作至少40个小时的科学家的水平。上诉委员会认为，假设的本领域技术人员并不通过学位证书来界定，请求人的证据并不能支持本领域技术人员需要一个博士学位或者相当的科学或工程知识。❷

美国还有其他判例详细规定了本领域技术人员知识和能力的认定。有判例认为，推迟发明作出时间的文献不能作为认定现有技术的依据，因为依据该文献不能正确认定发明作出时本领域技术人员的水平。❸此外，没有广泛传播的文件不能作为认定本领域技术人员水平的对比文件。例如，可以用来认定存在对本领域技术人员隐含知识进行结合的动机的文件并不一定能作为现有技术。在2004年联邦巡回上诉法院审理的 National Steel Car 案❹中，法院认为案件中的一个工程师所绘的图并不是现有技术，但却可以用以表明存在结合的动机，能够将本领域技术人员的隐含知识进行结合。

美国《审查指南》综合分析了几个判例后认为，在考虑本领域技术人员的知识和技能时要考虑以下因素：（1）技术问题的类型；（2）现有技术对这些问题的解决方案；（3）创新的速度；（4）技术的复杂性；（5）本领域技术人员的教育程度。在一个具体案件

---

❶ MPEP § 2111.

❷ Ex parte Hiyamizu, 10? USPQ2d 1393, 1394（Bd. Pat. App. & Inter. 1988）.

❸ Ex parte Erlich, 22 USPQ 1463（Bd. Pat. App. & Inter. 1992）.

❹ National Steel Car Ltd. v. Canadian Pacific Railway Ltd., 357 F. 3d 1319, 1338, 69 USPQ2d 1641, 1656（Fed. Cir. 2004）.

中，并不需要把每个因素都考虑到，其中一个或几个因素是决定性的。❶ 美国《审查指南》的上述规定表明，即使是在美国，创造性判断也自然地想到了在有些情况下应当将涉案发明要解决的技术问题以及现有技术解决该技术问题的情况予以考虑；这表明在实务中，创造性判断者的思路往往是非常相似的。

欧洲专利局上诉委员会在 T 26/98 案中对本领域技术人员的界定总结了几个方面原则：技术问题是否会激励本领域技术人员从其他技术领域寻求解决方案；如果技术问题激励本领域技术人员从其他技术领域寻找解决方案，评价该解决方案是否涉及创造性时，必须基于那个领域的专家的知识和能力。❷ 如果涉及相邻技术领域的相同或者类似问题，本领域技术人员能够去相邻技术领域寻找技术启示。在先进的技术领域，合格的本领域技术人员可以是一组来自各个相关技术部门的专家。

（二）技术领域的影响

欧洲专利局上诉委员会认为，本领域技术人员并不机械地被局限在某个技术领域：如果解决技术问题需要，也能够跨技术领域寻求解决方案。在 T 424/90 案中，欧洲专利局上诉委员会认为，在现实生活中，如果半导体专家的技术问题涉及等离子发生装置的改进，他就会咨询等离子专家。在该案中，欧洲专利局上诉委员会也表示，合格的本领域技术人员可能是一组两个或者更多的来自不同部门的专家。在 T 164/92 案❸中，欧洲专利局上诉委员会有类似的意见。

---

❶ In re GPAC, 57 F. 3d 1573, 1579, 35 USPQ2d 1116, 1121（Fed. Cir. 1995）；Environmental Designs, Ltd. V. Union Oil Co., 713 F. 2d 693, 696, 218 USPQ 865, 868（Fed. Cir. 1983）.

❷ T 32/81, OJ 6/1982, 225.

❸ T 164/92（OJ 1995, 305）.

欧洲专利局上诉委员会的《判例法》中还汇编了生物技术领域界定本领域技术人员的案例。[1] 在生物技术领域，本领域技术人员被界定得比较详细。本领域技术人员的态度相对保守：既不会对现存的偏见提出挑战，也不会尝试进入未知领域或者从事难以估量的冒险。如果技术的转用是常规实验工作的组成部分，他才会将相邻技术领域的技术手段转用至其从事的技术领域。[2] 欧洲专利局上诉委员会的《判例法》中也汇编了与计算机领域本领域技术人员的界定有关的案例。[3]

欧洲专利局上诉委员会《判例法》这种按照技术领域对本领域技术人员进行更为精细界定的做法值得借鉴。事实上，本领域技术人员在具体案件中应当如何认定是一个非常具体的事情。除了考虑通用的限定因素之外，不同技术领域也应当有不同的考量因素。只有将不同领域的考量因素都累积和汇编起来让判断者共同遵守，才容易使不同的判断者统一在相同规则之下，最终导致创造性判断这个主观性很强的工作变得更加客观。

（三）时间界限的影响

在采用申请在先原则的国家，本领域技术人员应当指专利申请提出时的本领域技术人员。美国采用发明在先原则，本领域技术人员应当根据发明完成时的技术状态来确定。确定本领域技术人员的知识和能力需要回到发明完成时的技术状态，排除后来的技术发展，以当时的情况来判定一般的技术水平。联邦巡回上诉法院在一个判例中就表示：创造性判断者在认定有关事实的时候遇到了一个"精灵"，即本领域技术人员。这与法律中的"理性的人"和其他精灵没有什么不同。为了依据《专利法》第 103 条作出一个正确的判断，判断者必须

---

[1] 参见欧洲专利局上诉委员会《判例法》第 1 部分第 4 章第 7.1.3 节。

[2] T 455/91, OJ 1995, 684; T 1102/00.

[3] 参见欧洲专利局上诉委员会《判例法》第 1 部分第 4 章第 7.1.4 节。

在时间上退回去，穿上发明尚无人知晓时或没有作出时的本领域技术人员的鞋子。然后，创造性判断者还必须基于所有的证据，确定专利权抗辩者是否充分地证明了发明的技术方案在整体上在发明作出时相对于本领域技术人员是否显而易见。❶ 法院在审理案件时会要求技术专家作证，但只是为了帮助法官确定现有技术的范围和本领域技术人员的知识和能力，并不认为这些专家就是本领域技术人员。❷

三、本领域技术人员的创造能力

（一）各国规定的比较

在美国，本领域技术人员被认为具备一定程度的创造能力。美国最高法院在 KSR 案中明确表示："本领域技术人员也是一个具备普通创造能力的人，而不只是一个机器人。"❸ 在很多案件中，本领域技术人员能够将多个专利的教导组合在一起，就像玩智力拼图一样。审查员也应当考虑本领域技术人员可能采用的推导和创造性步骤。❹

欧洲专利局认为本领域技术人员不具备创造能力。在 T 39/93 案❺中专利上诉委员会认为，虽然经常使用的本领域技术人员的语言表述并不一致，但它们有一点是相同的，本领域技术人员是不具备创造能力的。正是发明者具备的创造能力使得他不同于想象中的本领域技术人员。但同时，欧洲专利局也认为在先进的激光技术领域，本领域技术人员被认为是一个分别由物理学、电子学和化学的专家组成的三人小组。❻ 欧洲专利局的这种规定，一方面体现了欧

---

❶　C. S. P. Q. 2d 1593 (Fed. Cir. 1986).

❷　李明德：《美国知识产权法》，法律出版社 2003 年版，第 41 页。

❸　KSR，82 USPQ2d at 1397.

❹　Id. 82 USPQ2d at 1396.

❺　T 39/93（OJ 1997, 134）.

❻　T 57/86，T 222/86.

洲专利局对创造性较高的审查标准，因为本领域技术人员的高水平，意味着对发明的创造高度的要求较高；另一方面，也再次表明了专利授予在不同的技术领域，应当基于不同的创造性高度。

韩国《审查指南》关于专利实质条件的部分规定，本领域技术人员具有普通的选择材料和改变设计的创造能力，能够优化数值范围，使用等同的部件进行替换，能够根据他自己的知识理解发明申请提出时现有技术中的技术问题。❶

我国《审查指南》对本领域技术人员明确规定"他不具有创造能力"。在逻辑上认为本领域技术人员具备一定程度的创造能力，实际上就是承认创造性有高度要求：高于本领域技术人员创造能力的创造性，才能作为专利授予的条件。这在理论上没有问题，也符合发明与实用新型的创造性高度要求不一致的制度设计。在我国的专利审查和专利审判实践中，专利复审委员会和人民法院有时也隐含地认为本领域技术人员具备一定的创造能力。例如，在"快速切断阀"实用新型专利权无效行政纠纷案❷中，专利复审委员会认为不论正压存在时间长短、大小，只要有正压存在，本领域的普通技术人员就会从安全角度考虑，与分水滤气器配套使用单向阀，以防止可能出现的油倒流毁损设备的情况。在"土力发电和水土保持"发明专利申请驳回复审行政纠纷案❸中，也隐含着本领域技术人员具备一定创造能力的认定；不过从行政决定和判决书来看，专利复审委员会和法院没有对

---

❶ 参见韩国《审查指南》"专利实质条件部分"第 3 章第 3.2 节。

❷ 参见石家庄阀门一厂股份有限公司与国家知识产权局专利复审委员会、石家庄市阀门三厂实用新型专利权无效行政纠纷案，北京市第一中级人民法院（2002）一中行初字第 232 号行政判决书，北京市高级人民法院（2003）年高行终字第 64 号行政判决书。

❸ 参见马瑞志诉国家知识产权局专利复审委员会发明申请驳回复审行政纠纷案，北京市第一中级人民法院（2005）一中行初字第 568 号行政判决书，北京市高级人民法院（2006）高行终字第 00104 号行政判决书。

此隐含的前提进行论证。

如果认为为了适应我国的研发能力和专利发展水平，我国的创造性高度要求应当更低，那么规定本领域技术人员不应具备创造能力在理论上是有依据的。但问题在于，本领域技术人员并非机器人，实际上有较低创造能力是一个普遍存在的客观事实，在专利审查实践和专利审判实践中难以回避。而且，从理论上讲，实用新型和发明的创造性高度要求不同，因此对二者的创造性判断应当基于不同创造能力的本领域技术人员来作出；如果作为实用新型创造性判断基准的本领域技术人员不具备创造能力，那么作为发明创造性判断基准的本领域技术人员就应当具备一定程度的创造能力。不管理论上如何探讨，我国在实践中实际上与美国和欧洲的做法并无太大差异，只不过本领域技术人员的"创造能力"的定义有所区别。与创造性高度难以在实践中掌握一样，本领域技术人员的创造能力也难以在实践中掌握，因此是否要借鉴美国和欧洲的规定并无太多实践意义。

（二）本领域技术人员的逻辑分析、有限实验能力

本领域技术人员较低程度的创造能力，还可以体现为逻辑分析、推理或者有限的实验能力。我国的判例也采用了上述规则。在"一种软袋的注口结构"实用新型专利权无效行政纠纷案[1]中，争议焦点在于本专利权利要求1是否具备创造性。本专利权利要求1与证据2的区别在于本专利的上、下斜弧面间的夹角为90～140度，而证据2的夹角为30～70度。无效宣告请求人奥星恒迅公司认为在证据2的说明书第6页中已给出"注射剂软袋注口结

---

[1] 参见北京奥星恒迅包装科技有限公司与国家知识产权局专利复审委员会、中山华翔医药包装技术有限公司实用新型专利权无效行政纠纷案，北京市第一中级人民法院（2005）一中行初字第752号行政判决书，北京市高级人民法院（2006）高行终字第231号行政判决书。

构采用钝角设计"的技术启示的情况下，本领域技术人员通过简单的实验、推算即可得出本专利的角度范围，故本专利不具备创造性。专利复审委员会在第 7332 号无效决定中认为，二者的角度范围不同，证据 2 也未就夹角为 90～140 度这一技术特征给出任何技术启示和教导，因此没有支持无效请求人的主张。❶ 一审法院认为，证据 2 不仅提到了 30～70 度的角度范围，而且多次提及"钝角"，在现有技术基础上，本领域技术人员通过简单试验即可得到 90～140 度夹角的技术方案，因此认定本专利权利要求 1 不具备创造性，撤销了无效决定。二审的意见与一审相同。法院实际上隐含地认定本领域技术人员具有分析、推理能力。

欧洲专利局的做法与我国相同，实际上也将本领域技术人员推理和预测的情形认定为显而易见。根据欧洲专利局上诉委员会的《案例法》，如果本领域技术人员的改进属于可以预料到的进步则被认定为《欧洲专利公约》第 56 条规定的显而易见。❷ 显而易见性并不仅仅包括结果是明显可以预期的情形，还包括成功的预期是合理的情形。❸ 欧洲专利局上诉委员会认为，类推方法如果能够产生具有新颖性和创造性的产品，则具有可专利性，因为类推方法的特征能从尚不为人所知的技术效果中表现出来。相反，如果类推方法的技术效果是已知的，且产品是旧有的，从现有技术已知方法中可以显而易见地推导出来，则不具备创造性。❹

我国有的判例中，法院认为本领域技术人员通过有限次实验得到本发明的技术方案是显而易见的，实际上也认可本领域技术人员具有一定的解决技术问题的能力。在"东莨菪碱戒毒剂及其制备和

---

❶ 参见国家知识产权局专利复审委员会第 7332 号无效宣告请求审查决定。

❷ T 2/83, OJ 1984, 265.

❸ T 149/93.

❹ T 119/82, OJ 1984, 217; see also T 65/82, OJ 1983, 327.

应用"发明专利权无效行政纠纷案●中，本专利权利要求 1 为："一种东莨菪碱戒毒剂，它是以氢溴酸东莨菪碱为主、盐酸氯丙嗪为辅的注射用复方针剂，该复方针剂为每 2ml 内含主药氢溴酸东莨菪碱 0.3～9mg，辅药盐酸氯丙嗪 12.5～75mg，并含有稳定剂的灭菌水溶液。"附件 1 和 2 公开给出了每次使用主药东莨菪碱 1～3 毫克，或洋金花总碱为 2.5～5 毫克，辅药氯丙嗪 12.5～50 毫克，戒除杜冷丁成瘾患者的启示。一审法院认为，本领域技术人员在附件 1 或 2 公开内容的基础上，通过有限次试验即可得到仅采用东莨菪碱为主、氯丙嗪为辅的中麻制剂用于戒除杜冷丁成瘾等毒瘾的技术方案，因此本专利不具备创造性。一审法院判决撤销了无效决定。二审意见与一审相同。法院实际上通过认为本领域技术人员有较强能力从而提高了创造性标准，这符合对发明的创造性要求。

美国判例也认为，可以依据逻辑推理或者可靠的科技原理认定显而易见。● 然而，当审查员依据科技原理时，应当提供充分证据证明科技原理的存在和具体内容。●

在具体案件中，本领域技术人员知识的认定可以说是一个事实问题，由证据规则来决定；而本领域技术人员的能力认定则不是一个事实问题，而是一个法律问题。对本领域技术人员创造能力的考虑，实际上隐含着审查员和法官对利益平衡和价值选择的立场。这种立场的真正影响因素往往并不在法律之内，而在法律之外，包括政治的、经济的甚至判断者个人的因素。如果判断者认为专利创造

● 参见郑萍与国家知识产权局专利复审委员会、宁波市微循环与莨菪类药研究所发明专利无效行政纠纷案，北京市第一中级人民法院（2007）一中行初字第 523 号行政判决书，北京市高级人民法院（2008）高行终字第 128 号行政判决书。

● In re Soli, 317 F. 2d 941, 137 USPQ 797 (CCPA 1963).

● In re Grose, 592 F. 2d 1161, 201 USPQ 57 (CCPA 1979).

性的标准应当高一点，自然就会将本领域技术人员的知识和技能水平认定得高一点；如果判断者认为专利的创造性高度应当低一点，就会自然地将本领域技术人员的要求降低一些。说到底，审查员和法官的立场是本领域技术人员水平的决定因素，也是专利创造性高度的决定因素。

四、实用新型和发明的创造性高度

（一）发明和实用新型创造性高度的经济分析

如果实用新型和发明的创造性高度有区别，是否应当根据创造性高度调整相应的保护力度？各国专利法的现行规定是，显而易见的发明和实用新型不能被授予专利；但是，一旦非显而易见的要求被满足，无论发明或实用新型的创造性高度如何，都享有完全的专利权保护。虽然发明和实用新型专利的保护期限有差异，在我国发明专利保护期是 20 年，实用新型专利保护期是 10 年，但二者的保护力度是相同的。为什么这种要么全部要么没有的政策是最好的呢？法律经济学提供了一些理由用于解释这种制度安排。

发明的创造性高度是变化的。最优水平的专利保护，应当随着发明的创造性程度逐渐增加。理想中的专利保护政策应当根据每个发明的情况调整保护程度，但在实践中这样的政策却难以操作。专利保护仅仅给予创造性高于某个起点的发明，这个起点就是专利性应当具备的最低程度的创造性。

经济学分析表明，理论上讲，创造性程度高的"大"发明比创造性程度低的"小"发明的净收益要大。❶ 如果专利不产生任何社

---

❶ Vincenzo Denicolò, Economic theories of the nonobviousness requirement for patentability: a survey, Lewis & Clark L. Rev., 2008, (12), p.448.

会成本，则专利保护应当根据创造性高度调整相应的保护水平。如果专利产生独立于保护水平的固定社会成本，则不是所有的发明都应当给予保护。最优的创造性条件既取决于发明的创造性高度，又取决于授予专利的固定成本大小。

如果专利产生固定社会成本，则要么全部要么全不的专利保护方案事实上是最优的。❶ 如果那些成本是由专利权人负担，则没有必要设定创造性条件。这些成本包括那些专利申请和复审程序产生的管理和法律成本。如果专利局由专利申请费和专利维持费提供资金，则这些成本多数最终由专利权人或将要成为的专利权人负担。对专利权人而言，如果成本超过收益，则发明者趋向于不申请专利。但事实上，专利产生固定社会成本是难以避免的。因此，虽然发明和实用新型的创造性高度不同，但一旦达到非显而易见的标准，就应当给予相同的保护水平。

（二）理论上的创造性高度差异

我国《专利法》第 22 条第 3 款规定，发明的创造性，是指同申请日以前已有的技术相比，该发明有突出的实质性特点和显著的进步；实用新型的创造性，是指同申请日以前已有的技术相比，该实用新型有实质性特点和进步。《审查指南》明确规定，实用新型专利创造性的标准应当低于发明专利创造性的标准。❷ 这可以体现在《专利法》规定的"突出的"实质性特点与实质性特点之间的区别以及"显著的"进步与进步之间的区别。

2001 年的《审查指南》首次在第 4 部分第 6 章"其他规定"中增加了"实用新型创造性的审查"一节，试图将创造性判断中发明与实用新型专利的区别予以明确。这一规定在此后 2006 年《审

---

❶ Vincenzo Denicolò, Economic theories of the nonobviousness requirement for patentability: a survey, Lewis & Clark L. Rev., 2008, (12), p. 448.

❷ 参见 2006 年《审查指南》第 4 部分第 6 章第 4 节。

查指南》和 2010 年的《专利审查指南》中得以沿用。《审查指南》规定，● 实用新型的创造性标准低于发明的创造性标准。在判断现有技术中是否存在"技术启示"时，二者的区别体现在现有技术领域的考察和现有技术的数量两方面；但同时，对实用新型的实质性特点的审查，依然按照《审查指南》第 2 部分第 4 章第 3.2.1 节中的相应步骤判断该实用新型相对于现有技术是否显而易见。在创造性判断中，有一些案例引用了这个规定来表示实用新型和发明的创造性高度不同，如在"小型密闭式常闭接触器"实用新型专利权无效行政纠纷案●中一审法院就援引了上述规定。

德国的《实用新型法》独立于德国《专利法》，实用新型采用注册制，但可能被撤销和无效。1986 年修改的《实用新型法》明确地对实用新型提出了创造性要求，规定实用新型应当具备创造性才能获得保护。但实用新型与发明专利的文字表述不相同：实用新型的创造性表述为"发明步骤"，而发明专利的创造性表述为"发明活动"。● 根据《专利法》和《实用新型法》，二者在现有技术范围上有区别：发明的现有技术是绝对现有技术，即在国内外各种方式公开的现有技术；而实用新型的现有技术仅限于国内的使用公开与口头公开。但除此之外，在实践中如何区分二者并不清楚。

德国的法律也试图在理论上区分实用新型和发明专利的创造性高度，这一点与我国的情况相同；区别在于德国实用新型与发明的区别在于法律中定义的现有技术范围不同，而中国实用新型和发明

● 参见 2006 年《审查指南》第 4 部分第 6 章第 2.2 节。

❷ 参见贵州天义电器有限责任公司与国家知识产权局专利复审委员会、上海良信电器有限公司、深圳天庆电器实业有限公司实用新型专利权无效行政纠纷案，北京市第一中级人民法院（2006）一中行初字第 109 号行政判决书，北京市高级人民法院（2006）高行终字第 503 号行政判决书。

❸ 李永红："如何定义实用新型创造性高度？——从德国联邦法院近期的一份判决引发的思考"，载《中国专利与商标》2008 年第 1 期，第 24 页。

的区别在于对现有技术的选择范围不同。这种以可以操作的方式对发明和实用新型的创造性高度进行区分是有意义的，但也有一定的局限。

（三）实践中区分创造性高度的困难

除了从现有技术领域和现有技术数量两方面区分实用新型和发明的创造性高度外，很难使用其他的客观标准对二者进行区分；事实上，在专利审查和司法实践中也很少有行政决定或判决书论述实用新型与发明在创造性判断中的区别。有的案例虽然指出了二者的创造性高度差异，但却没有具体论述如何体现这种差异。在"女性计划生育手术 B 型超声监测仪"实用新型专利权无效行政纠纷案❶中，二审法院认为："需要指出的是，本专利为实用新型。实用新型往往是对现有技术的技术方案在形状、构造上进行简单的改进，其创造性的要求低于发明专利。"但是，二审法院在判决中并没有具体论述在本案事实基础上如何体现较低的创造性标准。

只有个别案件以专利复审委员会没有正确区分实用新型和发明的创造性判断标准而撤销行政决定，其中的典型案例是正泰集团公司与施内德电气工业公司关于"电路断路器的辅助跳闸单元"发明专利权无效行政纠纷案❷专利复审委员会在第 4083 号决定中将"发明专利"写为"实用新型专利"，并且用"明显的区别技术特征"和"优于现有技术的积极效果"作为本专利的创造性判断标

---

❶ 参见胡颖与国家知识产权局专利复审委员会、深圳市恩普电子技术有限公司实用新型专利权无效行政纠纷案，北京市第一中级人民法院（2009）一中行初字第 911 号行政判决书，北京市高级人民法院（2009）高行终字第 1441 号行政判决书。

❷ 参见正泰集团公司与国家知识产权局专利复审委员会、施内德电气工业公司发明专利无效行政纠纷案，北京市第一中级人民法院（2004）一中行初字第 146 号行政判决书。

准对本专利权利要求 1 进行评判。一审法院因此认为专利复审委员会采用的是实用新型的创造性评判标准来判断发明的创造性，认为"由于第 4083 号决定在评判本专利时采用的评判标准有误，适用法律错误，同时亦导致对权利要求 2-7 的评价错误"。二审法院还表示："由于发明专利与实用新型专利对创造性的评判存在实质性区别，因此对本专利权利要求 1 是否具备创造性所进行的评判，只能以发明专利的评判标准进行。""使用明显的区别技术特征、优于现有技术的积极效果等用语，可以用来评判实用新型的创造性，然而如果将其作为评价发明专利的创造性，则显然降低了发明专利的创造性标准。"

（四）德国判例的启示

在 1986 年《实用新型法》和《专利法》框架下如何解释二者在创造性高度上的区别，德国联邦法院在 2006 年 6 月 20 日对名称为"展示柜"的实用新型专利的上诉案作出终审判决时，对实用新型的创造性高度进行了分析。❶

在本案中，联邦专利法院认为，一个技术方案与现有技术相比即使相对于本领域技术人员是显而易见的，但只要不是通过变通技术常识和对现有技术的惯常理解可以直接获得，也可以获得实用新型保护。❷ 德国联邦法院认为，❸ 1986 年修改的《实用新型法》表明立法者意图区分发明和实用新型专利的创造性高度，至少文字表述上是不相同的。联邦法院表示，无论是"发明步骤"还是"发明活动"，都是定性而非定量的标准。实用新型与发明在创造性评价标准上仅有微小差异；但如果认为一个在发明贡献上较小的甚至

---

❶ XZB27/05.

❷ 李永红："如何定义实用新型创造性高度？——从德国联邦法院近期的一份判决引发的思考"，载《中国专利与商标》2008 年第 1 期，第 24 页。

❸ XZB27/05.

是显而易见的方案也可以获得专利保护，则破坏了专利体系的完整性。这种主观可能导致实用新型法面临一种危险，使实用新型专利成为收容不能获得发明专利保护的技术方案的袋子。德国联邦法院不同意这种观点。只要是相对于本领域技术人员显而易见的技术方案，就不能获得实用新型专利的保护，否则，过低的创造性高度要求不利于社会公众的利益。

正如德国联邦法院在判决中的论述，专利创造性标准本身即是定性标准，因此，用定量的方式对创造性高度进行区别只能使创造性判断标准更加模糊。❶ 专利审查和专利审判实践也表明，除了在法规规定的技术领域的选择和现有技术的数量两方面进行区分外，再对创造性高度进行区分难以操作，也没有必要。

---

❶ 李永红："如何定义实用新型创造性高度？——从德国联邦法院近期的一份判决引发的思考"，载《中国专利与商标》2008 年第 1 期，第 24 页。

第四章 专利创造性判断的基本原则

第一节 与权利救济相互协调原则

一、技术方案的解释

（一）技术方案解释的一致性

专利的授权和确权是专利权救济的前提，专利权的救济应当以专利授权和确权为基础，专利授权和确权中的一些规则对权利救济同样具有效力。为了协调一致，权利救济中的一些规则也可以用于专利授权和确权。在美国，专利授权案件由专利局、专利上诉委员会和联邦巡回上诉法院处理，而专利确权则可以通过专利权救济的民事案件的审理实现；因此专利确权与专利权救济的协调是在同一程序中，容易协调一致。我国的专利授权和确权案件由专利复审委员会和北京市第一中级人民法院以及北京市高级人民法院处理；少数再审案件由最高人民法院处理；而专利权救济的案件则分布在最高人民法院批准的各地法院审理。因此，在适用法律时容易出现不协调的情形。创造性判断在某种意义上就是为专利权确定范围，而专利权救济首先需要的就是认定专利权的范围；因此二者在有些方面应当遵守相同的规则，否则就会造成授权和确权的范围与权利救济的范围不一致。

最高人民法院《关于审理侵犯专利权纠纷案件应用法律若干问

题的解释》的第 1～5 条规定了权利要求范围解释的具体规则，在专利行政案件中都可以应用。例如，2006 年《审查指南》第 2 部分第 4 章第 6.4 节 "对要求保护的发明进行审查" 规定：发明是否具备创造性是针对要求保护的发明而言的，因此，对发明创造性的评价应当针对权利要求限定的技术方案进行。发明对现有技术作出贡献的技术特征，例如，使发明产生预料不到的技术效果的技术特征，或者体现发明克服技术偏见的技术特征，应当写入权利要求中；否则，即使说明书中有记载，评价发明的创造性时也不予考虑。而最高人民法院《关于审理侵犯专利权纠纷案件应用法律若干问题的解释》第 5 条也规定，对于仅在说明书或者附图中描述而在权利要求中未记载的技术方案，权利人在侵犯专利权纠纷案件中将其纳入专利权保护范围的，人民法院不予支持。

特别需要指出的是，最高人民法院《关于审理侵犯专利权纠纷案件应用法律若干问题的解释》第 6 条规定，专利申请人、专利权人在专利授权或者无效宣告程序中，通过对权利要求、说明书的修改或者意见陈述而放弃的技术方案，权利人在侵犯专利权纠纷案件中又将其纳入专利权保护范围的，人民法院不予支持。

在我国有的案例中，对专利权利要求的解释影响到了区别特征的认定。在 "防触电型电热水器" 实用新型专利权无效行政纠纷案❶中，主要争议焦点在于本专利权利要求 1 中的最后一句 "所述的两根绝缘管（4、5）分别接在露出外壳（1）的进水管（2）、出水管（3）上" 所限定的技术特征是否应当被唯一地理解为与进水管（2）、出水管（3）连接的两根绝缘管（4、5）外露于外壳（1）

---

❶ 参见青岛海尔微波制品有限公司与国家知识产权局专利复审委员会、海尔集团公司、深圳市明佳实业发展有限公司、郭代敏实用新型专利权无效行政纠纷案，北京市第一中级人民法院（2006）一中行初字第 395 号行政判决书，北京市高级人民法院（2006）高行终字第 00498 号行政判决书。

外的技术特征。本专利技术方案的理解决定了区别特征的认定是否正确，并影响到创造性的判断。

现有技术的理解也影响区别特征的认定。有的案件中，因为错误理解现有技术而导致区别特征认定错误。在"大截面预应力混凝土涵管及其制作方法"发明专利权无效行政纠纷案❶中，本专利权利要求1的最后一个技术特征为"每一所述预应力筋的端头，轮流封固在所述涵管本体的两对称近壁点"，其中"近壁点"是指封固预应力筋端头的位置即锚固点，"两对称近壁点"是两个对称的锚固点，该技术特征明确指出每一预应力筋有两个锚固点。一审法院认为，从对比文件1公开的内容，可以看出每一预应力筋的两个端头是被锚固在一点上，即一个锚固点。因此一审法院认为被诉决定认定对比文件1公开了"每一预应力筋的端头轮流封固在混凝土管本体的两对称近壁点"证据不足，故判决撤销无效决定。一审法院在判决中明确表示：在进行创造性审查时，首先应当对涉案专利的技术特征和构成该专利的现有技术作出准确的认定。被诉决定认定权利要求1不具备创造性，证据不足。该案二审法院同意一审法院关于"两对称近壁点"为两个锚固点的认定，但根据对比文件1第61页6.4.1第4行的记载、第62页图6-26和图6-27的侧视图以及相关文字表述，认为一审法院认定对比文件1"每一预应力筋的两个端头是被锚固在一点上"，理由不充分。虽然专利复审委在第7147号决定中对本专利权利要求1"无法唯一推出该项两个锚固点"的认定有错误，但因该决定对权利要求1及本专利的整体评价结论正确，并考虑双方当事人诉讼成本问题，撤销一审判决，维持

---

❶ 参见冯大斌、王志乐、陈中与国家知识产权局专利复审委员会、广东水电二局股份有限公司发明专利权无效行政纠纷案，北京市第一中级人民法院（2005）一中行初字第951号行政判决书，北京市高级人民法院（2006）高行终字第247号行政判决书。

专利复审委员会的决定。

区别特征的错误认定可能导致创造性判断错误。在有的案件中，专利复审委员会因错误认定了区别特征而导致行政决定被撤销。在"一种水处理方法"发明专利权无效行政纠纷案❶中，一审法院认为："无效决定中认定本专利权利要求 1 限定的除氧和防垢反应是分别进行的，与本专利权利要求书公开的内容不一致，缺乏事实依据。"法院还认为："被告在无效决定中没有指出本专利和对比文件的区别特征，将本专利与对比文件相比较进行的创造性的评价认定事实不清，主要证据不足，本院应予撤销。"

（二）与美国的比较

美国的规定与我国的规定有所不同。美国《审查指南》专节规定，在创造性判断中，发明申请的所有限定特征都应当考虑。❷ 判断创造性时对权利要求中的所有词语都应当考虑。❸ 如果独立权利要求是非显而易见的，则它的所有从属权利要求也是非显而易见的。❹

第一，不明确的限定也应当考虑。在创造性判断中对不明确的限定不能不管。如果一项权利要求不止一种解释，只要有一种解释使权利要求相对于现有技术不具备专利性，审查员应以不符合美国《专利法》第 112 条第 2 段的规定为由驳回权利要求，❺ 并且还应当基于能够使现有技术得以应用的解释驳回权利要求。在 1984 年专

---

❶ 参见张小安与国家知识产权局专利复审委员会、沈阳新锐自动化设备有限公司、聂森发明专利无效行政纠纷案，北京市第一中级人民法院（2005）一中行初字第 539 号行政判决书。

❷ MPEP § 2143. 03.

❸ In re Wilson, 424 F. 2d 1382, 1385, 165 USPQ 494, 496（CCPA 1970）.

❹ In re Fine, 837 F. 2d 1071, 5 USPQ2d 1596（Fed. Cir. 1988）.

❺ MPEP § 706. 03（d）.

利上诉委员会审理的 Ionescu 案❶中，上诉的权利要求因不明确而被驳回；法院撤销上诉委员会的驳回决定，要求审查员在考虑相关现有技术的基础上重新决定。在 1970 年关税和专利上诉法院审理的Wilson 案❷中，法院认为，如果权利要求的某些语言没有合理的确定含义，则权利要求是不明确的，而不是显而易见的。在 1962 年，关税和专利上诉法院审理的 Steele 案❸中，法院认为依靠对权利要求语言的推测来作为判断创造性的基础是错误的。

在我国，如果权利要求中的限定不明确，在专利侵权纠纷中应当按照最高人民法院《关于审理侵犯专利权纠纷案件应用法律若干问题的解释》第 3 条的规定进行解释，人民法院对于权利要求，可以运用说明书及附图、权利要求中的相关权利要求、专利审查档案进行解释。如果说明书对权利要求的用语有特别界定的，从其特别界定。如果上述方案仍不能明确权利要求含义的，可以结合工具书、教科书等公知文献以及本领域技术人员的通常理解进行解释。而在专利行政纠纷中，则可能因为权利要求不清楚或得不到说明书的支持而被认定无效。

第二，在原始说明书中并不能得到支持的限定也必须考虑。判断创造性时，权利要求的所有限定都必须考虑，包括在原始说明书中得不到支持的限定。在 Grasselli 案中，有关催化剂的权利要求中明确排除了硫、卤素、铀、矾和磷的化合物，法院认为虽然否定性地排除的元素并没有出现在申请时的说明书中，这种排除限定可能得不到说明书的支持，当判断发明申请相对于现有技术是否显而易见时，不予考虑这些限定也是错误的。❹

---

❶ Ex parte Ionescu, 222 USPQ 537（Bd. Pat. App. & Inter. 1984）.

❷ In re Wilson, 424 F. 2d 1382, 165 USPQ 494（CCPA 1970）.

❸ In re Steele, 305 F. 2d 859, 134 USPQ 292（CCPA 1962）.

❹ Ex parte Grasselli, 231 USPQ 393（Bd. App. 1983）aff'd mem. 738 F. 2d 453（Fed. Cir. 1984）.

在我国，如果权利要求中的限定得不到说明书的支持，在创造性判断中也不应当不予考虑，但可以根据无效请求人的主张按照权利要求得不到说明书支持而认定无效。

二、技术特征的实质对比

（一）实质对比与"相当于"

技术特征应当进行实质对比，是专利行政诉讼和民事诉讼都应遵守的规则，体现了创造性判断应当与权利救济相互协调原则。最高人民法院《关于审理侵犯专利权纠纷案件应用法律若干问题的解释》第14条规定，被诉落入专利权保护范围的全部技术特征，与一项现有技术方案中的相应技术特征相同或者无实质性差异的，人民法院应当认定被诉侵权人实施的技术属于《专利法》第62条规定的现有技术。这表明在现有技术抗辩的评判中要进行技术特征的实质对比。

在创造性判断中，技术特征的对比也不受文字表述的限制，应当考虑其实质。如果本专利的某一技术特征与对比文件的相应技术特征的名称不同，在判断创造性时需要考虑本专利的该项技术特征与对比文件的相应技术特征在各自的技术方案中的功能、效果和目的，从而进一步判断该技术特征是否被对比文件所公开或本领域技术人员是否可以从对比文件中得到技术启示。

实质对比在专利行政案件中有很多实际应用。在"整体式双股新水流套桶洗衣机"发明专利权无效行政纠纷案❶中，二审法院认为："如果专利的某一技术特征与对比文件的相应技术特征的名称不同，在判断创造性时需要考虑专利的该项技术特征与对比文件的

---

❶　参见杭州松下家用电器有限公司与国家知识产权局专利复审委员会、杨建宝发明专利权无效行政纠纷案，北京市第一中级人民法院（2005）一中行初字第836号行政判决书，北京市高级人民法院（2006）高行终字第84号行政判决书。

相应技术特征在各自的技术方案中的功能、效果和目的，从而进一步判断该技术特征是否被对比文件所公开或本领域技术人员是否可以从对比文件中得到技术启示。"在本案中，对比文件1"搅拌翼"这一技术特征的作用是用于漂洗，本专利"外凸筋和底下凸筋"这一技术特征的作用是用于洗涤，二者在表面上虽有所区别，但"漂洗"与"洗涤"均是洗衣机的工作步骤，对产品的结构、功能及效果均无任何影响。二审法院因此认为，对比文件1中所述的"搅拌翼"与本专利"外凸筋和底下凸筋"两个技术特征的功能、效果相同，位置、结构相似，专利复审委员会认为对比文件1没有公开本专利"外凸筋和底下凸筋"这一技术特征的认定有误，因此判决撤销无效决定和一审判决，并直接宣告本专利权无效。

"相当于"在认定区别特征时经常出现，体现了技术特征的实质对比。最接近现有技术的技术特征与本专利的相应技术特征名称不相同但实质上等同的情况下，在审查实践和司法实践中经常用"相当于"来表示二者的等同。例如，在"儿童书"实用新型专利权无效行政纠纷案❶中，一审法院将附件1与本专利权利要求1对比，认定两个技术方案的对应关系如下：附件1中的"该书籍包括基本上由泡沫材料制成的封面100，及书籍结合部分102"相当于本专利权利要求1中的"粘贴在基板表面的纸张"；附件1中的"书籍结合部分102由柔性支持材料制作，封面100可以环扣活页方式打开，而书籍结合部分102固定地粘贴在其后，该书籍还包括多页泡沫材料书页202"相当于本专利权利要求1中的"由软质材料做成的基板"。类似的案例还有很多，体现实质对比的"相当于"在专利行政案件中大量存在。

---

❶ 参见克里斯汀·雷格朗与国家知识产权局专利复审委员会、李春颖实用新型专利权无效行政纠纷案，北京市第一中级人民法院（2010）一中知行初字第506号行政判决书。

（二）　实质对比与等同原则

等同原则是我国专利侵权诉讼中的重要原则。专利权的保护范围应当以权利要求书明确记载的必要技术特征所确定的范围为准，也包括与该必要技术特征相等同的特征所确定的范围。2001 年最高人民法院《关于审理专利纠纷案件适用法律问题的若干规定》第17 条规定，等同特征是指与所记载的技术特征以基本相同的手段，实现基本相同的功能，达到基本相同的效果，而且本领域的普通技术人员无须经过创造性劳动就能够联想到的特征。2001 年北京市高级人民法院《关于专利侵权判定若干问题的意见（试行）》第32条规定，等同原则，是指被控侵权物（产品或方法）中有一个或者一个以上技术特征经与专利独立权利要求保护的技术特征相比，从字面上看不相同，但经过分析可以认定两者是相等同的技术特征，这种情况下，应当认定被控侵权物（产品或方法）落入了专利权的保护范围。2009 年最高人民法院《关于审理侵犯专利权纠纷案件应用法律若干问题的解释》第 7 条规定，被诉侵权技术方案包含与权利要求记载的全部技术特征相同或者等同的技术特征的，人民法院应当认定其落入专利权的保护范围。

专利权保护的范围，应当与授权和确权的范围一致，应当是经过本领域技术人员创造性劳动确定的范围，即相对于本领域技术人员非显而易见的范围。与现有技术等同的范围，或者说相对于现有技术显而易见的范围，不应纳入专利权保护范围，不应认定为具备创造性的范围。

美国《审查指南》专节规定，实现相同技术效果的等同特征应当被认定为显而易见。❶ 换言之，等同原则也可以反向用于确定不具有专利权的范围。美国《审查指南》主要规定了两个方

---

❶　MPEP，§2144.06.

面。第一，结合已知的等同特征以实现相同的目的是显而易见的。将两个现有技术中公开了相同功能的特征结合起来形成第三种组合物以取得相同功能是显而易见的。它们是对现有技术公开内容符合逻辑的组合结果。在 1980 年的 Kerkhoven 案❶中，发明申请是将两种传统喷雾干燥清洁剂混合起来的方法，关税和专利上诉法院认定发明申请是显而易见的。第二，为相同目的替换等同特征是显而易见的。为了依据等同认定显而易见，等同必须被现有技术公开，不能够仅仅根据申请人的陈述或者仅仅由于客观上争议的技术特征是功能或者机械上等同就认定显而易见。❷ 明显公开用一个等同的技术特征或方法替换另一个，这种替换是显而易见的。❸

欧洲专利局上诉委员会在《案例法》中也归纳了创造性判断中涉及等同技术特征的案例。❹ 根据欧洲专利局上诉委员会确立的案例法，并没有公开在出版的对比文件中的等同特征在新颖性判断中不应予以考虑，而在创造性判断中应当予以考虑。❺ 在 T 697/92 案中，欧洲专利局上诉委员会认定了等同手段这个概念。根据这个概念，尽管两种技术手段有不同的体现，但如果它们执行相同的功能并具有相同的结果，则这两种手段是等同的。为了被认定为等同，技术手段应当取得相同种类和性质的效果。如果两个技术手段的表现形式不同，产生的技术效果的种类相同但性质和程度不同，则这两种技术手段并不等同。

我国有涉及等同特征创造性判断的案例。例如，在"挤水

---

❶ In re Kerkhoven, 626 F. 2d 846, 850, 205 USPQ 1069, 1072 (CCPA 1980).

❷ In re Ruff, 256 F. 2d 590, 118 USPQ 340 (CCPA 1958).

❸ In re Fout, 675 F. 2d 297, 213 USPQ 532 (CCPA 1982).

❹ 参见欧洲专利局上诉委员会《案例法》第 1 部分第 4 章第 8.9 节。

❺ T 167/84, OJ 1987, 369; T 446/88, T 517/90.

擦洁器" 实用新型专利权无效行政纠纷案❶中，无效宣告请求人在二审中主张本专利权利要求 1 的区别技术特征带来的挤水效果与对比文件相同，故属于等同特征。二审法院认为，上述区别技术特征的效果还在于克服了现有技术中采用单个拉杆存在的用料单薄、长时间受力会变形损坏的缺点，改进了擦洁器的整体结构，因此，无效请求人主张上述技术特征属于等同特征没有充分的证据支持。无效请求人不服二审判决，申请再审，主要理由就是二审判决没有认定第三人的专利与对比文件中的专利具有等同的技术特征。❷ 但我国《审查指南》中缺少等同特征情形下的创造性判断规则，应当考虑借鉴其他国家的相关规定。

第二节　创造性判断的整体评价原则

一、整体评价原则概述

（一）整体评价原则的含义

2001 年《审查指南》规定，对要求保护的发明进行审查时，创造性的判断，应当针对权利要求限定的技术方案整体进行评价，即评价技术方案是否具备创造性，而不是评价某一技术特征是否具备创造性。❸ 2006 年《审查指南》也规定，创造性的判断，应当针对权利要求限定的技术方案整体进行评价，即评价技术方案是否具

---

❶ 参见张幼卿与国家知识产权局专利复审委员会、熊秀慧实用新型专利权无效行政纠纷案，北京市第一中级人民法院（2006）一中行初字第 1158 号行政判决书，北京市高级人民法院（2007）高行终字第 128 号行政判决书。

❷ 参见北京市高级人民法院（2010）高行监字第 432 号行政判决书。

❸ 参见 2001 年《审查指南》第 2 部分第 4 章第 5.4 节。

备创造性，而不是评价某一技术特征是否具备创造性。❶ 上述规定可归纳为整体评价原则。

整体评价原则是各国的普遍规定。欧洲专利局上诉委员会在《审查指南》中规定，发明申请必须被作为一个整体来考虑。如果一个权利要求是技术特征的结合体，分别认定每个技术特征是已知的或者显而易见然后据此认为整体技术方案是显而易见的，这种方法是错误的。❷ 韩国《审查指南》关于专利实质条件的部分也规定，对多个特征组成的技术方案，创造性的判断不能仅仅依靠每个独立的特征，而是要考虑技术方案的整体技术构思。不能仅考虑每个单独的构成因素是否是公知的，而应当考察技术方案整体上是否有独特的技术效果。❸

美国《审查指南》也规定发明申请必须作为一个整体考虑。❹ 判例法认为，在判断创造性时，问题并不在于现有技术与发明申请之间的区别特征是否显而易见，而是发明申请作为一个整体是否显而易见。❺ 在 Schenck 案❻中，权利要求涉及一个振动测试机器，包括一个支撑结构和一个基础结构，形成一个完整的无缝的连续支撑方式。被告抗辩称本发明只是将现有技术中由螺栓连接的四个部件结合起来，并不具备创造性。但现有技术存在抑制共振的技术需求，而本发明正好通过一个无缝的完整结构解决了抑制共振的问题。法院认为，本发明的思路不同于本技术领域的理

---

❶ 参见 2006 年《审查指南》第 2 部分第 4 章第 6.4 节。

❷ 参见欧洲专利局《审查指南》第 3 部分第 4 章第 11.5 节。

❸ 参见韩国 2010 年《审查指南》"专利实质条件"部分第 3 章第 7（5）节。

❹ MPEP § 2140. 02. I.

❺ Stratoflex, Inc. v. Aeroquip Corp., 713 F. 2d 1530, 218 USPQ 871（Fed. Cir. 1983）；Schenck v. Nortron Corp., 713 F. 2d 782, 218 USPQ 698（Fed. Cir. 1983）.

❻ Schenck v. Nortron Corp., 713 F. 2d 782, 218 USPQ 698（Fed. Cir. 1983）.

解和预期，本发明中的结构相对于本领域技术人员并不是显而易见的。❶

（二）整体评价原则的贯彻

对于如何贯彻整体评价原则，美国《审查指南》归纳了有关案例的具体规则，❷ 其中包括：从发明提炼要点不符合"整体评价"要求；揭示技术问题的原因是"整体评价"要求的一部分；现有技术必须完整理解，对其中可能远离发明申请的教导也要作为技术方案的一部分来考虑。❸

我国有一些判例特别强调了创造性判断应当将技术方案作为一个整体进行评价。在"机动车辆用的交流发电机"发明专利权无效行政纠纷案❹中，一审法院认为，创造性的判断，应当针对权利要求限定的技术方案整体进行评价，即评价技术方案是否具备创造性，而不是评价某一技术特征是否具备创造性。在"整体式双股新水流套桶洗衣机"发明专利权无效行政纠纷案❺中，二审法院认为，发明具有创造性的标志是具有突出的实质性特点和显著的进步。创造性的判断，应当围绕这两个条件，针对权利要求限定的技术方案整体进行评价，即评价技术方案是否具备创造性，而不是评价某一技术特征是否具备创造性。在"女性计划生

---

❶　713 F. 2d at 785, 218 USPQ at 700.

❷　MPEP §2140. 02.

❸　W. L. Gore & Associates, Inc. v. Garlock, Inc. , 721 F. 2d 1540, 220 USPQ 303 (Fed. Cir. 1983), cert. denied, 469 U. S. 851 (1984).

❹　参见三菱电机株式会社与国家知识产权局专利复审委员会、锦州汉拿电机有限公司发明专利权无效行政纠纷案，北京市第一中级人民法院（2005）一中行初字第116号行政判决书。

❺　参见杭州松下家用电器有限公司与国家知识产权局专利复审委员会、杨建宝发明专利无效行政纠纷案，北京市第一中级人民法院（2005）一中行初字第836号行政判决书，北京市高级人民法院（2006）高行终字第84号行政判决书。

育手术 B 型超声监测仪"实用新型专利权无效行政纠纷案❶中，二审法院表示："在创造性判断过程中，应当考虑该实用新型的技术效果，从整体技术方案进行考虑，不能机械地将技术特征进行分割。"

在评价技术方案是否具备创造性的过程中，对体现技术方案的必要技术特征的归纳相当重要，对必要技术特征的多列或漏列都会直接影响到该技术方案是否具有创造性的判断。在"燃煤取暖器"实用新型专利权无效行政纠纷案❷中，二审法院认为对必要技术特征的多列或漏列都会直接影响到该技术方案是否具备创造性的判断。"对于本专利权利要求 1、2、5 创造性的评判，应当结合体现技术方案的必要技术特征，针对权利要求限定的技术方案整体进行评价。"就本案而言，专利复审委员会的第 5506 号无效决定未结合本专利权利要求 1 的全部必要技术特征对权利要求 1 限定的技术方案整体进行评价，仅对权利要求 1 的"脚轮"和"排污口"这两个技术特征进行评价后即认定权利要求 1 无创造性，并在此基础上进一步认定权利要求 2、5 没有创造性，因此二审法院认为专利复审委员会认定事实不清，"一审法院对该决定予以维持不当，应予撤销"，二审因此撤销无效决定和一审判决，要求专利复审委员会重新作出无效决定。

❶ 参见胡颖与国家知识产权局专利复审委员会、深圳市恩普电子技术有限公司实用新型专利权无效行政纠纷案，北京市第一中级人民法院（2009）一中行初字第 911 号行政判决书，北京市高级人民法院（2009）高行终字第 1441 号行政判决书。

❷ 参见何国辉与国家知识产权局专利复审委员会、任成甫实用新型专利权无效行政纠纷案，北京市第一中级人民法院（2003）一中行初字第 742 号行政判决书，北京市高级人民法院（2004）高行终字第 162 号行政判决书。

二、区别特征的技术贡献

（一）相关规定的比较

在判断创造性时如何对待区别特征的技术贡献典型地体现了整体评价原则。区别特征可以分为两大类：一类是对技术效果有影响的区别特征，另一类是对技术效果没有影响的区别特征。不同的技术特征，对创造性判断的影响并不相同。第一类技术特征，对技术方案整体上的技术效果不产生影响。我国没有明确规定创造性判断中对没有技术功能的技术特征如何处理，但可以借鉴外国的规定。

欧洲专利局上诉委员会在《案例法》中专门规定了对没有技术功能的特征即非技术特征的处理。❶欧洲专利局上诉委员会比较关注发明由技术特征和非技术特征混合情况下的创造性判断。发明应当具备技术特征成为《欧洲专利公约》第 52（1）条规定的发明的隐含要求。在《欧洲专利公约》中，技术特征被明确规定为发明的一项条件。《欧洲专利公约》第 56 条的法律定义是在第 52 条至 57 条关于专利性条件的规定之中，这些条款暗含着专利应当授予所有技术领域的发明的基本原则，因此根据《欧洲专利公约》技术特征是发明的必要条件。❷在这个前提下，一项权利要求是一个技术特征和非技术特征的混合体是合法的，即使非技术特征是主要部分。❸

美国《审查指南》也规定，创造性判断中对没有技术功能的

---

❶　参见欧洲专利局上诉委员会《案例法》第 1 部分第 4 章第 8.1 节。

❷　T 931/95，OJ 2001，441；T 935/97，T 1173/97，OJ 1999，609；T 641/00，OJ 2003，352；T 914/02.

❸　T 26/86，OJ 1988，19；T 769/92，OJ 1995，525；T 641/00，OJ 2003，352 and T 531/03.

美术设计变化不予考虑。❶ 在 Seid 案❷中，发明申请涉及广告展示装置。法院认为本案中的发明与在先判例中的相比，只是在装饰性的细节上有变化，这些变化并不产生机械功能，因此涉案发明与现有技术并不能够产生具有专利性的区别。但在一个与炸薯片相关的案例中，专利上诉委员会认为，虽然在有些情况下产品的形状并不具有技术上的重要性，但本案中炸薯片的形状却是很重要的，因为它使得发明申请中的产品与现有技术中的产品（法国炸薯片）区别开来。❸

（二）案例的比较

我国有的判例认为，区别特征对于要解决的技术问题是非实质性的，而且没有带来意想不到的技术效果，这样的区别特征对创造性判断没有影响。在"精播锄草组合式多功能作业机"实用新型专利权无效行政纠纷案❹中，虽然对比文件 1、2 均未记载"扶手架（9）的前端固定在度（底）盘（3）上，在扶手架（9）上装有离合器操纵杆"及"覆土器（12）固定在底盘（3）后部的方套（8）上"的两项技术特征，但一审法院认为"这些差异相对于本专利所要解决的技术问题来说是非实质性的，属于本领域普通技术人员可以根据装置应用时的具体需要而进行的常规设计"，从本专利说明书中也并不能看出这些差异的存在可以使得本专利相对于已有技术获得意想不到的技术效果，因此，一审法院认为"权利要求 1 相对于已有技术不具有实质性的特点和进步"。本案二审维持原判。

---

❶ MPEP §2140. 04.

❷ In re Seid, 161 F. 2d 229, 73 USPQ 431（CCPA 1947）.

❸ Ex parte Hilton, 148 USPQ 356（Bd. App. 1965）.

❹ 参见任宪武与国家知识产权局专利复审委员会、蔡金玉实用新型专利权无效行政纠纷案，北京市第一中级人民法院（2005）一中行初字第 875 号行政判决书，北京市高级人民法院（2006）高行终字第 151 号行政判决书。

在"带公用电话的台式'空中充值'专用终端"实用新型专利权无效行政纠纷案❶中，本专利权利要求 1 相对于附件 1 具有 5 个区别特征，其中的部分区别特征如区别特征 2 是塑料机壳，并不产生技术效果，因此对于解决技术问题并没有技术贡献。对于没有技术贡献的技术特征，现在的一般做法是，认为其属于惯用技术手段，或者是引用对比文件来说明其已经被公开，并不论述其技术效果。

在"一种水烟筒吸烟软管"实用新型专利权无效行政纠纷案❷中，本专利与对比文件相比存在 3 个区别特征，其中第 3 个区别特征是"本专利中密封塑料布 6 上包有一层表层材料 7，表层材料 7 上按弹簧 5 的旋距缠绕有一条细线 8"。本案的争议焦点在于第 3 个区别特征是否影响本专利的创造性判断。专利复审委认为，附件 2、3、5 中均未公开在水烟筒软管弹簧外的密封塑料布上再包裹一层表层材料并在该表层材料上按弹簧的旋距缠绕一条细线的技术特征，因此认定本专利权利要求 1 相对于附件 2、3、5 具备创造性。二审法院认为："但是，为了起到美观、耐用、手感好的作用，在水烟筒软管弹簧外的密封塑料布上再包裹一层表层材料，并在该表层材料上按弹簧的旋距缠绕一条细线起到紧固表层材料的目的，对于本领域技术人员，是显而易见的，而非技术难题。因此，专利复审委员会仅依据上述区别特征，就认定本专利权利要求 1 具有创造

---

❶ 参见深圳市通则技术股份有限公司与国家知识产权局专利复审委员会、厦门敏讯信息技术股份有限公司实用新型专利权无效行政纠纷案，北京市第一中级人民法院（2010）一中知行初字第 1335 号行政判决书。

❷ 参见宁波凌志玩具制造有限公司与国家知识产权局专利复审委员会、广州市兆鹰五金有限公司实用新型专利权无效行政纠纷案，北京市第一中级人民法院（2006）一中行初字第 813 号行政判决书，北京市高级人民法院（2007）高行终字第 232 号行政判决书。

性，根据不足。"二审法院因此撤销无效决定和一审判决。

以下几个关于技术特征和非技术特征认定的相关案例都是由欧洲专利局技术上诉委员会作出的，与我国前述案例实际上适用了相同的规则。在 T 641/100 案❶中，涉案专利涉及 GSM 数字移动电话系统的一种方法，技术上诉委员会认为判断由非技术特征和技术特征共同组成的发明的创造性时，只考虑对技术效果有贡献的特征，没有技术功能的特征并不支持创造性认定。技术上诉委员会参考了 T 158/9 案。在该案中，技术上诉委员会认为对已知设备的改进并没有产生任何技术效果，因此这种改进对创造性没有贡献。❷ 在 T 258/97 案中，涉案发明与图像通讯装置有关。专利上诉委员会援引了 T 27/97 案。在该案中，只有在抽象算法影响了技术效果且技术效果对技术问题的解决有贡献的情况下，算法才具有了技术特性，算法才能与创造性有关。因此，专利上诉委员会认为创造性判断只能基于那些能够产生技术效果的特征作出。

三、整体评价原则的应用

2001 年《审查指南》还列举了根据区别特征的不同情况认定是否存在技术启示的情形：第一，所述区别特征为公知常识，如公知的教科书或者工具书披露的解决该重新确定的技术问题的技术手段、本领域中解决该重新确定的技术问题的惯用手段；第二，所述区别特征为与最接近的现有技术相关的技术手段，如同一份对比文件其他部分披露的技术手段，该技术手段在该其他部分所起的作用与该区别特征在要求保护的发明中为解决该重新确定的技术问题所起的作用相同；第三，所述区别特征为另一篇对比文件中披露的相

---

❶ T 641/100, J 2003, 252.

❷ T 72/95, T 157/97 and T 176/97.

关技术手段，该技术手段在该对比文件中所起的作用与该区别特征在要求保护的发明中为解决该重新确定的技术问题所起的作用相同。2006 年《审查指南》和 2010 年《专利审查指南》沿用了上述规定。在实践中应用上述规定，还应当结合整体评价原则。

（一）区别特征是公知常识

区别特征是公知常识，是否意味着显而易见，有给出肯定答案的判例。在"车辆用交流发电机"发明专利权无效行政纠纷案❶中，一审判决认为，将本专利与补充证据 1 及 3 相比，区别特征仅为"风扇具有多个叶片"。该区别特征显然为公知常识。因此，本专利权利要求 1 所要求保护的技术方案相对于补充证据 1 及证据 3 是显而易见的。本案一审判决提出两个问题：第一，区别特征应当是本专利与一项现有技术进行对比，能不能与两项现有技术的结合进行对比；第二，区别特征为公知常识，本专利是否必然是显而易见的。本案的二审判决维持了一审判决。二审判决认为，本专利与本案补充证据 1 及证据 3 相比，其区别特征均为补充证据 1 及证据 3 所揭示，因此，本专利权利要求 1 所要求保护的技术方案相对于补充证据 1 及证据 3 是显而易见的，不具备《专利法》第 22 条第 3 款所要求的创造性。二审的结论并无问题，但二审以区别特征都被公开为由直接认定本专利不具备创造性，并没有考虑本专利技术方案整体上是否显而易见，在论述方式上有些问题。

也有的判例认为，区别特征是公知常识并不一定就不具备创造性，还要考虑是否需要付出创造性劳动，或者是否产生意想不到的技术效果。在"建筑物或构筑物整体迁移装置"实用新型专利权无

❶ 参见三菱电机株式会社与国家知识产权局专利复审委员会、锦州汉拿电机有限公司发明专利权无效行政纠纷案，北京市第一中级人民法院（2005）一中行初字第 4 号行政判决书，北京市高级人民法院（2006）高行终字第 202 号行政判决书。

效行政纠纷案❶中，本专利权利要求 4 是权利要求 2 或 3 的从属权利要求，一审法院认定权利要求 2 或 3 不具备创造性之后，还认定了权利要求 4 的附加技术特征"在应力薄弱部位或者需要共同工作的分离部件之间根据需要设置受力钢筋"在建筑物平移领域是公知常识，但一审法院并没有就此直接认定权利要求 4 不具备创造性，而是进而分析到："权利要求 4 附加技术特征的引入不需要付出创造性的劳动，也没有带来预想不到的技术效果。因此，引用权利要求 2 或 3 的权利要求 4 相对于证据 1、2 的结合同样不具有实质性特点和进步，因而不具备创造性。"二审的意见与一审相同，并维持了一审判决。

问题在于，在区别特征是公知常识的情况下，技术方案整体上有没有可能不是显而易见的。《审查指南》只是规定了"通常"认为存在技术启示，但如果在具体案件中确实可以认定区别特征是公知常识但技术方案整体上并非显而易见，也不应机械地依据《审查指南》的规定认定存在技术启示。

欧洲专利局的相关判例法可以借鉴。在 T 1043/98 案中，专利涉及车辆刹车系统中的膨胀气囊，有一部分是棍状，其余部分是蝴蝶状。两部分的边缘通过连续的接缝缝在一起。异议申请人认为，本领域技术人员根据对网球和棒球结构的知识能够立即做出发明申请中的气囊。这就提出了一个问题，发明申请从其他技术领域中得到的技术特征和技术问题有哪些能够被认定为日常生活特征。

欧洲专利局上诉委员会的相关判例表明，区别特征本身是显而

---

❶ 参见李海森与国家知识产权局专利复审委员会、本溪华夏（集团）有限公司实用新型专利权无效行政纠纷案，北京市第一中级人民法院（2005）一中行初字第 868 号行政判决书，北京市高级人民法院（2006）高行终字第 209 号行政判决书。

易见的，并不意味着技术方案整体上是显而易见的，应当根据个案情况，遵循整体看待原则来处理。在有的案例中，欧洲专利局上诉委员会认为本领域技术人员难以从日常生活经验中得到技术启示，❶有的案例中认为可以从日常生活经验中得到技术启示。❷ 通过比较上述决定，欧洲专利局上诉委员会在 T 1043/98 案中总结到，日常生活经验在创造性判断中的关联性应当根据个案具体情况来判断。欧洲专利局上诉委员会同意研发气囊的本领域技术人员可能包括网球手或棒球手。然而异议申请人主张为了解决发明申请的技术问题本领域技术人员在主观上能够运用他对网球或棒球的知识，却不能成立。主要的原因是，气囊的形状并不是要做成球形的。因此本领域技术人员不太可能将球形作为他的发明目标。在 T 477/96 案中，欧洲专利局上诉委员会也总结认为日常生活经验与发明申请的技术领域并不是相关的。

如果一项发明或实用新型权利要求的技术方案与现有技术中最接近的技术方案相比，存在区别特征，而这些区别特征不是本领域技术人员根据现有技术的教导容易想到的，则该权利要求的技术方案具备创造性。在"液体过滤片"实用新型专利权无效行政纠纷案❸中，二审法院就持此观点，认为："本专利权利要求 1 与附件 2 相比区别在于……附件 2 亦没有给出在过滤网上开设液体出口的教导。本专利权利要求 1 具有实质性特点和进步，具有创造性。"

---

❶ T 397/87.

❷ T 234/96.

❸ 参见四川绵竹剑南春酒厂有限公司与国家知识产权局专利复审委员会、马彰原、泸州老窖股份有限公司实用新型专利权无效行政纠纷案，北京市第一中级人民法院（2006）一中行初字第 1198 号行政判决，北京市高级人民法院（2007）高行终字第 77 号行政判决书。

但是反过来说，如果一项发明或实用新型的技术方案与现有技术中最接近的技术方案相比，存在区别特征，而这些区别特征是本领域的技术人员根据现有技术的教导容易想到的，则该技术方案不具备创造性，恐怕就不能成立了。"区别特征容易想到"是什么意思，是带有区别特征的整个技术方案容易想到，还是仅仅指区别特征容易想到？如果是前者，则符合创造性判断的原则；如果是后者，则整个技术方案是否显而易见，需要进一步考察，这才符合整体评价原则。

（二）区别特征被公开

本专利与最接近的对比文件的区别特征被现有技术公开，有案例直接认定本专利不具备创造性。本专利与最接近的对比文件的区别特征被现有技术公开，也有案例认为不能直接认定本专利显而易见，还需要进一步分析是否是显而易见。在"建筑物或构筑物整体迁移装置"实用新型专利权无效行政纠纷案❶中，本专利权利要求2或3与证据2的区别仅在于：本专利权利要求2或3的技术方案包含在必要时设置在迁移物各层支撑柱之间的可方便安装或取下的卸荷柱，证据2未公开该卸荷柱，而该区别特征已在证据1中公开。一审法院并没有因为区别特征已经被证据1公开就直接认定显而易见，而是分析认为："本专利及证据1中设置卸荷柱的主要目的都是分担建筑物垂直荷载，以利形成均布荷载，且卸荷柱是在必要时才设置。对于本领域普通技术人员来说，在证据2的基础上，结合证据1的技术启示，根据平移施工的需要来选择使用卸荷柱，以获得权利要求2或3的技术方案，不需要付出创造性的劳动，因

---

❶ 参见李海森与国家知识产权局专利复审委员会、本溪华夏（集团）有限公司实用新型专利权无效行政纠纷案，北京市第一中级人民法院（2005）一中行初字第868号行政判决书，北京市高级人民法院（2006）高行终字第209号行政判决书。

此，本专利权利要求 2 或 3 相对于证据 1 和 2 的结合不具有实质性特点和进步，因而不具备创造性。"

在"线材固定装置"实用新型专利权无效行政纠纷案❶中，一审法院认为，在判断一项权利要求是否具有创造性时，不仅要考察该权利要求的所有技术特征是否已被现有技术公开，还要考察现有技术的应用领域以及现有技术是否给出了将其公开的内容进行结合的技术启示。当某一权利要求的所有技术特征虽然均已被现有技术公开但并不存在将这些现有技术相互结合以得到该权利要求所述技术方案的启示时，该权利要求对本领域的技术人员来说依然是非显而易见的，具有创造性。

美国的判例法认为，因为对比文件公开了发明申请的所有技术特征，因此认为改进现有技术得到发明申请是在本领域技术人员的能力范围内，这种陈述并不足以确立初步显而易见，除非有客观的理由来结合对比文件的教导。❷ 美国判例法认为，支持初步显而易见认定的一个理由是，发明申请的所有技术特征都是现有技术中已知的，本领域技术人员以已知的、与发明申请相同的方法将它们结合起来，而且不改变它们各自的功能，这种结合也不具有本领域技术人员预想不到的技术效果，则这个发明申请是显而易见的。❸

虽然区别特征单独来看是比较显而易见或细微，但这并不应当

---

❶ 参见陈惟诚与国家知识产权局专利复审委员会、瑞虹电子（昆山）有限公司实用新型专利权无效行政纠纷案，北京市第一中级人民法院（2009）一中行初字第 694 号行政判决书，北京市高级人民法院（2009）高行终字第 1285 号行政判决书。

❷ Ex parte Levengood, 28 USPQ2d 1300（Bd. Pat. App. & Inter. 1993）.

❸ KSR International Co. v. Teleflex Inc., 82 USPQ2d 1385, 1395（2007）；Great Atlantic & P. Tea Co. v. Supermarket Equipment Corp., 340 U. S. 147, 152, 87 USPQ 303, 306（1950）.

成为认定显而易见的标准。即使区别特征可能看起来是轻微的、细小的，也有可能正是专利申请技术方案在整体上成功而其他方案失败的原因。法律规定的标准是专利技术方案作为一个整体，相对于发明作出之时的本领域技术人员而言是否显而易见。

欧洲专利局关于组合发明的创造性认定规则也给出了在区别特征被公开的情况下如何认定创造性的"技术启示"。欧洲专利局上诉委员会认为，对建立在技术特征的组合基础上的发明进行创造性判断，必须考虑现有技术中是否存在准确地组合技术特征以形成发明申请的技术启示。事实上，组合中的特征是已知的并不表明组合就是显而易见的。❶ 判断一个组合发明的创造性时，关键并不是组合中的每个特征相对于现有技术是否是已知的和显而易见的，而是现有技术是否会教导本领域技术人员将所有特征像发明那样组合起来。并不是说，一个专门由已知技术特征组成的组合发明不可能具有创造性。❷ 根据这种思路，并不能因为区别特征是已知的就应当认定显而易见。

附加特征被公开，从属权利要求在整体上是否还可能是非显而易见的，正如区别特征被公开，技术方案整体上相对于现有技术是否还是非显而易见的。有判例认为，从属权利要求的附加特征被公开，因此会导致从属权利要求不具备创造性。在"汽车记录仪的数据输入输出装置"实用新型专利权无效行政纠纷案❸中，一审法院认为："被告认为该技术特征已经被附件 4 公开。所以，在权利要求 1 不具备创造性的情况下，被告根据附件 4 认定权利要求 2 的进

---

❶ T 37/85，OJ 1988，86；T 656/93，T 666/93，T 1018/96.

❷ T 388/89，T 717/90，T 869/96.

❸ 参见刘晖与国家知识产权局专利复审委员会、北京伟航新技术开发有限公司实用新型专利权无效行政纠纷案，北京市第一中级人民法院（2005）一中行初字第 1002 号行政判决书。

一步限定的技术方案也不具有创造性的结论正确。"

上述分析表明，我国《审查指南》规定的是通常情况下区别特征被公开可以认定存在技术启示，但结合欧洲专利局和美国的规定以及我国的实际案例来看，不能机械地认定显而易见，应当遵循整体评价原则对技术方案整体上是否显而易见进行分析后再判断是否具备创造性。

（三）区别特征未被公开

区别特征未被公开，是否意味着没有技术启示，现有判例有两种意见。有的案例认为虽然区别特征未被公开，但现有技术中也可能存在技术启示。在"摺绉定型棉"实用新型专利权无效行政纠纷案❶中，本专利权利要求1与对比文件1相比，区别特征为本专利权利要求1限定了"经重覆摺叠构成一种以上的摺叠棉网层，厚度范围内的棉网呈不同的密度分布"，对比文件2、3、4均未公开上述区别特征，一审法院并未就此直接认定本专利具备创造性，而是进一步分析："并且上述四份对比文件也未就上述区别之处给出任何技术启示或教导，因此，权利要求1的技术方案具有实质性特点。"在"玻璃钢夹砂顶管"实用新型专利权无效行政纠纷案❷中，法院认为区别特征没有被公开而且不存在技术启示才能认定具备创造性。一审判决认为："从上述证据公开的内容以及证据1或2与证据3或4结合，还是证据1或2与证

❶ 参见余姚市大和化纤制品有限公司与国家知识产权局专利复审委员会、新丽企业股份有限公司实用新型专利权无效行政纠纷案，北京市第一中级人民法院（2005）一中行初字第208号行政判决书，北京市高级人民法院（2006）高行终字第40号行政判决书。
❷ 参见新疆永昌复合材料股份有限公司与国家知识产权局专利复审委员会、陕西竞业玻璃钢有限公司实用新型专利权无效行政纠纷案，北京市第一中级人民法院（2005）一中行初字第953号行政判决书，北京市高级人民法院（2006）高行终字第198号行政判决书。

据 6 结合，均未公开上述区别特征 b，也没有给出相应的技术启示。由于该区别特征的存在，使得权利要求 1 限定的技术方案具有实质性特点和进步。"

有的案例认为区别特征未被公开就可以认定本专利具备创造性。在"人体拉伸运动器"实用新型专利权无效行政纠纷案❶中，一审法院认为："因本专利权利要求 1 的技术特征未被附件 1 和 2 公开，本领域技术人员从附件 1 和 2 中不能获得本专利权利要求 1 要求保护的技术方案，所以被告认为本专利权利要求 1 相对于附件 1 和 2 具有创造性，以及从属权利要求 2-11 也具有创造性的结论正确。"

美国最高法院认为，现有技术与发明申请之间的区别并不足以使权利要求相对于本领域技术人员并非显而易见。❷美国法院在判例中已经明确表示，教导、启示和动机规则是灵活的，并不需要结合现有技术的明显技术启示，认定显而易见并不要求"技术启示一定要明确地、书面地体现在对比文件中"。❸

我国实践中的案例与美国的判例法都表明，创造性判断应当回到基本规则上来，还是要判断技术方案整体上相对于本领域技术人员是否显而易见，区别特征的认定只是为了更客观地认定是否显而易见。区别特征未被公开，包括有隐含的技术启示的情形，也包括确实不存在技术启示的情形，因此还应当具体考察到底是哪一种情况。

---

❶ 参见深圳市大立贸易有限公司与国家知识产权局专利复审委员会、石锦峯实用新型专利权无效行政纠纷案，北京市第一中级人民法院（2005）一中行初字第 558 号行政判决书。

❷ Dann v. Johnston, 425 U. S. 219, 230, 189 USPQ 257, 261 (1976).

❸ Ruiz v. A. B. Chance Co., 357 F. 3d 1270, 1276, 69 USPQ2d 1686, 1690 (Fed. Cir. 2004).

第三节　专利创造性判断的综合评价原则

一、综合评价原则概述

（一）综合评价原则的含义

2001 年和 2006 年《审查指南》第 2 部分第 4 章第 3.1 节都规定："在评价发明是否具有创造性时，审查员不仅要考虑发明技术解决方案本身，而且要考虑发明要解决的技术问题和所产生的技术效果，将其作为一个整体来看待。"上述规定可以归纳为综合评价原则。

创造性判断应当进行综合评价，有的判例就体现了这种思路。在"洗衣机排水管换向装置"实用新型专利权无效行政纠纷案❶中，一审法院认为，在评价专利的创造性时，审查员不仅要考虑技术方案，而且还要考虑专利所要解决的技术问题和所产生的技术效果，将其作为一个整体来看待。对专利所保护的技术方案、所要解决的技术问题、技术效果认定错误，必然导致对创造性评价对象的理解错误，从而使创造性评价产生偏差。一审法院结合本案具体案情认为："第 7213 号决定中关于本专利中锁紧螺母连接外排水管、连接件是为了实现管件的快速连接的认定，没有依据。第 7213 号决定还在前述错误认定的基础上进一步作出了附件 1 与本专利连接件所起的作用相同的错误认定。因此，第 7213 号决定应予撤销。"本案二审与一审意见相同，维持了一审判决。

---

❶　参见海尔电器国际股份有限公司与国家知识产权局专利复审委员会、青岛如立电器有限公司、海尔集团公司实用新型专利权无效行政纠纷案，北京市第一中级人民法院（2005）一中行初字第 950 号行政判决书，北京市高级人民法院（2006）高行终字第 307 号行政判决书。

（二） 综合评价原则的体现

我国有的判例中，法院认为虽然区别特征并不显著，但区别特征体现了完全不同的技术构思，也应当认定本专利相对于本领域技术人员是非显而易见的。在"接线端子"实用新型专利权无效行政纠纷案❶中，专利复审委员会的第 11123 号无效决定维持本专利有效，一审法院以本专利不具备创造性为由撤销了无效决定。二审法院认为，本专利虽然是实用新型，但其形状、结构上的特点实际上系改进模具得到的。附件 4 依然没有脱离现有技术中斜向开模的方法，与本专利系两个不同的技术构思，仅仅将附件 4 的插脚通孔设计成水平的不能得到本专利中水平开模的技术方案。二审撤销一审判决，维持专利复审委员会的无效决定。

不同的工作原理，也体现了不同的技术构思。在"双唑泰泡腾片剂及其制备方法"发明专利权无效行政纠纷案❷中，专利复审委员会认为，证据 2 的栓剂通过在体温下液化的作用过程发挥疗效，而本专利泡腾片中发泡所需的酸碱辅料系统为三种组合的活性成分制造出协同作用的局部环境，二者的技术构思并不相同，因此认为本专利不是显而易见的。❸

美国的判例也认为，因工作原理不相同，现有技术中的教导不能使现有技术被改进成想要达到目的的方案，则不能认为现有技术中存在技术启示。在 1984 年联邦巡回上诉法院审理的 Gordon 案中，

---

❶ 参见杭州盘古自动化系统有限公司与国家知识产权局专利复审委员会、浙江中控自动化仪表有限公司实用新型专利权无效行政纠纷案，北京市第一中级人民法院 （2008） 一中行初字第 1247 号行政判决书，北京市高级人民法院 （2009） 高行终字第 1447 号行政判决书。

❷ 参见林小平与国家知识产权局专利复审委员会、西安高科陕西金方药业公司发明专利权无效行政纠纷案，北京市第一中级人民法院 （2006） 一中行初字第 74 号行政判决书。

❸ 参见国家知识产权局专利复审委员会第 7602 号无效宣告请求审查决定。

专利上诉委员会认为权利要求是初步显而易见的，因为将现有技术中的装置倒放着是显而易见的。法院撤销了专利上诉委员会的决定，认为如果现有技术中的装置被倒放的话，它的功能就不能实现了，因为想要过滤的汽油将会浮到上面来，而水和重油却代替要被提炼的汽油跑到下面并从出口中流走，筛子就会被堵塞。❶

美国《审查指南》规定，如果改进建议改变了现有技术的运行原理，则对比文件中的改进建议不能作为认定初步显而易见的技术启示。❷ 在关税和专利上诉法院 1959 年审理的 Ratti 案❸中，法院撤销了对发明申请的驳回决定，法院认为："对对比文件进行结合的启示需要实质性地重构和重新设计现有技术中的技术特征，而且要改变与现有技术中的结构所对应的基本运行原理。"❹

二、省略技术特征的创造性判断

（一）规范的比较

《审查指南》专节规定了"要素省略的发明"。其中规定：要素省略的发明，是指省去已知产品或者方法中的某一项或多项要素的发明。首先，如果发明省去一项或多项要素后其功能也相应地消失，则该发明不具备创造性。例如，一种涂料组合物发明，与现有技术的区别在于不含防冻剂。由于取消使用防冻剂后，该涂料组合物的防冻效果也相应消失，因而该发明不具备创造性。其次，如果发明与现有技术相比，发明省去一项或多项要素（例如，一项产品发明省去了一个或多个零部件或者一项方法发明省去一步或多步工序）后，依然保持原有的全部功能，或者带来预料不到的技术效

❶ In re Gordon, 733 F. 2d 900, 221 USPQ 1125 (Fed. Cir. 1984).
❷ MPEP § 2143. 01.
❸ In re Ratti, 270 F. 2d 810, 123 USPQ 349 (CCPA 1959).
❹ 270 F. 2d at 813, 123 USPQ at 352.

果，则具有突出的实质性特点和显著的进步，该发明具备创造性。[❶]

类似的情况在欧洲专利局的处理方式也相同。欧洲专利局上诉委员会的有些决定认为，当发明是对现有技术可以预见的不利修改时，技术方案被认定不具备创造性。[❷] 在 T 119/82 案 [❸]中，欧洲专利局上诉委员会已经认定，如果本领域技术人员可以预见到不利的后果，而且可以预见的不利后果并不能被预料不到的技术进步予以补偿，则不利的修改并不具备创造性。

（二）判例的比较

我国有判例认为，本专利相比现有技术减少了技术特征，如果带来的是功能的减少，而且没有其他意想不到的技术效果，则不能成为有创造性的理由。在"无水银碱性钮形电池"实用新型专利权无效行政纠纷案[❹]中，虽然本专利权利要求 1 与对比文件 1 的技术方案相比不具有镍层，但是一审法院认为：上述镍层的省略也使得本专利权利要求 1 的技术方案不具有耐腐蚀性的技术效果，因此上述技术要素的省略并未取得预料不到的技术效果，本专利权利要求 1 相对于对比文件 1 和 2 的结合不具有实质性特点和进步，不符合《专利法》第 22 条第 3 款有关创造性的规定。

但如果技术特征的减少并没有导致功能减少，则可能使本专利具备创造性。美国有判例认为，省略一个技术特征但却保留其功能

---

❶ 参见 2006 年《审查指南》第 2 部分第 4 章第 4.6.3 节。

❷ T 119/82, OJ 1984, T 72/95.

❸ T 119/82 (OJ 1984, 217).

❹ 参见新利达电池实业（德庆）有限公司、肇庆新利达电池实业有限公司与国家知识产权局专利复审委员会、深圳市龙岗区横岗松柏企业一厂、符琼、四会永利五金电池有限公司、简凤萍、许楚华、松柏（广东）电池工业有限公司实用新型专利权无效行政纠纷案，北京市第一中级人民法院（2007）一中行初字第 925 号行政判决书，北京市高级人民法院（2008）高行终字第 78 号行政判决书。

是具备创造性的标志。在 Edge 案❶中，权利要求被认定为非显而易见，因为虽然省略了现有技术中的透明层但其功能却被保留下来。

创造性判断中，我国有案例认为要考虑技术特征的省略对技术效果的影响。在"微带型天馈电子避雷器"实用新型专利权无效行政纠纷案❷中，二审法院认为，虽然对比文件 2 没有揭示电容 C2 这一技术特征，但是，在前两项区别特征未给整个技术方案带来实质性贡献的前提下，判断本专利是否具有创造性，还要看电容 C2 在整个技术方案中起到何种作用、具备何种有益的技术效果。如果省略这一技术特征后，也能构成本专利完整的技术方案、实现发明的目的，则其未给整个技术方案带来实质性的贡献。因此，本专利的技术方案与现有技术相比，并未具有实质性特点和进步，不符合《专利法》第 22 条第 3 款的规定，应当宣告无效。二审因此撤销无效决定和一审判决。

美国也有与"微带型天馈电子避雷器"案类似的判例。该判例认为，如果省略的技术特征的功能是不需要的，则技术特征的减少并不产生创造性。在 1989 年专利上诉委员会审理的 Wu 案❸中，权利要求涉及一种合成物来防止金属表面腐蚀，与现有技术相比，区别在于缺少多碱酸盐，而在现有技术中多碱酸盐是用于清水环境下防止腐蚀。专利上诉委员会维持了初步显而易见的认定，认为在并不接触清水的情况下合成物用于防止金属腐蚀，省略现有技术中的多碱酸盐相对于现有技术而言是显而易见的。在 1965 年关税和专

---

❶　In re Edge, 359 F. 2d 896, 149 USPQ 556 (CCPA 1966).

❷　参见四川中光高技术研究所有限责任公司与国家知识产权局专利复审委员会、成都兴业雷安电子有限公司实用新型专利权行政纠纷案，北京市第一中级人民法院（2003）一中行初字第 535 号行政判决书，北京市高级人民法院（2004）高行终字第 15 号行政判决书。

❸　Ex parte Wu, 10 USPQ 2031 (Bd. Pat. App. & Inter. 1989).

利上诉法院审理的 Larson 案[1]中，法院认为如果这些特征及其功能并不需要，则省略现有技术中的用于增加移动液体运输设备运载能力的附加框架和轮轴是显而易见的。

三、功能和方法特征限定的创造性判断

(一) 功能特征限定的创造性判断

功能限定特征在创造性评价时是否作为区别特征看待，要结合综合评价原则来考虑。在"直滤式滤板"发明专利权无效行政纠纷案[2]中，本专利权利要求 1 为："1. 一种用于给排水处理的直滤式滤板，其特征在于它由滤板（1）及直接制作在滤板上的滤缝（2）或者微孔（3）组成。"判断创造性时，"用于给排水"是否作为区别特征考虑，专利复审委员会趋向于不作为区别特征考虑。专利复审委员会认为本专利权利要求 1 除用途特征"用于给排水处理"在附件 1 中没有明确记载外，其他技术特征均已被附件 1 公开，因此认为"本专利权利要求 1 相对于附件 1 不具备新颖性"。在创造性判断中，专利复审委员会认为，即使完全考虑本专利权利要求 1 中"用于给排水处理"这一特征本身，"直接制作在滤板上的滤缝"的技术方案也不具备创造性。这表明专利复审委员会不趋向于将功能限定特征作为区别特征认定。[3] 二审法院则趋向于考虑该功能限定特征，在考虑该功能限定特征的基础上认定附件 1 的技术方案与本专利权利要求 1 的技术方案在要解决的技术问题和要达到的技术效果方面存在区别，本专利权利要求 1 相对于附件 1 并不完全相

---

[1] In re Larson, 340 F. 2d 965, 144 USPQ 347 (CCPA 1965).

[2] 参见叶善园与国家知识产权局专利复审委员会、张杰波发明专利无效行政纠纷案，北京市第一中级人民法院（2010）一中知行初字第 1718 号行政判决书，北京市高级人民法院（2010）高行终字第 1371 号行政判决书。

[3] 参见国家知识产权局专利复审委员会第 14492 号无效宣告请求审查决定。

同，因此具备新颖性。在创造性判断时，考虑到"用于给排水处理"表明本专利也属于广义上的"固液分离"这一技术领域，本领域技术人员在面对本专利要解决的技术问题时，可能从属于"固液分离"技术领域的附件 1 中得到技术启示，附件 1 可以作为评价本专利创造性的对比文件。❶

　　日本《审查指南》专节规定了对功能限定或性能限定的权利要求的创造性判断规则，比我国更加具体，有很多值得借鉴的内容。❷审查员可以依据日本《专利法》第 29 条第 2 款发出驳回理由通知。审查员可以作出初步驳回判断的情形：（1）审查员发现引证发明的产品可以作为否定发明申请创造性的理由，因为只是将产品的功能或者性能改变了名称，但含义相同，只不过测量方法不同。（2）发明申请和引证发明都通过相同或者相近的功能或者性能来界定。或者虽然是用不同的方式来表述，但如果用相同的方式来测量或者表述，功能或性能是相同的。（3）审查员发现在发明申请的申请日之后出现了与发明申请的产品相同的产品，而且这个产品可以基于申请日之前的已知发明做出。（4）审查员发现引证发明与发明申请的产品有相同或者近似生产模式，则可以构成初步否定创造性的理由。例如，审查员发现引证发明和发明申请的产品原料和生产过程相同。（5）除了限定发明申请的功能或性能特征外，发明申请和引证发明的技术特征都相同，而且引证发明与发明申请的目的和效果相同或者近似，则引证发明可以作为否定发明申请创造性的理由。

　　但是，如果引证发明的技术方案属于以下情况之一，则不能适用上述处理方法。第一，如果功能或者性能既不是标准的或普遍被本领域技术人员使用的，也不是本领域技术人员能够根据普遍使用

---

❶　参见北京市高级人民法院（2010）高行终字第 1371 号行政判决书。

❷　参见日本《审查指南》第 2 部分第 2 章第 2.6 节。

的功能或者性能可以理解的；第二，如果功能或性能是多个，其中每个功能或性能不是本领域技术人员普遍使用的，或者不是本领域技术人员能够理解的，这些功能或者性能结合起来符合第一项的情况。如果审查员能够使用一般的方法判断创造性，则不必使用上述方法。

（二）方法特征限定的创造性判断

北京市高级人民法院《关于审理专利复审和无效行政纠纷案件若干问题的解答（试行）》第 4 条规定，一般情况下，产品权利要求适用于产品发明，应当用产品的结构特征来描述和限定。只有无法采用产品结构特征来限定产品或者采用结构特征反而不能清楚地予以限定时，方允许用方法特征来限定产品权利要求。因此，在创造性判断中，产品特征的考虑是有一定的条件的。

日本《审查指南》也专节规定了对生产方法限定的产品的创造性判断。❶ 如果一项权利要求中产品通过生产方法限定，则产品本身的结构可能难以判断。在这种情况下，如果发明申请中的产品与引证发明中的产品初步相同以至于审查员有理由质疑发明申请初步不具备创造性，则不用严格地比较发明申请与引证发明的产品。审查员可以依据日本《专利法》第 29 条第 2 款发出驳回理由通知。审查员有理由认定初步不具备创造性的情形有：（1）审查员发现引证发明和发明申请的产品原材料类似，而且生产方法相同；（2）审查员发现引证发明和发明申请的产品原材料相同而且生产方法类似；（3）发明申请中的产品结构与申请日之后的某种产品相同，而且这种产品可能通过申请日前公知的发明做出；（4）审查员发现可以否定创造性的引证发明与发明申请的实施方式相同。如果有引证发明也是用生产方法限定产品，则不适用上述处理方法。如果审查

---

❶ 参见日本《审查指南》第 2 部分第 2 章第 2.7 节。

员能够使用一般的方法判断创造性，则不必使用上述方法。

日本《审查指南》还强调，如果产品本身的发明具备创造性，制造该产品的方法发明或该产品的用途发明原则上也具备创造性。❶

四、揭示和消除问题原因的创造性判断

（一）美国的情况

如果新的技术方案能够揭示或消除技术问题的根本原因，则从综合判断原则的角度来看，在创造性判断中应当作为一个重点因素考虑，并有利于其创造性的认定。目前没有查找到我国的相关判例；但美国和欧洲的相关规定比较成熟，值得借鉴。

美国关税和专利上诉法院在 1965 年的 Larson 案❷中认为，相对于现有技术中各部件的分离状态，发明申请将这些部件整合为一体只不过是显而易见的机械手段，没有取得新的技术效果，因此并不能使发明申请具备创造性。在 Schenck 案❸中，相对于现有技术，发明申请将原来由螺丝连接的四个部分整合在一起，法院认为具备创造性，因为发明人通过一个无缝连接的支撑结构解决了需要消除共振的技术问题。

美国有判例认为，揭示技术问题的原因是"综合评价"要求的一部分。揭示技术问题的原因的发明可能具有创造性，即使一旦问题的原因被明确了，解决的办法是显而易见的。这是创造性判断中必须进行综合评价的一个方面。❹ 在 Sponnoble 案中，发明人发现潮气是通过中间的自然橡胶中间塞进入，就选择用一种包裹着硅树脂丁基合成橡胶做的塞来防止潮气泄漏。

---

❶　参见日本《审查指南》第 2 部分第 2 章第 2.8 节。

❷　In re Larson, 340 F. 2d 965, 968, 144 USPQ 347, 349 (CCPA 1965).

❸　Schenck v. Nortron Corp., 713 F. 2d 782, 218 USPQ 698 (Fed. Cir. 1983).

❹　In re Sponnoble, 405 F. 2d 578, 585, 160 USPQ 237, 243 (CCPA 1969).

法院认为发明人发现了问题的原因，而且现有技术中没有教导申请人选择比自然橡胶更能防止渗透的本发明中的材料的技术启示，因此认定本发明有创造性。[1] 然而，技术问题的原因揭示并不一定总是产生具有专利性的发明。现有技术中存在对同样技术问题的同样解决方案时，解决方案相对于现有技术是显而易见而不具备创造性。[2]

（二）欧洲的情况

欧洲专利局上诉委员会也对提出问题的发明的创造性认定进行了规定。[3] 在有的情况下，发现没有认识到的技术问题可能使技术方案具有创造性，尽管事实上权利要求中的解决方案本身回头来看是琐碎的和显而易见的。[4] 如果问题能够被本领域技术人员提出，则新问题的提出并不代表对解决方案有创造性贡献。[5] 必须考虑的是，消除已知产品或设备的缺陷、克服其缺点和取得技术进步是本领域技术人员不断面对的常规任务。[6] 在 T 532/88 案中，欧洲专利局上诉委员会确认了已有的原则，即在寻找常规工作中的技术问题的解决方案的过程中提出问题并不构成创造性。遵循这个判例，欧洲专利局上诉委员会在多个案件中[7]认定，提出技术问题并不对技术方案的创造性增加任何价值。然而，在 T 135/94 案和 T 540/93 案中，欧洲专利局上诉委员会也认定如果提出的问题并不是显而易见的，则具备创造性。

---

[1] In re Sponnoble, 405 F. 2d 578, 585, 160 USPQ 237, 243（CCPA 1969）.

[2] In re Wiseman, 596 F. 2d 1019, 1022, 201 USPQ 658, 661（CCPA 1979）.

[3] 参见欧洲专利局上诉委员会《判例法》第 1 部分第 4 章第 8.10 节。

[4] T 2/83, OJ 1984, 265; T 225/84.

[5] T 109/82, OJ 1984, 473.

[6] T 15/81, OJ 1982, 2; T 195/84, OJ 1986, 121.

[7] T 630/92, T 798/92, T 578/92, T 610/95 and T 805/97.

　　欧洲专利局上诉委员会在 T 971/92 案中强调，对本领域技术人员而言属于常规技术问题的认识，如参数的优化、能量和时间的节约，并不具备创造性。技术问题的认识只有在非常例外的情况下具有创造性。然而，如果申请人主张创造性存在于对解决方案明显是显而易见的技术问题的认识，那么应当满足的最低条件是技术问题必须清楚地毫不含糊地公开在申请文件中。❶

---

❶　T 43/97.

第五章 专利创造性判断的程序和证据

第一节 创造性判断的行政程序

一、创造性判断的法律性质

（一）创造性的鉴定

在实践中，涉及创造性判断能不能鉴定的问题，对这个问题的解答需要考虑创造性判断的性质。如果是纯粹的专业技术问题、是事实问题，是可以通过专业鉴定机构的鉴定来认定的。如果不是，由于专业鉴定机构的鉴定只能对专业技术问题做出判断，不能对法律问题做出判断，则创造性判断不能通过鉴定机构完成，只能由法官或具有行政法官性质的审查员来判断。

（二）创造性的自认

创造性能不能适用自认规则在实践中也作为问题被提出来。自认，即对事实的承认，是与认诺（即对诉讼请求的承认）相对的一个概念。依事实承认时间的不同，可分为诉讼上自认与诉讼外自认。诉讼上自认是指当事人在诉讼过程中向法庭承认对方所主张的对自己不利的事实。❶ 如果创造性是一个事实问题，则可以适用自

---

❶ 李国光主编：《最高人民法院〈关于民事诉讼证据的若干规定〉的理解与适用》，中国法制出版社 2002 年版，第 116 页。

认规则；如果是一个法律问题，则不能适用自认规则。法律或经验法则是否存在、对事实的法律评价及其他法律上的问题，即使双方当事人的陈述一致，也不产生自认问题。

现有判例一般都认为，在专利权人认可独立权利要求不具备创造性则其从属权利要求也不具备创造性的情况下，法院一旦认定独立权利要求不具备创造性，就不再评述其从属权利要求的创造性。在"一种晾衣架"实用新型专利权无效行政纠纷案❶中，二审法院认为，鉴于专利权人在开庭审理时已经明确表示如果本专利权利要求 1 被认定无创造性，就不再坚持本专利权利要求 2 至 6 的创造性，专利复审委员会和无效宣告请求人也均认为本专利权利要求 2 至 6 无创造性，因此"认定本专利权利要求 2 至 6 无创造性"。

如果认为创造性是否具备并不单纯是个事实问题，则专利权人的这种表态就不好作为自认来对待了。但是，专利权人的这种表态，也可以从另一个角度来解释，那就是认为在独立权利要求不具备创造性的情况下，对行政决定中关于从属权利要求的创造性的认定不再有异议。在这种逻辑下，法院接受这种表态，不再具体评述从属权利要求的创造性，也是适当的。这不是自认，而是以诉讼请求为对象的认诺。认诺是当事人基于诉讼中的处分原则实施的关于某种实体权利义务关系的主张，它通常会导致法院依据该承认做出满足对方当事人诉讼请求人判决。❷

---

❶ 参见沈汉标与国家知识产权局专利复审委员会、广州市恋伊家庭用品制造有限公司、揭阳市南光实业有限公司实用新型专利权无效行政纠纷案，北京市第一中级人民法院（2006）一中行初字第 87 号行政判决书、北京市高级人民法院（2006）高行终字第 457 号行政判决书。

❷ 李国光主编：《最高人民法院〈关于民事诉讼证据的若干规定〉的理解与适用》，中国法制出版社 2002 年版，第 117 页。

（三）美国的规定

美国《审查指南》规定，在决定 Graham 要素时，审查员作为事实认定者在事实认定中起到关键作用。虽然 Graham 要素是事实问题，但创造性的判断最终是一个法律问题。[1] 美国《审查指南》的这个规定源自美国最高法院在 KSR 案中的意见，对于认识创造性判断的性质有重要作用。正如美国《审查指南》中所述："简要地说，创造性判断的关键在于决定发明做出时本领域技术人员知晓什么，根据现有技术本领域技术人员将会有理由预测能做什么。"前者是事实问题，后者是法律问题。

二、创造性判断的公平原则

（一）创造性审查的请求原则

无效宣告请求人在无效宣告请求中没有提出过涉案专利不具备创造性的理由，专利复审委员会却对涉案专利的创造性进行了判断，是否违反请求原则？有判例认为这违反了听证原则并对行政决定予以撤销。在"抗裂保温墙体及施工工艺"发明专利权无效行政纠纷案[2]中，一审法院认为，第 9346 号决定以权利要求 4 不具备创造性为由宣告本专利权部分无效，但在整个无效审查过程中，尚无充分证据证明作为请求人的新疆大道公司曾以权利要求 4 不具备创造性作为无效理由，专利复审委员会亦没有对此问题进行过审理并给予专利权人北京振利公司任何陈述意见的机会。专利复审委员会的行为违反了请求原则和听证原则。一审判决撤销专利复审委员会

---

[1] MPEP §2141. II.

[2] 参见北京振利高新技术有限公司与国家知识产权局专利复审委员会、新疆大道新型材料有限公司发明专利权无效行政纠纷案，北京市第一中级人民法院（2007）一中行初字第 533 号行政判决书，北京市高级人民法院（2007）高行终字第 00391 号行政判决书。

的决定，二审维持了一审的判决。❶

专利复审委员会依职权引入理由对涉案专利是否具备创造性进行审查是否违反请求原则，现有判例认为违反了请求原则。在"稀土金属丝"发明专利权无效行政纠纷案❷中，一审法院认为，被告理应依据相关的证据和口头审理的意见做出决定，但其却依职权主动引入本专利相对于附件6不具备新颖性以及相对于附件2、6不具备创造性的无效理由，于2009年7月23日再次就该无效理由进行口头审理，其依职权引入无效宣告理由的行为不属于《审查指南》第4部分第3章第4.1节"审查范围"中规定的可以依职权审查的情形。一审判决撤销专利复审委员会的决定，二审判决维持了一审的判决。

无效宣告请求人没有主张的现有技术组合方式是否能够用于评价创造性，现有判例认为请求人没有主张的现有技术组合方式不能用于评价创造性的判例。在"乳液泵防进水机构"实用新型专利权无效行政纠纷案❸中，专利复审委员会在第6495号决定中采用无效宣告请求人宝洁公司提交的对比文件1和林添大提交的对比文件2结合的方式评价权利要求2至4的创造性。但宝洁公司和林添大均未要求将对比文件1和对比文件2作为自己的证据使用，也没提出将对比文件1和对比文件2结合评价本专利的创造性。因此一审法院认为，专利复审委员会的第6495号决定以对比文件1和对比文

---

❶ 参见北京市高级人民法院（2007）高行终字第00391号行政判决书。

❷ 参见左生华与国家知识产权局专利复审委员会、包头长河科技有限公司发明专利权无效行政纠纷案，北京市第一中级人民法院（2009）一中知行初字第2359号行政判决书，北京市高级人民法院（2010）高行终字第283号行政判决书。

❸ 参见丁要武与国家知识产权局专利复审委员会、丝宝精细化工（武汉）有限公司、康谊（昆山）塑胶制品有限公司、林添大、广州宝洁有限公司实用新型专利权无效行政纠纷案，北京市第一中级人民法院（2005）一中行初字第151号行政判决书，北京市高级人民法院（2005）高行终字第411号行政判决书。

件 2 结合的方式对本专利进行创造性评价因程序不当不能成立。一审判决撤销了专利复审委员会的决定，二审维持了一审判决。

（二）创造性判断的听证原则

专利复审委员会未通知当事人参加口头审理即做出决定，未给予充分陈述意见的机会，法院将会判决撤销行政决定。在"稳流螺旋卸料器"实用新型专利权无效行政纠纷案❶中，原告作为专利权人在无效请求审查期间就本专利权利要求书进行了修改，并针对无效宣告请求的事实和理由提出了反证。专利复审委员会在本案诉讼过程中，并未提交曾通知原告变更口头审理时间并征得其同意的证据，且在口头审理中，无效请求人提交了证据原件并就修改后的本专利权利要求的无效证据进行了新的组合。一审法院认为："由于专利权人未能被通知参加口头审理，因此其丧失了核对相关证据原件以及针对无效宣告请求重新组合的证据发表质证意见的机会。"一审法院因此判决撤销专利复审委员会的无效决定。

专利复审委员会没有组织口头审理，损害当事人陈述意见的权利，也会导致行政决定被撤销。在"分散偶氮染料混合物"发明专利权无效行政纠纷案❷中，一审法院认为，被告没有严格按照《审查指南》的要求组织口头审理的听证程序，对双方当事人而言，均可能产生不良影响，势必影响到当事人相应权利的行使，违反了正当程序原则，应予撤销。"本院对第 9323 号决定中所表述的本专利

---

❶ 参见李文亮与国家知识产权局专利复审委员会、山东百特电子有限公司实用新型无效行政纠纷案，北京市第一中级人民法院（2010）一中知行初字第 863 号行政判决书。

❷ 参见戴斯塔纺织纤维股份公司德国两和公司与国家知识产权局专利复审委员会、浙江龙盛集团股份有限公司、浙江闰土股份有限公司发明专利权无效行政纠纷案，北京市第一中级人民法院（2007）一中行初字第 534 号行政判决书，北京市高级人民法院（2008）高行终字第 408 号行政判决书。

是否具有新颖性及创造性的内容不再评述。"一审判决撤销无效决定,二审维持一审判决。

在无效宣告请求审查程序中,专利复审委员会作出无效宣告请求审查决定所依据的证据应当经过当事人质证。如果专利复审委员会依据没有经过专利权人质证的证据认定本专利不具备创造性,则违反了听证原则,行政决定可能被撤销。在"新结构游泳眼镜"实用新型专利权无效行政纠纷案❶中,证据5是鹏亿发公司作为证据4的附件提交的,专利复审委员会提交的证据不能证明其向天惠公司转送了证据5,也不能证明已给予天惠公司对该证据充分发表意见的机会。因此二审法院认为专利复审委员会将证据5作为评价本专利新颖性、创造性的主要证据使用,程序上不合法,影响了天惠公司的实体权利,故第8973号决定应予撤销。"一审法院对专利复审委员会程序不合法的行政行为未予纠正不妥,亦应撤销。"

(三) 创造性判断的说明义务

在司法实践中,如果法院认定专利复审委员会没有在决定中说明创造性判断的理由,则会撤销行政决定。例如,在"新型触头盒"实用新型专利权无效行政纠纷案❷中,原告认为权利要求1没有创造性的理由仅涉及公知常识,被告对原告的上述理由应进行评述,在决定中记载其做出本专利权利要求具有创造性结论的理由。但第7739号决定没有这部分内容,而仅记载了本专利权利要求1

---

❶ 参见天惠有机硅(深圳)有限公司与国家知识产权局专利复审委员会、深圳市鹏亿发精密模具有限公司实用新型专利权无效行政纠纷案,北京市第一中级人民法院(2007)一中行初字第493号行政判决书,北京市高级人民法院(2007)高行终字第457号行政判决书。

❷ 参见玉环县华通电器有限公司与国家知识产权局专利复审委员会、陈守能实用新型专利权无效行政纠纷案,北京市第一中级人民法院(2006)一中行初字391号行政判决书。

至 5 具有创造性的结论。一审法院认为，无法认定第 7739 号决定针对原告的理由进行了审查，故第 7739 号决定认定本专利具有创造性的主要证据不足，应予撤销。美国联邦巡回上诉法院有类似的判例。❶

　　有的案件中，专利复审委员会在行政决定中没有详细记载创造性判断过程中对技术特征的对比，因此被法院撤销行政决定。在"金属板冲压焊接成型微型离心泵"实用新型专利权无效行政纠纷案❷中，本专利权利要求 5 为："根据权利要求 1 所述的金属板冲压焊接成型微型离心泵，其特征在于叶轮（5）是由前叶轮板（20）、后叶轮板（21）及其之间夹持螺线型叶片（22）构成。"专利复审委员会在第 4792 号决定中认为本专利权利要求 5 的附加技术特征已被附件 2 所公开，在本专利权利要求 1 不具备创造性的基础上，本专利权利要求 5 也不具备创造性，但是第 4792 号决定没有具体对本专利权利要求 5 中"螺线型叶片"这一技术特征进行分析。一审法院认为，第 4792 号决定结论为宣告本专利全部无效，这说明专利复审委员会是在全面审查本专利权利要求的所有技术特征的基础上做出的决定，故专利复审委员会应当在所做决定中对本专利全部技术特征做出评价，并说明无效的理由，而不能在不评价某一技术特征的基础上对该权利要求做笼统的评价。否则，专利复审委员会做出的决定就不应宣告该专利全部无效。一审法院判决撤销无效决定，判令专利复审委员会重新做出无效决定。在此案中，专利复审委员会还违反了整体评价原则。

　　美国的规定更加严格。美国《专利法》第 132 条规定申请人应

---

❶　In re Kahn, 441 F. 3d 977, 988, 78 USPQ2d 1329, 1336（Fed. Cir. 2006）.

❷　参见阳江市新粤华不锈钢泵有限公司与国家知识产权局专利复审委员会、广东凌霄泵业股份有限公司实用新型专利权无效行政纠纷案，北京市第一中级人民法院（2003）年一中行初字第 00189 号行政判决书。

当被告知其权利要求被驳回的理由，以便于他能选择最佳的程序方案，并明确地说明支持驳回决定的事实条件和理由以有利于对专利性有关问题作出及时决定。美国《审查指南》规定，当认定发明不具备创造性时，审查员必须确保书面记录对包括现有技术状态和对比文件的教导在内的有关的事实有记载。在某些情况下，本领域技术是如何理解、现有技术的教导或本领域技术人员已知道或将会做什么是很重要的，也应当记载。一旦阐述了事实认定后，审查员必须提供认定不具备创造性的理由。❶美国《审查指南》规定，虽然不需要说明现有技术的文献教导或者指示了所有的权利要求，然而，审查员必须解释为什么现有技术与发明申请之间的区别相对于本领域技术人员而言是显而易见的。❷支持显而易见认定的关键是清楚地阐明为什么发明申请是显而易见的理由。最高法院在 KSR 案中表示认定显而易见性的分析应当是清楚的。最高法院援引了 Kahn 案❸表示，认定显而易见不能通过只是结论性的陈述来支持，相反，必须要有附理由的详细分析支持显而易见性的法律结论。❹

（四）执法统一原则

有判例认为，专利复审委员会不能违反一事不再理原则，用相同的对比文件重复审查专利的创造性，以确保执法统一。在"备有保健液体容器的卫生巾"实用新型专利权无效行政纠纷案❺中，专利复审委员会在 2001 年 6 月 6 日做出的第 3328 号无效决定中，用

---

❶　MPEP §2141. II.

❷　MPEP § 2141. III.

❸　In re Kahn, 441 F. 3d 977, 988, 78 USPQ2d 1329, 1336 (Fed. Cir. 2006).

❹　KSR, 82 USPQ2d at 1396.

❺　参见广东妇健企业有限公司与国家知识产权局专利复审委员会、侨凤卫生制品有限公司、顺德市美洁卫生用品有限公司实用新型专利权无效行政纠纷案，北京市第一中级人民法院（2003）一中行初字第 91 号行政判决书，北京市高级人民法院（2003）年高行终字第 216 号行政判决书。

3 篇对比文件的结合与本专利进行对比之后，认定本专利具备创造性，维持了本专利权有效。根据作出第 3328 号无效决定时有效的《专利法》的规定，该决定为行政终局决定，不属于司法审查的范畴，已经发生法律效力。后来，专利复审委员会在另案的第 3039号无效决定中引用了 2 篇第 3328 号决定已经使用过的对比文件否定了本专利的创造性，宣告专利权无效。二审法院因此认定："妇健公司关于专利复审委员会不应依据相同证据和理由再次作出决定的上诉理由有法律依据，本院予以支持。原审判决适用法律错误，应予改判。"❶

任何人不应以相同理由和证据针对本专利再次提出无效宣告请求。专利复审委员会作出的具体行政行为应当具有稳定性，在没有新的证据和理由作为变更的依据时，不得随意对已作出的行政行为加以改变，更不得依据相同理由和证据作出与已经发生法律效力的行政决定相反的决定。如果无效请求人提出了新的证据和理由，可以将原有证据和理由与新的证据和理由进行结合重新判断本专利的创造性。专利复审委员会就相同的理由和证据不应当重复进行审查，更不应据此作出新的行政决定。在"备有保健液体容器的卫生巾"实用新型专利权无效行政纠纷案❷中，二审法院认为，如果专利复审委员会可以通过在后行政决定纠正有错误的在先终局决定，会导致《专利法》修改之前的行政终局决定重新纳入司法审查程序，但 2001 年修改后的《专利法》对已发生法律效力的终局行政决定并无溯及力。因此，二审法院认为专利复审委员会依据在先无效决定已经使用过的证据和

❶ 参见北京市高级人民法院（2003）年高行终字第 00216 号行政判决书。
❷ 参见 广东妇健企业有限公司与国家知识产权局专利复审委员会、侨凤卫生制品有限公司、顺德市美洁卫生用品有限公司实用新型专利权无效行政纠纷案，北京市第一中级人民法院（2003）一中行初字第 91 号行政判决书，北京市高级人民法院（2003）年高行终字第 216 号行政判决书。

理由再次作出结论相反的决定是错误的。

为了达到执法统一，美国《审查指南》规定，在先判例中的事实与发明申请中的足够相似的情况下，可以依据在先判例判断创造性。[1] 审查员必须在认定相关事实后对每个申请适用相同的法律。如果在先判例与发明申请中的事实足够相似，则审查员可以使用法院已经使用过的理由认定不具备创造性。如果申请人表明某些具体限制是很重要的，则不能使用相同的理由驳回发明申请。联邦巡回上诉法院在 Eli Lilly 案[2]中表示，联邦巡回上诉法院及其前身就创造性判断的事实认定和法律适用作出了很多判例，这些判例中确定的规则可以适用于发明申请创造性的判断。

三、依职权引入公知常识的程序

（一）我国的实践和问题

在专利授权程序中，专利复审委员会可以依职权引入公知常识，在实践中有时会成为争议点。2006 年《审查指南》规定，原审查部门在前置审查意见中不得补充驳回理由和证据，但下列情形除外：对驳回决定和前置审查意见中主张的公知常识补充相应的技术词典、技术手册、教科书等所属技术领域中的公知常识性证据。[3] 2006 年《审查指南》关于"复审请求的合议审查"的相关内容中规定："在合议审查中，合议组可以引入所属技术领域的公知常识，或者补充相应的技术词典、技术手册、教科书等所属技术领域中的公知常识性证据。"[4]

专利复审委员会在依职权认定公知常识的情况下，未给予对其

---

❶　MPEP § 2144.

❷　In re Eli Lilly & Co. , 902 F. 2d 943, 14 USPQ2d 1741（Fed. Cir. 1990）.

❸　参见 2006 年《审查指南》第 4 部分第 2 章第 3.3 节。

❹　参见 2006 年《审查指南》第 4 部分第 2 章第 4.1 节。

不利的当事人陈述意见机会的做法是对听证原则的违反。在"一种智能报警灭火器"发明专利权无效行政纠纷案❶中，专利权利要求1与对比文件存在的区别技术特征包括"本专利权利要求1的火焰探测器、水平探测器和垂直探测器的信号进入同一放大电路，而证据1中的红外接受管启动器、水平扫描器、俯仰扫描器的电信号分别输入电脑 IC1 的 P1、P2、P3 放大端"。无效宣告请求人主张该区别技术特征被同一篇对比文件公开，没有主张上述区别技术特征为公知常识，也没有提出过用公知常识和有关证据的结合来评价本专利的权利要求。专利复审委员会依职权引入公知常识并认定对本领域技术人员来说将多路电信号进入同一放大电路进行放大以集成模块、简化结构属于公知常识。据此，专利复审委员会决定宣告本专利全部无效。本案一、二审法院经审理后均认为，专利复审委员会在其作出宣告本专利无效的决定之前，没有给予审查决定对其不利的当事人即专利权人就该公知常识的认定陈述意见的机会。在专利权人未对引入的公知常识进行意见陈述、专利复审委员会也未举证证明"火焰探测器、水平探测器和垂直探测器的信号进入同一放大电路"属于公知常识的情况下，专利复审委员会的该做法违反了无效审查程序中的听证原则。因此，一审判决撤销无效决定，二审维持原判。

认定公知常识的依据应当告知当事人。在"九孔三维立体卷曲纤维用喷丝板"实用新型专利权无效行政纠纷案❷中，二审法院认

---

❶ 参见宗延杰、胡浩权与国家知识产权局专利复审委员会、张维顶发明专利权无效行政纠纷案，北京市第一中级人民法院（2008）一中行初字第 1057 号行政判决书，北京市高级人民法院（2009）高行终字第 652 号行政判决书。

❷ 参见江苏金雪集团有限公司与国家知识产权局专利复审委员会、上海德全化纤设备厂发明专利无效行政纠纷案，北京市第一中级人民法院（2002）一中行初字第 552 号行政判决书，北京市高级人民法院（2003）高行终字第 181 号行政判决书。

为，根据程序公开和公平原则，专利复审委员会应在复审程序中告知当事人公知常识的确认及依据。因金雪集团在诉讼中对专利复审委提交的上述依据表示认可，为节约各方当事人的诉讼成本，对上述认定公知常识的依据予以确认。

在"端子构造"发明专利权无效行政案件中，[1] 法院从正面强调了在专利复审委员会依职权引入公知常识的情况下给予当事人陈述意见机会的重要性。一审法院指出，无效请求人于口头审理时当庭提交了对比文件 2-2，专利权人未对其真实性提出异议。专利复审委员会在决定将其作为公知常识性证据依职权引入的情况下，通过《无效宣告请求审查意见通知书》的方式告知了双方当事人对比文件 2-2 的使用方式，并给予了双方当事人陈述意见的机会，专利复审委员会已经充分保障了双方当事人的程序性权利，其行为并无不当之处，亦未对专利权人的相关权利造成损害。此外，专利复审委员会在依职权引入证据 2-2 并引用其相关部分对本专利的创造性进行评述的做法亦未违反《专利法》及《审查指南》的相关规定，专利权人所提专利复审委员会应对对比文件 2-2 的使用方式进行限制的主张缺乏事实与法律依据，对此不予支持。

（二）美国的规定

美国最高法院也认为创造性判断者可以依职权引入公知常识。最高法院在 KSR 案中特别指出了联邦巡回上诉法院在四个方面存在错误。[2] 其中第 4 项错误就是联邦巡回上诉法院为了强调预防法院和审查员受到事后眼光的影响，适用过于机械的规则否认事实认定者可以依赖普通常识做出判断。

---

[1]　参见北京市第一中级人民法院（2010）一中知行初字第 2610 号行政判决书。

[2]　Id. 82 USPQ2d at 1397.

美国《审查指南》规定，审查员可以依职权引入公知常识进行创造性判断，但这种判断应当谨慎地做出。❶ 审查员依职权引入公知常识应当遵守以下规则：

第一，只有在某些情况下才允许审查员不用书面证据而依职权判断创造性。当依职权认定时，只能是所认定的事实确定是公知的，或者是能够立即地毫无疑问地表明是公知的本领域普通常识。正如 1961 年关税和专利上诉法院在 Knapp Monarch 案中所说，不需书面记载就认定的事实必须是在有异议时审查员能够立即地和毫无疑问地证实的事实。❷ 在 Ahlert 案中，法院认为专利上诉委员会正确地依职权认定了根据热量需要调整火焰的强度是古老的方法的事实。❸ 1973 年关税和专利上诉法院在 Fox 案中就认定，磁带录音机在录制新的声音信息的同时一般会自动地删除旧有的信息是公知常识。❹

第二，当认定的事实是公知常识但却不能立即地毫无疑问地证实为公知的情况下，审查员也不能在没有援引对比文件的情况下依职权认定。仅仅依据本技术领域的普通常识认定显而易见而没有证据支持是绝对不允许的。

第三，依职权认定事实必须是清楚的、正确的。如果依职权认定的公知常识并没有书面证据支持，则相关事实应当已经被证实，如有其他对比文件的记载能够支持，或者没有记载与其矛盾。❺

第四，如果申请人对依职权认定的事实或者公知常识提出异议，审查员必须提供充分证据支持其认定。为了足以推翻审查员的

---

❶ MPEP § 2144. 03.

❷ In re Knapp Monarch Co. , 296 F. 2d 230, 132 USPQ 6 (CCPA 1961).

❸ In re Ahlert, 424 F. 2d 1088, 1091, 165 USPQ 418, 420 (CCPA 1970).

❹ In re Fox, 471 F. 2d 1405, 1407, 176 USPQ 340, 341 (CCPA 1973).

❺ In re Soli, 317 F. 2d 941, 945-46, 137 USPQ 797, 800 (CCPA 1963).

事实认定，申请人必须具体指出可能存在的错误，可以包括认为依职权认定的事实并不是普通常识或者本领域公知的技术。❶

第五，在申请人提出异议后，如果审查员补充了对比文件，而且新补充的对比文件只是直接针对申请人对公知常识的认定的异议，并不导致新的争议，则审查员可以做出行政决定。如果补充的对比文件不仅仅为公知常识的认定提供依据，还支持其他驳回理由，则不能做出行政决定。

第二节　创造性判断的司法程序

一、司法审查的范围

（一）法院对创造性的实质审查

法院只对专利复审委员会的具体行政行为合法性进行审查是基本原则；但对创造性判断进行形式审查还是实质审查，在司法实践中曾经有过不同做法。

有的判例认为法院对创造性判断只是进行形式审查。在"九孔三维立体卷曲纤维用喷丝板"实用新型专利权无效行政纠纷案❷中，专利复审委员会在无效审查中基于公开文本权利要求与本专利权利要求 1 的内容，确认两者的主题相同；并确认公开文本图 3—a 所示喷丝孔与本专利权利要求 1 所述"喷丝毛细孔的截面是由八个 C 形孔组成、该八个 C 形孔呈环状排列"的特征完全相同；确认本专利权利要求 1 关于"喷丝板的喷丝孔呈环状分布"、"喷丝孔由导孔和喷

---

❶　37 CFR 1. 111（b）. See also Chevenard, 139 F. 2d at 713, 60 USPQ at 241.

❷　参见江苏金雪集团有限公司与国家知识产权局专利复审委员会、上海德全化纤设备厂发明专利无效行政纠纷案，北京市第一中级人民法院（2002）一中行初字第552 号行政判决书，北京市高级人民法院（2003）高行终字第181 号行政判决书。

丝毛细孔组成"是本领域的公知常识。二审法院认为"上述确认证据充分"。在本案中，法院只是从证据是否充分的角度来论述专利复审委员会的决定是否正确，并没有评述专利复审委员会的具体判断是否合理。

有的判例认为法院应当对创造性条件进行实质审查。在"透视反射镜"实用新型专利权无效行政纠纷案❶中，一、二审法院对本专利权利要求1的创造性进行了具体的判断。法院将本专利权利要求1中记载的第2个技术方案，即"光显示器件是加有透镜的发光光源，半透明的介质镜片是由透明的镜片和贴涂有半透明膜片构成复合层结构"与证据14的技术方案进行了对比，并认定了二者的区别技术特征在于证据14中没有公开"透视反射镜"而本专利权利要求1中记载了加有透镜的发光光源，并引用了证据14的说明书摘要中记载了图像信息可透过投影或其他方式形成的信息，并且考虑了采用透视镜和光源投影图像的技术方案是公知技术，来具体认定本领域普通技术人员不必经过创造性劳动，轻而易举就可以得到"透视反射镜"实用新型专利权利要求1中记载的第2个技术方案，因此，该技术方案不具备创造性。

最高人民法院2007年表示法院应当对专利性条件进行实质审查。在"清洁器吸棉管废棉截留装置"实用新型专利权无效行政纠纷案❷中，最高法院认为，人民法院审查专利无效纠纷案件，应当

---

❶ 参见林永恩与国家知识产权局专利复审委员会、沈阳恒光科技开发有限公司实用新型专利权无效行政纠纷案，北京市第一中级人民法院（2002）一中行初字第88号行政判决书，北京市高级人民法院（2003）高行终字第16号行政判决书。

❷ 参见如皋市爱吉科纺织机械有限公司与国家知识产权局专利复审委员会、王玉山实用新型专利权无效行政纠纷案，北京市第一中级人民法院（2003）一中行初字第522号行政判决书，北京市高级人民法院（2004）高行终字第95号行政判决，最高人民法院（2007）行提字第3号行政裁定书。

依法按照合法性审查原则，对所争议专利权是否符合《专利法》规定的专利授权实质条件等问题做出判断。

（二）法院审查范围的限制

如果专利复审委员会只对涉案专利独立权利要求的创造性进行了审查，没有审查其从属权利要求的创造性，法院能不能在诉讼中对专利复审委员会未审查的权利要求的创造性做出判断，现有判例认为不能超出专利复审委员会的审查范围。在"CDMA/GSM 双模式移动通信的方法及通信设备"发明专利权无效行政纠纷案❶中，二审法院认为，根据《行政诉讼法》的有关规定，人民法院审理行政案件系对具体行政行为是否合法进行审查。对于行政机关未审查的事项，人民法院一般不得径行审查。就本案而言，二审法院认为，专利复审委员会在认定本专利权利要求 1 具有创造性的基础上，推定其从属权利要求具有创造性，而未在权利要求 1 不具有创造性的前提下对其从属权利要求是否具有创造性进行审查。原审法院在认定本专利的权利要求 1 不具有创造性后，直接认定其从属权利要求的创造性，超越了专利复审委员会在第 14470 号决定中审查的范围，应当予以纠正。二审法院认为专利复审委员会相应上诉理由成立，判决撤销一审判决。

二、法院与专利复审委员会的程序衔接

（一）法院对专利效力的宣告

关于行政程序与司法程序的边界，有两种意见。一种观点认为法院只能对行政行为是否合法进行评价；在专利复审委员会没有直

---

❶　参见深圳三星科健移动通信技术有限公司与国家知识产权局专利复审委员会、华方医药科技有限公司发明专利权无效行政纠纷案，北京市第一中级人民法院（2010）一中知行初字第 784 号行政判决书，北京市高级人民法院（2010）高行终字第 912 号行政判决书。

接认定的情况下，不能直接对专利权的效力进行认定。另一种观点认为法院可以直接宣告专利不具备创造性而无效。体现第一种观点的判例中，法院认为在无效程序违法导致决定被撤销的情况下，法院暂不对本专利是否具备创造性做出实体判断，以避免法院代替专利复审委员会直接认定专利权的效力。2006 年，在"用于 USB 介面的低厚度连接装置及其储存器储存装置"实用新型专利权无效行政纠纷案❶中，一审法院认为，虽然本专利包含有两个独立的权利要求，被告上述违反程序的行为主要发生在其对权利要求 1 的评价中，但鉴于上述理由足以导致第 7690 号决定被撤销，且该决定的最终结论为宣告本专利全部无效，同时考虑到若一审法院在本案中对被告关于本专利权利要求 1 与对比文件的区别是否仅在于技术特征（a）、权利要求 5 相对于对比文件是否具有创造性等的认定做出相应的评价，将妨碍甚至干涉被告重新做出无效宣告请求审查决定时，在听取各方意见的基础上对上述问题重新进行判断，因此一审法院对上述实体问题不再进行评述。

体现第一种观点的判例中，法院即使认定涉案专利具备创造性，也没有直接在判决主文中认定涉案专利有效，而是判决专利复审委员会重新按照法院的意见就涉案专利的效力做出认定，体现了法院只限于对专利复委员会的行政行为合法性进行审查的尺度。2009 年，在"女性计划生育手术 B 型超声监测仪"实用新型专利权无效行政纠纷案❷中，二审法院认为原审判决及第 12728 号决定

---

❶ 参见劲永科技（苏州）有限公司与国家知识产权局专利复审委员会、北京华旗资讯数码科技有限公司实用新型专利权无效行政纠纷案，北京市第一中级人民法院（2006）一中行初字第 360 号行政判决书。

❷ 参见胡颖与国家知识产权局专利复审委员会、深圳市恩普电子技术有限公司实用新型专利权无效行政纠纷案，北京市第一中级人民法院（2009）一中行初字第 911 号行政判决书，北京市高级人民法院（2009）高行终字第 1441 号行政判决书。

中关于本专利权利要求 1 相对于附件 2 和 4 的结合不具备创造性的认定不妥，在本专利权利要求 1 具备创造性的基础上，认定本专利权利要求 2 至 6 具备创造性。即使在认定本专利具备创造性的情况下，二审法院也没有直接宣告本专利有效，而是判决专利复审委员会就本专利重新作出无效宣告请求审查决定。

2006 年，北京市高级人民法院还在有的案件中直接在判决主文中宣告涉案专利权无效。在"整体式双股新水流套桶洗衣机"发明专利权无效行政纠纷案❶中，二审法院判决：撤销北京市第一中级人民法院（2005）一中行初字第 836 号行政判决；撤销国家知识产权局专利复审委员会第 7325 号无效宣告请求审查决定；宣告名称为"整体式双股新水流套桶洗衣机"、申请号为 97752.2 的发明专利无效。

2008 年，最高人民法院对此问题作出了明确表态。在"清洁器吸棉管废棉截留装置"实用新型专利权无效行政纠纷案❷中，最高人民法院认为："专利复审委员会有关本案二审法院直接判决本专利无效缺乏法律依据的申请再审理由，应予以支持。"最高人民法院认为，即使专利复审委员会的决定错误，法院也不能直接予以变更，只能判决撤销或者一并要求重新作出决定。在判决主文中直接对涉案专利权的效力作出宣告判决，超出了《行政诉讼法》及其司法解释有关裁判方式的规定，缺乏充分的法律依据。《专利法》第 46 条第 2

---

❶　参见杭州松下家用电器有限公司与国家知识产权局专利复审委员会、杨建宝发明专利权无效行政纠纷案，北京市第一中级人民法院（2005）一中行初字第 836 号行政判决书，北京市高级人民法院（2006）高行终字第 84 号行政判决书。

❷　参见如皋市爱吉科纺织机械有限公司与国家知识产权局专利复审委员会、王玉山实用新型专利权无效行政纠纷案，北京市第一中级人民法院（2003）一中行初字第 522 号行政判决书，北京市高级人民法院（2004）高行终字第 95 号行政判决，最高人民法院（2007）行提字第 3 号行政裁定书。

款规定：“对专利复审委员会宣告专利权无效或者维持专利权的决定不服的，可以自收到通知之日起三个月内向人民法院起诉。人民法院应当通知无效宣告请求程序的对方当事人作为第三人参加诉讼。”依据此规定，法院将专利无效案件作为行政案件依据《行政诉讼法》的规定进行审理。最高人民法院认为，根据我国《行政诉讼法》的规定，法院不能在判决主文直接宣告判决专利权的效力。

（二）法院撤销行政决定后的处理

在法院对涉案专利是否具备创造性的认定意见与专利复审委员会的意见不同的情况下，专利复审委员会是否还需要重新做出审查决定？现有的实际做法是，专利复审委员会都会重新做出审查决定。但法院是否还要判决要求专利复审委员会重新做出决定，实践中的做法并不一致。第一种意见认为，无论法院是否判决其重新作出决定，在法院对涉案专利的创造性认定与专利复审委员会的不一致的情况下，专利复审委员会自然应当重新作出决定，不需要法院再判决重作新作决定。第二种意见认为，既然当事人的无效宣告请求需要行政机关最终直接答复，还是需要专利复审委员会重新作决定，也应当在判决中要求重新作决定。

体现第一种观点的典型判例为“洗衣机排水管换向装置”实用新型专利权无效行政纠纷案。[●] 一审法院认为，第 7213 号决定应予撤销，因本案涉及的行政程序系依申请提起，在第 7213 号决定被撤销后，第三人提出的无效宣告请求依然存在，专利复审委员会应当对该无效宣告请求重新审查，并重新作出无效宣告请求审查决定。但一审法院“不再在判决主文中载明”。本案二审维持了一审

[●] 参见海尔电器国际股份有限公司与国家知识产权局专利复审委员会、青岛如立电器有限公司、海尔集团公司实用新型专利权无效行政纠纷案，北京市第一中级人民法院（2005）一中行初字第 950 号行政判决书，北京市高级人民法院（2006）高行终字第 307 号行政判决书。

判决。体现第一种观点的判例再如"环形活页夹机构"发明专利权无效行政纠纷案。❶ 二审法院认为本专利权利要求 1 与对比文件相比具备创造性，直接或间接从属于权利要求 1 的权利要求 2 至 18 也具备创造性，一审判决及第 11718 号决定对本专利权利要求 1 的创造性认定有误。二审法院判决：撤销北京市第一中级人民法院（2008）一中行初字第 1049 号行政判决；撤销国家知识产权局专利复审委员会作出的第 11718 号无效宣告请求审查决定。二审法院并未判决专利复审委员会重新作出无效宣告请求审查决定。

体现第二种观点的判例如"女性计划生育手术 B 型超声监测仪"实用新型专利权无效行政纠纷案。❷ 二审法院认为原审判决及第 12728 号决定中关于本专利权利要求 1 相对于附件 2 和 4 的结合不具备创造性的认定不妥，二审法院判决专利复审委员会就本专利重新作出无效宣告请求审查决定。

第三节　创造性判断的证据

一、举证责任

（一）行政机关的举证责任

在美国的行政程序中，提交证据的责任根据案件事实不断变

---

❶ 参见东莞虎门南栅国际文具制造有限公司与国家知识产权局专利复审委员会、佛山市高明新时代文具有限公司发明专利权无效行政纠纷案，北京市第一中级人民法院（2008）一中行初字第 1049 号行政判决书，北京市高级人民法院（2009）高行终字第 524 号行政判决书。

❷ 参见胡颖与国家知识产权局专利复审委员会、深圳市恩普电子技术有限公司实用新型专利权无效行政纠纷案，北京市第一中级人民法院（2009）一中行初字第 911 号行政判决书，北京市高级人民法院（2009）高行终字第 1441 号行政判决书。

动。审查员首先要判断是否构成初步显而易见；如果初步显而易见成立了，就转由申请人提交证据反驳初步显而易见的认定。❶审查员应当考虑申请人提交的所有的反驳主张和证据。反驳证据可以与所有的 Graham 要素有关，包括辅助性判断因素相关证据，❷如商业成功、长期渴望解决但未解决的技术问题以及他人的失败。反驳证据也可以包括发明申请具有预料不到的改进属性或现有技术没有公开的属性。❸反驳证据可以包括发明申请中的化合物具有预料不到的属性的证据。预料不到的结果必须有证据支持，而不仅仅是主张或猜测。❹反驳证据可以包括他人模仿发明申请的证据，也可以包括本领域技术状态、本领域技术人员的水平、本领域技术人员的预期等方面的证据。❺技术无关的证据与创造性判断也有关，本领域技术人员对发明申请的需求和发明申请被本技术领域的认可不能被专利上诉委员会忽视。❻反驳证据可以包括现有技术未能成功制造合成物的证据，因此可以反驳该合成物是显而易见的结论。

在我国，专利授权与专利确权程序的性质不同，举证责任应当有所区别。专利授权程序中审查员应当对本专利不具备创造性的认

---

❶ See, e. g., In re Dillon, 919 F. 2d 688, 692, 16 USPQ2d 1897, 1901（Fed. Cir. 1990）.

❷ Piasecki, 745 F. 2d at 1472, 223 USPQ at 788.

❸ Dillon, 919 F. 2d at 692-93, 16 USPQ2d at 1901.

❹ In re Mayne, 104 F. 3d 1339, 1343-44, 41 USPQ2d 1451, 1455-56（Fed. Cir. 1997）.

❺ See, e. g., In re GPAC, 57 F. 3d 1573, 1580, 35 USPQ2d 1116, 1121（Fed. Cir. 1995）; In re Oelrich, 579 F. 2d 86, 91-92, 198 USPQ 210, 214（CCPA 1978）.

❻ Pias-ecki, 745 F. 2d 1471, 1473-74, 223 USPQ at 790; Beattie, 974 F. 2d at 1313, 24 USPQ2d at 1042-43.

定提供证据，并就创造性的有关事实和意见向申请人发出通知，申请人可以根据审查员的意见进行解释并补充相应的证据。在经过专利复审委员会的复审程序后，如果专利申请人仍然不服提起行政诉讼，按照《行政诉讼法》的规定，专利复审委员会应当对其作出驳回决定的行为合法性提供充分证据，因此结果意义上的举证责任由行政机关承担。

在专利确权案件中，首先由无效宣告请求人提交证据证明本专利不具备创造性；专利权人在专利复审委员会转送相关证据后，可以根据对方的证据提交反证。双方的证据都提交到专利复审委员会，由专利复审委员会根据双方证据做出居中裁判。但是，专利授权后要被认定无效，应当有充分的证据支持；因此，在类似诉讼程序的无效宣告审查程序中，无效宣告请求人承担了结果意义上的举证责任。但在无效决定作出后，如果行政相对人（专利权人或者无效宣告请求人）提起行政诉讼，则专利复审委员会应当证明其做出的行政行为是证据充分的，专利复审委员会应当承担结果意义上的举证责任。

（二）调查取证

有的案例涉及在诉讼中法院调取的证据是否可以用于判断创造性的问题。最高人民法院《关于行政诉讼证据若干问题的规定》第33条第1款规定了人民法院可以依当事人申请或依职权勘验现场；但是有判例认为，勘验不能超出专利复审委员会作出无效决定所依据的证据范围。在"彩色砼路牙沿高压成型机"实用新型专利权无效行政纠纷案❶中，一审法院在诉讼过程中调取

---

❶ 参见南京宁华工艺印刷机械厂与国家知识产权局专利复审委员会、张明皋实用新型专利权无效行政纠纷案，北京市第一中级人民法院（2003）一中行初字第205号行政判决书，北京市高级人民法院（2004）年高行终字第59号行政判决书。

了勘验笔录和调查笔录这两个新的证据，并将上述证据作为认定
事实的依据，但上述证据在无效宣告请求审查程序中并没有出
现。二审法院因此认为，一审法院的勘验笔录和调查笔录记载的
内容超出了专利复审委员会作出第 4802 号无效决定时所依据的
证据范围。一审法院在审理本案时进行现场勘验，不符合最高人
民法院《关于行政诉讼证据若干问题的规定》第 33 条第 1 款的
规定。"因此，一审法院不应直接将上述勘验笔录和调查笔录作
为本案的证据而予以采信。"

　　专利复审委员会在有些情况下有权调查取证。《审查指南》
规定："专利复审委可以自行或委托地方知识产权局或者其他有
关部门调查有关事实或者核实有关证据。必要时，特别是在因专
利权存在请求人未提及的缺陷而使合议组不能针对请求人提出的
无效宣告理由得到有意义的审查结论的情况下，合议组可以依职
权对请求人未提及的理由进行审查。"❶ 在 "九孔三维立体卷曲纤
维用喷丝板" 实用新型专利权无效行政纠纷案❷中，专利复审委
员会调取的文件与申请人提交的公开文本系同一专利的文件，与
公开文本有紧密联系。一审法院认为，公开文本和公告文本虽分
别产生于发明专利申请和授权过程之中，但专利申请文件一经公
开，除必要的文字调整外，其要求保护的权利范围等不准许再发
生变化，专利复审委员会调取公开文本作为本专利的对比文件，
未超出其法定职权并符合无效案件的审查原则。二审法院认为，
专利复审委员会为认定本专利的专利性，有权就申请人提出的无

---

❶　参见 2006 年《审查指南》第 4 部分第 3 章第 3.2 节。

❷　参见江苏金雪集团有限公司与国家知识产权局专利复审委员会、上海德全化
　　纤设备厂发明专利无效行政纠纷案，北京市第一中级人民法院（2002）一中
　　行初字第 552 号行政判决书，北京市高级人民法院（2003）高行终字第 181
　　号行政判决书。

效理由及本专利文件进行调查核实。

（三）合并审理案件之间的证据是否可以共享

合并审理案件之间的证据是否可以共享，有判例给出了否定的答案。在"计算机硬盘读写控制装置"发明专利权无效行政纠纷案❶中，无效宣告请求人李渤和伟思公司均针对本专利不具有创造性的无效理由提交了对比文件 1；但是李渤提交的是部分译文，伟思公司提交的是全部译文。专利复审委员会在李渤没有认可伟思公司提交的对比文件 1 译文内容的情况下，在李渤案中使用了超出李渤提交的译文范围之外的部分译文。一审法院认为，伟思公司提交的对比文件 1 的全部译文已于口头审理之前转交给专利权人，且专利复审委员会也给予了专利权人对伟思公司提交的对比文件 1 的全部译文发表意见的机会，不违反程序。二审法院则认为在李渤没有认可伟思公司提交的对比文件 1 的译文内容的情况下，专利复审委员会在针对李渤提出的无效宣告请求进行审查时使用超出李渤提交的译文范围之外的部分译文是不当的。"合并审理不等于可以违背请求原则而共享证据，故原审法院关于专利复审委员会依职权使用对比文件 1 的全部译文并无不当的认定本院应予纠正。"

有判例认为，不同案件的证据不能混用。在"模块化智能控制脉冲吹灰装置"实用新型专利权无效行政纠纷案❷中，专利复审委

---

❶ 参见邵通与国家知识产权局专利复审委员会、李渤、珠海经济特区伟思有限公司发明专利权无效行政纠纷案，北京市第一中级人民法院（2004）一中行初字第 546 号行政判决书，北京市高级人民法院（2005）高行终字第 121 号行政判决书。
❷ 参见哈尔滨世纪热能技术开发有限公司与国家知识产权局专利复审委员会、北京嘉德兴业科技有限公司实用新型专利权无效行政纠纷案，北京市第一中级人民法院（2010）一中知行初字第 1851 号行政判决书。

员会就无效宣告请求人嘉德公司先后提出的第一次无效请求和第二次无效请求分别举行了口头审理，并没有就第一次无效请求和第二次无效请求进行合并审理。一审法院认为，被告在前一无效请求审查案件中，不能依据嘉德公司在后一无效请求审查案件中提交的证据进行审查。一审法院因此撤销专利复审委员会的决定。无效宣告程序中的合并审理指的是合并口头审理，仅将多个无效宣告案件合并撰写不是合并审理；即使将多个无效宣告案件合并审理，各无效宣告案件的证据也不得相互组合使用，更不得直接将一个无效宣告案件中的证据在另一个无效宣告案件中使用。

二、公知常识的举证责任

（一）当事人的举证责任

现有判例认为，无效宣告请求的申请人应当证明其主张的公知常识，这符合专利确权案件的基本性质。在"钢卷尺的覆盖层"实用新型专利权无效行政纠纷案❶中，无效宣告请求人主张"为使外壳具有美感或边角不易损坏，在边缘处利用覆盖层折转形成一包边"的技术方案已经属于本领域公知常识。一审法院认为无效宣告请求人应当对此主张承担举证责任，因证据不足，故一审法院认为其"诉讼意见缺乏充足的事实依据"。二审判决维持了一审判决。在"一体化节能荧光灯"实用新型专利权无效行政纠纷案❷中，一

---

❶ 参见TJM设计株式会社、上海田岛工具有限公司与国家知识产权局专利复审委员会、廖珲燕实用新型专利权无效行政纠纷案，北京市第一中级人民法院（2005）一中行初字第993号行政判决书，北京市高级人民法院（2006）高行终字第00330号行政判决书。

❷ 参见广东欧普照明有限公司与国家知识产权局专利复审委员会、虞荣康实用新型专利权无效行政纠纷案，北京市第一中级人民法院（2006）一中行初字第410号行政判决书，北京市高级人民法院（2006）高行终字第352号行政判决书。

审法院认为："虽然原告认为本专利权利要求 3、4 中公开的技术特征是公知技术，但其并未举证证明该主张，故对原告的该项主张本院不予支持。"二审法院也表示："上诉人所持的本专利权利要求 3、4 中公开的技术特征是公知技术，且无需举证证明的主张，不符合法律规定，本院不予支持。"

（二）专利复审委员会的举证责任

现有判例认为，专利复审委员会所主张的某个专业技术领域内的公知常识，如果没有证据支持，法院应当不予支持。在"注射用三磷酸腺苷二钠氯化镁冻干粉针剂及其生产方法"发明专利权无效行政纠纷案❶中，二审法院认为："专利复审委员第 13268 号决定并未给出常规性注射液当然可以转换制备成常规性冻干粉针剂的依据。此外，专利复审委员会关于证据 1 公开了水性注射剂可以含有多种活性成分，因此教导了冻干粉针剂也可以含有多种活性成分的辩称亦未提供依据。"因此，撤销了无效决定和一审判决。

上述判例与《审查指南》的规定是相符的。《审查指南》规定："主张某技术手段是本领域公知常识的当事人，对其主张承担举证责任。该当事人未能举证证明或者未能充分说明该技术手段是本领域公知常识，并且对方当事人不予认可的，合议组对该技术手段是本领域公知常识的主张不予支持。当事人可以通过教科书或者技术词典、技术手册等工具书记载的技术内容来证明某项技术手段是本领域的公知常识。"❷

有判例认为，专利复审委员会依据公知常识做出行政决定，也

---

❶　参见胡小泉与国家知识产权局专利复审委员会、衣连明、山东特利尔营销策划有限公司医药分公司发明专利权无效行政纠纷案，北京市第一中级人民法院（2009）一中行初字第 1666 号行政判决书，北京市高级人民法院（2010）高行终字第 285 号行政判决书。

❷　参见 2006 年《审查指南》第 4 部分第 8 章第 4.4 节

应当对此提交证据。在"挡土墙的成形方法"发明专利权无效行政纠纷案❶中，二审法院认为："在一审庭审期间，一审法院曾要求专利复审委员会提交通常的搅拌桩中含有刚性筋是公知常识的证据，但专利复审委员会未予提交。因此专利复审委员会认为普通的搅拌桩中含有结构性刚性筋而据此将本专利与证据3-2进行新颖性评价，没有事实依据。"二审法院因对证据的认定意见与专利复审委员会和一审法院不相同而撤销了无效决定和一审判决。上述判决是符合《审查指南》的规定的。《审查指南》规定，审查员在审查意见通知书中引用的本领域的公知常识应当是确凿的；如果申请人对审查员引用的公知常识提出异议，审查员应当能够说明理由或提供相应的证据予以证明。❷

美国和日本的情况基本相同。美国《审查指南》规定，如果发明申请人对审查员所依据的公知常识有异议，则审查员必须提出充分的证据来支持其主张。❸当认定的事实是公知常识但却不能立即地毫无疑问地证实为公知的情况下，审查员也不能在没有援引对比文件的情况下依职权认定。例如，在专业性很强的技术领域中的技术标准应当有相关技术领域中的文献予以佐证。❹关税和专利上诉法院在判例中认为，当专利局依据化学理论认定初步显而易见时，必须提供这个理论存在和具体内容的证据。❺

---

❶ 参见广东珠江投资有限公司、广东韩江建筑安装工程有限公司、广东省建筑设计研究院与国家知识产权局专利复审委员会、北京市冶建筑设计院、李宪奎发明专利权无效行政纠纷案，北京市第一中级人民法院（2005）一中行初字第373号行政判决书，北京市高级人民法院（2006）高行终字第499号行政判决书。

❷ 参见2006年《审查指南》第2部分第8章的4.10.2.2节。

❸ MPEP § 2100-146.

❹ MPEP § 2144. 03.

❺ In re Ahlert, 424 F. 2d at 1091, 165 USPQ at 420-21. See also In re Grose, 592 F. 2d 1161, 1167-68, 201 USPQ 57, 63（CCPA 1979）.

美国的判例认为，仅仅依据本领域的普通常识认定显而易见而没有证据支持是绝对不允许的。在 Zurko 案中，专利上诉委员会不能仅仅基于自己的理解或经验或者依据其所认为是基本知识或者常识得出结论。[1] 法院解释到："作为一个行政机关，专利上诉委员会对其审理案件的技术领域是有专长的。"[2] 但不是所有人都能够具备这种能力。法院认为没有基于记录在案的证据认定基本知识和普通常识缺乏实质性证据支持。[3]

日本《审查指南》强调，既然公知的或普遍使用的技术是现有技术的组成部分，能够作为驳回的理由。如果审查员参考了公知或普遍使用的技术，不管它是否被用作认定本领域技术人员的知识（包括公知常识）或能力（为了研发而使用普通技术手段的能力或普通创造能力），都应当尽可能地附有公知的或普遍使用的技术的书面例证。[4]

三、证明标准

（一）专利授权案件的多元化证明标准

专利授权、确权行政案件是行政案件，应当遵循《行政诉讼法》及其相关司法解释的规定，由法院对专利复审委员会作出的具体行政行为的合法性进行司法审查。我国《行政诉讼法》明确规定被告对具体行政行为的合法性负有举证责任；故在专利行政案件中，专利复审委员会对案件事实的证明程度，即为专利行政案件的证明标准。我国现有的法律法规并没有明确规定行政诉讼的证明标准，但《行政诉讼法》第54条对行政诉讼的证明标准给出了指示，

---

[1] Zurko, 258 F. 3d at 1385, 59 USPQ2d at 1697.

[2] Id. at 1385–86, 59 USPQ2d at 1697.

[3] Id. at 1385, 59 USPQ2d at 1697.

[4] 参见《审查指南》第2部分第2章第2.8节。

即"具体行政行为证据确凿"是判决维持的事实基础，而"主要证据不足"是判决撤销的基本前提。由此可见，"事实清楚、证据确实充分"应当是专利行政案件的证明标准。但在实践中，如何具体理解和执行这个标准，就不如刑事诉讼中"排除一切合理怀疑"和民事诉讼中的优势证据原则或高度盖然性原则那么清楚了。行政行为具有多样化特点：既包括与刑事诉讼较为接近的限制甚至剥夺行政相对人权益的行政处罚案件，又包括依申请而启动、行政机关具有居中裁决地位的行政裁决或行政赔偿案件。因此，行政诉讼相较于民事诉讼和刑事诉讼应当有多样化的证明标准。美国《行政程序法》（APA）规定在行政审查中的事实认定标准是实质性证据标准。❶ 事实上，无论是英美法系还是大陆法系，在司法审查或行政诉讼的证明标准这一问题上，都没有秉持"一元论"观点的国家。❷

（二）专利确权行政案件的证明标准

专利行政案件与传统意义上的行政诉讼有所区别，专利授权、确权行政案件均依当事人申请而启动。但是，与专利授权行政案件相比，专利复审委员会在专利确权行政案件中的居中裁决性质比较明显。在确权程序中，专利复审委员会在绝大多数情况下完全是根据无效请求人所提出的理由和证据去判断涉案专利权的有效性，依职权审查只发生在《审查指南》有明确规定且十分必要的少数情形下。因此，专利确权行政程序与司法机关对民事纠纷的解决程序十分类似，专利确权行政诉讼基本上应当适用民事诉讼的证明标准。只要行政机关能够证明其作出无效决定所依据的证据相对于原告的

---

❶ See In re Gartside, 203 F. 3d 1305, 1315, 53 USPQ2d 1769, 1775（Fed. Cir. 2000）. See also MPEP § 1216. 01.

❷ 肖穆辉："构建行政诉讼多元化证明标准的必要性与可行性分析"，载《法制与经济》2009 年第 5 期，第 36 页。

证据有比较优势，法院就应当认为专利复审委员会认定事实清楚。

　　由于专利复审委员会在专利确权案件中处于居中裁判的地位，无效宣告请求人的证明标准，在我国实务中一般采取优势证据规则。在美国的专利诉讼中，法院要求主张专利无效的一方承担举证责任，而且应当提交"充分和令人信服"的证据，理由是一个授予专利权的专利应当被假定为是有效的。但美国联邦贸易委员会在2003年发布的题为《促进创新：专利法与政策的适度平衡》的研究报告❶中却认为，一旦专利被授予，天平就倾向于保护其有效性，这样的举证责任分配规则是不公平的。联邦贸易委员会认为，由于美国专利商标局得到的资金支持不足，因此审查员的工作量很大；由于要审理的案件太多，审查员往往并不是非常仔细地对专利申请进行审查。在这种事实前提下，过分推定专利的有效性是没有道理的。因此，联邦贸易委员会认为法院应当在认定专利的效力时采取优势证据规则。❷

　　（三）专利授权行政案件的证明标准

　　在专利授权行政案件中，专利复审委员会对专利申请作出驳回决定的证据是实质审查部门或其自行检索到的对比文件。因此，这与普通行政诉讼当中"申请人认为符合法定条件，但行政机关拒绝颁发许可证和执照或不予答复"的情形相似，但又不同于对行政相对人的人身、财产权益进行行政处罚的情形。由于在专利授权行政案件中行政权力的介入程度较专利确权行政案件更深，专利授权行政案件中的证明标准应当略高于"优势证据原则"，但又不必达到

---

❶ Fed. Trade Comm'n, To Promote Innovation: The Proper Balance of Competition and Patent Law and Policy, 2003.

❷ Fed. Trade Comm'n, To Promote Innovation: The Proper Balance of Competition and Patent Law and Policy, 2003, p. 8.

"排除合理怀疑"的证明标准。❶

四、证据形式

（一）比较实验

我国现有案例中，比较实验是一种重要的证据形式，主要出现在药物发明的案件中。在"一种参麦大输液制备方法"发明专利权无效行政纠纷案❷中，无效宣告请求人正大青春宝药业有限公司提交了参麦注射液不同提取工艺的比较实验用以证明本专利中人参或麦冬的提取方法与对比文件 2 中人参和麦冬的提取方法相同。在"新药物"发明专利申请驳回复审行政纠纷案❸中，专利申请人史密丝克莱恩比彻姆有限公司主张，本申请的盐酸盐二水合物与对比文件 1 的马来酸盐的溶解度比较实验数据显示：对比文件 1 公开的马来酸盐在水中的溶解度为 3.7 mg/ml，而本申请的盐酸盐二水合物在相同条件下的溶解度为 11.7 mg/ml，因此认为这一改进性能使得该盐酸盐二水合物特别适于批量制备和加工，据此主张本申请的盐酸盐二水合物相对于对比文件 1 具备创造性。法院并未直接评价该比较实验数据。在"藏药独一味软胶囊制剂及其制备方法"发明专利权无效行政纠纷案中，无效宣告请求人北京世纪博康医药科技

---

❶ 参见佟姝法官（北京市第一中级人民法院知识产权庭）为最高人民法院的"专利授权确权案件审查标准"课题研究提供的调研报告《专利授权、确权案件中与证据有关问题的探讨》。

❷ 参见雅安三九药业有限公司与国家知识产权局专利复审委员会、正大青春宝药业有限公司发明专利权无效行政纠纷案，北京市第一中级人民法院（2003）一中行初字第 356 号行政判决书，北京市高级人民法院（2004）年高行终字第 42 号行政判决书。

❸ 参见史密丝克莱恩比彻姆有限公司与国家知识产权局专利复审委员会发明专利申请驳回复审行政纠纷案，北京市第一中级人民法院（2008）一中行初字第 1179 号行政判决书。

有限公司在二审中补充提交了天津医科大学基础医学院药理学教研室出具的《藏药独一味软胶囊和硬胶囊的镇痛作用比较实验》用以证明专利复审委员会和一审法院认定本专利具有"有益效果"是错误的。❶上述案件中，法院没有直接分析并采信比较实验。在我国，比较实验这种证据形式的认证还缺乏经验和规则。

　　比较实验在各国的创造性判断中都被认为是重要的证据形式。在美国，如果审查员确定证明了初步显而易见性，则举证责任转移到申请人，申请人可以提交非显而易见的证据，如提交发明具有现有技术预料不到的效果的比较实验数据，❷但没有专门规定对比较实验的采信规则。欧洲专利局上诉委员会的《案例法》专节归纳了比较实验相关判例。❸根据已有的判例法，欧洲专利局上诉委员会认为，比较实验中表明的预料不到的技术效果能够作为创造性的标志。如果比较实验用于展示基于技术效果的改进而具备的创造性，则技术效果必须是源自于发明相对于现有技术具有的突出技术特征。❹ 在判断发明申请的技术问题时，发明人声称的但得不到支持的技术进步不能予以考虑。❺

　　欧洲专利局上诉委员会在 T 197/86 案❻中应用了确立在 T 181/82 案❼中的原则。根据这个原则，当比较实验作为预料不到技术效

---

❶　参见北京世纪博康医药科技有限公司与国家知识产权局专利复审委员会、成都优他制药有限责任公司发明专利权无效行政纠纷案，北京市第一中级人民法院（2008）一中行初字第 391 号行政判决书，北京市高级人民法院（2008）高行终字第 698 号行政判决书。

❷　MPEP § 12142.

❸　参见欧洲专利局上诉委员会《案例法》第 1 部分第 4 章第 9.8 节。

❹　T 197/86, OJ 1989, 371.

❺　see also Chapter I. D. 4. 2; T 20/81, OJ 1982, 217; T 561/94.

❻　OJ 1989, 371.

❼　OJ 1984, 401.

果的证据时，比较实验应当选择与发明申请中的物质在结构上最为相近的物质。在本案中，专利权人通过自愿提供比较实验强化了其发明具备创造性的结论，比较实验选择了与发明相比区别特征正好是发明的主要技术特征的对比物做比较实验。欧洲专利局上诉委员会将其立场归纳为，在用比较实验来表明发明在其技术领域中取得了进步因而具备创造性的案件中，应当证明更好的技术效果是归功于发明本身的突出技术特征。为了达到这个目的，有必要修正比较实验的构成要素以使得它们之间的唯一区别就是发明的突出特征。❶

在 T 172/90 案中，比较实验产生的样本并不构成支持创造性的合适证据。欧洲专利局上诉委员会表示，比较实验的基础应当是商业上可以获得的，而且应当明显地随机选择。比较实验中产生的技术进步并不能代替相对于现有技术是否具备创造性的判断。❷

（二）证据的内容要求

公开技术方案的证据应当记载技术方案的具体内容。《审查指南》规定，《专利法》意义上的出版物是记载有技术或设计内容的独立存在的有形传播载体，并应当表明其发表者或出版者以及公开发表或出版的时间。❸ 在"全自动瓶盖印码机"实用新型专利权无效行政纠纷案❹中，无效宣告请求人在无效程序中提交的附件1至4、7、8均属于生产厂家的产品宣传资料，公开的内容是设备的名称及外形图片，没有公开设备的技术内容。一审法院认为其不属于《专利法》意义上的出版物，被告对上述附件不予采纳符合《审查指南》的规

---

❶ T 292/92, T 412/94, T 819/96, T 133/01, T 369/02, T 668/02.

❷ see also T 164/83, OJ 1987, 149；T 730/96.

❸ 参见 2006 年《审查指南》第 2 部分第 3 章第 2.1.3.1 节。

❹ 参见王文华与国家知识产权局专利复审委员会、王建平实用新型专利权无效行政纠纷案，北京市第一中级人民法院（2006）一中行初字第443号行政判决书，北京市高级人民法院（2007）高行终字第334号行政判决书。

定。二审法院也认为其既没有公开发表或出版的时间，也没有公开设
备的技术内容，因此不属于《专利法》意义上的出版物。

(三) 证据的时间要求

申请日或优先权日之后公开的文献不能被采信；在采用发明在
先原则的美国，发明作出之日或优先权日之后公开的文献不能被采
信。创造性是以本领域技术人员的知识水平，以申请日或优先权日
为时间点，评判一项发明相对于现有技术的显而易见性；公开日在
优先权日之后的文献，不管其记载的内容是科学事实还是本领域技
术人员的主观认知，均不能反映本领域技术人员在申请日或优先权
日之前是否意识到其记载内容的存在，也就不能在评判创造性时予
以考虑。在"单体胰岛素类似物制剂"发明专利权无效行政纠纷
案❶中，二审法院认为反证4-7的公开日在本专利优先权日之后，
在评判创造性时不予考虑，原审判决对此认定正确。

(四) 外文证据和互联网信息

外文证据应当提交中文译文。在"除臭过滤纸"实用新型专利权
无效行政纠纷案❷中，原告在无效审查行政程序中未提交证据2的中文
译文，一审法院认为证据2的文字部分因不符合《专利法实施细则》
第4条的规定，不能用来评价本案专利的创造性。但是，技术图纸属
于工程语言，对于所属领域技术人员不需要翻译即可理解，因而一审
法院认为证据2中的专利说明书附图可以用于评价本案专利的创造性。

现在，在互联网上公开的信息越来越多，问题在于，这些信息

---

❶ 参见伊莱利利公司与国家知识产权局专利复审委员会、甘李药业有限公司发明
专利权无效行政纠纷案，北京市第一中级人民法院（2008）一中行初字第1290
号行政判决书，北京市高级人民法院（2009）高行终字第724号行政判决书。

❷ 参见顺德市北滘镇科惠实业有限公司与国家知识产权局专利复审委员会、山东雪圣
科技股份有限公司实用新型专利权无效行政纠纷案，北京市第一中级人民法院
（2003）一中行初字第18号行政判决书。

是否构成现有技术，尤其是如何认定公众能够获得的时间和范围。这些问题成为各国长期讨论的问题，在巴黎公约实施草案和《专利实体法条约》（SPLT）制定过程中进行了深入讨论。❶一些国家的专利法修改开始考虑互联网的影响，如日本《专利法》第 29 条第 1 款就专门规定了现有技术在互联网的公开方式。

五、举证期限

（一）一般原则

在诉讼中是否采信行政程序中没有提交的证据，在很多专利行政案件中成为争议焦点。在我国，行政诉讼的一般原则是，人民法院对行政机关进行司法审查的范围在于被诉具体行政行为的合法性，即被诉具体行政行为的做出是否有充足的证据支持、适用法律是否正确以及程序是否公正。最高人民法院《关于行政诉讼证据若干问题的规定》第 59 条规定："被告在行政程序中依照法定程序要求原告提供证据，原告依法应当提供而拒不提供，在诉讼程序中提供的证据，人民法院一般不予采纳。"规定此条的本意在于防止原告漠视行政程序而使行政程序形同虚设。现有的多数判例中，被诉具体行政行为做出时行政相对人未提交的证据，司法审查中一般不予考虑。在"单体胰岛素类似物制剂"发明专利权无效行政纠纷案❷中，二审法院认为反证 17 系伊莱利利公司于本案一审审理期间

---

❶ "Results of the Questionnaires Concerning Disclosure of Information on the Internet and Other Issues Relating to the Internet"（WIPO document SCP/5/4）；"Disclosure of Technical Information on the Internet and its Impact on Patentability"（WIPO document SCP/4/5）.

❷ 参见伊莱利利公司与国家知识产权局专利复审委员会、甘李药业有限公司发明专利权无效行政纠纷案，北京市第一中级人民法院（2008）一中行初字第 1290 号行政判决书，北京市高级人民法院（2009）高行终字第 724 号行政判决书。

提交的新证据，在无效程序中并未提交，专利复审委员会在作出第11435号决定过程中也未予以考虑。二审法院因此认为一审法院主动引入反证17并不妥当，因此判决撤销原审判决。

（二）诉讼中补充证据的条件

专利权被认定无效的专利权人在行政诉讼中补充提交证据证明专利权有效，如果不予采纳，专利权人将没有其他救济途径，因此有的案例中法院也接受了专利权人在诉讼中才提交的证据。在"女性计划生育手术B型超声监测仪"实用新型专利权无效行政纠纷案[1]中，本专利权利要求1被认定不具备创造性，胡颖在二审审理期间提交了新证1、2、3，由于上述证据能够证明本专利已经取得商业上的成功，而且这种成功是由于该实用新型的技术特征直接导致的，因此二审法院接受了上诉人胡颖关于本专利权利要求1具备创造性的上诉主张。

最高人民法院知识产权庭庭长孔祥俊认为，最高人民法院《关于行政诉讼证据若干问题的规定》第59条的规定对于原告提交证据也规定了有条件的"案卷排他"规则。[2]所谓有条件的"案卷排他"，首先是未采取绝对的排除性规定，对拒不提供的证据，只是"一般"不予采纳，而不是一概不予采纳。其次，"一般不予采纳"针对的是拒不提供证据的情形，并不包括所有未提供证据的情形。司法实践中，如果商标权人的商标被撤销，商标权人没有其他救济途径的情况下，法院可以采信商标权人在诉讼中补充提交的证据。

---

[1] 参见胡颖与国家知识产权局专利复审委员会、深圳市恩普电子技术有限公司实用新型专利权无效行政纠纷案，北京市第一中级人民法院（2009）一中行初字第911号行政判决书，北京市高级人民法院（2009）高行终字第1441号行政判决书。

[2] 孔祥俊："审理专利商标复审行政案件适用证据规则的若干问题"，载《法律适用》2005年第4期，第52页。

在诉讼中接受补充证据也必须审查在行政程序中未提交证据的理由的正当性；另外，对于另有补救措施的，应当从严掌握和适用案卷外证据排除规则。这从理论和实践上都提供了有条件采纳补充证据的依据。

第六章 专利创造性判断的基本概念和步骤

第一节 公知常识

一、公知常识的界定

（一）我国的情况

公知常识[1]是专利审查和专利审判中尤其是创造性判断中的重要概念，但我国法律和行政法规对公知常识没有进行界定。在我国2006年《审查指南》中，有公知常识的规定有7处；其中有4处与证据有关，另外3处与"实质审查"的程序有关，并没有公知常识的定义。在专利审查和专利审判中，对公知常识的理解经常发生争议。例如，在"多功能压力表"发明专利驳回复审行政纠纷案[2]中，当事人对微孔材料是否为本领域内的公知常识有争议。二审法院认为尤小一对于何为微孔材料是本领域内的公知常识的说法，亦

---

[1] 公知常识在国家知识产权局发布的2006年《审查指南》英文版中的表述为"the common knowledge"，在美国《审查指南》中也表述为"the common knowledge"，而在欧洲、日本和韩国等的《审查指南》的英文版中则表述为"the common general knowledge"。

[2] 参见尤小一与国家知识产权局专利复审委员会发明专利驳回复审行政纠纷案，北京市第一中级人民法院（2002）一中行初字第64号行政判决书，北京市高级人民法院（2003）高行终字第13号行政判决书。

未能提供相关证据，因此对尤小一的主张不予支持。这样的争议在很多案件中出现，争议的主要问题是公知常识应当如何界定。在前述案件中，从一般公众的角度来看，微孔材料确实不是公知常识；但对于本领域技术人员而言是否为公知常识，法官则并不那么容易判断。

在有的案件中，不是本领域技术人员也能够对是否为公知常识的争议作出判断。例如，在"一种轻质环保瓷填料"发明专利权无效行政纠纷案❶中，二审法院认为，附件4公开了"木屑"、"煤粉"等是常用的可燃尽物质，但是，根据本领域的公知常识，粉煤灰是燃料（主要是煤）燃烧过程中排出的微小灰粒，可见煤粉和粉煤灰不是相同的物质，并且附件4并没有提到使用煤粉或粉煤灰作为瓷填料的原料，因此，附件4既没有公开"粉煤灰"，也没有给出使用粉煤灰作为轻瓷填料的原料组分的技术启示。二审法院对公知常识的这一判断，也符合一般公众依据生活常识对该问题的判断。

（二）外国的情况

从国外的情况来看，公知常识的界定往往与本领域技术人员有关。欧洲专利局《审查指南》对本领域技术人员与公知常识之间的关系作了简要论述："为了此目的而说的本领域技术人员被认为是本技术领域的普通技术人员，他不仅能够注意到在申请日之前的对比文件的教导和应用，还能够注意到公知常识。"❷ 欧洲专利局上诉委员会认为，本领域技术人员并不实际知晓能够获得的全部技术知识；为了正确认定本领域技术人员的公知常识，其规定了三个认定

---

❶ 参见李日池与国家知识产权局专利复审委员会、赖永发发明专利权无效行政纠纷案，北京市第一中级人民法院（2010）一中知行初字第374号行政判决书，北京市高级人民法院（2010）高行终字第846号行政判决书。

❷ 参见欧洲专利局《审查指南》第3部分第4.1节。

公知常识的标准以普遍适用于所有案件。第一，本领域技术人员的能力不仅仅限于知晓某技术领域的具体基本知识，而且还能够知道到哪里去寻找这些知识，如在相关论文中查找、❶在科技出版物或专利说明书中去查找。❷第二，也不应当认为，为了弄清楚公知常识，本领域技术人员会对本技术领域的所有文献都进行综合检索，并不需要本领域技术人员进行不必要的检索。❸第三，公知常识必须是清晰的、可使用的，不存在疑问，也不需要进一步的检索。❹欧洲专利局上诉委员会认为，这些要求实际上相当于传统的步骤：（1）从图书馆的书架中查找合适的参考书（教科书、百科全书等）；（2）并不需要特别的努力就可以寻找到合适的路径；（3）并不需要进一步的检索就可以得到明确的有用的信息。欧洲专利局上诉委员会也特别指出，在每个具体案件中，公知常识的认定往往需要根据个案的具体事实和证据来具体认定。

　　日本《审查指南》的第 2 部分有关专利性的内容有公知常识的概念。公知常识的定义是，为本领域技术人员普通知晓的技术，包括普遍知晓的技术或普通使用的技术以及根据经验法则可以明显得知的事实。❺在加拿大 2010 年《审查指南》中，公知常识也是以"本领域技术人员的"为定语。❻美国 2007 年《审查指南》规定专利实质性条件的部分有多处涉及公知常识，本领域公知常识被理解为本领域技术人员能够普遍知晓的知识。❼与欧洲专利局的规定相

---

❶　T 676/94.

❷　T 51/87 and T 772/89.

❸　T 171/84, OJ 1986, 95; T 206/83; T 676/94.

❹　T 206/83.

❺　参见日本《审查指南》第 2 部分第 2 章第 1.2.4 节注释。

❻　最常见的表述不是"common general knowledge of the person skilled in the art"，就是"of their common general knowledge"。

❼　MPEP §2144.

同，一般限定为本领域的公知常识。❶

从国外的情况来看，公知常识的定义往往与载体紧密相关。欧洲专利局的《审查指南》❷ 援引判例❸对公知常识界定为表述在本技术领域的工具书、教科书或专著中的知识。在多数地方，公知常识明确地表述为本领域的公知常识。❹ 在欧洲专利局上诉委员会《案例法》中有公知常识的定义。❺ 欧洲专利局上诉委员会认为，公知常识一般是指记载在百科全书、教科书、字典和工具手册中的知识。❻

（三） 对外国规定的借鉴

参考外国的规定，可以发现《审查指南》中存在与公知常识的定义相近的内容。《审查指南》规定：所属技术领域的技术人员，也可称为本领域的技术人员，是指一种假设的"人"，假定他知晓申请日或者优先权日之前发明所属技术领域所有的普通技术知识，能够获知该领域中所有的现有技术，并且具有应用该日期之前常规实验手段的能力，但他不具有创造能力。❼ 上述规定中，本领域的技术人员所知晓的本领域"普通"技术知识就是"本领域"的公知常识。再结合日本《审查指南》中"根据经验法则可以明显得知的事实"的规定，❽ 可以将公知常识界定为本领域技术人员知晓的本领域"普通"技术知识以及本领域技术人员作为普遍人根据经验法则可以明显得知的事实。

---

❶ 一般表述为"the common knowledge in the art"。

❷ 参见欧洲专利局《审查指南》第 3 部分第 2 章第 4.9 节。

❸ T 171/84，OJ 4/1986，95.

❹ 英文表述为"the common general knowledge in the art"。

❺ 参见欧洲专利局上诉委员会《判例法》第 1 部分第 3 章第 1.5 节。

❻ T 766/91，T 206/83，OJ 1987，5；T 234/93.

❼ 参见 2006 年《审查指南》第 2 部分第 4 章第 2.4 节。

❽ 参见日本《审查指南》第 2 部分第 1.2.4 节注释。

（四）公知常识的载体

能否根据载体来判断是否属于公知常识，在专利审查和专利审判实践中是一个问题。在涉及"无吸程管道给水设备机组"的实用新型专利权无效行政纠纷案❶中，一审法院认为："根据《审查指南》的规定，所属技术领域的技术词典、技术手册、教科书等属于公知常识性证据。证据 1.2、1.3、1.4 的名称均为《给水排水设计手册》，该设计手册系给水排水工程设计人员的技术手册，被告认定上述证据属于所属技术领域的公知常识性证据并无不妥。"《审查指南》规定，当事人可以通过教科书或者技术辞典、技术手册等工具书记载的技术内容证明某项技术手段是本领域的公知常识。❷ 由此可见，教科书、技术辞典、技术手册等工具书是公知常识的基本载体，当事人在司法实践中也多是通过提供上述工具书的方式来证明某项技术内容为本领域的公知常识。

法院在有的案件中对公知常识载体的认定保持了审慎的态度。在涉及"防风节能炉具"的发明专利无效行政案件中，❸ 无效请求人主张以申请日前公开的一份实用新型专利文献作为公知常识证据。一审法院认为，附件 3 是本专利申请日之前公开的实用新型专利文献，不属于《审查指南》中规定的教科书或工具书等公知常识性证据。随着科学技术的进步和出版形式的多样化，教科书、技术辞典、技术手册之外的内容是否也同样能够包括本领域的公知常识

---

❶　参见张明亮与国家知识产权局专利复审委员会、山东中锐供水设备有限公司、山东双轮集团股份有限公司、王高峰实用新型专利权无效行政纠纷案，北京市第一中级人民法院（2005）一中行初字第 954 号行政判决书，北京市高级人民法院（2006）高行终字第 221 号行政判决书。

❷　参见 2006 年《审查指南》第 4 部分第 8 章第 4.3.3 节。

❸　参见黄仁义与国家知识产权局专利复审委员会、广东万和新电气有限公司发明专利权无效行政纠纷案，北京市第一中级人民法院（2009）一中知行初字第 1431 号行政判决书。

并作为合格的公知常识载体得到专利复审委员会和法院的认可也是一个值得探讨的问题。

从国外的情况来看，并不机械地限定公知常识的载体，这是值得借鉴的。欧洲专利局在有些案件中也例外地认为专利说明书和科技出版物中记载的知识也构成公知常识的一部分。在特殊情况下，有些技术领域太新以至于还没有记载在教科书的知识也可以认为是所属技术领域的公知常识。❶

二、公知常识的分类

（一）公知常识与众所周知的事实

"公知常识"与"众所周知的事实"是两个内涵和外延有关联但不尽相同的概念。"众所周知的事实"这一概念来源于最高人民法院《关于行政诉讼证据若干问题的规定》第 68 条的规定，即众所周知的事实法庭可以直接认定。由此可见，"众所周知的事实"属于司法认知的范围而无须当事人举证。何谓"众所周知的事实"，现有法律规定虽然没有对此作出进一步的解释，但实践当中有最为通俗的一些例子，如太阳从东边升起、中国是亚洲国家等都属于典型的"众所周知的事实"。由于"众所周知的事实"属于司法认知的免证内容，故属于凭借普通人的生活常识和经验就可以认定的内容。

"公知常识"的概念是专利法中常用的概念。在有的案件中，被限定为本技术领域的公知常识，即为具有技术性的常识；但在有的案件中，也包括生活性常识。例如，在"一种竹扫帚"实用新型专利权无效行政纠纷案❷中，一审法院认为，本专利的技术方案系

---

❶ T 51/87 OJ 1991，177；T 772/89.

❷ 参见北京市第一中级人民法院（2010）一中知行初字第 1413 号行政判决书。

在便于手握的竹竿一端，用金属丝将竹枝一层一层地围绕竹竿进行绑扎，使被绑扎后的竹枝在竹竿的端部形成扫帚的形状，对地面进行清扫。为在清扫中防止扫帚头发生轴向位移，在竹竿端部绑扎竹枝的位置等距或不等距地钻出交叉孔，将支杆穿过竹竿，竹枝被金属丝捆绑固定在支杆的两端头上。而在本专利申请日之前人们的日常生活中，将废旧衣物、床单等棉制品、棉织物撕成条状，先将钉子钉在木棍的一端以固定细铁丝，用细铁丝将布条一层一层的绑扎在木棍的端头，再将钉子钉在木棍端头固定细铁丝的另一端制成墩布的做法早已司空见惯。根据该方法给出的启示，无须本领域技术人员，只要稍具生活经验的人即可根据绑扎墩布的方法获得本专利的技术方案。此外，为防止在木制或竹制等材质的圆柱体端部对金属丝、棉、麻等丝线进行绑扎后被绑扎物发生轴向位移或脱落，用钉子、穿钉进行交叉固定的方法，亦为人们在日常生活中的经验及简单的物理常识。本案中，一审法院撤销了专利复审委员会关于本专利具有创造性的无效决定，其中的一个重要原因就是直接在诉讼程序中对"公知常识"进行了认定。本案典型地表明"公知常识"包括"众所周知的事实"，法院实际上是根据《关于行政诉讼证据若干问题的规定》第 68 条的内容对免证事实进行的司法认知。

（二）外国规定的借鉴

从国外的情况来看，公知常识也可以再分类。日本《审查指南》实际上将公知常识这一概念分为了两个层次三个种类。其中第一个层次是限定在本技术领域的主体普遍知晓或者普遍使用的技术知识，而第二个层次是更为广泛的所有普通人根据生活经验都可以得知的事实。韩国的《审查指南》与日本的《审查指南》比较相近，规定了与日本《审查指南》相同的定义。❶ 美国《审查指南》

---

❶ 参见韩国《审查指南》"专利性条件"第 2 章第 4.2.1 节注释。

也分别使用过公知事实（well known facts）和普通常识（common sense）的概念。

我国可以借鉴他国的规定，对公知常识进行区分。从中文语义上讲，公知常识是一个上位概念：既包括一般公众的生活常识，也包括以本技术领域作为限定的技术常识。日本和韩国的审查指南对公知常识进行了界定，而且区分了更为细致的两个层次三个种类，而且欧洲和美国的审查指南都限定其中的公知常识为本技术领域的公知常识。因此我国的《审查指南》中的公知常识也可以更为具体地区分为普遍生活常识和本技术领域的公知常识两大类。按照这种界定，在"多功能压力表"发明专利驳回复审行政纠纷案❶中，粉煤灰是煤燃烧过程中排出的微小灰粒，与煤粉不是相同的物质，这并非具有专业性的知识，可以归入到一般公众根据生活经验可以得知的事实。

司法实践中，经常出现常规技术手段、惯用技术手段等词语。《审查指南》关于创造性"判断方法"有以下描述："下述情况，通常认为现有技术中存在上述技术启示：（i）所述区别特征为公知常识，例如，本领域中解决该重新确定的技术问题的惯用手段……"只有此处提到了"惯用手段"一词。❷法律法规没有明确界定的常规技术手段和惯用技术手段却经常出现在复审和司法实践中。常规技术手段经常在无效请求中出现。例如，在"积木地板"发明专利权无效行政纠纷案❸中，无效

❶ 参见尤小一与国家知识产权局专利复审委员会发明专利驳回复审行政纠纷案，北京市第一中级人民法院（2002）一中行初字第64号行政判决书，北京市高级人民法院（2003）高行终字第13号行政判决书。
❷ 参见2006年《审查指南》第2部分第4章第3.2.1.1节。
❸ 参见任文林与国家知识产权局专利复审委员会、佛山市南海区国森木业有限公司发明专利权无效行政纠纷案，北京市高级人民法院（2010）高行终字第405号行政判决书。

宣告请求的理由之一是"在对比文件 1 的基础上结合本领域的常规技术手段破坏本专利权利要求 2 的创造性"。专利复审委员会在无效决定中认定："本专利的地板料可以采用拼钉，在上述对比文件中没有公开，但是这是本领域的常规技术手段。"❶ 不仅是专利复审委员会，法院在创造性判断的审判实践中也经常使用常规技术手段一词。例如，在"摄影三脚架的脚管止动结构"实用新型专利权无效行政纠纷案❷中，专利复审委员会认为："……对多根管状体进行重复连接，对于本领域技术人员来说属于常规技术手段，是显而易见的。"❸ 二审法院也认为："因此，本领域技术人员采用证据 1 实施例中第 1 管件和第 2 管件相同的连接方式在其上重复设置相同的结构从而实现上下管件相连得到区别技术特征 A 属于常规技术手段，是显而易见的。"

惯用技术手段也经常出现在复审和司法实践中。例如，在"天下第一刀"实用新型专利权无效行政纠纷案❹中，一审法院认为："定位防脱结构作为惯用技术手段，是本领域普通技术人员掌握的常识，在以本领域普通技术人员的水平来评价本专利创造性时可以随时引入。"二审法院则认为，第 5738 号无效宣告请求审查决定否定本案专利权利要求 3 的创造性证据不充分。在本案中，二审法院对惯用技术手段的理解与一审法院不同，因此判决撤销了一审判决

---

❶　参见国家知识产权局专利复审委员会第 13931 号无效宣告请求审查决定。

❷　参见刘昊与国家知识产权局专利复审委员会、吉多思实业（深圳）有限公司实用新型专利权无效行政纠纷案，北京市高级人民法院（2010）高行终字第 473 号行政判决书。

❸　参见国家知识产权局专利复审委员会第 12250 号无效宣告请求审查决定。

❹　参见沈从岐、沈俊与国家知识产权局专利复审委员会、叶新华实用新型专利权无效行政纠纷案，北京市第一中级人民法院（2004）一中行初字第 379 号行政判决书，北京市高级人民法院（2004）高行终字第 442 号行政判决书。

和无效决定。

常规技术手段和惯用技术手段与公知常识的关系如何界定，日本和韩国的立法例可以参考。日本《审查指南》规定，公知常识包括公知的技术（well-known art）、普遍使用的技术（commonly used art）以及依据生活经验可以知晓的事实（matters clear from empirical rules）。公知的技术是指相关技术领域普遍知晓的技术，如现有文献记载的技术、本领域广泛知晓的技术或者公知到无须举例的技术。普遍使用的技术表示广泛使用的公知技术。❶ 韩国《审查指南》也规定了公知技术，其中包括普遍使用的技术；公知技术表示相关技术领域甚至整体产业领域都普遍知晓的技术手段；普遍使用的技术手段表示广泛使用的公知技术。❷ 日本和韩国的规定表明，在我国专利审查和专利审判实践中常用的常规技术手段和惯用技术手段可以作为公知常识的一部分，而且都作为本领域技术人员为限定的技术常识。前面的案例表明，在实践中也确实是作为公知常识的一个方面在使用，因此，借鉴日本和韩国的定义也符合实践中的做法。

在本领域技术人员掌握的技术常识中，实际上又可以从"技术手段"和"技术知识"两个角度进行更为细致的划分，仅是侧重点的不同，技术常识中的技术手段包括常规技术手段和惯用技术手段等。这样一来，公知常识首先可以分为众所周知的事实和技术常识。众所周知的事实包括生活常识等。技术常识包括公知技术知识和公知技术手段，公知技术手段又包括惯用技术手段和常规技术手段等。综上，公知常识可以分类如下：

---

❶ 参见日本《审查指南》第 2 部分第 2 章第 1.2.4 节。
❷ 参见韩国 2010 年《审查指南》"专利实质条件"部分第 3 章第 7 节注释。

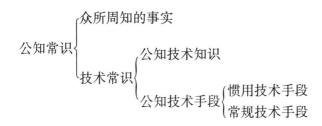

第二节 现有技术与对比文件

一、对比文件

（一）现有技术与对比文件

对比文件与现有技术是有关联但不相同的概念，但有些判例并不加以区分。在"液力偶合器正车减速箱"实用新型专利权无效行政纠纷案❶中，一审判决书中表述："《审查指南》第 4 部分第六章 2.2（2）关于现有技术的数量规定：对于实用新型而言，一般情况下可以引用一篇或者两篇现有技术评价其创造性。根据上述规定，在实用新型创造性审查中，审查指南并未禁止引用两篇以上的现有技术来评价其创造性。""被告采用附件 3、4 作为现有技术并结合公知常识来评价本专利的创造性，并未违反上述规定。"在该判决书中，将"对比文件的数量"表述为"现有技术的数量"，将"一篇或者两篇对比文件"表述为"一篇或者两篇现有技术"，将"附件 3、4 作为对比文件"表述为"附件 3、4 作为现有技术"，表明在实践中对现有技术和对比文件有时未作

---

❶ 参见熊以恒、马家骥与国家知识产权局专利复审委员会、大连市旅顺石油机械设备厂实用新型专利权无效行政纠纷案，北京市第一中级人民法院（2004）一中行初字第 1007 号行政判决书。

细致区分。

现有技术公开的方式除了出版公开，还有使用公开。如果是出版公开，记载现有技术的文献则被称为对比文件，对比文件是记载有现有技术的内容的载体。美国《审查指南》规定，现有技术不能局限于被应用的对比文件，还包括本领域技术人员的理解。●

（二）对比文件的全面理解

对比文件如果是专利说明书，其中往往会记载多项技术方案。在有的案件中，当事人会明确使用了其中记载的哪些技术方案作为现有技术与本专利进行对比。

对比文件中记载的技术方案，当事人没有提及，能不能作为现有技术使用，值得讨论。在实践中，一般对比文件中记载的技术方案有多项，具体以哪一项技术方案作为评价创造性的现有技术，需要予以明确。如果不明确，专利权人无法有针对性地进行答辩，可能导致专利复审委员会的行政程序不符合听证原则。在"一种烟片微波回软的方法"发明专利权无效行政纠纷案❷中，一审法院认为："但从口头审理记录表看，其仅笼统记载第三人主张以附件2与附件5结合评价本专利权利要求1、2的创造性，并没有明确记载是以附件5中的哪部分内容与附件2结合，因此在没有相关证据予以证明的情况下，被告仅以原告及其出席口头审理的代理人在口头审理记录表上签字为由，主张原告已经被告知了审查决定所采用的证据和证据的结合方式、原告就证据5中直接润片回潮的技术方案已

● MPEP § 2141. III.

❷ 参见王训明与国家知识产权局专利复审委员会、江苏智思机械制造有限公司发明专利权无效行政纠纷案，北京市第一中级人民法院（2006）一中行初字第1384号行政判决书，北京市高级人民法院（2008）高行终字第710号行政判决书。

经陈述了意见，没有事实依据，本院不予支持。"一审法院因此撤销专利复审委员会的决定，二审维持了一审的判决。

但在创造性判断中，即使无效宣告请求人没有将对比文件中记载的某些现有技术作为依据主张无效，记载在对比文件中的技术方案也应当属于本领域技术人员能够掌握的现有技术，在创造性判断中一律不予考虑不符合对判断主体的要求。在"可触摸式过电压保护器"实用新型专利权无效行政纠纷案❶中，对比文件 2 说明书中文译文第 15 页第 3 段中的技术方案与本专利权利要求 1 的技术方案相同，但无效宣告请求人没有据此处记载的技术方案主张本专利权利要求 1 不具备新颖性或者创造性，因此专利复审委员会在第14312 号无效宣告请求审查决定中对该技术方案不予考虑。按照请求原则，该技术方案在本专利新颖性判断中不予考虑是有法律依据的；但在创造性判断中，判断者不仅仅要考虑无效宣告请求人要求进行对比的技术方案，还应当站在本领域技术人员的角度，全面考虑对比文件记载的全部技术方案，在对比文件 2 说明书中文译文第15 页第 3 段已经完全公开了本专利权利要求 1 的技术方案的情况下，本领域技术人员应当能够知晓此技术方案。因此，本专利的技术方案相对于本领域技术人员应当是显而易见的。如果对此不予理睬，反而认定本专利相对于本领域技术人员是非显而易见的，就严重降低了本领域技术人员的认知标准。这个案例也从侧面表明，即使是专利复审委员会的审查员，也并不都是严格意义上的本领域技术人员，往往只是依据当事人提供并指明的技术方案进行创造性判断。

欧洲专利局对上述情形的处理有明确的规定。根据欧洲专利局

---

❶ 参见西安安特高压电器有限公司与国家知识产权局专利复审委员会、西安神电电器有限公司实用新型专利权无效行政纠纷案，北京市第一中级人民法院（2010）一中知行初字第 1250 号行政判决书，北京市高级人民法院（2010）高行终字第 1507 号判决书。

上诉委员会已有的案例法，正如本领域技术人员将会做的那样，现有技术文献中公开的技术应当在整体上予以考虑。为了从中获得区别于整个文献的技术启示的技术信息，将文献中的某些部分从整个内容中隔离出来是武断的、不恰当的。❶ 在 T 95/90 案中，欧洲专利局上诉委员会认为，如果没有什么能够阻止本领域技术人员那样做，则应当认为同一文献中不同部分的内容能够被结合。

（三）陈旧文献与现有技术

原则上，任何《欧洲专利公约》第 54（2）条规定的现有技术都可以作为判断创造性的现有技术使用。欧洲专利局上诉委员会有些判例认为，可以使用陈旧的在先出版物作为最接近现有技术来认定客观技术问题。在 T 69/94 案中，欧洲专利局上诉委员会也指出，《欧洲专利公约》第 54（2）条规定的现有技术包括所有可能被公众接触的技术，很明确地没有时间限制。因此，一份出版日期在争议专利的申请日 20 年前的文献，其中陈旧技术在本技术领域已经不再使用，其中包含一项在争议专利申请时不被本领域技术人员认可的技术启示，但并不能简单地被认为不能作为最接近的现有技术。在 T 113/00 案中，欧洲专利局上诉委员会指出通过对陈旧技术进行明显改进并不使已知的技术主题具备创造性。上诉委员会在有的判例中也明确指出，只是因为一个文件出版了 30 年就认为本领域技术人员不会使用它是没有足够合理理由的。❷

然而，欧洲专利局上诉委员会在有些案例中认为有些对比文件因为技术太过时，或者因为有公知的缺陷以至于本领域技术人员甚至不会尝试改进它，不能成为现实的起点。在 T 1000/92 案中，欧洲专利局上诉委员会并不同意选择文献（1）作为最接近的现有技

---

❶ T 56/87, OJ 1990, 188; T 768/90, T 223/94, T 115/96, T 717/96, T 414/98.
❷ T 153/97.

术，因为这份文件在发明申请日前 30 年左右就公开出版了，其中的方法有明显的和公知的缺陷，本领域技术人员不会试图改进这样一个陈旧的方法。❶ 上诉委员会在一个判例中并没有认定一个专利优先权日 5 年前出版的一个对比文件不构成现有技术，即使是在一个快速发展的技术领域如数字图像处理领域。即使对比文件的具体情况表明其出版后就被遗忘在角落里，上诉委员会也认为，可能存在各种难以想象的技术或者经济理由阻碍了对比文件出版后的及时应用，5 年时间并不算多，尤其是还要考虑对现有技术的教导的应用。❷ 在另一个判例中，有一个对比文件已经被本领域技术人员遗忘超过 20 年，从未被讨论过，也没有作为改进基础使用过，事实上本领域技术人员不可能从中得到技术启示，上诉委员会认为其不可能作为最接近的现有技术，不能用于作为确定客观技术问题的基础。由此可见，陈旧文献的使用需要结合案情具体情况具体分析。

在美国，对比文件的年代并不足以成为反驳创造性认定的理由。在 1977 年 Wright 案❸中，关税和专利上诉法院认为 100 年前的专利文件也能作为对比文件与其他对比文件结合以否定发明申请的创造性。在 1988 年 Meyer 案❹中，专利上诉委员会也认为对比文件之间的时间长度并不能否定二者之间结合的可能性。

二、现有技术的范围

（一）抵触申请

在我国，申请在先、公开在后的抵触申请不能作为评价创造性的现有技术。根据 2002 年修改的《专利法实施细则》第 30 条的规

---

❶　See also T 616/93.

❷　T 1019/99

❸　In re Wright, 569 F. 2d 1124, 1127, 193 USPQ 332, 335（CCPA 1977）.

❹　Ex parte Meyer, 6 USPQ2d 1966（Bd. Pat. App. & Inter. 1988）.

定，现有技术是指申请日（有优先权的，指优先权日）前在国内外出版物上公开发表、在国内公开使用或者以其他方式为公众所知的技术。现有技术也称为已有的技术。我国《审查指南》专节对现有技术进行了详细规定。❶ 专利法意义上的现有技术应当是在申请日以前公众能够得知的技术内容。换句话说，现有技术应当在申请日以前处于能够为公众获得的状态，并包含有能够使公众从中得知实质性技术知识的内容。抵触申请没有在申请日前公开，因此不属于现有技术。在"全自动瓶盖印码机"实用新型专利权无效行政纠纷案❷中，一审法院认为："而附件5是申请在先、公开在后的专利文献，不属于《专利法实施细则》规定的现有技术，不能评价本专利的创造性。"

《欧洲专利公约》中的现有技术与我国现有技术范围有所不同，但欧洲专利局判断创造性时使用的现有技术范围与我国相同。根据《欧洲专利公约》第56条和欧洲专利局《审查指南》的规定，判断创造性时考虑的现有技术界定在《欧洲专利公约》第54（2）条，只有相关技术领域的现有技术才考虑。❸ 而且如果现有技术也包括第54（3）条中所称的文献（相当于我国《专利法》中的抵触申请），则这些文献只在评价新颖性时使用，在判断发明申请的创造性时则不应考虑。❹

在美国，抵触申请可以用于创造性判断。美国《专利法》第103条虽然在规定"非显而易见性"时提到了现有技术，但并没有明确界定现有技术。但有判例明确《专利法》第102条中的现有技

---

❶ 参见2006年《审查指南》第2部分第3章第2.1节。

❷ 参见王文华与国家知识产权局专利复审委员会、王建平实用新型专利权无效行政纠纷案，北京市第一中级人民法院（2006）一中行初字第443号行政判决书。

❸ T 172/03.

❹ 参见欧洲专利局《审查指南》第3部分第4章第11.2节。

术可以作为判断创造性的现有技术。❶ 由于美国采用先发明原则而不是先申请原则，所以判断创造性时以发明做出时的现有技术为对比基础是为了避免不当地受到"事后眼光"的影响。❷ 根据第102条 e 款的规定，在申请人做出发明之前，如果同样的发明已经被他人向美国专利局提出申请，并且在日后被授予了专利，或者记载于他人向美国专利局提出的可以公开的国际性申请案中（无论以后是否授予专利），都属于现有技术。根据 g 款，在申请人做出发明之前，如果同样的发明已经由他人做出，而且他人没有放弃或者隐匿其发明，则他人的发明属于现有技术。❸

（二）互联网公开的时差问题

如果在外国提出申请的优先权日是按照当地时间计算，到中国以后也按照在外国提出申请的那天计算，这中间就会有时间差。例如，在美国2011年1月1日提出申请，申请提出那个时间点对应的中国时间可能不是2011年1月1日，但在中国的优先权日算做2011年1月1日的话，中间有时间差，这个时间差可能会使现有技术的认定产生问题。在我国，有个外观设计专利权无效行政纠纷案就涉及这个问题。❹ 诺基亚公司是名称为"手机背盖"外观设计专利的专利权人。2006年，天时达公司就本专利向专利复审委员会提出无效宣告请求。本专利的申请日是2005年2月15日，优先权日是2004年8月17日，首次申请是在美国提出。天时达公司主张诺基亚7260手机的外观图形在本专利申请之前已经公开在互联网

---

❶　Ex parte Andresen, 212 USPQ 100, 102（Bd. Pat. App. & Inter. 1981）

❷　MPEP § 2141. 1.

❸　李明德：《美国知识产权法》，法律出版社2003年版，第40页。

❹　参见诺基亚有限公司与国家知识产权局专利复审委员会、深圳市天时达移动通讯工业发展有限公司外观设计专利权无效行政纠纷案，北京市第一中级人民法院（2008）一中行初字第437号行政判决书，北京市高级人民法院（2009）高行终字第232号行政判决书。

上，依据是附件4，即北京时间"2004-08-17 9：45：27"在"中关村在线重庆站"的网页上发布的《诺基亚7610兄弟机器7260真机现身》一文中的图片。

专利复审委员会在第10616号无效决定中认为，由于存在时差，附件4中的图片公开的时间即北京时间2004年8月17日9时45分是美国法定时间2004年8月16日21时45分。此时，本专利在美国还没有提出外观设计专利申请。附件4中的图片公开的时间早于申请时间，因此可以用于判断本专利的专利性。

一审法院认为，本案应当按照我国《专利法》判断专利性，故互联网上信息发布时间应以北京时间为基准。附件4中诺基亚7260手机图片的发布时间应为北京时间2004年8月17日，与本专利的优先权日北京时间2004年8月17日是同一日，因此附件4中的外观设计不属于本专利的在先设计，不能用来评价本专利的新颖性。因此，一审法院认为专利复审委员会对优先权日和附件4公开时间的比较没有法律依据，撤销了专利复审委员会的无效决定。本案二审意见与一审意见相同，维持了一审判决。

但如果本案发现在韩国，结果可能不同；因为韩国的《审查指南》对现有技术公开的时间不是按照日计算，而是精确到了秒，是一个绝对的时间点。在韩国，现有技术包括公知常识、其他公知技术事实以及《专利法》第29条第1款规定的发明。现有技术也包括发明申请相关技术领域的所有信息，包括从事日常工作和实验的普通方法。❶ 在韩国，专利申请之前并不简单地指申请日之前，还意味着具体的时间——提出申请的小时、分和秒。例如，如果一个发明在韩国之外的地方被公开，而且公开时间在提出专利申请的韩

---

❶ 参见韩国《审查指南》专利实质条件部分第3章第3.2节。

国本地时间之前，也属于第 29 条第 1 款规定的引证发明。❶ 诺基亚公司的"手机背盖"案中，如果都统一按照美国法定时间来计算，附件 4 在互联网上公开的美国时间是 2004 年 8 月 16 日 21 时 45 分，而本专利在美国的申请时间是 2004 年 8 月 17 日，附件 4 的公开时间应当认定为申请时间之前，可以作为现有技术（对比文件）使用。

（三）相对新颖性与绝对新颖性

2008 年修正的《专利法》在新颖性和创造性的规定中明确统一地采用了现有技术的概念，这种结构安排和表述方式便于公众理解现有技术的概念和新颖性、创造性的标准。❷ 为了提高我国授权专利的质量和水平，并考虑到随着专利制度的国际协调，多数国家的专利法对现有技术的地域范围都没有加以区分，2008 年修正的《专利法》还拓宽了现有技术的范围，取消了对现有技术的地域性限制，采用了国际通行的绝对新颖性标准，规定为申请日以前在国内外公众所知的技术均属于现有技术。❸ 美国和欧洲都采用绝对新颖性标准，因此依据 2008 年修正的《专利法》判断专利的创造性时，在现有技术的证据认定方面可以借鉴欧洲和美国的规定。

日本比我国更早地适用绝对新颖性标准，而且还特别地将通过网络信息渠道获得的信息纳入到现有技术之中。在日本，现有技术是由第 29 条第 1 款规定的发明、公知常识和其他公知技术内容（如技术知识和信息）组成。❹《专利法》第 29 条第 1 款规定的现

---

❶　参见韩国《审查指南》专利实质条件部分第 3 章第 3.1 节。

❷　国家知识产权局条法司编：《〈专利法〉第三次修改导读》，知识产权出版社 2009 年版，第 50 页。

❸　国家知识产权局条法司编：《〈专利法〉第三次修改导读》，知识产权出版社 2009 年版，第 51 页。

❹　参见日本《审查指南》第 2 部分第 2 章第 2.2 节注释。

有技术是指，在申请日之前，在日本公知或公开使用的发明以及记载在日本或其他国家的公开出版物中的技术方案。由于法律修改，自 2000 年 1 月 1 日起，第 29 条第 1 款规定的发明是指，在申请日前，在日本或其他国家公知或公开使用的发明、记载在日本或其他国家的公开出版物中的发明或者在日本或其他国家通过电子信息网络可以获得的发明。

（四）创造性与新颖性的区别

创造性判断和新颖性判断中的现有技术范围有区别。第一个区别是，新颖性判断中，应当考虑抵触申请，而创造性判断中不考虑抵触申请。第二个区别是，判断新颖性时是将发明申请中的技术方案与一项现有技术相比较，而发明申请的创造性判断则可以依据两项以上现有技术来进行。另外需要强调，创造性判断中的现有技术应当是与专利技术领域相关的现有技术，并非所有的现有技术。1986 年，美国联邦巡回上诉法院在判例中提出一个确定相关现有技术的"两步法"：有关的参考技术是否属于发明人从事努力的领域；如果不是，该技术是否与发明人试图解决的问题具有合理的关联。[1] 这样，只要有关的参考技术或属于发明人从事努力的领域，或与发明人要解决的问题有合理的关联，不论该项技术是新是旧，也不论发明人是否知道，都属于现有技术的范围。

（五）现有技术的技术领域

我国《审查指南》规定，发明与实用新型的创造性判断，在现有技术的技术领域和数量两个方面有所区别。[2] 对于发明专利而言，不仅要考虑该发明专利所属的技术领域，还要考虑其相近或者相关的技术领域以及该发明所要解决的技术问题能够促使本领域的技术

---

[1] In re Deminski, 796 F. 2d 436, 230 USPQ 313（Fed. Cir. 1986），转引自李明德：《美国知识产权法》，法律出版社 2003 年，第 40 页。

[2] 参见 2006 年《审查指南》第 4 部分第 6 章第 4 节。

人员到其中去寻找技术手段的其他技术领域。对于实用新型专利而言，一般着重于考虑该实用新型专利所属的技术领域。但是现有技术中给出明确的启示，如现有技术中有明确的记载，促使本领域的技术人员到相近或者相关的技术领域寻找有关技术手段的，可以考虑其相近或者相关的技术领域。在"电子发音书装置"实用新型专利权无效行政纠纷案❶中，二审法院引用了《审查指南》关于实用新型和发明在技术领域的区别规定。

在我国，商标行政案件中最常见的争议是商品是否类似；而在专利行政案件中，现有技术与本专利是否属于相近技术领域也是常见的争议焦点。是否属于相近技术领域，不能机械地一刀切，需要个案具体判决。美国《审查指南》明确规定，《专利法》第103条规定的对比文件记载的必须是类似的现有技术。❷但什么是类似的现有技术，也需要根据具体案例的情况来判断。有案例认为，任何在发明做出时有技术努力的技术领域的需求或者问题，以及专利（或申请）声称的需求或者问题，都可以提供以权利要求的方式将技术特征组合起来的理由。❸因此，如果其中的技术方案会使发明者在整体上考虑他的发明时自然地注意到，不同于申请人努力的技术领域的技术方案也可能是相关的。美国《审查指南》还专门规定了如何判断机械、化学和电子技术领域的现有技术是否类似。❹

在美国，虽然专利局在检索时参考的文献分类标准和分类检索

---

❶　参见刘鸿标与国家知识产权局专利复审委员会、中山市启雅电子有限公司、创新诺亚舟电子（深圳）有限公司实用新型专利权无效行政纠纷案，北京市高级人民法院（2010）高行终字第686号行政判决书。

❷　MPEP §2141. 01（a）. I.

❸　KSR International Co. v. Teleflex Inc., 82 USPQ2d 1385, 1397（2007）.

❹　MPEP §2141. 01（a）.

规则是判断技术领域类似或不类似的依据，法院还认为结构和功能的异同也是非常重要的考虑因素。美国的这一规定与在我国商标行政案件中判断商品和服务是否类似时商品和服务区分表只能作为参考的规定实质精神相同，值得借鉴。1973 年关税和专利上诉法院在判例中认为，一个对比文件中的结构性垫子和另一个对比文件中记载的鞋垫的结构相似和功能重叠已经很明显了，因此，可以认为对比专利与申请人的发明（地板步行垫）属于合理的相关技术领域。❶

三、现有技术的确认

（一）外观设计作为现有技术

外观设计可以作为对比文件，其中可以确定的技术方案可以作为现有技术。在"台式空气净化装置"发明专利权无效行政纠纷案❷中，二审法院认为："本领域技术人员基于本领域的技术知识，根据外观设计的产品名称、各视图（附图）以及文字部分的介绍或说明等，可以直接地、毫无疑义地确定的内容，属于公开的技术内容，从而构成现有技术，可将其纳入技术特征评价的范畴。"但在该案中，附件 8 的视图中所显示的结构及其部件仅有图示，并没有相应文字对其各部件的连接关系加以具体注释或说明。因此，简要的文字以及各视图之间不能形成对应关系，从而不能作出直接地、毫无疑义地确定其内容的判定。因此，二审法院认为："专利复审委认定本专利权利要求 1 不符合《专利法》规定的创造性，证据不足，缺乏事实和法律依据，故本院不予支

---

❶　In re Ellis, 476 F. 2d 1370, 1372, 177 USPQ 526, 527 (CCPA 1973).

❷　参见章志军与国家知识产权局专利复审委员会、宁波富达电器有限公司发明专利权无效行政纠纷案，北京市第一中级人民法院（2008）一中行初字第 1390 号行政判决书，北京市高级人民法院（2009）高行终字第 1259 号行政判决书。

持。"二审判决撤销无效决定和一审判决，并判决专利复审委员会重新作出无效决定。

（二）现有技术的自认

现有技术是否可以依据自认来认定，现有判例持否定态度。在"吸声、保温、隔热、防水压型彩板屋面"实用新型专利权无效行政纠纷案❶中，各方当事人争议的焦点在于，专利权人胡兵在口头审理过程中关于本专利说明书第 1 页中所述背景技术为现有技术的自认行为，是否产生法律上的拘束效力。一审认为胡兵对现有技术的自认应当予以确认，但二审不予认可。

一审认为自认可以作为认定现有技术的依据的主要理由是：由于凡是申请日以前公众能够得知的技术内容均为现有技术，故专利权人获知现有技术的途径多种多样，而且专利权人往往根据自己对现有技术的了解来撰写专利说明书，不一定都写明现有技术的出处。即使胡兵在申请专利的时候由于自身对事实的认识错误造成对背景技术的撰写有误，其仍有机会在无效宣告请求的口头审理中对其错误予以说明，从而获得相应的救济。但胡兵及其代理人在口头审理中非但没有主张胡兵对现有技术的理解和撰写有误，反而承认本专利说明书所述的背景技术即为现有技术，故应当视为是胡兵对事实的自认。

诉讼上的自认是指当事人在诉讼过程中向法庭承认对方所主张的对自己不利的事实。❷ 本案中，专利权人胡兵在口头审理中明确承认说明书第 1 页中的背景技术构成本专利的现有技术，其行为已

---

❶ 参见胡兵与国家知识产权局专利复审委员会、徐州飞虹网架（集团）有限公司实用新型专利权无效行政纠纷案，北京市第一中级人民法院（2005）一中行初字第 361 号行政判决书，北京市高级人民法院（2005）高行终字第 441 号行政判决书。

❷ 李国光主编：《最高人民法院〈关于民事诉讼证据的若干规定〉的理解与适用》，中国法制出版社 2002 年版，第 116 页。

构成自认。一般而言，诉讼上的自认具有免除当事人举证责任的作用。但当事人对经对方当事人承认的事实不负举证责任并不是绝对的。在大陆法系国家，自认的效力受到两方面的限制：一是案件和事实的性质，二是自认真实与否。自认的效力仅限于辩论原则所适用的案件和事实；一旦进入法院应依职权审理的范围，自认便无适用的余地。例如，德国《民事诉讼法》第 617 条规定诉讼上的自认不适用于家庭、亲子、抚养等有关社会公益的诉讼。❶ 本案中，胡兵虽然自认本案专利说明书第 1 页中所述的背景技术为现有技术，但现有技术是指申请日前在国内外出版物上公开发表、在国内公开使用或者以其他方式为公众所知的技术。二审法院认为：“胡兵自认的现有技术一旦为法律所确认后，任何人均可依据此现有技术申请宣告他人专利权无效，即胡兵的自认行为有可能损害他人利益，故胡兵的自认行为应当受到限制，并不产生法律拘束力。”二审法院因此认为：“在胡兵明确自认的情况下，专利复审委员会应当要求飞虹公司进一步举证证明其主张或依职权调查有关事实，证实胡兵自认的内容在客观上确已构成现有技术，不应直接将胡兵自认的内容确认为现有技术。”因此，二审判决撤销无效决定和一审判决。

现有技术是否可以适用自认规则，关键在于当事人的自认行为是否会损害国家利益、公共利益或者他人合法权益。如果认为胡兵案中依据自认确认的事实只适用于本案，在别的案件中该自认的事实是否成立仍然需要根据证据重新认定，并不能因为本案判决直接认定自认事实成立，则本案中的自认对其他案件没有影响，损害公共利益或者他人合法权益的理由就不能成立了。如果本案中依据自

---

❶ 李国光主编：《最高人民法院〈关于民事诉讼证据的若干规定〉的理解与适用》，中国法制出版社 2002 年版，第 119 页。

认确认的事实在其他案件中当然地应当采信，则确实有可能因为本案中的自认而损害他人的合法权益。

根据最高法院《关于民事诉讼证据的若干规定》第 9 条的规定，已为人民法院发生法律效力的裁判所确定的事实，当事人无须举证证明。因此，胡兵案中的二审法院之所以认为自认不应采信，应当是认为本案如果依据胡兵的自认认定了现有技术之后，此项现有技术在其他专利确权案件中成为免证事实，有可能对其他专利权人不利。

但依自认认定的事实是否能够当然成为其他案件的免证事实，应当还有讨论的余地。在美国，无论被自认的现有技术是否符合第 102 条的规定，被自认的现有技术都可以用于推定和显而易见的认定。❶ 这表明在美国，个案中依自认认定的事实只适用于本案，不能自然及于其他案件。日本《审查指南》也强调，如果申请人在说明书中自认某一项技术在申请日前是公知的现有技术，在判断创造性时，这项技术可以作为现有技术使用。❷

四、最接近的现有技术

（一）最接近现有技术的认定

我国 1993 年《审查指南》并未规定创造性判断的具体方法，也未规定最接近的现有技术。2001 年《审查指南》中首次规定了判断显而易见的三个步骤，其中要求认定最接近现有技术。❸《审查指南》规定：“最接近的现有技术，是指现有技术中与要求保护的

---

❶ Riverwood Int'l Corp. v. R. A. Jones & Co., 324 F. 3d 1346, 1354, 66 USPQ2d 1331, 1337 (Fed. Cir. 2003); Constant v. Advanced Micro-Devices Inc., 848 F. 2d 1560, 1570, 7 USPQ2d 1057, 1063 (Fed. Cir. 1988).
❷ 参见日本《审查指南》第 2 部分第 2 章第 2.8 节。
❸ 参见 2006 年《审查指南》第 2 部分第 4 章第 3.2.1 节。

发明最密切相关的一个技术方案，它是判断发明是否具有突出的实质性特点的基础。"❶ 由于我国《审查指南》的变化是借鉴于欧洲专利局的"问题—解决"方法，❷ 因此关于最接近现有技术的规定可以借鉴欧洲专利局上诉委员会的细致规定，欧洲专利局上诉委员会的《案例法》❸ 对接近现有技术的认定汇编了很多案例。

欧洲专利局上诉委员会根据"问题—解决"方法发展了某些标准以认定最接近现有技术作为判断的起点。在相关现有技术被确认后，必须仔细考察在具体案件中本领域技术人员考虑所有技术信息后如何选择现有技术作为进一步分析的起点。欧洲专利局上诉委员会不断强调，最接近现有技术通常是与发明申请解决的技术问题相同、公开了最多的技术特征的技术方案，如结构上最为接近。❹ 选择最接近现有技术的更进一步标准在于技术问题的近似。❺ 决定最接近的现有技术是一个客观的而不是主观的活动，基于本领域技术人员对技术方案的客观比较做出，现有技术中技术问题和技术特征的各个方面都影响最接近现有技术的认定。❻ 现有技术应当在申请日或优先权日之前从本领域技术人员的角度来判断。❼

欧洲专利局上诉委员会认为，在选择最接近现有技术时，首先应当考虑现有技术与发明申请之间的技术目的或技术效果是否相同，否则，不能导致本领域技术人员显而易见地得到发明申请。在T 606/89 案中，专利上诉委员会认为，为了客观地判断创造性，最

---

❶ 参见 2006 年《审查指南》第 2 部分第 4 章第 3.2.1.1 节。

❷ 参见国家知识产权局专利复审委员会编著：《专利复审委员会案例诠释——创造性》，知识产权出版社 2006 年版，第 4 页。

❸ 参见欧洲专利局上诉委员会《案例法》第 1 部分第 4 章第 3 节。

❹ T 606/89，T 650/01.

❺ T 495/91，T 263/99.

❻ T 1212/01.

❼ T 24/81，OJ 1983, 133；T 772/94，T 971/95.

接近现有技术一般认定为只需要对结构或者功能进行最小的修改就可以达到类似用途的技术方案。在案例中，专利上诉委员会确认了已有的案例法，根据已有的案例法，只是因为产品组分相同的现有技术并不构成发明申请的最接近现有技术，它对是否适合发明申请的预期用途也应当有描述。● 在 T 506/95 案中，最接近现有技术是最适合于实现发明申请目的的技术方案，并不是与发明申请的结构最接近的。如果发明申请的目的与现有技术意图实现的目标是相同的当然更好。❷ 创造性判断应当尽可能从发明人在现实中遇到的相似情形开始。如果从这个标准来看并不清楚最接近的现有技术是什么，则"问题—解决"方法应当重复地采用可能的选择性起点。❸

（二）最接近现有技术的技术领域

欧洲专利局认为，作为创造性判断起点的现有技术应当与相同或者相近的技术问题相关，至少应当与发明申请（或涉案专利）具有相同或者相近的技术领域。❹ 在 T 439/92 案中，专利上诉委员会指出虽然最接近的现有技术的选择是自由的，但也必须遵守某些标准。其中一个标准就是发明申请中已经表述的技术问题。在很多案件中，最接近的现有技术与发明申请的技术问题之间应当有关联性。❺

我国《审查指南》也规定了最接近现有技术的技术领域。最接近的现有技术，例如可以是，与要求保护的发明技术领域相同，所要解决的技术问题、技术效果或者用途最接近或者公开了发明的技术特征最多的现有技术，或者虽然与要求保护的发明技术领域不同

---

❶　T 327/92.

❷　T 298/93，T 859/03.

❸　T 710/97.

❹　T 989/93，T 1203/97，T 263/99.

❺　T 495/91，T 570/91.

但能够实现发明的功能并且公开发明的技术特征最多的现有技术。应当注意的是，在确定最接近的现有技术时，应首先考虑技术领域相同或相近的现有技术。❶

虽然在确定最接近的现有技术时，应首先考虑技术领域相同或相近的现有技术，但是最接近的现有技术可以是与要求保护的发明技术领域不同但能够实现发明的功能，并且公开发明的技术特征最多的现有技术。在"反向地面刨毛机"发明专利权无效行政纠纷案❷中，一审法院认为："因此即便证据 2 与本专利的技术领域不同，只要其能够实现发明的功能，并且公开的本专利的技术特征最多，就可以作为判断本专利创造性的最接近的现有技术。"

第三节　认定区别技术特征

一、对比的方法

（一）单独对比

区别特征的对比，应当是本专利与一项最接近现有技术之间的对比，而不是本专利与两项技术方案之间的对比。在"汽车记录仪的数据输入输出装置"实用新型专利权无效行政纠纷案❸中，本专利有 4 个技术特征，专利复审委员会认定附件 1 完全公开了权利要

---

❶ 参见 2006《审查指南》第 2 部分第 4 章第 3.2.1.1 节。
❷ 参见金民海与国家知识产权局专利复审委员会、浙江临海动力机械厂发明专利权无效行政纠纷案，北京市第一中级人民法院（2006）一中行初字第 630 号行政判决书。
❸ 参见刘晖与国家知识产权局专利复审委员会、北京伟航新技术开发有限公司实用新型专利权无效行政纠纷案，北京市第一中级人民法院（2005）一中行初字第 1002 号行政判决书。

求 1 的特征（b），附件 4 已经公开了权利要求 1 中的特征（c）和（d），一审法院因此认为"相对于附件 1、4 的结合，被告认为本专利权利要求 1 与对比文件的区别特征在于（a）的结论是正确的"。这种对比方法是不恰当的。

　　欧洲专利局上诉委员会认为，在特殊情况下，可以认为最接近的现有技术是两项技术方案的组合。在 T 176/89 案中，欧洲专利局专利上诉委员会认为最接近现有技术是两个对比文件的相互结合。欧洲专利局上诉委员会发现例外的是，有时两个对比文件应当结合起来理解，它们有相同的专利权人，发明人也相同，明显与相同系列的实验有关。然而，作为原则，当判断创造性时，如果在两个对比文件的教导明显矛盾的情况下，是不能将它们结合起来的。❶

　　（二）隐含公开的技术特征

　　在认定区别特征时，应当进行实质对比，现有的判例认为应当考虑隐含公开在对比文件中的技术特征。在"纳米结构的钇稳定氧化锆团聚型粉末及其生产方法"发明专利权无效行政纠纷案❷中，新创公司主张，附件 2 的产品生产过程中使用了表面活性剂，因此附件 2 没有公开本专利权利要求 1 中的体表接触和纯净空腔这两个技术特征；但专利复审委员会认为，附件 2 说明书记载了热处理工艺除去了表面活性剂的过程，实质上隐含公开了体表接触和纯净空腔。❸ 一审法院认为，附件 2 记载了热处理温度在 650 至 1300 摄氏度之间，热处理工艺除去了表面活性剂和残余水分，因此纳米颗粒间的空腔为纯净空腔。二审法院的意见与一审法院相同，也认为附

---

❶　See also T 487/95.

❷　参见湖北葛店开发区新创热喷涂材料有限公司与国家知识产权局专利复审委员会、淄博市淄川照新化工有限公司发明专利权无效行政纠纷案，北京市第一中级人民法院（2010）一中知行初字第 234 号行政判决书。

❸　参见国家知识产权局专利复审委员会第 13924 号无效宣告请求审查决定。

件 2 隐含公开了纯净空腔的技术特征。

美国《审查指南》也规定，在考虑对比文件的公开内容时，不仅应当考虑现有技术中的具体的教导，还要考虑本领域技术人员能够合理地从中预料到的启示。[1] 在 1968 年关税与专利上诉法院审理的 Preda 案[2]中，法院认为对比文件已经明确公开了 700 摄氏度是能够满足制备二硫化碳的化学反应条件的，而且对比文件还记载了在 750 摄氏度以上也是可能的，因此本领域技术人员应当可以认识到发明申请中的 750 至 830 摄氏度是可行的，现有技术中已经给出了技术启示。

（三）反向比较

认定区别特征时，应当是用本专利与对比文件的技术方案进行对比，而不是以相反的方式进行。在"金属长杆件热处理方法及其设备"发明专利权无效行政纠纷案[3]中，专利复审委员会认为，将本专利权利要求 1 要求保护的技术方案与证据 1 相比，其区别特征在于本专利权利要求 1 中的热处理工艺包括回火冷却、旋转进给，回火感应加热的加热功率为 40 至 60 千瓦，不包括机械校直。二审法院表示："对此，应指出，创造性判断中区别特征的认定是以本专利技术方案与对比文件的技术方案进行比对，而不是以相反的方式进行。"机械校直是证据 1 具有而本专利权利要求 1 不具有的技术特征。二审法院因此认为专利复审委员会认定本专利"不包括机械校直"并将其作为本专利与证据 1 的区别特征之一，违反了《审查指南》关于创造性判断方法的要求。专利复审委员会进而以现有技术是否给出"省略机械校直"的技术启示来判断本专利是否具有创造性是错误

---

[1] MPEP § 2144. 01.

[2] In re Preda, 401 F. 2d 825, 826, 159 USPQ 342, 344（CCPA 1968）.

[3] 参见嘉兴新悦标准件有限公司与国家知识产权局专利复审委员会、沈申昆、王均捷发明专利权无效行政纠纷案，北京市高级人民法院（2008）高行终字第 708 号行政判决书。

的，二审法院予以纠正，判决撤销第 10268 号无效决定和一审判决，要求专利复审委员会重新做出无效决定。如果本专利权利要求中没有明确排除某个技术特征，本专利也不是要素省略发明，就不能认为本专利权利要求没有记载的技术特征应当被排除。

二、区别特征的技术属性

（一）不能概括区别特征

现有判例认为，认定区别特征应当具体，不应概括。在"数控剥线机"实用新型专利权无效行政纠纷案❶中，二审法院认为：技术方案的构成是发明的最重要因素，发明的目的和效果都是通过具体的技术手段或技术特征来实现完成的。判断一项技术方案是否具有创造性，应以构成这项技术方案并且区别于现有技术的具体技术特征或技术手段作为基础，对于双方存有争议的区别特征更应结合具体的事实和证据逐一加以客观分析。本案中，专利复审委员会和原审法院均忽略了本案专利权利要求 1 与对比文件之间的具体区别特征，采取简单抽象的办法，将其概括为"自动"与"数控"的区别，进而认定选择"数控方式"为公知常识，由"自动"到"数控"显而易见，因此，本案专利权利要求 1 不具有创造性。这一做法有失科学严谨，其结论也不能令人信服。

在"电路断路器的辅助跳闸单元"发明专利权无效行政纠纷案❷中，一审法院认为："虽然被告在第 5685 号决定中认为本专利权利要求 1 的技术方案所限定的机械结构与对比文件 2 和 3 的机械

---

❶ 参见何伟斌与国家知识产权局专利复审委员会、戴文忠实用新型专利权无效行政纠纷案，北京市第一中级人民法院（2004）一中行初字第 78 号行政判决书，北京市高级人民法院（2004）高行终字第 352 号行政判决书。

❷ 参见正泰集团股份有限公司与国家知识产权局专利复审委员会、施内德电气工业公司案，北京市第一中级人民法院（2005）一中行初字第 537 号行政判决书，北京市高级人民法院（2006）高行终字第 181 号行政判决书。

结构完全不同，但其并未具体指出二者在机械结构方面存在的区别特征，故本院对此不予评述。"

美国《审查指南》也认为，从发明中提炼要点不符合"整体评价"原则。❶ 有判例认为，从发明中提炼要点不符合将技术方案作为一个整体进行分析的要求。❷ 在 1987 年联邦巡回上诉法院审理的 Panduit 案中，联邦巡回上诉法院认为联邦地区法院将权利要求对技术问题的解决方案提炼为一个词是错误的。❸

（二）实用新型的非形状、构造特征

我国 2001 年《审查指南》规定："在进行实用新型创造性审查时，如果技术方案中的非形状、构造技术特征导致该产品的形状、构造或者其结合的变化，而不考虑该非形状、构造技术特征本身。技术方案中的那些不导致产品的形状、构造或者其结合产生变化的技术特征视为不存在。"随后，列举了材料特征和方法特征。❹

在 2001 年《审查指南》背景下的判例也认为创造性判断中不考虑那些对形状和构造不产生影响的技术特征。在"一种低辐射滤光卷帘"实用新型专利权无效行政纠纷案❺中，一审法院认为本专利的材料并未对本专利产品的形状、构造或者其结合发生变化，因此专利复审委员会根据《审查指南》第 4 部分第 6 章第 2.1 节的规

---

❶ MPEP § 2140. 02.

❷ W. L. Gore & Associates, Inc. v. Garlock, Inc. , 721 F. 2d 1540, 220 USPQ 303 (Fed. Cir. 1983), cert. denied, 469 U. S. 851 (1984); See also Jones v. Hardy, 727 F. 2d 1524, 1530, 220 USPQ 1021, 1026 (Fed. Cir. 1984).

❸ Panduit Corp. v. Dennison Mfg. Co. , 810 F. 2d 1561, 1 USPQ2d 1593 (Fed. Cir.), cert. denied, 481 U. S. 1052 (1987).

❹ 参见 2001 年《审查指南》第 4 部分第 6 章第 2.1 节。

❺ 参见石磊与国家知识产权局专利复审委员会、北京希艾尔经济技术有限公司实用新型无效行政纠纷案，北京市第一中级人民法院（2006）一中行初字第 50 号行政判决书。

定，认为本专利的材料特征在实用新型创造性审查中不予考虑的结论是正确的。本案二审法院认为，技术方案中那些不导致产品的形状、构造或者其结合产生变化的技术特征视为不存在。本案中，争议专利权利要求1中记载的锯齿形泡棉、纤维层、三维卷曲中空纤维是本专利产品的具体组成部件，这种组成部件是形状或结构特征，而非单纯的泡棉、纤维等材料特征。二审法院认为："争议专利权利要求1中记载的结合成型，应当认定是一种连接关系，属于实用新型专利需要考虑的因素，而非一种单纯的方法特征。"因此，二审法院认为专利复审委员会应当就本案争议专利的创造性问题重新进行审查，二审判决撤销一审判决和第6374号无效决定。

为了扩大实用新型的保护范围，我国2006年《审查指南》对前述规定进行了修改，规定："在实用新型专利创造性的审查中，应当考虑其技术方案中的所有技术特征，包括材料特征和方法特征。"[1]

司法实践认可了《审查指南》的这种修改。在"一种经无胶复合的预印刷纸材"实用新型专利权无效行政纠纷案[2]中，附件2是本专利最接近的现有技术，本专利权利要求1与附件2的区别特征在于功能层的材料不同。由于附件1并没有给出纸塑复合中选择乙烯–丁烯共聚物等材料作为功能层材料，从而形成无胶复合的技术启示，因此二审法院认为本专利权利要求1相对于附件2与附件1的结合并不是显而易见的。在本案中，对形状和构造没有影响的功能层材料特征实际上在创造性判断中作为区别特征予以了考虑。

---

[1] 参见2006年《审查指南》第4部分第6章第4节。

[2] 参见陈琪与国家知识产权局专利复审委员会、广东德冠包装材料有限公司实用新型专利权无效行政纠纷案，北京市第一中级人民法院（2009）一中知行初字第2602号行政判决书，北京市高级人民法院（2010）高行终字第772号行政判决书。

第四节　认定客观技术问题

一、客观技术问题与技术任务

（一）客观技术问题的客观性

我国关于认定客观技术问题的规定，最初来自欧洲专利局的相关案例法。《欧洲专利公约》第27（1）（c）条规定申请人的说明书必须充分公开发明，技术问题和解决方案要能够使人理解，并说明相对于背景技术具有的有益效果。早在 T 26/81 案❶中，《欧洲专利公约实施细则》第27（1）（c）条就被认为是有约束力的。专利上诉委员会的案例❷以及"问题—解决"方法的正确适用，表明客观标准必须用于决定技术问题，如根据最接近的对比文件来看实际上解决的技术问题可能不同于发明人基于现有技术解决的问题。❸这些客观标准可以通过确定发明申请的技术方案相对于最接近的现有技术具体地得到说明。❹比较发明申请中的技术问题和现有技术中的技术问题必须避免一种不恰当的远离本领域技术人员实际思路的概括方法。❺

欧洲专利局对如何客观地确定技术问题还有更为细致的规定。根据欧洲专利局上诉委员会的案例法，在没有提供足够证据支持其是与最接近现有技术的对比结果的情况下，在决定发明的技术问题

---

❶　T 26/81 (OJ 1982, 211).

❷　T 1/80, OJ 1981, 206；T 24/81, OJ 1983, 133.

❸　T 576/95.

❹　T 20/81, OJ 1982, 217；T 910/90.

❺　T 5/81, OJ 1982, 249.

260

进而判断创造性时，不能考虑专利申请人或专利权人声称的技术进步。❶ 根据 T 229/85 和 T 99/85 案，❷ 发明申请所描述的技术问题的表述一定不能包括对解决方案的指示或者部分地猜测解决方案，因为在技术问题的陈述中包括解决方案必然导致创造性判断中的事后眼光。❸

我国有的案例中，当事人声称的技术问题并不完全是具有技术属性的技术任务，需要创造性判断者将技术问题调整为具有技术属性的技术任务。在"一种新型的健身器材的立柱结构"实用新型专利权无效行政纠纷案❹中，专利权人声称本专利所要解决的技术问题是"在冬天时，用这种钢管立柱锻炼时冰手，在夏天时，用这种钢管立柱锻炼时烫手，受雨水侵蚀时表面易生锈，外观单调，更换时费时费力且费用昂贵"。调整以后的技术任务是"保证了产品强度不受影响，同时又解决了原立柱使用者对金属件冰冷或烫手的接触，更避免了传统钢管立柱在南方多雨地区容易受到盐雾或酸雨的侵蚀"。

欧洲专利局上诉委员会早就作出过类似的判例。在 T 244/00 案中，上诉涉及一个用于视听设备的远程控制装置。这个发明与现有技术的唯一区别在于有至少四个指针键的开关，能够单独或者结合起来在至少六个面上操作，使直的方向指针能够沿着斜向运动。欧洲专利局上诉委员会认为控制装置上菜单的图案设计并不是菜单控制装置的技术特征。菜单的操作使用也不是作为本领域专家的本

---

❶　T 20/81，OJ 1982，217；T 1051/97.

❷　T 229/85（OJ 1987，237）and T 99/85（OJ 1987，413）.

❸　T 322/86，T 799/02.

❹　参见郭瑞平与国家知识产权局专利复审委员会、武汉昊康健身器材有限公司实用新型专利权无效行政纠纷案，北京市第一中级人民法院（2010）一中知行初字第 1376 号行政判决书。

领域技术人员面临的问题。为了适用"问题—解决"方法，问题必须是一个技术问题，具体技术领域的本领域技术人员在优先权日或申请日前希望解决的技术问题。欧洲专利局上诉委员会认为，在本案中，技术问题必须以一种更严格的方式重新界定，而不是像发明人声称的那样，认为技术问题在于能够在电视屏幕上斜向移动指针。客观上的技术问题应当是提供一种适当的指针使得用户能够在六个或者更多面上移动指针。

认定客观技术问题的基本原因在于，创造性判断的主体是本领域技术人员而非发明人，发明人对技术问题的理解和选择与本领域技术人员可能并不相同，而且，发明人与本领域技术人员检索得到的最接近现有技术可能并不相同，因此出发点可能不相同。为了客观地判断创造性，应当客观地认定技术问题，而不应局限于发明人对技术问题的认识。

(二) 客观技术问题的技术属性

我国《审查指南》规定，发明实际解决的技术问题，是指为获得更好的技术效果而需对最接近的现有技术进行改进的技术任务。❶

欧洲专利局上诉委员会也强调了客观技术问题的技术属性。欧洲专利局上诉委员会使用"问题—解决"方法判断是否具备创造性，就会对发明中解决技术问题的技术方案进行分析。既然技术问题和解决方案都必须具有技术属性，当发明包括非技术特征时适用"问题—解决"方法就可能产生问题。这种问题的解决依靠恰当地界定发明所属的技术领域、技术专家的范围和技术人员在那种具体技术领域中预期采用的技术手段以及客观解决的技术问题的准确认定。❷

---

❶ 参见 2006 年《审查指南》第 2 部分第 4 章第 3.2.1.1 节。

❷ T 1177/97.

　　欧洲专利局上诉委员会在 T 641/00 案 ❶中已经认定，作为一个原则，一个由技术特征和非技术特征组成的混合体，在创造性判断时应当以对技术特点有技术贡献的所有技术特征作为一个整体来判断其创造性。创造性判断中对并不构成解决技术问题的技术方案的特征应不予考虑。在 T 531/03 案中，技术上诉委员会确认了在 T 641/00 案中确立的原则并认为，在创造性判断中，《欧洲专利公约》第 52（2）条规定的非技术特征并不支持创造性。在 T 619/02 案中，专利上诉委员会也确认了 T 641/00 案和 T 172/03 案，认为根据"问题—解决"方法判断创造性具有技术属性，应当基于技术特征来判断创造性。

　　欧洲专利局上诉委员会在 T 641/00 案❷中讨论了技术问题的准确表述。虽然技术问题的表述中不能包含解决方案的启示或者解决方案的部分预测，但有些权利要求中的特征并不自动地排除在技术问题的表述中。尤其是权利要求涉及一个非技术领域的目标时，这个目标可能作为技术问题的一部分出现在要解决的技术问题的表述中，应避免在创造性判断时考虑一个非技术性的贡献。欧洲专利局上诉委员会引用了《案例法》的判例。在该案中，专利上诉委员会认为有必要以这样一种方式表述技术问题，以使得创造性只是涉及单纯的技术特征。这样一种技术问题的表述可以将发明中的非技术方面作为已有的框架而在其中形成技术问题。在 T 641/00 案❸中，记载在专利说明书中的发明目标是消除存在于不同用户之间或者服务与私人电话之间的分配成本引发的不便。这个目标应当被重新表述为解决这样的技术问题，即调整 GSM 系统以在不同用途或者不同用户之间的电话中实现用户可以选择的识别。

---

❶　T 641/00（OJ 2003, 352）.

❷　T 641/00（OJ 2003, 352）.

❸　T 641/00（OJ 2003, 352）.

欧洲专利局上诉委员会在 T 1177/97 案中认定，如果用于计算机系统并构成部分技术问题的解决方案，则语言学有关的信息和方法在原则上可能具有技术特征。然而，如果发明申请中的方法只是体现语言学领域的特性，在判断创造性时必须被忽略。在该案中，使发明申请的方法具备新颖性的技术特征来自于对技术问题的非技术限制，因此并不具有创造性，它们的采用是显而易见的。

我国有判例认为，如果专利复审委员会错误地认定了技术任务，就会错误地判断创造性，因此判决撤销专利复审委员会的无效决定。在"N-（吡咯并［2，3-d］嘧啶-3-基酰基）-谷氨酸衍生物的制备方法"发明专利权无效行政纠纷案❶中，本专利权利要求 1 与证据 4 的区别特征是，本专利权利要求 1 中的化合物亚苯基和吡咯并嘧啶环的连接基团是亚乙基而证据 4 实施例 8 的化合物是亚丙基。根据该区别特征，专利复审委员会认为，本专利权利要求 1 所要解决的技术问题实质上提供一种连接亚苯基和吡咯并嘧啶环是亚乙基而非亚丙基的化合物的制备方法及其化合物。而一审法院认为，根据该区别特征确定本专利实际要解决的技术问题是为获得更好的抗肿瘤活性，选择亚乙基的连接基团对证据 4 中的亚丙基连接基团进行替换，从而得到本专利权利要求 1 化合物的制备方法及其化合物。一审法院认为专利复审委员会关于所要解决的技术问题认定有误，失去了正确判断创造性的基础，因此判决撤销无效决定，要求专利复审委员会重新做出决定。二审法院认为原审判决仅仅根据区别特征便断然作出与专利复审委员会不同的认定也不够严

---

❶ 参见伊莱利利公司与国家知识产权局专利复审委员会、江苏豪森药业股份有限公司发明专利权无效行政纠纷案，北京市第一中级人民法院（2007）一中行初字第 540 号行政判决书，北京市高级人民法院（2009）高行终字第 122 号行政判决书。

谨，缺乏相应的依据。但认为一审结论正确，因此维持一审判决。

欧洲专利局上诉委员会也有类似的判例。在 T 951/02 案中，发明申请的权利要求 1 涉及一个相互结合的游戏和赌博机。上诉委员会认为，根据申请中记载的问题，本发明的目的是通过游戏装置吸引玩家，从而防止玩家无聊。然而，这样的表述中并没有客观的技术问题被确认。上诉委员会认为，有游戏机替换已有赌博系统的设备并不具备创造性，因为赌博设备本身就具有玩游戏的所有技术条件。只要调整赌博机的操作系统就可以修改赌博机使之具有玩游戏的功能，而这种操作系统的调整只是相关专家的普通手段。

二、确定客观技术问题的灵活性

（一）客观技术问题的必要性

有的案件中，认定客观技术问题是创造性判断的必要条件。在"N-（吡咯并［2，3-d］嘧啶-3-基酰基）-谷氨酸衍生物的制备方法"发明专利权无效行政纠纷案❶中，二审法院认为在本案中，"区别特征所解决的技术问题是进行创造性判断的前提，这个问题还需要专利复审委员会在充分考虑相关证据后重新作出认定"。

但我国有很多判决并不论述客观技术问题。例如，在"太阳能热水器水箱"实用新型专利权无效行政纠纷案❷中，一审判决表示：

---

❶ 参见伊莱利利公司与国家知识产权局专利复审委员会、江苏豪森药业股份有限公司发明专利权无效行政纠纷案，北京市第一中级人民法院（2007）一中行初字第 540 号行政判决书，北京市高级人民法院（2009）高行终字第 122 号行政判决书。

❷ 参见北京桑达太阳能技术有限公司与国家知识产权局专利复审委员会、北京天恒园新能源应用工程研发中心实用新型无效行政纠纷案，北京市第一中级人民法院（2006）一中行初字第 415 号行政判决书，北京市高级人民法院（2006）高行终字第 353 号行政判决书。

"本专利权利要求 1 的技术特征未被对比文件 1、3 或对比文件 1 和 5 的结合公开，本领域技术人员从对比文件 1、3、5 中不能获得本专利权利要求 1 要求保护的技术方案，并且本专利能够避免水箱内的电偶腐蚀，产生了有益的效果。因此，本专利权利要求 1 相对于对比文件 1、3 或对比文件 1 和 5 的结合具有创造性。"二审判决也表示："对比文件 1、3 和 5 的任意结合均不能得到本专利权利要求 1 所要保护的技术方案，本专利权利要求 1 相对于对比文件 1、3 或 1 和 5 的结合具有创造性。"本案二审维持一审判决。

我国专利审查和专利审判中，有很多案例在最接近对比文件的基础上直接认定"容易想到"发明技术方案，而不是严格按照三步法的判断步骤进行分析。这种判断步骤的特点是，认定区别特征，采用区别特征相对于本领域技术人员是容易想到的，并不需要克服技术困难，因此认定在对比文件的基础上得到本专利技术方案是显而易见的。例如，在"数据交换及存储方法与装置"发明专利权无效行政纠纷案❶中，专利复审委员会就采用的此种认定方法，而没有按照《审查指南》规定的步骤进行认定。

事实上，除欧洲之外的很多国家的创造性判断并不以客观技术问题的认定为必要步骤。结合 Graham 案、TSM 检验法和 KSR 案的创造性判断规则，美国法院在判断创造性时实际上也基本上遵循了确定现有技术、确定区别特征、确定是否存在启示和动机的主要步骤。日本《审查指南》规定的创造性判断基本方法为：在认定发明申请和一项以上的现有技术后，从引证发明中选择一项最接近的现有技术。在比较发明申请和一项现有技术之后，认定相同和区别特

---

❶ 参见深圳市朗科技术股份有限公司与国家知识产权局专利复审委员会、王工发明专利权无效行政纠纷案中，北京市第一中级人民法院（2007）一中行初字第 1174 号行政判决书，北京市高级人民法院（2010）高行终字第 329 号行政判决书。

征。然后，基于最接近的现有技术、其他现有技术（包括公知的或者普遍使用的技术手段）以及公知常识判断判断是否缺乏创造性。●

日本和美国的情况表明，"问题—解决"方法并不是创造性判断之必须。即使在我国《审查指南》规定了明确的判断步骤的情况下，也应当根据个案的情况灵活掌握：有的情况下没有认定客观技术问题的必要，则不必机械地认定客观技术问题。

（二）客观技术问题的选择

我国《审查指南》规定，重新确定的技术问题可能要依据每项发明的具体情况而定。作为一个原则，发明的任何技术效果都可以作为重新确定技术问题的基础，只要本领域的技术人员从该申请说明书中所记载的内容能够得知该技术效果即可。●

虽然任何效果都可以作为重新确定技术问题的基础，但在司法实践中，客观技术问题的可选择性也有限制，即需要从说明书记载的内容得知该技术效果。在"注射用三磷酸腺苷二钠氯化镁冻干粉针剂及其生产方法"发明专利权无效行政纠纷案●中，原告认为技术问题是："现有技术采用活性分装，使用时现场配比，而本专利采用单一制剂，其活性组分在工厂生产中完成严格配比，有效克服了现场配比所带来的配比波动性。"本专利说明书记载将三磷酸腺苷二钠和氯化镁制成冻干粉针剂，提高了药品的稳定性，据此专利复审委员会认定权利要求 1 实际解决的技术问题在于以冷冻干燥的方法提高药品的稳定性。一审法院认为："本专利说明书所描述的

● 参见日本《审查指南》第 2 部分第 2 章第 2.4（2）节。

❷ 参见 2006 年《审查指南》第 2 部分第 4 章第 3.2.1.1 节。

❸ 参见胡小泉与国家知识产权局专利复审委员会、衣连明、山东特利尔营销策划有限公司医药分公司发明专利权无效行政纠纷案，北京市第一中级人民法院（2009）一中行初字第 1666 号行政判决书，北京市高级人民法院（2010）高行终字第 285 号行政判决书。

背景技术内容与证据 1 的技术内容是相同的，因此本专利要解决的技术问题不包括避免配比波动性，且本专利说明书也未记载其他可以使本领域技术人员从中能够得知本专利具有避免配比波动性的技术效果的内容，因此原审判决认定权利要求 1 实际解决的技术问题不包括避免配比波动性亦无不当。胡小泉所提原审判决对于权利要求 1 实际解决的技术问题认定错误的主张不能成立，本院不予支持。"

欧洲专利局认为，在选择确定客观技术问题时，应当以发明申请中表述的技术问题作为起点。要解决的技术问题的客观界定一般应当从描述在发明申请中的技术问题开始。只有在审查后认定发明申请公开的技术问题并没有被解决或者由于不恰当地选择了现有技术作为认定技术问题的前提时，才有必要考察其他客观存在的技术问题。❶ 这个原则也适用于驳回申请的单方决定程序中。❷ 在 T 419/93 案中，专利上诉委员会认为，决定客观技术问题时，发明申请中的技术问题的相关表述应当根据解决方案的技术特征客观地进行修正。只要发明申请中的技术问题并不满足现有技术的需求或者根据发明申请的技术方案并没有被解决时，才可以根据事实上的技术成功进行调整。

欧洲专利局上诉委员会在 T 92/92 案中认为《欧洲专利公约》第 56 条并不要求要解决的技术问题本身应当是新的。事实上，如果发明申请提出了技术任务的替代解决方案，发明申请所指的技术问题已经被现有技术解决了也并不必然要求创造性的判断要重新界定技术问题。

比较分析我国与欧洲专利局的相关规定和判例可知，到达发明

---

❶　T 246/91，T 747/97 and T 946/00.

❷　T 881/92，T 882/92，T 884/92.

申请的路径有多种，只要其中一种路径相对于本领域技术人员是显而易见的，就可以认定发明申请不具备创造性。日本《审查指南》规定，即使是发明申请与引证发明要解决的技术问题不相同，如果本领域技术人员能够容易地以一种不同于发明申请的问题解决思路得出发明申请的技术方案，发明申请就不具备创造性。● 同样的道理，由于作为出发点的现有技术不同，同一个发明相对于不同出发点能够解决的技术问题也不相同，但只要是其中任何一条道路相对于本领域技术人员是显而易见的，发明就不具备创造性。

第五节　认定是否存在技术启示

一、显而易见与技术启示

（一）技术启示的作用

1993 年《审查指南》中并没有规定显而易见与技术启示之间的关系。2001 年《审查指南》开始规定了显而易见与技术启示之间的关系，2006 年《审查指南》和 2010 年《专利审查指南》沿用了这种规定。《审查指南》规定，在确定最接近现有技术、区别特征和实际解决的技术问题之后，最后一步就是要判断要求保护的发明对本领域的技术人员来说是否显而易见。判断过程中，要确定的是现有技术整体上是否存在某种技术启示，即现有技术中是否给出将上述区别特征应用到该最接近的现有技术以解决其存在的技术问题（即发明实际解决的技术问题）的启示；这种启示会使本领域的技术人员在面对所述技术问题时，有动机改进该最接近的现有技术并获得要求保护的发明。如果现有技术存在这种技术启示，则发明

● 参见日本《审查指南》第 2 部分第 2 章第 2.5 节。

是显而易见的，不具有突出的实质性特点。❶

对技术启示的考察能够防止以事后眼光认定所有发明都显而易见。事后眼光容易使人认为所有的发明都是显而易见的。"好主意在公开后很容易被认为是显而易见的，虽然在之前没有被认识到。"❷ 为防止纯粹因为事后眼光而认为构成显而易见的情形，使创造性判断更加客观化，各国一般都会要求在进行创造性判断时遵循一定的步骤和规则，有无技术启示的判断也是预防事后诸葛亮的一个手段。欧洲专利局上诉委员会在 T 970/00 案中明确表示，正确适用"问题—解决"方法可以避免任何事后眼光的分析，即受到发明申请的事后眼光的影响从而在现有技术中得出超出本领域技术人员客观上推导出来的内容。这也应当适用在判断发明申请对现有技术的技术贡献时。在决定发明申请相对于最接近现有技术的技术贡献时，也需要有利于本领域技术人员客观地、技术上可行地、统一地进行比较的方法。

（二）认定技术启示的性质

如果认定是否显而易见的前提是认定技术启示是否存在，则如同是否显而易见的认定一样，是否有技术启示不是单纯的事实问题，而是基于事实做出的法律判断。有的判例中，是否存在技术启示可能被表述为证据问题，但实际上已经包含了法律判断。在"抗β-内酰胺酶抗菌素复合物"的发明专利权无效行政纠纷案❸中，二审法院认为，虽然证据 1 公开了舒巴坦与哌拉西林或头孢氨噻肟可

---

❶ 参见 2006 年《审查指南》第 2 部分第 4 章第 3.2.1.1 节。

❷ Arkie Lures, Inc. v. Gene Larew Tackle, Inc., 119 F. 3d 953, 956 (Fed. Cir. 1997).

❸ 参见湘北威尔曼制药有限公司与国家知识产权局专利复审委员会、北京双鹤药业股份有限公司发明专利权无效行政纠纷案，北京市第一中级人民法院 (2006) 一中行初字第 786 号行政判决书，北京市高级人民法院 (2007) 高行终字第 146 号行政判决书。

以在输注前配制为混合液，但是，该证据并没有公开将舒巴坦与哌拉西林或头孢氨噻肟混合制成复方制剂的技术方案，专利复审委员会第 8113 号决定并没有就"将舒巴坦与哌拉西林或头孢氨噻肟混合制成复方制剂是本领域技术人员容易想到的"认定提供相关的依据，因此认定专利复审委员会做出的认定理由不充分。二审撤销了无效决定和一审判决。

（三）隐含的技术启示与容易想到

美国法院在判例中已经明确表示，"教导—启示—动机"规则是灵活的，并不需要结合现有技术的明显技术启示。正如联邦巡回上诉法院在 2004 年 Ruiz 案中所表示的那样，认定显而易见并不要求"技术启示一定要明确地、书面地体现在对比文件中"。❶ 结合的技术启示可能是隐含的，也可能在本领域技术人员的知识中可以找到，在有些案件中存在于要解决的技术问题的特性中。❷ 进行结合的隐含动机不仅存在于现有技术中，也存在于当改进能够产生更好技术效果的情形，如改进会使产品或方法更强、更便宜、更快捷、更有效率等。因为通过改进产品或者方法而增加商业机会是普遍的现象，即使对比文件中并不存在任何启示或者线索，也存在对现有技术进行结合的激励。在这种情况下，问题的关键不在于本领域技术人员会不会（有没有愿望）结合现有技术，而是能不能（有没有能力）结合现有技术。❸

---

❶　Ruiz v. A. B. Chance Co. , 357 F. 3d 1270, 1276, 69 USPQ2d 1686, 1690（Fed. Cir. 2004）.

❷　DyStar Textilfarben GmbH & Co. Deutschland KG v. C. H. Patrick Co. , 464 F. 3d 1356, 1360, 80 USPQ2d 1641, 1649（Fed. Cir. 2006）.

❸　DyStar Textilfarben GmbH & Co. Deutschland KG v. C. H. Patrick Co. , 464 F. 3d 1356, 1360, 80 USPQ2d 1641, 1651（Fed. Cir. 2006）.

在 2004 年联邦巡回上诉法院审理的 Ruiz 案❶中，法院否定了认为技术启示必须明确地记载在对比文件中的主张。❷ 涉案专利的技术方案是通过金属支架将螺纹锚杆固定在地基上以支撑要滑动的建筑物地基。对比文件 1 公开了使用混凝土支架的螺纹锚杆，对比文件 2 公开了一个使用金属支架的另一种锚杆。法院认为要解决的技术问题的性质中具有结合两篇对比文件以得到发明申请的技术启示，因为每个对比文件都明确地表明是为了解决相同的支撑滑动地基的技术问题。❸

我国专利审查和专利审判实践中，大量使用到了"容易想到"、"无技术难度"、"不需花费创造性劳动"等表述；这些表述实际上可以理解为存在隐含的技术启示，因此与显而易见是相同的含义不同的表达。在"便携式电话机的多功能键使用方法"发明专利权无效行政纠纷案❹中，专利复审委员会认为对本领域普通技术人员而言，在所述便携式电话机（移动终端）具备多功能键的情况下，将数字或字符的输入功能集成到多功能键中，使得操作该多功能键就能实现数字或字符的输入是"很容易实现的"，不存在任何的技术难度。❺二审法院认为这些步骤及其实现的功能对于本领域的普通技术人员也是显而易见的。由此可见，在实践中常见的"容易实现"、"无技术难度"等表述与显而易见的含义基本相同。

---

❶ Ruiz v. A. B. Chance Co., 357 F. 3d 1270, 69 USPQ2d 1686 (Fed. Cir. 2004).

❷ Id. at 1276, 69 USPQ2d at 1690.

❸ Id. at 1276, 69 USPQ2d at 1690.

❹ 参见三星电子株式会社与国家知识产权局专利复审委员会发明专利驳回复审行政纠纷案，北京市第一中级人民法院（2005）一中行初字第 984 号行政判决书，北京市高级人民法院（2006）高行终字第 200 号行政判决书。

❺ 参见国家知识产权局第 6517 号复审请求审查决定。

二、技术启示的认定

（一）技术启示与技术领域

我国《审查指南》对判断发明的创造性没有限定现有技术的技术领域；只是在《审查指南》中规定，实用新型的创造性的标准低于发明的创造性的标准，在判断现有技术中是否存在"技术启示"时二者的区别体现在现有技术技术领域的限制和现有技术的数量两方面。❶

但我国的判例发展了更为细致的规则。因为现有技术与本专利所属技术领域不同，有判例就认定现有技术不是相近或相关技术领域，不能从中发现技术启示。在"一种新型的健身器材的立柱结构"实用新型专利权无效行政纠纷案❷中，专利权人表示，在冬天用钢管立柱的健身器材锻炼时冰手，在夏天用钢管立柱锻炼时烫手，受雨水侵蚀时表面易生锈，外观单调，因此本专利的健身器材用木材包覆。附件1的发明名称为墙壁构造体，用来划分医院、厅舍等建筑物的大厅或者会场等的空间，并通过木材等非金属材料覆盖室内空间从而使其不产生无机材质的感觉。一审法院认为，本专利与附件1在所解决的技术问题、技术目的及技术效果等方面存在显著的差异，本领域技术人员很难从附件1得到相应的技术启示，专利复审委员会将附件1作为相近或相关的技术领域予以考虑，缺乏事实及法律依据。

我国有判例认为，虽然现有技术与本专利的技术领域有所区别，现有技术中的技术方案不能用于评价本专利的新颖性，但现有

---

❶ 参见2006年《审查指南》第4部分第6章第2.2节。

❷ 参见郭瑞平与国家知识产权局专利复审委员会、武汉昊康健身器材有限公司实用新型专利权无效行政纠纷案，北京市第一中级人民法院（2010）一中知行初字第1376号行政判决书。

技术与本专利是相关技术领域，本领域技术人员可以从现有技术中得到技术启示。在"直滤式滤板"发明专利权无效行政纠纷案❶中，本专利产品是使用在给排水过滤池中，而附件1中的滤板是提供一种用于固液分离的过滤介质，二审法院认为附件1中的滤板与本专利权利要求1中的滤板在要解决的技术问题和要达到的技术效果方面均不相同，不能被认定为实质上相同的技术方案；但同时认为本专利也属于广义上的"固液分离"这一技术领域，本领域技术人员在面对本专利要解决的技术问题时，可能从附件1中得到技术启示，因此附件1可以作为评价本专利创造性的对比文件。

我国的判例与欧洲专利局的相关判例实质上相同。欧洲专利局上诉委员会的T 176/84案和T 195/84案❷是两个里程碑式的判例，具体明确了相关技术领域的相关问题，如判断创造性时在什么情况下考虑发明申请之外的相邻技术领域。根据T 176/84案，当判断创造性时，本领域技术人员要考虑发明申请所在技术领域的现有技术，如果有相同或者类似的技术问题，本领域技术人员可以意识到一个大类的技术领域，则可以从更为广泛的大类技术领域或者相邻技术领域寻找技术启示。

（二）技术启示的变化与冲突

美国的判例法表明，当现有技术中的技术启示相互矛盾时，审查员必须考虑不同技术启示的说服力。相同和类似技术领域中现有技术中的所有启示都应当予以考虑。两个以上的对比文件中的技术启示相互矛盾时，审查员必须考虑哪一个技术启示相对于本领域技

---

❶ 参见叶善园与国家知识产权局专利复审委员会、第三人张杰波发明专利无效行政纠纷案，北京市高级人民法院（2010）一中知行初字第1718号行政判决书，北京市高级人民法院（2010）高行终字第1371号行政判决书。

❷ T 176/84（OJ 1986，50）and T 195/84（OJ 1986，121）.

术人员更有说服力。❶

技术启示的存在与否随着时间不断变化。在美国这样以发明在先为原则的国家，一项技术是否可以预见、现有技术的改进或者结合的建议是否有合理的成功预期，应当以发明做出时的情况来判断。在 Erlich 案❷中，法院表示："虽然有一个在先的案件中驳回决定被撤销了，因为单克隆抗体的不可预见性，但在本案中的发明做出的时候，本领域技术人员能够被教导使用现有技术中的方法制造人类纤维肉瘤的单克隆抗体特效药，并有合理的成功预期。"❸

（三）远离发明的技术启示

美国《审查指南》规定，现有技术必须从整体上来考虑，包括远离发明申请的技术启示。❹ 有些改进建议满足不了发明目的，或者改变了现有技术运作原理。❺ 远离发明申请的教导是判断显而易见性的重要考虑因素，然而，高度相关的技术启示则必须重视。一个已知的或常见的组成部分并不仅仅因为在对比文件中被记载为比其他产品更差而当然地具备创造性。在 2004 年 Fulton 案中，联邦巡回上诉法院认为，现有技术只是公开一个以上的可选项并不构成对其中任何一个选项的远离教导，因为这种公开并没有批评、怀疑或阻止发明申请的解决方案。❻

在教导远离结合的情况下，结合对比文件是具备创造性的。在 1983 年 Grasselli 案中，联邦巡回上诉法院认为，包含铁和碱金属的催化剂的发明申请从对比文件中并未得到技术启示，因为一个对比

---

❶　In re Young, 927 F. 2d 588, 18 USPQ2d 1089 (Fed. Cir. 1991).

❷　Ex parte Erlich, 3 USPQ2d 1011 (Bd. Pat. App. & Inter. 1986).

❸　3 USPQ2d at 1016.

❹　MPEP § 2141. 02.

❺　MPEP § 2143. 01.

❻　In re Fulton, 391 F. 3d 1195, 1201, 73 USPQ2d 1141, 1146 (Fed. Cir. 2004).

文件记载互换锑和碱金属具有相同的有益效果，另一个对比文件明确地记载可以向催化剂加入铁，但排除了向催化剂加入锑。❶

现有技术应当作为整体来考虑，与公认的智识相悖的程序是具备创造性的证据。在 1966 年 Adams 案中，美国最高法院认为，在创造性判断中，旧设备中公认的缺陷阻碍新发明的事实在本案中应当予以考虑。❷

日本《审查指南》规定，对比文献中的描述排除了发明申请容易做出的推断，则这个对比文件并不是合适的引证发明。然而，尽管对比文献的描述初步看起来排除了容易做出发明申请的推断，但如果从其他方面来看仍然可以得出这种推断，如技术领域相近或者功能、运行原理或操作过程相同等等，则该对比文献也可以作为对比文献使用。❸

我国没有直接的规定和判例，但有很多规定和判例体现了相同的思路，尤其是在理解和解释现有技术的技术方案的基本原则可以适用于认定现有技术中相反教导对创造性判断的影响。不过，美国的规定更为细致，这表明其历经上百年的专利发展史确实积累了非常丰富的经验。如果在司法实践中遇到类似问题，确实非常有必要借鉴美国的相关判例法。

---

❶ In re Grasselli, 713 F. 2d 731, 743, 218 USPQ 769, 779 (Fed. Cir. 1983).
❷ United States v. Adams, 383 U. S. 39, 52, 148 USPQ 479, 484 (1966).
❸ 参见日本《审查指南》第 2 部分第 2 章第 2.8 节。

第七章　选择发明与组合发明的创造性判断

第一节　选择发明的创造性判断

一、数值的选择

（一）数值范围的交叉

我国现有判例认为，本专利与现有技术在数值范围有交叉的情况下，如果没有预料不到的技术效果，则本专利相对于本领域技术人员是显而易见的。在"芒硝开采方法"发明专利权无效行政纠纷案❶中，本专利权利要求 4 是对权利要求 3 的进一步限定，其附加技术特征为"斜井段起始点与斜井段终止点之间的水平距离为 200米"。对比文件 3 公开了斜井段起点与终止点之间的水平距离为 150～220米。一审法院认为，本专利说明书并没有记载权利要求 4 中所限定的 200 米相对于已有技术的 150～220 米产生了意料不到的技术效果，故在所引用的权利要求 3 不具备创造性的情况下，权利要求 4 也不具备创造性。二审法院北京市高级人民法院认为，本

---

❶ 参见洪泽银珠化工集团有限公司与国家知识产权局专利复审委员会、上海太平洋化工（集团）淮安元明粉有限公司、南风集团淮安元明粉有限公司、中国地质科学院勘探技术研究所发明专利权无效行政纠纷案，北京市第一中级人民法院（2004）一中行初字第 176 号行政判决书，北京市高级人民法院（2004）高行终字第 318 号行政判决书。

专利权利要求 4 中记载的 "斜井段起始点与斜井段终止点之间的水平距离为 200 米" 技术特征确定的距离是一个点，而不像对比文件 3 是一个范围，在一个范围中选取一个段作为确定的权利要求是需要创造性劳动的。在最高人民检察院对本案提起抗诉后的再审中，北京市高级人民法院认为，权利要求 4 中所选择的 200 米相对于已有技术的 150 ~ 220 米并没有突出的实质性特点和预料不到的效果。❶ 因此认为在其引用的权利要求不具备创造性的情况下，权利要求 4 也不具备创造性。

美国的判例也认为，发明申请中的范围如果与现有技术中的范围交叉或者落入到现有技术的范围中，则认定初步显而易见。❷ 在 1990 年联邦巡回上诉法院审理的 Woodruff 案❸中，现有技术中公开的一氧化碳浓度大约为 1 % ~ 5 %，发明申请中的浓度超过 5 %。法院认为，大约 1 % ~ 5 % 的浓度是允许稍微高于 5 % 的，因此范围有交叉。有的案件中，范围可以被多篇对比文件所公开。在 Iron Grip Barbell 案❹中，发明申请中的数值是 3，而多篇对比文件中分别公开了 1、2、4，法院认为发明申请中的数值 3 落入到了现有技术中的数值范围，因此不具备创造性。❺

（二）数值范围的选择

2006 年《审查指南》规定，如果发明是在可能的、有限的范围内选择具体的尺寸、温度范围或者其他参数，而这些选择可以由本领域的技术人员通过常规手段得到并且没有产生预料不到的技术

---

❶ 参见北京市高级人民法院（2007）高行抗终字第 135 号行政判决书。

❷ In re Wertheim, 541 F. 2d 257, 191 USPQ 90（CCPA 1976）.

❸ In re Woodruff, 919 F. 2d 1575, 16 USPQ2d 1934（Fed. Cir. 1990）.

❹ Iron Grip Barbell Co., Inc. v. USA Sports, Inc., 392 F. 3d 1317, 1322, 73 USPQ2d 1225, 1228（Fed. Cir. 2004）.

❺ 392 F. 3d at 1319, 73 USPQ2d at 1226.

效果，则该发明不具备创造性。例如，一项已知反应方法的发明，其特征在于规定一种惰性气体的流速，而确定流速是本领域的技术人员能够通过常规计算得到的，因而该发明不具备创造性。❶

《审查指南》的规定在司法实践中得到了认可。在"快速活络扳手"实用新型专利权无效行政纠纷案❷中，争议焦点为本专利权利要求 1 是否具备创造性。本专利权利要求 1 与附件 1 相比的区别特征为：蜗杆采用大螺距蜗杆，螺距为 4～10 毫米。快速活络扳手是一种常用的手工工具，对本领域技术人员来说为了实现扳口的快速张合、使用方便等目的，必然会选择具有合适螺距的蜗杆。如果螺距较大，扳口的开合速度较快，但自锁效果较差，同时扳口也不能实现精确定位；如果螺距较小，自锁效果、扳口的定位都会比较好，但扳口的移动速度比较慢，不能实现快速张合。一审法院认为："同时考虑到扳手具有大小不等的多个型号，对本领域技术人员来说在有限次实验的基础上，选择螺距为 4～10 毫米的蜗杆是显而易见的，且上述选择并没有带来意想不到的技术效果。"一审判决撤销专利复审委员会认定本专利权利要求 1 有创造性的第 10828 号无效决定。

美国的判例也认为，如果现有技术中公开了一般条件，则通过常规试验选择起作用的数值范围并不具备创造性。在 1955 年的 Aller 案❸中，发明申请的方法在温度 40～80 摄氏度之间和酸浓度 25%～70%之间运行，而现有技术中的方法是在 100 摄氏度和酸浓度10%的条件下运行，关税和专利上诉法院认为发明申请不具备创

---

❶ 参见 2006 年《审查指南》第 2 部分第 4 章第 4.3 节。

❷ 参见如东县三宝工具有限公司与国家知识产权局专利复审委员会、陈昌泉实用新型专利权无效行政纠纷案，北京市第一中级人民法院（2008）一中行初字第 409 号行政判决书，北京市高级人民法院（2009）高行终字第 4 号行政判决书。

❸ In re Aller, 220 F. 2d 454, 456, 105 USPQ 233, 235（CCPA 1955）.

造性。但需要注意的是，只有影响技术效果的变量才考虑是否可以通过常规技术手段进行选择。不能影响结果的变量选择并不能影响造性判断。[1]

我国《审查指南》也规定，如果选择使得发明取得了预料不到的技术效果，则该发明具有突出的实质性特点和显著的进步，具备创造性。这一规定也在司法实践中得到了应用。例如，在一份制备硫代氯甲酸的现有技术对比文件中，催化剂羧酸酰胺或者尿素相对于原料硫醇，其用量比大于0、小于等于100 %（mol）；在给出的例子中，催化剂用量比为2 %至13 %（mol），并且指出催化剂用量比从2 %（mol）起，产率开始提高；此外，一般专业人员为提高产率，也总是采用提高催化剂用量比的办法。一项制备硫代氯甲酸方法的选择发明，采用了较小的催化剂用量比，0.02 %至0.2 %（mol），提高产率11.6 %至35.7 %，大大超出了预料的产率范围，并且还简化了对反应物的处理工艺。这说明，该发明选择的技术方案，产生了预料不到的技术效果，因而该发明具备创造性。[2]

日本《审查指南》规定，如果发明申请被具体的数值范围所限定，创造性的判断应当遵循以下标准：第一，通过实验优化一个数值范围通常被认为是本领域技术人员普通创造能力的应用，因此一般不认定具备创造性。第二，当在一个限定的数值范围中具有并未在对比文件中公开的有益的技术效果而且相对于引证发明具有在性质上不相同或者性质上相同但数量上突出有益技术效果，本领域技术人员基于现有技术不能预见到这些技术效果，则发明申请具有创造性。[3]

---

❶ In re Antonie, 559 F. 2d 618, 195 USPQ 6 (CCPA 1977).

❷ 参见2006年《审查指南》第2部分第4章第4.3节。

❸ 参见日本《审查指南》第2部分第2章第2.5（3）节。

（三）关键数值范围

日本《审查指南》规定，如果发明申请与引证发明有类似的技术问题要解决，唯一区别是有无数值范围的限制，则技术效果在数值范围之内和之外应当有显著区别。这种数值范围的限制被称为关键的数值范围。然而，如果两个发明有不同的技术问题要解决，而且要取得不同性质的技术效果，则关键数值范围的重要性对于除数值范围限制外其他技术特征相同的两项发明就没有意义了。[1]

我国有判例实际上也确定了类似规则。有判例认为，以数值范围界定的技术特征组成的发明技术方案具有创造性的前提是该发明同现有技术相比，技术效果产生"质"的变化，具有新的性能；或者产生"量"的变化，超出人们预期的想象。在"无铅软钎焊料合金"发明专利权无效行政纠纷案[2]中，本专利权利要求2的附加技术特征将 Ni 的重量百分数限定在了0.04％～0.1％的范围内，与证据1的区别在于 Ni 的重量百分数不同。二审法院认为，本专利权利要求2相对于证据1是否具有创造性应当看本专利权利要求2的技术效果是否产生了"质"的变化，具有新的性能，或者产生了"量"的变化，超出人们的预期。

美国也有类似的规则。有判例认为，申请人可以通过证明在数值范围交叉的情况下，发明申请的数值选择起到关键作用来主张非显而易见。例如，发明申请的数值选择相对于现有技术可以取得预料不到的技术效果，从而反驳初步显而易见的认

---

[1] 参见日本《审查指南》第2部分第2章第2.5（3）节。

[2] 参见斯比瑞尔社股份有限公司与国家知识产权局专利复审委员会、史天蕾发明专利权无效行政纠纷案，北京市第一中级人民法院（2008）一中行初字第133号行政判决书，北京市高级人民法院（2008）高行终字第379号行政判决书。

定。❶ 初步显而易见也可以通过现有技术中远离发明申请的技术启示而予以反驳。❷ 在发明申请的数值范围落入到现有技术范围中时，申请人可以反驳显而易见的认定，但应当证明现有技术教导远离发明申请或者取得了相对于现有技术预料不到的技术效果。❸

二、种类的选择

（一）较小种类的选择

我国《审查指南》规定：选择发明，是指从现有技术中公开的较宽范围中，有目的地选出现有技术中未提到的较窄范围或个体的发明。在进行选择发明创造性的判断时，选择所带来的预料不到的技术效果是考虑的主要因素。❹

如果对比文件公开了具有一般概念的发明，如果从这个一般概念中选择更为具体概念的发明相对于一般概念的发明具有新颖性而且其技术效果难以根据其所在技术领域的一般情况推测，则这个发明被称为选择发明。如果对比文件公开了有多个选项的发明，每一个选项都能形成一个发明的技术方案，则从多个选项中选择一个具体的选项具有新颖性而且其技术效果难以根据其所在技术领域的一般情况推测，则这个发明被称为选择发明。因此，如果上位概念没有被公开过，则一项发明不算选择发明。

---

❶ In re Woodruff, 919 F. 2d 1575, 16 USPQ2d 1934（Fed. Cir. 1990）.

❷ In re Geisler, 116 F. 3d 1465, 1471, 43 USPQ2d 1362, 1366（Fed. Cir. 1997）.

❸ Iron Grip Barbell Co. , Inc. v. USA Sports, Inc. , 392 F. 3d 1317, 1322, 73 USPQ2d 1225, 1228（Fed. Cir. 2004）.

❹ 参见 2006 年《审查指南》第 2 部分第 4 章第 4.3 节。

日本《审查指南》规定，如果选择发明具有并未公开在对比文件中的有益技术效果，而且相对于一个一般概念的引证发明具有在性质上不相同或者性质上相同但数量上突出有益技术效果，本领域技术人员基于现有技术不能预见到这些技术效果，则选择发明具有创造性。[1]

美国判例法认为，能够证明发明申请的大类中有一种或者发明申请的较大范围内有一小部分能够取得预料不到的技术效果，而且本领域技术人员能够从例证中合理地推导出其他部分也具有相同的价值，就足以反驳初步显而易见性的认定。[2]但是，一种化合物具备更好的特性并不能够证明发明申请中上百种的化合物都具备创造性。[3]

美国《审查指南》专节规定如何认定从现有技术公开的大类中选择较小种类的创造性。[4]主要分以下步骤进行认定：

（1）基于单独的现有技术审查化合物种类的创造性。一个单独的现有技术公开了大类，其中包括了发明申请中的从属种类，但没有明确公开发明申请中的具体种类，则审查员应当查找附加的现有技术以证明现有技术与发明申请之间的区别是显而易见的。如果这样的附加现有技术不能找到，审查员应当考虑下面的因素来判断发明申请相对于单独的对比文件是否具备创造性。

（2）判断发明申请中的种类相对于发明做出时本领域技术人员是否显而易见。发明申请中的种类被包含在现有技术公开的大类中时，判断其创造性与其他发明申请的创造性判断并无差异。美国

---

[1]　参见日本《审查指南》第 2 部分第 2 章第 2.5（3）节。

[2]　In re Clemens, 622 F. 2d 1029, 1036, 206 USPQ 289, 296（CCPA 1980）.

[3]　In re Greenfield, 571 F. 2d 1185, 1189, 197 USPQ 227, 230（CCPA 1978）.

[4]　MPEP § 2144. 08.

《专利法》第 103 条对创造性的规定并不因为化学案件而特殊。[1] 创造性的判断应当依据具体案件中的事实并考虑整体的背景因素而作出。[2] 审查员不能笼统地判断发明是否具备创造性。[3] 联邦巡回上诉法院在多个判例中明确表示，发明申请的种类被包含在现有技术公开的种类中本身并不足以构成初步显而易见。[4]

（3）初步显而易见的确立。正确的创造性判断分为三个阶段。首先，审查员应当在考察最高法院在 Graham 案[5]中确定的事实要件后认定初步显而易见；[6] 其次，如果初步显而易见构成了，举证责任就转移到申请人，申请人应当提交证据反驳初步显而易见；[7] 最后，审查员应当考虑整个事实和所有的证据以决定是否仍然支持显而易见的认定。初步显而易见的确立又分为五步。第一步，认定已有技术的内容和范围。第二步，确认最接近现有技术的种类与发明申请的种类之间的区别。审查员应当以最接近的现有技术作为对比的基础。这一步的要求表明，在实践中，美国的创造性判断思路与欧洲的创造性判断思路是相同的。第三步，决定本领域技术人员的水平。第四步，认定是否本领域技术人员被教导选择发明申请中的种

---

[1] In re Papesch, 315 F. 2d 381, 385, 137 USPQ 43, 47（CCPA 1963）.

[2] In re Dillon, 919 F. 2d 688, 692-93, 16 USPQ2d 1897, 1901（Fed. Cir. 1990）（in banc）.

[3] See, e. g., In re Brouwer, 77 F. 3d 422, 425, 37 USPQ2d 1663, 1666（Fed. Cir. 1996）; In re Baird, 16 F. 3d 380, 382, 29 USPQ2d 1550, 1552（Fed. Cir. 1994）.

[4] In re Baird, 16 F. 3d 380, 382, 29 USPQ2d 1550, 1552（Fed. Cir. 1994）; In re Deuel, 51 F. 3d 1552, 1559, 34 USPQ2d 1210, 1215（Fed. Cir. 1995）.

[5] 383 U. S. 1, 17-18（1966）.

[6] See, e. g., In re Bell, 991 F. 2d 781, 783, 26 USPQ2d 1529, 1531（Fed. Cir. 1993）; In re Oetiker, 977 F. 2d 1443, 1445, 24 USPQ2d 1443, 1444（Fed. Cir. 1992）.

[7] See, e. g., Bell, 991 F. 2d at 783-84, 26 USPQ2d at 1531; Oetiker, 977 F. 2d 1445, 24 USPQ2d at 1444.

类：（1）考虑现有技术中公开的种类的大小；（2）考虑现有技术中是否有明确的教导；（3）考虑结构相似性的教导；（4）考虑属性和用途的教导；（5）考虑技术的可预见性；（6）考虑支持发明申请中的种类的其他教导。第五步，明确地表述事实认定并决定是否能够支持初步显而易见的认定。

（二）从一般到具体

对比文件中已经公开了下位概念，是否给出了采用上位概念的技术启示，有判例给出了肯定的答案。在"灯饰广告"实用新型专利权无效行政纠纷案❶中，争议焦点在于对比文件中的"透明薄膜"是否给出了在本专利中使用"柔性材料"的技术启示。一审法院认为柔性材料相对于透明薄膜属于上位概念，本领域技术人员可以通过对比文件所公开的透明薄膜这一下位概念得到解决问题的技术启示。

对比文件中公开了上位概念，是否给出了采用下位概念的技术启示，有判例给出了肯定的回答。在"氟尿嘧啶缓释体内植入药物及其制备方法"发明专利权无效行政纠纷案❷中，二审法院认为："本专利的化疗药物为氟尿嘧啶，本领域技术人员在附件 2 公开了上位概念——化疗药物的基础上，无须付出创造性劳动，即可以想到将附件 2 所述技术方案适用于常规化疗药物氟尿嘧啶。"

如果对比文件公开了一个原理性的技术手段，而本专利中使用的是具体技术手段，对比文件是否给出了技术启示，有判例对此进

---

❶ 参见严东民与国家知识产权局专利复审委员会实用新型专利驳回复审行政纠纷案，北京市第一中级人民法院（2006）一中行初字第 177 号行政判决书，北京市高级人民法院（2006）高行终字第 331 号行政裁定书。

❷ 参见安徽中人科技有限责任公司与国家知识产权局专利复审委员、孔令栋发明专利权无效行政纠纷案，北京市第一中级人民法院（2006）一中行初字第 468 号行政判决书，北京市高级人民法院（2006）高行终字第 493 号行政判决书。

行了分析。在"数控剥线机"实用新型专利权无效行政纠纷案❶中，二审法院认为，作为无效请求人，戴文忠仅仅向专利复审委员会提供了一种自动剥线机的技术方案，而没有提供将数字控制技术应用于剥线机领域的具体的技术方案。也就是说，从已提供的对比文件中得不到有关数字控制技术手段的启示。对于剥线机技术领域的普通技术人员来说，采用何种技术手段将数字控制技术与现有技术中的剥线机相结合，并非是显而易见的。虽然数控方式本身属于现有技术，可以广泛地运用于众多的技术领域，但是如果想要否定本案专利权利要求 1 的创造性，还应当运用披露了数字控制具体技术特征的对比文件进行对比。专利复审委员会及原审法院仅以数控这种方式是公知的，得出本领域普通技术人员在"剥线机可以自动工作"的启示下，很容易得到本案专利权利要求 1 的技术方案的结论，证据尚不充分。因此，二审法院认为在现有证据的基础上，否定本案专利权利要求 1 的创造性，依据不足，第 5593 号无效宣告请求审查决定以及原审判决认定本案专利权利要求 1 不具有创造性不能成立。二审判决撤销无效决定和一审判决，并判决本专利有效。

很多发明都是将公知的机械原理、机械结构等知识用于具体的技术领域，选择具体技术手段解决具体技术问题。在不存在如何具体应用技术知识的技术启示的情况下，仅仅依据公知技术知识认定存在技术启示是没有依据的。在"前轮定位装置"实用新型专利权无效行政纠纷案❷中，争议焦点在于专利权利要求 4 相

---

❶ 参见何伟斌与国家知识产权局专利复审委员会、戴文忠实用新型专利权无效行政纠纷案，北京市第一中级人民法院（2004）一中行初字第 78 号行政判决书，北京市高级人民法院（2004）高行终字第 352 号行政判决书。

❷ 参见平湖市贝斯特童车有限公司与国家知识产权局专利复审委员会、中山市隆成日用制品有限公司实用新型专利权无效行政纠纷案，北京市第一中级人民法院（2009）一中行初字第 78 号行政判决书，北京市高级人民法院（2010）高行终字第 1102 号行政判决书。

对于对比文件 1 和对比文件 2 是否具备创造性。本专利权利要求
4 与对比文件 1 相比，区别是用完全不同的技术手段实现固定装
置的升降，相对于对比文件 1 用滑动嵌滑闩控制固定装置来升降
的技术手段，本专利权利要求 4 采用的是螺旋升降面来升降的技
术手段。❶ 对比文件 2 是《机械设计》教材，公开了螺旋传动方
式是机械领域公知的一种传动方式。专利复审委员会认为本专利
权利要求 4 相对于对比文件 1 和 2 具备创造性。一审法院认为对
比文件 2 公开的螺旋传动方式是机械领域中公知的传动方式，本
专利权利要求 4 的区别特征与对比文件 2 披露的技术手段所起的
作用相同，对于本领域技术人员而言属于常规的技术选择，因此
认定本专利权利要求 4 不具备创造性。一审判决撤销了无效决
定。但二审法院却认为，虽然对比文件 2 公开的螺旋传动方式是
机械领域公知的一种传动方式，但无论对比文件 1 还是对比文件
2 均没有给出将螺旋升降面的具体螺旋传动方式应用于婴儿车前
轮定位装置这一技术领域，以克服现有技术中滑动嵌滑闩机构费
力、不稳定的技术缺陷的技术启示。二审因此撤销一审判决，维
持专利复审委员会的无效决定。

　　需要注意的是，本领域技术人员具有一定程度的创造能力，在
现有技术没有公开区别特征但已经给出技术启示的情况下，本领域
技术人员也可能根据技术启示采用本专利中的具体技术手段以解决
本专利面临的客观技术问题。问题在于，一方面不能简单地认为定
义性知识或概括性原理给出了技术启示；另一方面又不能简单地认
为只要是没有具体公开技术手段，本领域技术人员就不能应用定义
性知识或概括性原则解决技术问题。在上述两个方面的规则中寻求
协调，是非常困难的。无论是理论上，还是实践中，都难以确定

---

❶　参见国家知识产权局专利复审委员第 12067 号无效宣告请求审查决定。

一个具有可操作性的边界相对清晰的规则。在"氟尿嘧啶缓释体内植入药物及其制备方法"发明专利权无效行政纠纷案❶中，原告认为附件 3 只是给出定义性的知识，并未带来技术启示，本领域技术人员在附件 2 的基础上结合附件 3 得到权利要求 1 所保护的技术方案需要经过实验研究、优化筛选等创造性劳动。一审法院则认为，权利要求 1 加入阻滞剂、致孔剂所解决的技术问题就是减缓或增加氟尿嘧啶的释放速度，调节释药特性。附件 3 中已经给出添加阻滞剂、致孔剂可以延缓药物的释放速度的教导，因此，本领域技术人员根据附件 3 公开内容的技术启示，结合附件 2 得到权利要求 1 的技术方案是显而易见的。二审法院的意见与一审相同。

第二节　组合发明的创造性判断

一、协同效果标准在美国的历程

（一）"协同效果"标准的出现

美国最高法院在 1938 年的 Lincoln 案❷中否定本专利的专利性时表明了对已知要素的组合发明的严苛态度。美国最高法院认为：仅仅是一些已知要素或材料的集合，在集合中，各部件发挥或行使与现有技术中相同的功能或作用，并不是具备专利

---

❶ 参见安徽中人科技有限责任公司与国家知识产权局专利复审委员、孔令栋发明专利权无效行政纠纷案，北京市第一中级人民法院（2006）一中行初字第 468 号行政判决书，北京市高级人民法院（2006）高行终字第 493 号行政判决书。

❷ Lincoln Engineering Co. v. Stewart-Warner Corp., 303 U. S. 545 (1938).

性的发明。其中一个部分的改进并不能导致对整个组合提出权利要求。❶

在 1950 年的 Great Altantic & Pacific 案❷中，专利涉及收银台装置，能够使收银员移动顾客放在收银台上的货物。新装置有利于加快顾客结账的速度并降低商场收银的成本。新装置是一个组合装置。联邦地区法院和巡回上诉法院均认定本专利有效，美国最高法院却认定本专利无效。❸

代表美国最高法院起草判决的是杰克逊法官。杰克逊法官注意到没有任何文献对涉及机械组合的专利应当适用的"发明"标准做一个准确的综合的界定。❹杰克逊法官随后冒险作了以下定义：大家都认同使用已有部件组合起来的机械装置的专利性的关键在于是否具备"发明"。业界的人都使用"组合"（combination）这个词来表示"发明"的存在，而用"集合"（aggregation）这个词来表示不具备"发明"。

杰克逊法官提出了一个新的"协同效果"标准。他对此标准解释到：已知要素的联合必须有所贡献，只有整体上以某种方式超出了已知要素的功能总和才具备专利性。组成元素在组合后可能产生新的功能，如在化学或电子领域，但这不是已知机械部件组合的一般效果。❺道格拉斯（Douglas）法官和布莱克（Black）法官赞同多数意见否定本专利的效力。他们也借此机会对专利的宪法地位进行了评价。他们认为，宪法的制定者不允许让专利垄断权不受约束

---

❶　303 U. S. 545, 549-50 (1938).

❷　Great Atlantic & Pacific Tea Co. v. Supermarket Equipment Corp., 340 U. S. 147 (1950).

❸　340 U. S. 147, 149 (1950).

❹　340 U. S. 147, 150 (1950).

❺　340 U. S. 147, 152 (1950).

地授予。❶

(二) 协同效果标准的确立

在 1969 年美国最高法院对 Black Rock 案❷的 5 页纸的判决中，对"协同效果"标准予以了明确。涉案发明是用于铺设沥青的铺路机，由于沥青在较冷的情况下是硬的，不容易铺设，专利权人就将加热炉装置在铺路机上以加热沥青。美国最高法院认为将铺路机和加热炉组合在一起相对于本领域技术人员是显而易见的。❸美国最高法院在判决书中表示：部件的组合可能取得大于各部件总和的技术效果，本案中不存在这种协同效果。虽然这种组合解决了长期存在的技术需求并取得了商业上的成功，但是"没有发明将不能具备创造性"。❹

1971 年第九巡回上诉法院在 Reeves 案❺中对"协同效果"标准进行了解释。该案专利涉及计算机。第九巡回上诉法院并不认为组合专利的创造性判断应当遵守特别的标准。❻ 第九巡回上诉法院认为 Black Rock 案只是对 Graham 案规则的确认。第九巡回上诉法院认为：联邦法院在判断创造性时应当采用的规则和创造性标准最明确的表述就是 Graham 案规则。❼ 1972 年 9 月 18 日，瑞奇在洛杉矶专利法学会的演讲中赞扬了 Reeves 案的观点。❽ 他也认为组合专利

---

❶ 340 U. S. 147, 154 (1950).

❷ Anderson's-Black Rock, Inc., v. Pavement Salvage Co., 396 U. S. 57 (1969).

❸ 396 U. S. 57, at 59-60 (1969).

❹ 396 U. S. 57, at 61 (1969).

❺ Reeves Instrument Corp. v. Beckman Instruments, Inc., 444 F. 2d 263 (9th Cir. 1971).

❻ 444 F. 2d 263, at 270 (9th Cir. 1971).

❼ 444 F. 2d 263, at 271 (9th Cir. 1971).

❽ Giles S. Rich, Laying the Ghost of the "Invention" Requirement, 1 Am. Pat. L. Ass'n Q. J. 26, 44 (1972).

的创造性判断不应设置特别的标准，他认为"几乎所有的发明都是组合发明，而且普遍是已有要件的组合"。❶

1976 年，在 Black Rock 案的 7 年后，美国最高法院在 Sakraida 案❷中对创造性判断又发表了意见，认为专利权人并没有通过组合产生出一个新的功能，因此本专利不具备创造性。

（三）协同效果标准的争论

在 Black Rock 案和 Sakraida 案后，很多被告律师以组合专利的标准提出不具备创造性的抗辩。1978 年，瑞奇法官在纽约召开的美国专利法学会上主张限制 Sakraida 案中关于协同效果标准的表述。❸他认为 Sakraida 案对创造性判断的意见还是以第 103 条和 Graham 案规则为基础的，而第 103 条和 Graham 案并没有提到协同效果标准。❹瑞奇表示，任何专利审查员和专利律师都清楚如何判断组合专利的创造性；但美国最高法院审理的专利案件太少了，因此并不太知道这些情况。❺

瑞奇坚持第 103 条规定的创造性标准的努力得到了专利局的支持。在 1976 年，专利专员丹（Dann）就 Sakraida 案和 Black Rock 案对第 103 条的影响发布了一个指令。❻专利专员表示专利审查员将会继续坚持在 Graham 案中确定的创造性判断三步法规则。虽然美国最高法院在 Sakraida 案和 Black Rock 案中讨论了组合专利是否

---

❶ Giles S. Rich, Laying the Ghost of the "Invention" Requirement, 1 Am. Pat. L. Ass' n Q. J. 26, 43 (1972).

❷ Sakraida v. Ag Pro, Inc. , 425 U. S. 273 (1976).

❸ Giles S. Rich, Escaping the Tyranny of Words—Is Evolution in Legal Thinking Impossible?, J. Pat. & Trademark Off. Soc' y, 1978, (60), p. 271.

❹ Id. at 295-96.

❺ Id. at 296.

❻ C. Marshall Dann, Examination of Claims for Patentability Under 35 U. S. C. 103, U. S. Pat. & Trademark Off. Gazette, 1976, (949), p. 3.

产生了新的功能和协同效果，但这两个判决也明确地表示创造性判断应当基于 Graham 案中确定的三步法标准。专利专员认为美国最高法院的判决中并没有规定新的功能和协同效果标准超出了 Graham 案中的创造性判断标准。❶ 专利审查员被明确指示 Graham 案中声明的商业成功等判断创造性的相关因素并没有被 Sakraida 案和 Black Rock 案否定。如果专利审查员不能采信相关证据，新的规定要求他们具体说明为什么这些证据不充分的理由。❷

关税和专利上诉法院帮助专利局严格遵循这些要求。在 Kollman 案中，关税和专利上诉法院对专利审查员不适当地适用协同效果标准进行了纠正。法院认为：协同效果标准并非创造性判断的条件。❸

但第九联邦巡回上诉法院在 1979 年的 SSP 案❹中仍然采用了协同效果标准。涉案专利是用于防止霜冻的风机。第九巡回上诉法院虽然适用了 Graham 案的三步法，但援引了 Sakraida 案认为基于涉案专利作为组合专利并不具备新的功能而认定其不具备创造性。❺

也有一些法院适用了协同效果标准认定了专利具备创造性。在 1979 年第六巡回上诉法院对 Hanson 案❻中，本专利是用来为滑雪制造雪的方法专利，本专利不需要复杂的压缩系统和管道来制造雪。第六巡回上诉法院以 Graham 案的要件认定开始其对创造性

---

❶ C. Marshall Dann, Examination of Claims for Patentability Under 35 U. S. C. 103, U. S. Pat. & Trademark Off. Gazette, 1976, (949), p. 3.

❷ Rene D. Tegtmeyer, Commercial Success and Other Considerations Bearing on Obviousness, Official Gazette, 1978, (973), p. 34.

❸ In re Kollman, 595 F. 2d 48, 55 n. 6 (C. C. P. A. 1979).

❹ SSP Agricultural Equipment, Inc. , v. Orchard-Rite Ltd. , 592 F. 2d 1096 (9th Cir. 1979).

❺ Id. pp. 1099-1101.

❻ Hanson v. Alpine Valley Ski Area, Inc. , 611 F. 2d 156, 160 (6th Cir. 1979).

的分析，然后转向于协同效果标准。法院认为涉案专利方法产生了协同效果，具备创造性。❶ 1979 年第八巡回上诉法院在 Reinke 案❷中也适用了协同效果标准。涉案专利为电动循环浇灌系统。第八巡回上诉法院认为，在判断创造性时，不仅要考察将各种部件组合起来是否显而易见，还要考察这些效果仅仅是各部分功能的总和还是产生了新的效果。❸ 第八巡回上诉法院认为涉案专利并未产生新的效果。

第六巡回上诉法院的一个法官爱德华兹（Edwards）在哥伦比亚特区律师协会演讲时，表示美国最高法院的要求是合理的："在判断组合发明的创造性时，如果没有增加新的要素，而组合起来的要素就必须产生相对于各部分功能总和的新的相对于本领域技术人员并非显而易见的功能。"❹

瑞奇法官在几个月后的一个演讲中回应了爱德华兹的意见。瑞奇认为作为联邦法官还确认创造性标准涉及发明标准或者协同效果标准是很令人惊讶的。瑞奇认为第 103 条规定的非显而易见性标准应当被坚持。

1979 年第七巡回上诉法院在 Schlage 案❺中支持了瑞奇法官的观点，拒绝将协同效果标准作为专利性的条件。涉案专利是用于控制消防门的装置。第七巡回上诉法院认为：Sakraida 案和 Black Rock 案都没有为组合专利的创造性判断增加新的标准，协同效果

---

❶ Id. pp. 159–60.

❷ Reinke Manufacturing Co. v. Sidney Manufacturing Corp. , 594 F. 2d 644 （8th Cir. 1979）.

❸ Id. p. 648.

❹ Judge George Edwards, That Clumsy Word "Nonobviousness"！, J. Pat. Off. Soc' 3, 1978, （60）, p. 13.

❺ Inc. , v. Schlage Lock Co. , 592 F. 2d 963 （7th Cir. 1979）.

标准并不能替代 Graham 案的判断规则。非显而易见性的判断还是以 Graham 案的三步法为基础。❶ 第七巡回上诉法院认为协同效果标准的困难在于它强制法院在第 103 条之外增加了组合专利的创造性判断标准，而且影响了法律的统一和可预测性，"协同"这个词并无太多作用。❷ 有些法院跟随第七巡回法院的意见，❸ 有些则不是。1979 年第九巡回上诉法院在 Herschensohn 案❹中表示，涉案专利应当无效，因为刷子和梳子的组合并没有协同的新的超出刷子和梳子功能总和的功能。❺

1980 年，关税和专利上诉法院首席法官马克（Markey）表示了对瑞奇法官捍卫第 103 条的支持。在洛杉矶专利法学会演讲中，马克法官把协同效果标准比做病毒。马克法官认为防止协同效果标准病毒的最好办法就是重视证据；他要求法院遵循 Graham 案的创造性判断要件，重视对证据的审查。❻

联邦地区法院的判例有时适用协同效果标准，有时不适用。例如，1980 年纽约联邦地区法院在 Leinoff 案综合适用了协同效果标准和 Graham 案规则。❼ 对于组合专利，第二巡回区的法院在适用 Graham 案的三步检验法时认为，如果组合专利各要素的功能是显而易见的，则应当考虑协同效果标准；如果协同效果存在，则发明并不是显而易见的，具备创造性。这种意见可见于其他判例，如

---

❶ Id. at 969.

❷ Republic Indus. , 592 F. 2d at 972.

❸ See, e. g. , Rengo Co. v. Molins Mach. Co. , 657 F. 2d 535 (3rd Cir. 1981).

❹ Herschensohn v. Hoffman, 593 F. 2d 893 (9th Cir. 1979).

❺ Id. at 897.

❻ Howard T. Markey, The Synergism Virus: Cause and Cure, Pat. Trademark & Copyright J. , 1980, (496), D-1, D-2.

❼ Leinoff v. Valerie Furs Ltd. , 501 F. Supp. 720 (S. D. N. Y. 1980).

1981 年密歇根州东区联邦地区法院对 Foseco 案❶的判决。

1982 年路易斯安娜州西区联邦地区法院在 Reamco 案❷中试图协调协同效果标准和 Graham 案规则。涉案专利是一种用于钻油井的底洞稳定工具。法院认为协同效果标准并不是必要专利性的必要条件，只是创造性的一个考量因素。❸法院表示，美国最高法院在 Black Rock 案和 Sakraida 案中并没有降低 Graham 规则在判断第 103 条的创造性的重要性，只是说协同效果标准是一个方面的标志，在判断组合专利创造性时可以提示哪些因素影响了非显而易见性。❹

1982 年，第九巡回上诉法院在 Sarkisian❺案中认为美国最高法院没有准确界定协同效果这个词，联邦巡回法院和地区法院各自描述各自的理解，不同的定义会导致需要准确的诉讼产生不确定性。第九巡回上诉法院认为，协同效果标准相当于"不寻常或者惊人的效果"标准。❻第九巡回上诉法院认为，所有的组合专利必须在符合 Graham 规则基础上符合"不寻常或惊人的效果"标准。

（四）联邦巡回法院对协同效果标准的限制

协同效果标准的争论最终以联邦巡回上诉法院的建立而完成。联邦巡回上诉法院享有审理所有联邦地区法院专利上诉案件的专属管辖权，其他联邦上诉法院不再审查此类案件。瑞奇法官和马克法官可以逐渐地控制并引导联邦地区法官适用第 103 条的方法。

---

❶ Foseco Int'Ltd. v. Chemincon, Inc., 507 F. Supp. 1253, 1266（E. D. Mich. 1981）.

❷ Tri-Collar v. Reamco, Inc., 538 F. Supp. 669（W. D. La. 1982）.

❸ Id. at 682-83.

❹ Id. at 683.

❺ Sarkisian v. Winn-Proof Corp., 688 F. 2d 647（9th Cir. 1982）.

❻ Sarkisian, 688 F. Supp at 649.

在 1983 年联邦巡回上诉法院审理的 Cumberland 案❶中，联邦巡回上诉法院对田纳西州东区联邦地区法院的上诉案件进行了审理。涉案专利为自动的家禽喂养装置。虽然马克法官维持了联邦地区法院认定涉案专利不具备创造性的简易判决，但他也纠正了地区法院对协同效果标准的参考。马克法官表示，创造性判断时参考协同效果标准是不必要的，会导致混乱。❷

随后几年中，联邦巡回上诉法院不断通过上诉案件的审理改变协同效果标准。例如，在 1984 年的 Sowa & Sons 案❸中，瑞奇法官代表联邦巡回上诉法院在撰写判决中表示，虽然组合发明产生新的难以预料的功能或技术效果，即被称为的"协同效果"，可以支持具备创造性的主张，但我们的前任法院（关税和专利上诉法院）已经否定了这样的观点，认为新的效果或功能或协同效果是专利性的条件。❹马克法官在 1984 年的 Jones 案❺中也表达了相同的观点。联邦巡回上诉法院最终通过不断地纠正联邦地区法院的观点而限制了协同效果标准。

二、KSR 案对协同效果标准的态度

专利界一般认为 2007 年美国最高法院在 KSR 案❻中对联邦巡回上诉法院过于僵化地适用有利于客观地判断创造性的 TSM 检验法进行了修正，KSR 案实际上又将创造性判断的客观化限度定位在

---

❶ Chore-Time Equipment, Inc., v. Cumberland Corp., 713 F. 2d 774（Fed. Cir. 1983）.

❷ Id. at 781.

❸ American Hoist & Derrick Co. v. Sowa & Sons, Inc., 725 F. 2d 1350（Fed. Cir. 1984）.

❹ Id. at 1360.

❺ Jones v. Hardy, 727 F. 2d 1524（Fed. Cir. 1984）.

❻ 82 USPQ2d 1385（2007）.

了一个相对合理的位置上。但换一个角度来看，KSR 案也对组合发明的创造性判断规则进行了明确，而且正面评价了协同效果标准。下面简要介绍 KSR 案及其对组合发明创造性判断的影响。

（一）简要案情

原告是 Teleflex 公司及其子公司（统称为 Teleflex 公司），被告是加拿大的 KSR 国际公司（简称 KSR 公司），案由是专利侵权纠纷，涉案专利是名称为"带有节气门电子控制装置的可调油门踏板"、专利号为 US6237565、专利权人为英格高（Engelgau）的美国发明专利。Teleflex 公司是涉案专利的独占实施被许可人。

2002 年 11 月，Teleflex 公司以 KSR 公司生产的可调节油门踏板装置侵犯涉案专利权利要求 4 为由，在美国密歇根州的联邦地区法院起诉 KSR 公司。KSR 公司则以涉案专利权利要求 4 不具备创造性为由提出无效抗辩。因此，本案的争议焦点在于涉案专利权利要求 4 是否具备创造性。

涉案专利权利要求 4 的权利要求为：❶ 一种车辆控制踏板装置，包括：支撑件（18），安装在车辆结构（20）上；可调踏板组件（22），具有可相对于所述支撑件（18）在前后方向上移动的踏板臂（14）；枢轴（24），用于相对于所述支撑件（18）以可转动方式支撑所述可调踏板组件（22），该枢轴（24）确定了枢轴轴线（26）；电子控制器其特征在于：电子控制器（28），安装在支撑件（18）上，用于控制车辆系统；所述电子控制器（28）对所述枢轴（24）的转动产生响应，当所述踏板臂（14）围绕所述枢轴轴线（26）在其静止位置与作用位置之间转动时，产生出与踏板臂（14）位置相对应的信号，当所述踏板臂（14）相对于所述枢轴（24）在

---

❶ 权利要求的翻译参见尹新天："美国专利政策的新近发展及对我国知识产权制度的有关思考"，载国家知识产权局条法司主编：《专利法研究 2007》，知识产权出版社 2008 年版，第 26 页。

前后方向上移动时，该枢轴（24）的位置保持不变。另外，涉案专利的说明书中还记载，本技术的踏板装置可以是任何可调整的踏板装置，而电子踏板位置元件则可以是该技术领域任何元件。

KSR 主张涉案专利无效的主要对比文件为 1989 年 7 月 28 日由浅野（Asano）申请的 US5010782 专利（简称浅野专利）和 1992 年 12 月 18 日申请的 US5385068 专利（简称 068 专利）。对比文件中还有里克松（Rixon）专利和史密斯（Smith）专利。另外，在 1994 年，雪佛兰公司制造的卡车上使用了标准组件传感器。

（二）联邦地区法院和巡回上诉法院的意见

2003 年，联邦地区法院作出简易判决，支持了 KSR 公司认为涉案专利权利要求 4 不具备创造性因而无效的主张。❶ 联邦地区法院在考察了踏板的有关历史、权利要求 4 的权利范围和现有技术后对权利要求 4 的创造性作出了判断。联邦地区法院适用了 Graham 案的判断要件认定了本案相关事实。联邦地区法院根据专家的证言和当事人的意见认为本案中设计汽车脚踏板的本领域技术人员应当是一个机械工程专业大学生（或者具有相同经验的人）的水平，对汽车踏板控制系统很熟悉。❷ 联邦地区法院随后对现有技术包括涉案专利的内容进行了认定。遵循 Graham 案的判断规则，联邦地区法院比较了涉案专利权利要求 4 与现有技术，认为浅野专利与涉案专利的权利要求 4 相比，公开了权利要求 4 的多数技术特征，区别技术特征为浅野专利没有使用传感器测量踏板的位置并将信息传送到计算机控制的节油阀。而这个区别技术特征已经被 068 专利和雪佛兰公司使用的传感器所公开。因此，联邦地区法院认定涉案专利

❶ 298 F. Supp. 2d 581, 589 (ED Mich. 2003).
❷ 298 F. Supp. 2d, at 590.

权利要求 4 与现有技术相比只是很小的区别。❶

　　由于联邦巡回上诉法院对专利上诉案件有专属管辖权，而联邦巡回上诉法院对专利创造性判断采用 TSM 检验法，因此联邦地区法院还适用 TSM 检验法对本案进行了分析。联邦地区法院认为 KSR 案的结论也满足 TSM 检验法的分析。联邦地区法院认为：（1）现有技术将不可避免地导致电子传感器与可调节踏板的结合；（2）里克松专利提供了这种改进的基础；（3）史密斯专利给出了解决存在于里克松专利中的线路摩擦问题的教导。这将会导致产生浅野专利的组合，具有一个踏板位置传感器。

　　联邦地区法院还考虑了美国专利商标局曾经驳回了权利范围比涉案专利权利要求 4 的范围要宽泛的专利申请的事实。联邦地区法院推理认为，美国专利商标局认为范围较宽的权利要求相对于雷丁（Redding）专利和史密斯专利是显而易见的，也会认为涉案专利权利要求 4 相对于浅野专利和史密斯专利是显而易见的。联邦地区法院认为，即使考虑 Teleflex 公司的踏板装置的商业成功等辅助性判断因素，也并不能改变涉案专利权利要求 4 不具备创造性的结论。

　　联邦巡回上诉法院依据 TSM 检验法推翻了联邦地区法院的判决。联邦巡回上诉法院认为联邦地区法院没有严格适用 TSM 检验法，除非对比文件明确地指出了专利权人试图解决的技术问题，否则将不会引导发明者去寻找这些对比文件。联邦地区法院认为需要解决的技术问题满足 TSM 检验法是错误的。❷ 联邦巡回上诉法院认为，浅野专利是为了确保无论踏板如何调整，压踏板的力量都是相同的，然而涉案专利意图提供一个更简单、更小、更便宜的可调节电子踏板。❸ 而对于里克松专利，联邦巡回上诉法院解释到，踏板

---

❶　298 F. Supp. 2d, at 590.

❷　119 Fed. Appx. , at 288.

❸　119 Fed. Appx. , at 288.

面临的问题是线路摩擦却不是设计来解决此问题的。里克松专利并未对涉案专利的技术问题提供任何有益的启示。史密斯专利与可调节式踏板无关，因此并未给出在踏板上安装电子传感器的技术启示。在如此解释上述专利的情况下，联邦巡回上诉法院认定这些作为现有技术的专利并不会教导本领域技术人员将电子传感器安装在浅野专利中的那一类踏板上。将浅野专利与电子传感器组合起来将是明显值得尝试的，但联邦巡回上诉法院却认为是不可以的，并援引了 1995 年的 Deuel 案❶来表明明显值得尝试标准已经早就被认为是不构成显而易见的。❷

联邦地区法院对于美国专利商标局对涉案专利创造性判断的推测，联邦巡回上诉法院认为是不合适的。联邦巡回上诉法院认为，联邦地区法院首先应当推定已经授权的专利是有效的，然后应当根据对现有技术的考察来独立作出是否显而易见的判断。美国专利商标局驳回了范围比涉案专利权利要求 4 更宽的专利申请的事实跟联邦地区法院应当进行的分析是没有关系的。联邦巡回上诉法院还对地区法院根据专家意见作出简易判决表示了反对。

（三）美国最高法院的意见

美国最高法院首先对联邦巡回上诉法院僵硬适用 TSM 检验法进行了批评。美国最高法院认为，对于非显而易见性的判断，美国最高法院的案例已经确立了一个广泛的灵活判断方法，而联邦巡回上诉法院在本案中对 TSM 检验法的适用不符合美国最高法院已经确立的方法。Graham 案认识到了创造性判断需要统一性和确定性。❸ 然而 Graham 案中确定的原则也重申了 Hotchkiss 案的功能评

---

❶ In re Deuel, 51 F. 3d 1552, 1559 (CA Fed. 1995).

❷ 119 Fed. Appx. , at 289.

❸ Graham v. John Deere Co. of Kansas City, 383 U. S. 1, 18 (1966).

价法。[1] Graham 案规定了宽泛的认定要件并要求法院要考虑重视可能有用的辅助性判断因素。[2]

美国最高法院认为，无论是《专利法》第 103 条的制定还是 Graham 案中的分析都与联邦巡回上诉法院在本案中对组合专利创造性要求的解释不相同。半个世纪以前，美国最高法院在 1950 年的 Great Atlantic & Pacific 案[3]中就表示，仅仅组合现有技术中的已知部件而未改变其功能就能够获得专利，明显会垄断本领域的现有技术从而减少本领域技术人员可以自由使用的技术。这是一个拒绝授予显而易见专利的基本理由。根据已知方法将旧有部件组合起来而没有取得预想不到的技术效果是显而易见的。在 Graham 案之后，美国最高法院判决的三个案件都应用了这一规则。

在 1966 年与 Graham 案同期的 Adams 案[4]中，美国最高法院认为涉案发明"湿电池"是显而易见的。涉案发明与现有技术相比有两个区别技术特征：第一是与传统电池不同，其中装有水；第二是电极是氯化镁和氯化铜，不同于传统电池的氯化锌和氯化银。美国最高法院认为，技术方案适用了现有技术中已知的结构，只是用本技术领域已知的另一部件替换了其中一个部分，如果要获得专利权，这种组合应当取得预料不到的技术效果。[5] 然而美国最高法院没有支持美国政府认为 Adams 专利显而易见的主张。美国最高法院依据的是推论原则，认为如果现有技术教导了组合已知部件是不可行的，而发现一种成功组合已知部件的方法应当是非显而易见的。[6]

---

[1]　383 U. S. , at 12.

[2]　383 U. S. , at 17.

[3]　Great Atlantic & Pacific Tea Co. v. Supermarket Equipment Corp. , 340 U. S. 147, 152 (1950).

[4]　United States v. Adams, 383 U. S. 39, 40 (1966).

[5]　383 U. S. , at 50-51.

[6]　383 U. S. , at 51-52.

涉案发明中组合起来的部件以预料不到的方式相互配合并取得很好技术效果的事实也支持了 Adams 专利相对于本领域技术人员是非显而易见的主张。在 1969 年的 Black Rock 案❶中，美国最高法院又详细阐述了这一原则。涉案的专利主题是将两个已知部件即加热炉和铺路机组合起来的装置。美国最高法院认为这两个组成部分的功能与其单独使用时的功能相同，组合在一起仍然是各自发挥各自的功能，并没有因为协作而产生新的功能，也没有改进组成部分的性能，因此不符合《专利法》第 103 条规定的非显而易见性。❷ 在 1976 年的 Sakraida 案❸中，美国最高法院通过对前面判例的推论，认为当一个专利只是安排旧的部件使其发挥已知的功能并且没有取得超出从这种组合中预料得到的功能，则这种组合是显而易见的。❹

美国最高法院认为，在认定已知部件组合专利的创造性时，这些案例中的原则都是有指导意义的。如果一个技术手段被用于改进一个装置，一个本领域技术人员将能够认识到它可以以相同的方式用于改进类似的装置，这种技术手段的应用是显而易见的，除非事实上的应用超出了本领域技术人员的技能。

遵循上述规则在现实中可能更加复杂。因为有的技术方案不仅仅是将一个已知部件简单替换为另一个已知部件，或者仅仅是将已知的技术手段应用于改进现有技术。有时，法院需要认识多个专利之间的相互教导、设计领域或者市场已经存在的技术需求以及本领域技术人员的背景技术知识等，以有利于决定涉案专利中已知部件组合是否存在一个明显的教导。为了便于上诉法院的

Anderson. s—Black Rock, Inc. v. Pavement Salvage Co., 396 U. S. 57 (1969).

❷ 396 U. S. 57, 60–62 (1969).

❸ Sakraida v. AG Pro, Inc., 425 U. S. 273 (1976).

❹ 425 U. S. 273, 282 (1976).

审查，这些具体分析过程应当明确地表述出来。2006 年的 Kahn 案❶中，联邦巡回上诉法院表示：认定显而易见的具体理由并不能被结论性的陈述所代替。支持显而易见的具体理由和分析过程应当清楚地表述出来。❷

为了认定组合是显而易见，需要认定存在将已知部件组合起来的教导、提示或者动机，关税和专利上诉法院 1961 年首次确立的这一规则确实提供了很有益的分析视角。❸ TSM 检验法对于客观地判断创造性确实很有帮助。然而，有益的视角并不能成为僵化的强制形式，如果死板地适用 TSM 检验法，就会与美国最高法院的先例规则不符。美国最高法院认为，创造性分析不能局限于教导、提示和动机的形式化概念，或者过分强调出版文献和公开专利的表面内容。技术进步的多样性并不能将分析局限于过于呆板的方式。事实上市场需求远远要比科技文献更能促进技术进步。将专利授予并没有创造性的发明，如将已知要素组合起来的发明，将会剥夺现有技术的价值和用途。自从关税和专利上诉法院确定了 TSM 检验法的规则后，联邦巡回上诉法院将其适用于很多案件中。适用 Graham 案的规则与适用 TSM 检验法并不存在冲突；但如果法院将一个普遍的 TSM 检验法机械地适用于判断创造性，正如联邦巡回上诉法院在 KSR 案中的适用，则是不正确的。

在 KSR 案中，美国最高法院认为联邦地区法院对相关现有技术、本领域技术人员的水平的认定是正确的，并认为本领域技术人员能够将浅野专利和一个踏板位置感应器以涉案专利权利要求 4 的方式结合起来，而且也能够预见到这样做的好处，因此联邦地区法

---

❶　In re Kahn, 441 F. 3d 977（CA Fed. 2006）.
❷　441 F. 3d 977, 988（CA Fed. 2006）.
❸　Application of Bergel, 292 F. 2d 955, 956. 957（1961）.

院认定涉案专利权利要求 4 是显而易见的是正确的。由于在涉案专利的范围、现有技术的内容和本领域技术人员的水平等方面并不存在实质性争议，涉案专利权利要求 4 明显是显而易见的，因此联邦地区法院适用简易判决是合适的。Teleflex 公司主张不应适用简易判决，应不予支持。

三、我国组合发明的创造性判断

（一） 协同效果的作用

我国《审查指南》专节对"组合发明"进行了规定：组合发明，是指将某些技术方案进行组合，构成一项新的技术方案，以解决现有技术客观存在的技术问题。❶《审查指南》规定，如果要求保护的发明仅仅是将某些已知产品或方法组合或连接在一起，各自以其常规的方式工作，而且总的技术效果是各组合部分效果之总和，组合后的各技术特征之间在功能上无相互作用关系，仅仅是一种简单的叠加，则这种组合发明不具备创造性。如果组合的各技术特征在功能上彼此支持并取得了新的技术效果，或者说组合后的技术效果比每个技术特征效果的总和更优越，则这种组合具有突出的实质性特点和显著的进步，发明具备创造性。

其他国家的规定与我国的规定基本相同。欧洲专利局上诉委员会也强调，仅仅是技术特征的集合，并不是组合发明。组合发明的各个技术特征之间或者各组技术特征之间应当具有一个功能互惠或者组合后的效果超过各自技术效果的总和。❷ 欧洲专利局在《审查指南》中还列举了一个例子：每个单独的晶体管只不过一个电子开关，然而，晶体管相互结合协同形成一个微处理器以取得如数据处

---

❶ 参见 2006 年《审查指南》第 2 部分第 4 章第 4.2 节。
❷ 参见欧洲专利上诉委员会《判例法》第 1 部分第 4 章第 8.2.2 节。

理这样的技术效果，就超过了每个晶体管的独立使用的功能的总和。[1]

韩国的《审查指南》关于专利实质条件部分中有与欧洲专利局几完全相同的规定。[2] 韩国《审查指南》关于专利实质条件的部分也规定，对多个要素组成的技术方案，如果技术方案的技术效果只是各组成要素的技术效果的简单排列或者集合，则不应认为整个技术方案具备创造性。[3] 韩国《审查指南》规定，一系列技术特征组合在一起后，这些技术特征能够相互作用，能够发挥大于单独起作用时的技术效果，并使整个组合的技术效果大于技术特征集合起来的技术效果的总和，则认为这些技术特征是结合在一起了。换言之，每个技术特征的相互作用必须能够产生一个协同效果。[4]

日本《审查指南》规定，如果发明的要素相互之间并不在功能上或者操作上相互配合，发明申请只是每个要素的集合，发明被认为只是本领域技术人员普通创造能力的运用，除非有其他能够认定创造性的原因。[5]

韩国《审查指南》关于专利实质条件部分列举了一个关于组合发明的判例。涉案发明是使用户通过网络下载游戏的网络游戏服务器。涉案发明与对比文件的技术方案相比，唯一的区别技术特征在于涉案发明的游戏数据是分别下载的。涉案发明被认为不具备创造性，因为本领域技术人员能够在不克服任何困难的情况下将对比文件中的技术特征组合起来形成发明的技术方案。分别将游戏数据下载被认为是在专利申请时的公知技术。

---

[1] 参见欧洲专利局《审查指南》第 3 部分第 4 章第 2 节。
[2] 参见韩国 2010 年《审查指南》"专利实质条件"部分第 3 章第 7（1）节。
[3] 参见韩国 2010 年《审查指南》"专利实质条件"部分第 3 章第 7（5）节。
[4] T 389/86, OJ 3/1988, 87.
[5] 参见日本《审查指南》第 2 部分第 2 章第 2.5 节。

美国的判例确立了与上述基本相同的规则。在 1976 年的 Sakraida 案❶中，涉案发明是一项清洗牛棚地面的方法，其构成要素包括：平滑而倾斜的地面；倾斜地面底部的下水道；一个可以从倾斜地面顶端放水的水箱。当水箱里的水放出时，可以将奶牛的粪便顺着倾斜的地面冲入下水道再排走。虽然其中的每一个要素都是已知的，但由于它是以突然放水的水箱替代原有的水管，仍然可以达到更好的清洗效果。美国最高法院认为，该方法不符合专利法所要求的非显而易见性，因为这只是将一些已知的特征组合在一起，发挥着与原有功能相同的功能，并没有增添新的有用的知识。最高法院在该案中还指出，组合性专利的非显而易见是由协同效果来显示的。将已知的因素以新的方式组合起来，必须产生一些预料不到的功能或者效果。或者说，在本领域技术人员看来，不容易想到将已知的要素组合起来会产生该发明的效果或结果。❷

上述判例与我国《审查指南》中的示例基本相同。我国《审查指南》中的判例涉及一项带有电子表的圆珠笔的发明，发明的内容是将已知的电子表安装在已知的圆珠笔的笔身上。将电子表同圆珠笔组合后，两者仍各自以其常规的方式工作，在功能上没有相互作用关系，只是一种简单的叠加，因而这种组合发明不具备创造性。

我国的判例也明确，协同效果是组合发明具备创造性的必要条件。在"带抽屉的洗衣机"实用新型专利权无效行政纠纷案❸中，本专利权利要求 1 为："1. 一种带抽屉的洗衣机，它包括洗衣机底

---

❶ Sakraida v. Ag Pro Inc., 425 U. S. 273 (1976).

❷ 李明德：《美国知识产权法》，法律出版社 2003 年版，第 42 页。

❸ 参见青岛海尔洗衣机有限公司与国家知识产权局专利复审委员会、伊莱克斯（中国）电器有限公司、海尔集团公司实用新型专利权无效行政纠纷案，北京市第一中级人民法院（2006）一中行初字第 394 号行政判决书。

座，其特征在于：在洗衣机底座内装有抽屉。"一审法院认为，附件2中洗衣机与抽屉是分离的、独立的两部分，本专利将洗衣机与抽屉联成一体，但联成一体后的洗衣机与抽屉仍各自以其常规的方式工作，在功能上没有相互支持，只是一种简单的叠加，因而权利要求1不具备创造性。

（二）预料不到技术效果的作用

我国现有判例认为，如果各组合要素没有产生预料不到的技术效果，则不具备创造性。在"一种计算器附属结构"实用新型专利权无效行政纠纷案[1]中，本专利权利要求1的技术方案为："1. 一种计算器附属结构，其特征在于，在计算器基座上，设有一框口或者立柱，一中空壳体嵌在框口内或者卡在立柱上。"一审法院认为，本专利与对比文件1的区别仅在于将所述框口用于计算机基座而不是用于座钟。由于本专利权利要求1的技术方案1所记载的计算器与中空壳体之间所采用的框口连结方式已经被对比文件1公开，而且本专利中将计算器与中空壳体连结后，各自仍以常规的方式工作，各组合的技术特征无功能上相互作用关系，仅仅是一种简单的叠加，并没有产生意料不到的技术效果，因此本专利权利要求1的技术方案1不具有创造性。本案二审的意见与一审相同。

在2007年美国最高法院对KSR案的判决中，最高法院重新明确了根据已知的方法将熟悉的因素组合起来如果不能取得预料不到的技术效果则是显而易见的，并回顾了三个在Graham案[2]之后最高法院有三个判例体现了这个规则：[3]（1）在Adams案[4]中，最高法

---

[1] 参见李国威与国家知识产权局专利复审委员会、徐华文案，北京市第一中级人民法院（2005）一中行初字第986号行政判决书。

[2] Graham v. John Deere Co. 383 U. S. 1, 148 USPQ 459 (1966).

[3] Id. 82 USPQ2d at 1395.

[4] United States v. Adams, 383 U. S. 39, 40 (1966).

院认为，如果发明的技术方案是现有技术中的结构，只是将其中一个部件替换为现有技术中另一个已知的部件，则这个组合必须取得预料不到的技术效果。（2）在 Black Rock 案❶中，已知的要素组合起来并没有产生比它们各自独立的功能更多的功能则不具备创造性。（3）在 Sakraida 案❷中，最高法院推导出这样的结论，如果一项发明只是简单地将旧有的要素组合起来而每个要素发挥它们各自已知的功能，并不产生预料不到的技术效果，则组合是显而易见的。在判断组合发明是否具备创造性时，这些判例确定的原则是有指导意义的。

2006 年《审查指南》举例说明了什么是非显而易见的组合，强调了预料不到的技术效果对于创造性判断的作用。例如，一项"深冷处理及化学镀镍-磷-稀土工艺"的发明，发明的内容是将公知的深冷处理和化学镀相互组合。现有技术在深冷处理后需要对工件采用非常规温度回火处理，以消除应力，稳定组织和性能。本发明在深冷处理后，对工件不做回火或时效处理，而是在 80℃±10℃ 的镀液中进行化学镀。这不但省去了所说的回火或时效处理，还使该工件仍具有稳定的基体组织以及耐磨、耐蚀并与基体结合良好的镀层，这种组合发明的技术效果，对本领域技术人员来说预先是难以想到的，因而该发明具备创造性。

（三）协同效果与预料不到技术效果的关系

有的情况下，组合发明不产生协同效果，由于各组成要素之间仍然执行各自独立的功能，组合发明的功能只是各个功能的总和，则这种情况相对于本领域技术人员是显而易见的。有的情况下，不同要素之间的组合能够产生协同效果，但相对于本领域技术人员也

---

❶ Anderson's-Black Rock, Inc. v. Pavement Salvage Co., 396 U. S. 57 (1969).

❷ Sakraida v. AG Pro, Inc., 425 U. S. 273 (1976).

是显而易见的，这种情况下即使产生了协同效果，也不具备创造性。因此，协同效果只是具备创造性的必要条件而不是充分条件。

预料不到的技术效果并不是具备创造性的必要条件。《审查指南》规定：应当注意的是，如果通过本章第3.2节中所述的方法，可以判断出发明的技术方案对本领域的技术人员来说是非显而易见的，且能够产生有益的技术效果，则发明具有突出的实质性特点和显著的进步，具备创造性，此种情况不应强调发明是否具有预料不到的技术效果。❶

只有在非显而易见与预料不到的技术效果的含义相同的情况下，预料不到的技术效果才是具备创造性的充分条件。有的情况下，组合发明产生了协同效果，而且相对于本领域技术人员是非显而易见的。但没有产生预料不到的技术效果，则认定创造性就有困难了。但前面的情形中存在一个问题，既然相对于本领域技术人员是非显而易见的，这种协同效果就应当是本领域技术人员预料不到的。因此，前面所说的情形是不存在的。如果协同效果的产生相对于本领域技术人员是非显而易见的，则可以说这种协同效果就是预料不到的技术效果。换言之，预料不到的技术效果就是具有协同效果，而且这种协同效果相对于本领域技术人员是非显而易见的。在这个前提下，预料不到的技术效果是具备创造性的充分条件。美国最高法院认为在判断已知要素的组合发明的创造性时，问题在于根据已知功能对现有技术要素的组合是否产生预料不到的技术效果。❷在前面所述的语境下，美国最高法院的这个观点是正确的。

（四）创造性判断基本原则的回归

组合发明创造性判断规则在美国的发展历程以及各国组合发明

---

❶　参见2006年《审查指南》第2部分第4章第6.3节。

❷　82 USPQ2d at 1396.

创造性判断规则的比较都表明，创造性判断不应受到教条的约束，而应回到基本原则的适用中来。1925 年汉德法官在 Kirsch 案❶中表示：我们不能依赖任何假定的绝对客观的标准，如将之前分开的两个部分结合成一个发明并具备"发明"。尽管这样的教条在早期的案件中被不断重复，如果被用做指导审判的僵硬教条，我们认为这些标准是虚妄的。问题在于每个案件中的证据问题，这个问题基本上是一个灵活的标准，正如对于"合理注意义务"的判断。❷

关于协同效果与预料不到的技术效果之间关系的分析表明，对组合发明的创造性判断，也不能适用僵硬的教条，仍然需要回到创造性判断的一般原则中来结合具体案件情况进行判断。在考虑是否产生协同效果以及是否产生预料不到的技术效果时，必须牢牢记住创造性判断的一般原则：在现有技术基础上，相对于本领域技术人员是否显而易见。从这个角度来讲，我国的《审查指南》关于组合发明创造性判断的规定是非常准确的。

《审查指南》规定，在进行组合发明创造性的判断时通常需要考虑：组合后的各技术特征在功能上是否彼此相互支持、组合的难易程度、现有技术中是否存在组合的启示以及组合后的技术效果等。❸《审查指南》还规定：此外，如果组合仅仅是公知结构的变型，或者组合处于常规技术继续发展的范围之内，而没有取得预料不到的技术效果，则这样的组合发明不具备创造性。这一规定的前提是，如果组合本身是显而易见，而且又不产生预料不到的技术效果，则不具备创造性。

欧洲专利局也是围绕创造性判断的基本原则来判断组合发明的创造性的。欧洲专利局认为，对建立在技术特征的组合基础上的发

---

❶　Kirsch Manufacturing Co. v. Gould Mersereau Co. , 6 F. 2d 793 (2d Cir. 1925).

❷　6 F. 2d 793, at 794 (2d Cir. 1925).

❸　参见 2006 年《审查指南》第 2 部分第 4 章第 4.2 节。

明进行创造性判断，必须考虑现有技术中是否存在准确的组合技术特征以形成发明申请的技术启示。❶ 欧洲专利局还强调，问题不在于能够接触所有现有技术的本领域技术人员客观上是否能作出与发明一样的组合，而在于本领域技术人员主观上是否能为了改进而作出这样的组合。❷ 判断一个组合发明的创造性时，关键并不是组合中的每个特征相对于现有技术是否是已知的和显而易见的，而是现有技术是否会教导本领域技术人员将所有特征像发明那样组合起来。❸

---

❶　T 37/85, OJ 1988, 86；T 656/93, T 666/93, T 1018/96.

❷　T 37/85, OJ 1988, 86；T 656/93, T 666/93, T 1018/96.

❸　T 388/89, T 717/90, T 869/96.

第八章　专利创造性判断的辅助因素

第一节　辅助判断因素在美国的历程

一、第 103 条制定前的发展

(一) 辅助判断因素的提出

1876 年美国最高法院的 Goodyear Dental 案[1]，被认为第一次采用了后来被称为的 "辅助性判断" 因素或 "显而易见或非显而易见的标志"。[2] 这些辅助判断因素包括长期渴望解决的技术问题、他人解决相同问题的失败、被人模仿、商业上的成功等。[3] Goodyear Dental 案中的专利与橡胶牙托有关。[4] 在此之前，一般都是使用金属固定装置。法院认可了专利的有效性；认为此发明是长期渴望得到的产品，是牙医和科学杂志长期讨论的对象。法院在判决中表示本发明的价值在发明公开后很快得到了认可，从而承认了发明的商业成功。法院还表示，证据也表明本发明引起了牙科操作实务的革命，许许多多的牙医实务者相对于旧仪器更优选本发明。因此，这

---

[1]　Smith v. Goodyear Dental Vulcanite Co. , 93 U. S. 486 (1876).

[2]　Graham v. John Deere Co. , 383 U. S. 1, 17-18 (1966).

[3]　Subtests of "Nonobviousness": A Non-technical Approach to Patent Validity, 112 U. Pa. L. Rev. 1169 (1964).

[4]　Goodyear Dental, 93 U. S. at 490.

种辅助性的考虑因素在判断是否存在"发明"或有效专利时可以被视为鉴定性的证据。❶

在1881年的Loom案❷中,美国最高法院支持了一个涉及对织布机进行改进的专利。布拉德利(Bradley)法官是此案判决的起草者,驳斥了对本专利的攻击。布拉德利法官写到:从本发明的织布机很快被广泛采用的事实来看,即使相对于最熟练的技术人员,本发明也长期没能被研制出来。发明可能正处于本领域技术人员的眼皮底下,他们差点儿就看到它了,但却从他们的眼皮子底下溜走了,并没有引起他们对其价值的重视并付诸实施……就这一点来讲,我们不得不说我们不能苟同你们的观点,认为不同部件组合起来以解决技术问题是显而易见的因此不能获得专利权。本发明被成功研制后,每个人看着它就觉得自己能够做出来。即使对于具备最伟大价值的发明,这种情况也常有的。如果已知部件的组合产生了新的有益技术效果,以前从未取得的技术效果,这就是具备"发明"的证明,这一点应当被规定为一条普遍的规则……我们认为即使是各个部件分别被公开过,这些部件的组合足以构成作为专利基础的"发明"。❸ 因此,在Loom案中不仅确认辅助判断因素对决定显而易见具有影响,同时也批评了事后诸葛亮在判断是否具备"发明"时的不恰当应用。

1891年美国最高法院在Magowan案❹中对非显而易见的辅助判断因素的采用给予了支持和鼓励,本专利涉及硫化印度橡胶包装。❺ 布拉奇福特(Blatchford)法官为美国最高法院起草判决,支持本专利有效。布拉奇福特法官表示:我们认为发明人作出了

---

❶　Goodyear Dental, 93 U. S. at 495.

❷　Loom Co. v. Higgins, 105 U. S. 580 (1881).

❸　Loom Co. v. Higgins, 105 U. S. 580 , at 591–92 (1881).

❹　Magowan v. New York Belting & Packing Co. , 141 U. S. 332 (1891).

❺　141 U. S. 332, 333 (1891).

实质性的发现或发明，增加了我们的知识，在实用技术领域提前做出了进步……发明人所做的不仅仅是一个熟练的技术人员应用其普通的技术知识和经验，而是觉察到了本发明之前的发明失败的原因，而且提供了改进，本发明涉及创造性才能的贡献。发明人的包装很快就被推广使用，几乎替代了所有的其他方法制造的包装……而且应当补充的是，发明人的包装投入市场的价格是 15 到 20 美分，高于其他旧的包装，同时，它的制造成本却降低了 10 %。❶

在 1911 年的 Diamond Rubber 案❷中，麦肯纳法官也强调要考虑发明的商业成功，认为发明者的成功是应当被作为专利权的考虑因素。❸ 美国最高法院再次明确地拒绝了主观且难以操作的标准，如"创造性天赋"，而倾向于根据发明在结果上的技术贡献来确定其专利权。塔夫特（Taft）法官也采用了辅助判断因素如产业上对新设备的采用以及在先努力的失败。❹ 美国最高法院在此期间的其他判决也承认和强调了辅助判断因素。例如，1916 年的 Hyde 案❺认可了发明在短期内的商业成功；1902 年的 Carnegie Steel 案❻考虑了解决技术问题的困难和发明专利的商业成功，而且还警告了事后诸葛亮的危险。

（二）辅助判断因素的冷落

美国最高法院后来在一段时期内并不重视辅助判断因素。在 1935 年的 Paramount 案中，美国最高法院推翻了第二巡回上

---

❶ 141 U. S. 332, 333 (1891).

❷ Diamond Rubber Co. v. Consolidated Rubber Tire Co., 220 U. S. 428 (1911).

❸ 220 U. S. 428, 437 (1911).

❹ 261 U. S. 45, 66, 68 (1923).

❺ Minerals Separation, Ltd. v. Hyde, 242 U. S. 261 (1916).

❻ Carnegie Steel Co. v. Cambria Iron Co., 185 U. S. 403 (1902).

诉法院的判决。❶为了支持其专利并非显而易见的主张，专利权人提交了大量证据表明专利步骤在实践中的有用性和广泛使用；这在下级法院中也得到了支持。下级法院认为，无论方法在现在显得多么简单或显而易见，它却在应用中取得了成功，在专利权人之前也没有人用它来将分别制作的声音和画面整合到一起。❷然而，美国最高法院并不重视本发明在商业上的成功。在本案中，他人在解决本专利所解决的技术问题中的失败也并不被考虑。美国最高法院不予理睬这些重要证据的原因是"只有对本发明是否显而易见有疑问"时，这些证据才能够"放在天平上衡量"。❸

1941 年的 Cuno 案❹中，专利权人发明了汽车用无线点烟器。在第二巡回上诉法院，汉德法官判决本专利有效并认定侵权成立。❺汉德法官认为，温度调节器越是广泛地使用在断开过热器件的电流上，就越表明很难有人想到将此装置用于解决无线点烟器的技术问题上。❻熟悉技术工每天操作的复杂装备，在需求产生后十多年都没有找到设计方案的组合设备，相对于一个新手而言却可能是显而易见的。❼他还注意到发明所处背景中的客观证据，也就是所谓的辅助判断因素。首先，他注意到在先的发明者为了设计出一个不需

---

❶ Paramount Publix Corp. v. American Tri-Ergon Corp. , 294 U. S. 464 (1935), rev', 71 F. 2d 153 (2d Cir. 1934).

❷ Paramount, 294 U. S. at 470, 473-74.

❸ Paramount, 294 U. S. at 474.

❹ Cuno Engineering Corp. v. Automatic Devices Corp. , 314 U. S. 84 (1941).

❺ Automatic Devices Corp. v. Cuno Eng' g Corp. , 117 F. 2d 361 (2d Cir. 1941), rev', 314 U. S. 84 (1941).

❻ Automatic Devices, 117 F. 2d at 363.

❼ Automatic Devices Corp. v. Cuno Eng' g Corp. , 117 F. 2d 361, 362-63. (2d Cir. 1941).

要吸引驾驶员持续注意的无线点烟器做了很多的努力。除此之外，他还注意到本发明取得了显著的商业成功，成为汽车中的标准配置。正是这样一些细节常常导致销量的变化。在竞争激烈的汽车行业，即使是本发明这样一个细微的装置都可能成为研究和实验的对象。❶

美国最高法院认为本发明的权利要求是无效的。道格拉斯（Douglas）法官作为美国最高法院的判决起草者，对本领域长期渴望解决的需要和他人在先努力的失败却没有给予考虑。道格拉斯法官实际上忽略了不仅在汉德法官的意见中而且在美国最高法院之前的其他判决中起到重要作用的辅助判断因素。例如，美国最高法院根本就置"在 Mead 之前，这个国家就没有人研制出无线点烟器自动装置"这一事实于不顾。❷

（三）汉德法官对辅助判断因素的强调

为了实现司法公正，在涉及发明的专利性的案件中，汉德法官总是求助于"辅助判断因素"。❸ 原因可能在于汉德法官相信法院必须根据每个案件中的事实以个案为基础（on an ad hoc basis）处理这些案件。

汉德法官审理的案件中，有时会将本专利的商业成功作为"辅助判断因素"来考虑。例如，1927 年的 Traitel 案❹向汉德法官提出了一个涉及如何铺设"水磨石地板图案"的发明是否具备专利性的

---

❶ Automatic Devices Corp. v. Cuno Eng'g Corp., 117 F. 2d 361, 363. (2d Cir. 1941).

❷ Automatic Devices Corp. v. Cuno Eng' Corp., 117 F. 2d 361, 362. (2d Cir. 1941).

❸ See, e. g., Graham v. John Deere Co., 383 U. S. 1, 17-18 (1966).

❹ Traitel Marble Co. v. U. T. Hungerford Brass & Copper Co., 18 F. 2d 66 (2d Cir. 1927).

问题。专利说明书公开了一种在水泥地面上铺设一层有各种颜色和图案的水泥层的方法，为了完成铺设，需要在两层之间进行粘接，技术方案是在第一层仍然是湿的时候铺设第二层。❶ 汉德法官注意到了该专利的商业成功，并认定该专利有效。汉德法官认为：本专利取得了广泛的成功，现在本国所有"水磨石地板图案"的百分之九十都使用了本发明。想象一下，法律绝对地规定一个已有物品的新用途不能取得专利是因为制定法不允许仅仅对思想和发现主张垄断权。如果物品本身是新的，当这些变化预示了一种没有创造性想象力就不能被发现的用途时，非常细微的构造改变都可能足以取得专利。发明者从相近的技术领域挑选方案形成了一个之前并不存在的组合。它取得了成功，它实质上取代了在先的麻烦方法；它使得操作更加容易，而在此之前的方法又缓慢又不精细。结果在我们看来是一个创造性的发明，因此我们认定其有效。❷

在 1935 年的 Walter Kidde 案❸中，汉德法官在使用"辅助判断因素"证据上进行了扩展，他把那些证据看做专利性的鉴定性证明，没有这些证据，法院仅仅能够依靠朦胧的"发明"标准。汉德法官认为：我们时常通过考察之前和之后发生了什么来把这个判断当做一个事实问题。是否没有技术的或商业的阻碍、是否他人在同时从事相同的研发、是否发明被立即作为需求的答案而接受，通常会有进行推断的充分基础。当不掌握这些证据时，我们不得不从我们天真的无知那里编造一个标准作为最好的标准。❹

---

❶　18 F. 2d 66, 67（2d Cir. 1927）.

❷　Id. at 67–69. See also E. I. Du Pont de Nemours & Co. v. Glidden Co., 67 F. 2d 392, 395（2d Cir. 1933）.

❸　B. G. Corp. v. Walter Kidde & Co., 79 F. 2d 20（2d Cir. 1935）.

❹　79 F. 2d 20, 22（2d Cir. 1935）.

　　汉德法官几次对"辅助判断因素"的重要性进行了哲学探讨。例如，在 1946 年的 General Electric 案❶中，他分析到：为了表扬一个发明者对技术进步的贡献，正如我们常说的那样，最为可靠的标准是考察发明作出之前和之后的背景。只要可能，法院应当尽力通过发明产生的背景来评估发明的创造性。在其中，包括搞清楚本技术领域虽然需要但却缺乏发明的时间长度；寻求解决相同技术问题的人的数量，以及努力寻找技术方案的时间；有多少在同一时间或之前或之后提出了满足需求的解决方案；以及最重要的是，在多大程度上取代了之前的技术方案。我们已经在我们的判决中重复强调，这种思路比遵从普遍的在先判例更为可靠。❷

　　在 1947 年的 Clark 案❸中，汉德法官明确表示：在处理"发明"问题时，我们已经尽可能地尝试优先于在先判例而依赖客观因素来判断。不同于尽力去想象本领域普通技术人员的能力，我们考虑研制发明的激励存在的时间长度，考虑同期没有成功的努力的数量，考虑发明做出时那些努力的密度，考虑在同一时期是否有几个发明者同时独立地取得了成功，考虑发明出现后对旧有方案的取代程度。这些通常是难以回答的问题；但是一旦它们被回答了，它们就构成了进行判断的坚实基础。❹

　　汉德法官在 1952 年第 103 条制定后，仍然坚持上述原则。例如，在 1960 年的 Norman 案❺中，汉德法官认为，在非显而易见的判断标准不变时，仍然应当考虑技术需求是否长期存在，是否在发

---

❶ Safety Car Heating & Lighting Co. v. General Electric Co., 155 F. 2d 937, 939 (2d Cir. 1946).

❷ 155 F. 2d 937, 939 (2d Cir. 1946).

❸ Clark v. Wright Aeronautical Corp., 162 F. 2d 960 (2d Cir. 1947).

❹ 162 F. 2d 960, 966 (2d Cir. 1947).

❺ Norman v. Lawrence, 285 F. 2d 505 (2d Cir. 1960).

明作出后被广泛采用以取代原有技术方案等。[1] 在 1960 年的 Reiner 案[2]中，汉德法官表示要考虑这些因素，如需求存在了多久、有多少人尝试解决、背景技术和相关技术公开多久、发明多久得到应用。[3]

他坚持依靠这些客观因素或非显而易见的标志来决定发明的专利性，直到 1966 年美国最高法院在 Graham 案[4]中的正式认可。在该案中，美国最高法院承认"辅助判断因素"或者非显而易见的标志可以辅助判断第 103 条中的非显而易见。[5]

二、第 103 条制定后的发展

（一）第 103 条制定前后的情况

第 103 条制定前，不少法院在判断专利效力时被"辅助判断因素"所影响，但也有一些法院拒绝考虑。考虑长期存在的技术需求因素被作为建议提交到修改专利法的众议院委员会面前，[6] 但到最后，没有一个"辅助判断因素"被立法所确认。原因可能是在案例法中"辅助判断因素"的适用缺乏统一性：有些法院适用它们，有的法院则忽略它们。案例法中的混乱很好地例证了专利法律职业界此时面临的两难困境。

第 103 条制定后，随着汉德法官的指引，许多法院采用了如长期存在的技术需求和商业成功等客观因素来判断显而易见，例如

---

❶　285 F. 2d 505, 506 (2d Cir. 1960).

❷　Reiner v. I. Leon Co., 285 F. 2d 501 (2d Cir. 1960).

❸　285 F. 2d 501, 504 (2d Cir. 1960).

❹　383 U. S. 1 (1966).

❺　383 U. S. 1, 17–18 (1966).

❻　H. R. 4061, 80th Cong. (1949). See P. J. Federico, Origins of Section 103, APLA Q. J., 1977, (5), P87, 90.

1957 年第四巡回上诉法院对 Brown 案❶的判决，以及 1963 年第十巡回上诉法院对 Mott 案❷的判决。在 Brown 案中，第四巡回上诉法院认定一个涉及"哭泣洋娃娃"的专利有效。法院在开始分析本专利的开端就表示："在本专利之前，玩具制造商不断尝试制造一个满意的真正能哭的洋娃娃，但却没有成功。大量洋娃娃专利被设计来满足此要求，但没有一个取得了商业成功。"然而，根据本专利权人的发明设计的洋娃娃却取得了迅速的商业成功，而且在接下来的 5 年里，成为了流行的玩具。通过援引在 Bausch & Lomb 案中的标准，第四巡回上诉法院认定本专利有效。法院在判决中表示：有证据表明对哭泣洋娃娃有长期存在但未被满足的需求。正如我们所看到的那样，大量设计做出了尝试，但没有一个达到目的。如果技术问题的解决是显而易见的，由于本技术领域存在的需求和努力，本发明的技术方案是不会被人忽略的。❸

1966 年，在《专利法》第 103 条制定 13 年后，美国最高法院在 Graham 案❹中讨论了第 103 条和它的非显而易见性标准。代表美国最高法院起草判决的克拉克法官认可了辅助判断因素的作用。克拉克法官表示：辅助判断因素，如商业上的成功、长期存在但未满足的需求、他人的失败，可能被用于帮助认定发明技术方案的最初技术背景。作为显而易见或非显而易见的标志，这些标准都具有关联性。❺

（二）联邦巡回上诉法院的推动

在 20 世纪 80 年代，美国法院普遍不重视辅助判断因素的作用。

---

❶ Brown v. Brock, 240 F. 2d 723, 727 (4th Cir. 1957).

❷ Mott Corp. v. Sunflower Indus., Inc., 314 F. 2d 872, 879 (10th Cir. 1963).

❸ 240 F. 2d 723, 727 (4th Cir. 1957).

❹ Graham v. John Deere Co., 383 U. S. 1 (1966).

❺ Graham, 383 U. S. at 17-18.

即使是汉德法官曾任职的第二巡回上诉法院，也对汉德法官强调的辅助判断因素不予重视。在 1977 年的 Digitronics 案❶中，第二巡回上诉法院在认定本专利相对于现有技术没有产生任何协同效果后，法院拒绝继续对专利权人提出的辅助判断因素的证据进行分析。第二巡回上诉法院认为本专利明显是不具备创造性的，因此不需要辅助因素的考量来帮助判断创造性。❷ 在 1981 年第七巡回上诉法院对 Labcon 案的判决中，法院也认为辅助判断因素只有在难以决定的情况下才能考虑。❸ 关税和专利上诉法院的判决对其他各巡回上诉法院没有约束力。例如，关税和专利上诉法院曾经在上诉自美国国家贸易委员会的案件中认定一个滑冰板专利有效，而第九巡回上诉法院在 Stevenson 案中却认定其无效。❹ 关税和专利上诉法院认定本专利具备创造性的理由之一就是本专利的滑冰板取得了商业成功，❺ 而第九巡回上诉法院则认为案例法并不要求考虑这些商业成功的证据❻

瑞奇努力引导律师和法官在所有的创造性判断案件中都要考虑辅助判断因素，认为辅助性判断证据具有很重要的作用。马克法官也强调辅助判断因素的重要性。在一次法官论坛的演讲中，他表示，辅助判断因素在重要性上并不是辅助性的，只是从时间顺序上来讲他们是次要的。❼

1978 年修改的《审查指南》正式地规定创造性判断时要考

---

❶　Digitronics Corp. v. New York Racing Association, Inc., 553 F. 2d 740 (2d Cir. 1977).

❷　Id. at 748−49.

❸　Medical Lab. Automation, Inc., v. Labcon, Inc., 670 F. 2d 671, 675 (7th Cir. 1981).

❹　Stevenson v. Grentec, Inc., 652 F. 2d 20 (9th Cir. 1981).

❺　Stevenson, 652 F. 2d at 23.

❻　Stevenson, 652 F. 2d at 23.

❼　Howard T. Markey, Special Problems in Patent Cases, J. Pat. Off. Soc', 1975, (57), pp. 675, 684.

虑商业成功和其他涉及创造性的因素。[1] 1978 年《审查指南》修改部分内容为：审查员在判断第 103 条规定的创造性时，必须考虑商业成功、长期渴望解决但未解决的技术需求、他人的失败等因素。这些证据用于考察专利申请的技术方案做出时的背景。作为显而易见或者非显而易见的标志，这些证据可能具有关联性。[2]

联邦巡回上诉法院建立后，作为专利案件的唯一上诉法院，瑞奇法官和马克法官能够确保在每个专利案件中都强制地考虑辅助判断因素。在 1983 年的 Stratoflex 案中，马克法官认定用于航空工业的电子传导管发明的创造性，纠正了下级法院对辅助判断因素的评价，表示辅助判断因素的证据必须在创造性判断过程中予以考虑。事实上，辅助性判断证据并不只是在判断者对专利是否显而易见有疑惑的时候才使用。[3]

第二节　辅助判断因素的作用

一、辅助判断因素在美国的作用

(一) 关税和专利上诉法院的立场

在 1935 年的 Paramount 案中，美国最高法院放弃了其他具有说服力的证明非显而易见的客观证据，如大量证明本专利方法的实际

---

[1] Rene D. Tegtmeyer, Commercial Success and Other Considerations Bearing on Obviousness, Official Gazette, 1978, (973), p. 34.

[2] Rene D. Tegtmeyer, Commercial Success and Other Considerations Bearing on Obviousness, Official Gazette, 1978, (973), p. 34.

[3] Stratoflex, Inc., v. Aeroquip Corp., 713 F. 2d 1530, at 1538 – 39 (Fed. Cir. 1983).

效用和广泛使用的证据（这些证据在第二巡回上诉法院足以使法院认为本专利具备"发明"）以及他人的失败。❶ 美国最高法院不予理睬这些重要证据的原因是认为只有对本发明是否显而易见有疑问时，这些证据才能够"放在天平上衡量"。❷

　　这种只有对发明是否显而易见有争议时才考虑客观证据的思路，被美国最高法院在 Graham 案中推翻。就在 Graham 案的判决墨迹未干时，关税和专利上诉法院担任法官的瑞奇就在 1966 年 Khelghatian 案中支持了 Graham 案的观点。❸ Khelghatian 案涉及从气态烃中去除碳酰基硫化物的方法专利。专利局上诉委员会维持了审查员对本专利几项权利要求的驳回决定。❹ 上诉委员会作出决定的事实依据是，虽然 Khelghatian 的专利比现有技术更有效，但这种效率的提高从现有技术中是可以预测的。❺ 瑞奇从如何适用第 103 条开始其论述。他评价了专利专员近期发表在公报中的论述。在这篇论述中，专利专员表示，只有在难以判断是否具备创造性的案件中，才考虑如商业上的成功、长期存在且未解决的技术需求以及他人的失败等辅助判断因素。❻瑞奇强烈地回应到，无论判断创造性时是否存在困难，都应当考虑所有的背景因素。❼ 虽然第 103 条没有明确地规定在判断创造性时是否应当考虑辅助判断因素，但 Graham 案中有足够概括的表述使瑞奇坚持认为在每个创造性判断案件中都应当考虑辅助判断因素。这一判决有利于通过迅速遵从

❶　Paramount, 294 U. S. at 473-74.

❷　Paramount, 294 U. S. at 474.

❸　In re Khelghatian, 364 F. 2d 870 (C. C. P. A. 1966).

❹　Khelghatian, 364 F. 2d at 870-871.

❺　Khelghatian, 364 F. 2d at 874.

❻　Khelghatian, 364 F. 2d at 872 n. 2.

❼　Khelghatian, 364 F. 2d at 872.

Graham 案而巩固该案确定的创造性判断规则，并且由此在关税和专利上诉法院中强化了改进创造性判断标准的开端。虽然"辅助判断因素"中的"辅助性"被放在了引号中，但正如关税和专利上诉法院和联邦巡回上诉法院所解释的那样，这些因素并不是真正的辅助性的，而是在每个案件中决定是否显而易见时必须考虑的因素。[1]

在联邦巡回上诉法院的努力下，所有的联邦地区法院在创造性判断中都全面考虑 Graham 四要素，将辅助判断因素的证据也考虑进去。例如，在 1995 年 Nordberg 案[2]中，一审的联邦地区法院表示，创造性判断时对于辅助判断因素如商业成功、长期存在的技术需求和他人的仿制都应当予以考虑。

（二）辅助判断因素的合理位置

然而，在相对于现有技术明显属于显而易见的情况下，辅助判断因素也并不能扭转本专利不具备创造性的局面。在 1997 年联邦巡回上诉法院对 Richardson 案[3]的判决中，维持了联邦地区法院因本专利不具备创造性而认定无效的决定。虽然将止痛和减轻充血的两种药物合并到一个药片中的本专利非常成功地取得了每年 4800 万美元的销售额，而且将这两种药物合并在一个药片中还能取得协同效应，但现有技术中，医生经常将两种药写在同一张药方里，本专利不过是将这两种药合在一起，因此相对于本领域技术人员是显而易见的。即使有强有力的辅助判断因素，法院也没有认定本专利

---

[1] Stratoflex, Inc., v. Aeroquip Corp., 713 F. 2d 1530（Fed. Cir. 1983）（Markey, C. J.）；In re Khelghatian, 364 F. 2d 870（C. C. P. A. 1966）（Rich, J.）.

[2] Nordberg Inc., v. Telsmith, Inc., 881 F. Supp. 1252, 1293（E. D. Wis. 1995）, aff', 82 F. 3d 394（Fed. Cir. 1996）.

[3] Richardson-Vicks, Inc., v. Upjohn Co., 122 F. 3d 1476（Fed. Cir. 1997）.

具备创造性。❶ 法院认为，辅助判断因素的证据，并不单独起到决定作用，其应当与 Graham 要素的其他三个方面证据综合起来考量。❷

在创造性判断中，Graham 要素需要全面考虑，并不存在优先的要件以忽视对其他要件的考察。联邦巡回上诉法院认为，创造性判断并不被预先的公式所决定，如将分开的已知要素组合起来就是显而易见的或者说将组合中的一个已知要素替换为另一个。如果这种预先的公式可以应用的话，就不需要法院全面考虑全部的 Graham 四个要素。

美国《审查指南》规定，虽然辅助判断因素相关证据无论何时提交都应当予以考虑，但是，辅助性判断证据对创造性的判断并不必然起到决定作用。❸ 在 2007 年的 Pfizer 案❹中，联邦巡回上诉法院认为该案中的书面记录已经表明显而易见是如此明确，以至于预料不到的技术效果也不足以否定显而易见的认定。联邦巡回上诉法院在类似的案件也作出同样的认定。❺

二、各国辅助判断因素的比较

（一）我国的相关规定

我国 1993 年《审查指南》关于创造性判断的"审查基准"中规定了四种"参考性判断基准"，包括发明解决了人们一直渴望解决但始终未能获得成功的技术难题、发明克服了技术偏见、发明取

---

❶　Richardson-Vicks, 122 F. 3d at 1484.

❷　Id. at 1483

❸　MPEP § 2145.

❹　Pfizer, Inc. v. Apotex, Inc. , 480 F. 3d 1348, 1372, 82 USPQ2d 1321, 1339 (Fed. Cir. 2007).

❺　Leapfrog Enterprises Inc. v. Fisher-Price Inc. , 485 F. 3d 1157, 1162, 82 USPQ2d 1687, 1692 (Fed. Cir. 2007).

得了预料不到的技术效果、发明在商业上获得成功。[1] 1993 年《审查指南》规定："评定发明有无创造性，应当以专利法第二十二条第三款为基准。为有助于正确掌握该基准，下面给出一些参考性判断基准。应当注意的是，这些判断基准仅是参考性的，审查员在审查具体的案子时，不要生搬硬套，而要根据每项发明的具体情况，公正地做出判断。"《审查指南》强调了上述因素只是参考性的，基本的创造性判断标准还是《专利法》第 22 条第 3 款。

2001 年《审查指南》第 2 部分第 4 章第 3.2 节的"审查基准"明确规定："评定发明有无创造性，应当以专利法第二十二条第三款为基准。为有助于正确掌握该基准，下面分别给出突出的实质性特点和显著的进步的审查基准。"并在第 3.3 节"辅助性审查基准"中规定："发明是否具备创造性，通常应当依据本章第 3.2 节所述审查基准进行审查。为了有助于创造性的判断，下面给出一些特定情况下的辅助性判断基准。"这是第一次明确了上述四个方面的因素只是"辅助性审查基准"。

2006 年《审查指南》第 2 部分第 4 章第 5 节 "判断发明创造性时需考虑的其他因素"规定：发明是否具备创造性，通常应当根据本章第 3.2 节所述的审查基准进行审查。应当强调的是，当申请属于以下情形时，审查员应当予以考虑，不应轻易作出发明不具备创造性的结论。2006 年《审查指南》仍然规定了四个方面的因素。

（二）其他国家的规定

欧洲专利局上诉委员会认为，根据已有的判例法，根据现有技术从技术上判断创造性是无可替代的。当创造性判断因素确定后，现有技术的整体状态和所有的重要考量因素就能够表明是否具备创造性。但并不必然总是这种情况，[2] 在有疑问的案件中，如对现有

---

❶　参见 1993 年《审查指南》第 2 部分第 4 章第 3.2 节。

❷　T 24/81，OJ 1983，133，T 55/86.

技术启示的客观分析仍然不能提供清晰的结论时，辅助判断因素具有重要性。❶辅助判断因素只是补救性的创造性判断考量因素。❷

在 submission 案中，欧洲专利局上诉委员会详细说明了其认定创造性的理由。虽然商业成功、技术偏见的克服、文献的久远、长期渴望需求的满足、模仿和侵权的存在都得到了相当程度的重视，但本案中的技术事实非常清楚，辅助判断因素并不能起到作用。在 T 915/00 案中，欧洲专利局上诉委员会认为商业应用、技术许可和科技界对发明人的认可都构成了创造性判断的辅助因素。

日本《审查指南》强调，为了支持创造性的认定，商业成功或类似的事实是可以考虑的，但审查员应当认定商业成功等事实是由于发明的技术特征而产生而不是因为其他因素如销售推广技巧和广告。❸

（三）比较分析

辅助判断因素是不是"辅助性"的，表面上看，我国和日本的态度比较模糊，而美国和欧洲专利局的规定相反。美国强调辅助判断因素作为 Graham 四个要素之一应当在一开始就作为事实要素予以考虑；而欧洲专利局则认为一开始并不考虑辅助判断因素，应当考察其他事实要件如区别特征、客观技术问题，只有在有疑问的情况下才考虑辅助判断因素。

但结合实务经验分析可以发现，二者实际上并无本质区别。第一，美国也强调，即使是一开始就要考虑辅助判断因素，创造性判断也不应机械地遵守任何公式，而且不能仅凭辅助判断因素得出是

---

❶　T 645/94，T 284/96，T 71/98，T 323/99，T 877/99.

❷　T 1072/92，T 351/93.

❸　参见日本《审查指南》第 2 部分第 2 章第 2.8 节。

否显而易见的结论。❶ 这一点与欧洲专利局是相同的。第二，在美国，在相对于现有技术明显属于显而易见的情况下，辅助判断因素也并不能使本专利具备创造性。❷ 这一点与欧洲专利局认为只有在有疑问的情况下才考虑辅助判断因素是实质性相同的。第三，根据笔者的实务经验，不管表面上声称一开始就考虑辅助判断因素，还是表面上声称只在有疑问时才考虑辅助判断因素，在实际上判断创造性时，只有在区别特征认定后、客观技术问题考虑后，在事实基础上进行法律判断的时候，才真正需要辅助判断因素作为判断的砝码。如果本专利的显而易见非常明显，法官并不能将一个明显显而易见的技术方案的垄断权授予发明人，越是有商业价值的显而易见技术方案越不能被个别人垄断。如果本专利并不是那么显而易见，正如汉德法官所说，法官作为技术信息和发明背景信息的很不完全掌握者，只能通过辅助判断因素来综合衡量创造性的高度。❸ 在创造性判断的最后阶段，法官的根本思考就是给不给发明人垄断性专利权，是司法中的利益衡量和价值选择。如果从法律经济学的立场来进行利益衡量，应当考虑授予专利权的社会收益是否比社会成本更大。但这种法律判断还应当考虑影响法律政策的其他方面。辅助判断因素，一方面可以用于帮助法官获得完整的技术信息，另一方面实际上是法官在利益平衡时的一个筹码。如果不考虑辅助判断因素，法官的利益平衡和价值选择结论也非常明显，无论表面上是否声称一开始就要考虑辅助判断因素，辅助判断因素都不能成为作出决定的真正"理由"，最多只是个"借口"。从这种裁判思路的角度来讲，欧洲专利局上诉委员会的审查员和美国法官对辅助判断因素的使用是相同的，并无太大差异。

---

❶ MPEP § 2145.

❷ Richardson-Vicks, Inc., v. Upjohn Co., 122 F. 3d 1476 (Fed. Cir. 1997).

❸ 266 F. 221 (S. D. N. Y. 1919), aff', 266 F. 229 (2d Cir. 1920).

唯一差异在于，美国强调一开始就考虑辅助判断因素，有利于判断者掌握完整的技术信息，有利于判断者理解本专利做出时的技术背景。例如，在1935年的Wach案中，特区巡回上诉法院推翻了专利局的决定。法院认为，考虑到如果"拥有各种手段的世界上最好的航海工程师都不能解决这个技术问题"，最终由本发明的发明人得到的解决方案不可能相对于本领域技术人员是显而易见的。❶

汉德法官是强调这种观点的代表。在1960年的Reiner案❷中，汉德法官表示他在判断创造性时某些"路标"的依赖非常重要。这些"路标"实质上与他在判决意见中特意考察的非显而易见客观标志相同。汉德法官认为：专利性判断的标准事实上太过模糊，它指引我们猜测本技术领域具有普通技能的人的创造性程度，对此我们根本就不熟悉。除非求助于本技术领域的在先技术方案以及当时各种解决方案的发展情况，我们并不明白这样一个标准如何能够适用于所有的情形。为了依靠自己来判断旧有元素的新组合是否显而易见，应当以对技术方案的熟悉来替代我们的无知。事实上，有一些标志可以依靠，如需求存在了多久、有多少人尝试寻找解决方案、背景的和附属的技术领域中提示了解决方案、发明多久被使用的人所认可为技术问题的解决方案。在本案中，对这些问题的所有答案都支持认定本发明的作出需要比本领域普通技术人员拥有更多的直觉。这些需求是公知的，但却并未出现通过本专利中的最少材料和劳动力来实现目的的技术方案，产品的经济性也应当成为认定发明有效的依据。本案中，相对于在先技术材料的节省是非常重要的；本发明的设计是长期需求的答案。❸

---

❶ Wach v. Coe, 77 F. 2d 113 , 114（D. C. Cir. 1935）.

❷ Reiner v. I. Leon Co. , 285 F. 2d 501（2d Cir. 1960）.

❸ 285 F. 2d 501, 503-04（2d Cir. 1960）.

第三节　商业成功

一、商业成功

(一) 美国的典型判例

在 1887 年的 Maus 案❶中，美国最高法院审理了对啤酒酿造方法进行改进的发明的创造性判断案件的上诉。下级法院判决认定本专利无效，因为本发明的权利要求中的技术方案"看起来并不涉及任何超出机械变化的进步"。❷ 美国最高法院推翻了此项认定。❸ 在美国最高法院的意见中，最重要的事实是本发明的广泛使用，如本发明的商业成功。美国最高法院认为：证词非常充分和清楚，本发明的方法在以前的啤酒酿造行业中并不知道或使用过。从说明书中描述的细节来看，本发明对本技术领域带来了有价值的重要改变。本发明在欧洲和美国都很快得到广泛应用，而且在公开后立即被该领域的公开出版物认可为新的和有价值的发明。❹

在 1892 年至 1930 年期间，美国最高法院的布朗 (Brown) 大法官继续支持辅助判断因素，如在 1895 年的 Creager 案❺中考虑了专利产品取代其他产品的商业上成功的事实。布朗大法官在为美国最高法院起草判决时表示，专利产品被广泛使用，而且替代了其他具有相同功能的产品，足以使天平向发明一边倾斜。❻

---

❶　New Process Fermentation Co. v. Maus, 122 U. S. 413 (1887).

❷　Maus, 20 F. 725, 733 (1884), rev', 122 U. S. 413 (1887).

❸　Maus, 20 F. 725 (1884), rev', 122 U. S. 413 (1887).

❹　Maus, 20 F. 725, 733 (1884), rev'd, 122 U. S. 413, 424 (1887).

❺　C. & A. Potts & Co. v. Creager, 155 U. S. 597 (1895).

❻　Creager, 155 U. S. 597, 609 (1895).

在 1960 年的 Reiner 案[1]中，汉德法官发现头发卷夹子被研发了很长时间。他也注意到在过去的 13 年里，有 7 个专利都试图实现本发明的功能，但汉德法官发现只有本发明迅速取得了意料不到的成功：在第一年即 1946 年，它的销售额大约为 4 万美元，3 个卖 10 美分，意味着有超过一百万个夹子的销售量；在 12 年里销售量达到 9 千万个。在 1957 年，每天的销量为 75 万个。到 1958 年，原告几乎垄断了整个市场。发明人通过开发"既容易调节又稳固的夹子"，引起了发型制作的变革。[2] 考虑到本发明与现在技术之间的区别，汉德法官评价到："在这样小的易碎的产品中细微的区别都可能是决定性的。"对汉德法官而言，由于本发明的夹子取得了迅速的预料不到的商业成功，天平极有说服力地朝着支持专利性的方向倾斜。汉德法官表示："我们当然敏锐地注意到书本中的不断提示，说仅仅是专利产品的销售量并不是发明的一个衡量尺度，我们接受这个结论。尽管如此，如果正确地评估，巨大的商业成功也可以是一个有说服力的背景因素。"[3]

（二）各国规定的比较

我国《审查指南》规定，当发明的产品在商业上获得成功时，如果这种成功是由于发明的技术特征直接导致的，则一方面反映了发明具有有益效果，同时也说明了发明是非显而易见的，因而这类发明具有突出的实质性特点和显著的进步，具备创造性。[4] 我国的规定比较原则；而美国和欧洲的相关判例规则比较丰富，可以借鉴。

美国判例认为，取得商业成功的产品并不是发明申请权利要求

---

❶　Reiner v. I. Leon Co., 285 F. 2d 501 (2d Cir. 1960).

❷　Reiner, 285 F. 2d at 503-04 .

❸　Reiner, 285 F. 2d at 503-04.

❹　参见 2006 年《审查指南》第 2 部分第 4 章第 5.4 节。

范围内的产品并不能证明非显而易见性。❶ 商业成功的证据必须与发明申请的权利要求范围相当。❷ 欧洲专利局上诉委员会的规定基本相同。欧洲专利局上诉委员会认为，商业成功原则上并不被认为是创造性的标志。如果在创造性判断中要考虑商业成功，必须满足以下条件：长期存在的需求被满足；商业成功必须归功于发明的技术特征而不是其他因素如销售技巧或者广告。在 T 110/92 案中，欧洲专利局上诉委员会认为，本案中权利要求 1 确实有商业成功。然而，对权利要求 1 的技术方案在技术方面进行创造性判断并不认定有创造性，因此仅仅有商业成功并不能被认为具备创造性，即使欧洲专利局上诉委员会确信商业成功源于权利要求 1 的技术特征而不是其他因素。

　　欧洲专利局上诉委员会在案例中确认了几种可以认定商业成功的情形。在 T 677/91 案中，欧洲专利局上诉委员会考虑了发明的商业成功，认为忽略发明自申请日以来在其所属技术领域造成的实际影响是不正确的。例如，在一本教科书中的几个段落中表明了发明的各种进步在这个特殊的技术领域中开创了一个新的时代。欧洲专利局上诉委员会总结认为，很难把发明只是常规进步的主张与这些内容协调起来，而因此认定发明具备创造性。在 T 626/96 案中，本发明取得了巨大的商业成功并在很多国家获得广泛认可，而且，商业成功在非常短的时间内获得，因此表明对这个简单的解决方案有强烈的商业需求。商业成功直接归功于发明中的产品结构而不是因为市场技巧和广告技能。市场竞争者努力寻求获得发明的共同使用权利是具有商业成功的一个辅助例证，有利于认定具备创造性，但不是必然如此。在 T 351/93 案中，使用"问题—解决"方法根据现有技术对发明进行技术和专业分析后否定了其具备创造性的结

---

❶ In re Paulsen, 30 F. 3d 1475, 1482, 31 USPQ2d 1671, 1676 (Fed. Cir. 1994).

❷ In re Kulling, 897 F. 2d 1147, 1149, 14 USPQ2d 1056, 1058 (Fed. Cir. 1990).

论的情况下，商业成功并不必然有利于认定创造性。在 T 812/92 案中，欧洲专利局上诉委员会表示，本专利申请日之前，专利权人的竞争者向消费者提供了一个技术装置，但并没有采用发明中的先进技术方案。这种情况可能是本专利具备创造性的一个标志。

（三）我国的司法实践

在我国专利审查和司法实践中，商业上的成功往往因为证据不足或者因为商业上的成功与技术方案之间的因果关系不好确认而未被采用。在"N-（吡咯并 ［2，3-d］嘧啶-3-基酰基）-谷氨酸衍生物的制备方法"发明专利权无效行政纠纷案❶中，伊莱利利公司提出证据 4 公开的化合物无论在技术上还是商业上均未获成功，而本专利的化合物获得了极大的成功。对此，专利复审委员会认为，没有证据表明本专利得到的化合物在商业上获得成功，更没有证据表明伊莱利利公司所声称的成功是由本专利权利要求 1 方法直接导致的，因此，伊莱利利公司关于本专利相对于证据 4 获得商业上的成功因而具有创造性的主张也不能成立。❷

这种情况在欧洲专利局也比较常见。在有的案例中，❸ 欧洲专利局上诉委员会也认为商业成功不能被认为创造性的标志。欧洲专利局上诉委员会指出，一种产品的商业成功很容易归功于其他因素而不是技术性能，尤其是新的生产方法、市场垄断、广告活动或有效的销售技能。

在我国有的案例中，法院以当事人未在无效程序中主张并提交

---

❶ 参见伊莱利利公司与国家知识产权局专利复审委员会、江苏豪森药业股份有限公司发明专利权无效行政纠纷案，北京市第一中级人民法院（2007）一中行初字第 540 号行政判决书，北京市高级人民法院（2009）高行终字第 122 号行政判决书。

❷ 参见国家知识产权局专利复审委员会第 9197 号无效宣告请求审查决定书。

❸ T 478/91.

相关证据为由对取得商业成功的主张不予支持。在"液力偶合器正车减速箱"实用新型专利权无效行政纠纷案❶中，三原告认为本专利产品在商业上成功因而具有创造性的主张，但其提交的证据不能证明其销售的成功系本专利的技术特征所致，故该项主张因缺乏事实及法律依据，一审法院不予支持。二审中当事人补充提交了关于商业上取得成功的证据，但二审法院认为在复审期间未提出该主张及相关证据，在诉讼阶段提出的该项主张依法不能纳入对被诉行政决定事实的审查范围，因此对该项主张不予采纳。

在 KSR 案之前，联邦巡回法院的证据规则有所不同：如果专利权人能够证明具备专利技术特征的产品取得商业成功，则推定该专利具备创造性，而转而由无效主张的一方来提交反证。联邦贸易委员会认为这种证据规则是不恰当的：首先，这一规则忽略了商业成功可能因为广告、市场等其他原因，举证责任的转移太过容易；其次，专利权人实际上对商业成功的原因掌握的信息是最全面的，应当由专利权人而不是别人来承担举证责任。❷

在我国，因取得商业成功认定创造性的判例很少，"女性计划生育手术 B 型超声监测仪"案❸是商业成功作为创造性判断因素得到支持的为数不多的判例之一。下面简要介绍一下本案。本专利权

---

❶ 参见熊以恒、马家骥、熊晟与国家知识产权局专利复审委员会、大连市旅顺石油机械设备厂案实用新型专利权无效行政纠纷案，北京市第一中级人民法院（2004）一中行初字第 1007 号行政判决书，北京市高级人民法院（2006）高行终字第 159 号行政判决书。

❷ Fed. Trade Comm'n, To Promote Innovation: The Proper Balance of Competition and Patent Law and Policy, 2003, P11.

❸ 参见胡颖与国家知识产权局专利复审委员会、深圳市恩普电子技术有限公司实用新型专利权无效行政纠纷案，北京市第一中级人民法院（2009）一中行初字第 911 号行政判决书，北京市高级人民法院（2009）高行终字第 1441 号行政判决书。

利要求 1 的技术方案为："1. 一种女性计划生育手术 B 型超声监测仪，包括现有的 B 型超声仪（1），其特征在于：该 B 型超声仪的探头（2）与阴道窥器（3）卡接。"本专利要解决的是"对女性计划生育手术中的人工流产手术、放置节育器及取出节育器手术可在直视下进行"的技术问题。本案的争议焦点为本专利权利要求 1 相对于附件 2 和 4 是否具备创造性。

为证明本专利已经取得商业上成功，胡颖在二审审理期间提交了以下证据：新证 1，中国人民解放军成都军区联勤部机关医院谭昌琴等 11 位专家提供的专家证言，证明新技术"经阴道超声介入性计划生育手术"解决了现有技术中如何提高人工流产手术的成功率、减少手术并发症的发生以及如何解决妇产科医生在盲视下手术的问题。新证 2，湖北省计生服务站医疗设备政府采购订货合同（2007）、（2008），河南省人口与计划生育委员会医疗器械采购项目合同、黑龙江省政府采购合同，涉及购买数量不等的无锡贝尔森影像技术有限公司生产的 B 超监视妇产科手术仪。新证 3，中华医学会电子音像出版社出具的证明及出版证书，证明该社联合贝尔森影像技术有限公司于 2008 年出版了"经阴道超声介入性计划生育手术" DVD 光盘，并向全国发行。新证 4，国家知识产权局于 2005 年 12 月 31 日出具的检索报告，其上载明本专利权利要求 1-6 具备新颖性和创造性。在本案二审庭审中，上诉人胡颖申请中国人民解放军成都军区联勤部机关医院谭昌琴及吉林大学第一医院妇产科主任冯丽华出庭作证，证明使用本专利技术方案制造的 B 超监视妇产科手术仪在使用中解决了现有技术中如何提高人工流产手术的成功率以及减少手术并发症的发生以及妇产科医生在盲视下手术的问题。

二审法院认为，本专利为实用新型。实用新型往往是对现有技术的技术方案在形状、构造上进行简单的改进，其创造性的要求低于发明专利。附件 2 和附件 4 均不能用于人工流产手术以及放置、取出节育器的手术，也没有给出将 B 型超声仪探头与扩张阴道的器具进行卡接进行女性计划生育手术的技术启示。二审法院还认为，如果该实用新型的技术效果直接导致该实用新型取得商业上的成功，则该实用新型具备创造性。二审法院认为，胡颖在二审审理期间提交的新证 1、2、3 能够证明 "本专利已经取得商业上的成功，而且这种成功是由于该实用新型的技术特征直接导致的"。因此支持上诉人胡颖关于本专利权利要求 1 相对于附件 2 和 4 的组合具备创造性的上诉主张。二审法院还认为本专利解决了长期存在的技术问题，因此认定本专利具备创造性，判决撤销了一审判决和无效决定。

二、商业成功与专利之间的因果关系

(一) 美国的相关判例

1891 年美国最高法院在 Magowan 案❶中承认发明的商业成功是一件不应当被忽略的事实，在专利性判断中具有重要作用，本案中专利产品的销售取得巨大成功。但美国最高法院在 Magowan 案中对专利产品广泛销售和使用的热衷在随后一周 McClain 案的判决中有所缓和。❷

1891 年的 McClain 案中的专利为马项圈的垫子。布朗法官为美国最高法院起草该案判决。布朗法官在判决中表示，如果没有证据表明大量的销售是归功于发明本身的优点而是因为大量的广告或市场推广的话，则不能作为考虑因素。专利产品使用的情况并不是其具有实质性特点的可靠标准；这是因为这样一些明显的事实，即产

---

❶ Magowan v. New York Belting & Packing Co., 141 U. S. 332 (1891).

❷ McClain v. Ortmayer, 141 U. S. 419 (1891).

品的大量销售往往因为受到大量吸引人的广告的影响，或者受产品投放市场的活动的影响，或者受产品本身固有特点的影响。本案中，本发明商业上的成功是因为大量的需求并且逐年的增长而导致，另外也部分因为他是唯一制造专利产品的人，他制造的质量很好，并且以非常大量和吸引人的方式进行宣传，采用了各种方式将其推向市场，因此大量提高了市场销售量。事实上，不能因为这些原因就判断这些产品的销量在多大程度上是因为其具有比其他产品更优的实质性特点。❶

McClain 案被视为支持这样的立场，即专利权人必须在发明主题与商业成功之间建立因果关系。法院认为，缺乏这种因果关系，大量销售的证据可以导致确认那些只有细微改进的设备或变体也有专利权。如果广泛的销售被作为专利性的标准，可能导致某个依靠已知的方法进行细微改进就想获得专利的人通过强力推销或过分包装其产品促进销量，进而将竞争者挤出市场获得事实上的垄断地位，但事实上并没有对实用技术领域作出任何实质上的贡献。❷

仅仅在 McClain 案作出一年后，美国最高法院在 1892 年的 Washburn 案❸中又回到对商业上的成功的考虑上来了。Washburn 案中的发明者改进了用在围墙上的倒钩铁丝的最后制造步骤。布朗法官代为起草美国最高法院的判决。他推翻了下级法院的判决，认定专利有效，首次认定本发明的改进正是商业成功的原因。在本案中，专利权人证明了在发明与商业成功之间存在因果关系。❹ 回想

---

❶　141 U. S. 419, 428 (1891).

❷　141 U. S. 419, 428 (1891).

❸　Washburn & Moen Manufacturing Co. v. Beat 'Em All Barbed-Wire Co., 143 U. S. 275 (1892).

❹　143 U. S. 275 (1892).

一下，布朗法官在 1891 年的 McClain 案❶中并没有发现这种因果关系。

　　虽然将倒钩安装在围墙铁丝上并不显然表明发明者贡献了天赋，但从先前发明人的粗糙工艺到本发明人的精细工艺，每一个专利都标志着本技术领域的一个进步。使用本发明的围墙与其他围墙之间的差别确实不是根本性的，正如大家所看到的那样是细小的进步，但非常明显的是专利产品在商业上的成功确实是由技术改进导致的。❷

　　在本案中，法院不仅注意到了新专利产品的商业成功，还关注了在先技术努力的失败。在美国最高法院的很多案例中，法院把专利权授予了众多发明者的最后一个；大家都想获得某种结果，但只有最后一个能够最终抓住这种结果。❸很明显，几乎所有与本专利有关的尝试都在后来放弃了，只有发明人克服了所有的疑难问题，第一个公开了其设计，并将其投入实际使用，专利得到了迅速实施，广泛被采用直到这个世界上几乎所有的养牛地区都采用了这种设计。❹

　　在 1911 年的 Diamond Rubber 案❺中，麦肯纳法官强调要考虑发明的商业成功，但是拒绝认为广告和市场推广能够解释发明者的成功。法院认为一些广告是引起注意的必要手段，能够促进发明的实施，但发明更大规模的实施只能是其实质性优点导致的，事实上是其所宣称的相对其他方案的优点导致。❻ 因此，美国最高法院总结

---

❶　McClain v. Ortmayer, 141 U. S. 419 (1891).

❷　Washburn, 143 U. S. at 282. f1050

❸　Washburn, 143 U. S. at 283.

❹　Washburn, 143 U. S. at 292.

❺　Diamond Rubber Co. v. Consolidated Rubber Tire Co. , 220 U. S. 428 (1911).

❻　Diamond Rubber, 220 U. S. at 442.

认为发明专利与商业成功之间存在因果关系，而且广告的影响只是
一种推测。❶

（二）　商业成功的有限作用

在 1918 年的一个案件即 National Sweeper 案❷中，汉德法官考
虑了本发明商业成功的证据。然而，同时，他承认在草率地将商
业成功作为专利性的路标评价时隐藏着的危险。❸汉德法官认为：
原告并没有过度依赖其清扫器获得的成功，我们被迫考虑商业上
成功标准的适当性。书本上确实充满了法院认为原告专利的商业
成功应当作为发明的重要标准的案例，我们绝不愿意去质疑它在
适当的案件中的价值。然而这是一个危险的规则，一个容易导致
将广告或商业推销才能认定为发明天赋的规则。在取得商业成功
的案件中，如果技术方案有过被在先研发的历史，并且因为缺乏
专利权人的贡献而未成功，发明人的贡献加入后形成了广泛成
功，则可以合理地推断本领域技术需要的发明，对于我们而言并
不容易。因此，汉德法官要求在商业成功与发明之间应当有因果
关系。❹

再如在 1933 年的 Glidden 案❺中，汉德法官认为，对商业成功
的依赖绝不能被过分强调。❻在 1919 年的 Wire Wheel 案❼中，汉德
法官表示，商业成功可能由多个原因导致，远不止一个新的创造性
思想。商业成功的价值存在于发明的技术问题长期没有被满足，新

---

❶　Diamond Rubber, 220 U. S. at 442.

❷　National Sweeper Co. v. Bissell Carpet Sweeper Co., 249 F. 196（2d Cir. 1918）.

❸　249 F. 196, 198（2d Cir. 1918）; see also M. S. Wright Co. v. Bissell Carpet
Sweeper Co., 249 F. 199, 201（2d Cir. 1918）.

❹　National Sweeper, 249 F. at 198.

❺　E. I. Du Pont de Nemours & Co. v. Glidden Co., 67 F. 2d 392（2d Cir. 1933）.

❻　67 F. 2d 392, 394-95（2d Cir. 1933）.

❼　Wire Wheel Corp. v. C. T. Silver, Inc., 266 F. 221（S. D. N. Y. 1919）.

的技术方案立即解决了旧有技术问题的那些案件中。❶

美国《审查指南》总结了判例法的规则，规定商业上的成功应当是直接归因于技术进步而不能是因为外部于发明本身的其他商业上的原因。❷ 我国《审查指南》事实上有相同的规定，明确地强调了商业成功的有限作用。我国《审查指南》规定，当发明的产品在商业上获得成功时，如果这种成功是由于发明的技术特征直接导致的，则一方面反映了发明具有有益效果，同时也说明了发明是非显而易见的，因而这类发明具有突出的实质性特点和显著的进步，具备创造性。但是，如果商业上的成功是由于其他原因所致如由于销售技术的改进或者广告宣传造成的，则不能作为判断创造性的依据。❸

第四节　其他辅助判断因素

一、长期存在但未解决的技术问题

(一) 美国的早期判例

除了商业成功，汉德法官也认识到其他辅助判断因素的重要性，如他人的失败和长期渴望解决的技术问题。当还是一个联邦地区法院的法官时，在 Wire 案中，他就将他人失败的证据和本发明商业成功的证据结合起来作为认定专利性的依据。❹

Ruben Condenser 案❺向汉德法官提出了他人失败因素在判断发

---

❶　266 F. 221, 227 (S. D. N. Y. 1919).

❷　MPEP § 716. 03 (b).

❸　参见 2006 年《审查指南》第 2 部分第 4 章第 5.4 节。

❹　Wire Wheel Corp. of America v. C. T. Silver, Inc. , 266 F. 221, 227 (S. D. N. Y. 1919).

❺　Ruben Condenser Co. v. Copeland Refrigeration Corp. , 85 F. 2d 537 (2d Cir. 1936).

明专利性时的重要性问题。他把这一辅助判断标准提炼如下：涉案的发明是大家所熟悉的，有几个发明者在同时开始着手解决相同的技术问题。他们的解决方案各不相同，有的更优。但这并不能说任何一个自发的研发结果都需要特别的技能，或者说成功的发明并不能确定地很快被发现。这与长期存在的需求这一辅助判断因素所指的情形并不相同。那种情况是指，在需求存在的整个期间都没有决定性的解决方案，而需求最终被发明所成功解决。❶

6 年后，在 1942 年的 Mimex 案❷中，汉德法官继续坚持他早期确定的规则，重视对他人失败的证据进行考察，并为此提出了充分的理由。首先，注意到本发明意外的商业成功，汉德法官感到否认用于改善货物尤其是容易腐烂货物的存储的本发明的专利性，将会否认得到广泛认可的发明。❸ 他随后强调了他人在本技术领域的失败。汉德法官表示：那些发明者并未能取得成功，而本发明的发明人却开辟出一条新的道路，到达了他人努力多年都没能成功到达到的目的。一个人只有对所有这些重要事实视而不见，才能说他们还需要进步的事实来认定本发明超出了普通技能。汉德法官认定本发明有效。❹

在 1955 年的 Lyon 案中，汉德法官注意到，本领域技术能力最强的技术工人已经花费了 10 年在寻求解决本发明的技术问题，其中有一些尝试但没有一个满足需求，同时在相关技术领域也缺乏相关的技术方案能够促进技术问题的解决。本发明一出现，就替代了现在的操作方式并实际上占据了整个技术领域。❺

----

❶　85 F. 2d 537, 541 (2d Cir. 1936).

❷　Dewey & Almy Chemical Co. v. Mimex Co., 124 F. 2d 986 (2d Cir. 1942).

❸　124 F. 2d 986, 990-91 (2d Cir. 1942).

❹　124 F. 2d 986, 991 (2d Cir. 1942).

❺　Lyon v. Bausch & Lomb Optical Co., 224 F. 2d 530, 535 (2d Cir. 1955).

第二巡回上诉法院在 1892 年审理了 Edison 案❶，支持了爱迪生（Edison）的著名电灯泡专利。被控侵权者抗辩称爱迪生将真空管里的碳替换为铂是一个显而易见的改进。在支持爱迪生时，法院指出本发明的改进导致了第一个现实可用的电灯泡的产生。❷

被告传唤的专家作证时称，这种材料替换并不具备"发明"，但法院并不认可这种观点。法院认为，索耶（Sawyer）和曼（Man）熟悉本领域的技术，但即使在他们学会如何将空气抽出灯泡后，他们从已经唾手可得的真空转向氮气，认为通过使用氮气而不是真空可以获得稳定的使用。爱迪生熟悉本领域的技术，但是在他得到几乎接近于完美获得法国专利的真空时，他为了确保不泄露转向了盖斯勒（Geissler）和克鲁克斯（Crookes）。经过几个月耐心和坚持不懈的实验后，在把灯丝从碳替换为铂时，他长期渴望达到的成功才算实现。❸

类似的证明在先尝试失败的证据也使 1894 年 Richardson 案❹的法院支持了一个用于改进服装别针的专利。在该案中，法院特别地提到在本发明之前授予了大量用于服装系扎的专利，但是所有这些实验都没有寻求做出本发明这样的结合。这种背景事实强烈地倾向于证明现有技术中的别针的改进相对于本领域技术人员并不会是显而易见的，而是需要应用创造性才能。法院认为，如果将在先的努力都失败而且都算不上起码的成功的事实增加到背景中，而且与本发明的重大实用性、广泛的公众使用以及显著的商业成功相对比，

---

❶ Edison Electric Light Co. v. United States Electric Lighting Co., 52 F. 300 (2d Cir. 1892).

❷ 52 F. 300, 308 (2d Cir. 1892).

❸ 52 F. 300, 308-09 (2d Cir. 1892).

❹ Richardson v. Shepard, 60 F. 273 (C. C. D. Mass. 1894).

这些考量足以化解任何对专利权人的专利性提出的怀疑。❶

　　这一原则也被 Westinghouse Electric 案❷所遵循。在该案中，法院驳回了认为本专利相对于在先专利无效的主张。法院认为：现在，有人主张相对于包括泰斯拉（Tesla）1888 年 5 月 1 日专利的现有技术而言，本发明的最后一步不具备"发明"，而仅仅是电工或电子工程师技能的应用，因为泰斯拉专利第一步的采用使得第二步相对于本领域技术人员非常显而易见。但是，无论现有技术和实验室知识的状况如何，除了泰斯拉外，没有人采用其中的任何一步从而给电子领域增加实用和有价值的知识。❸

　　在 1955 年 Lyon 案❹中，本专利涉及获得镜头表面的无机盐无反射薄膜的方法。此方法涉及两步，第一步是在真空中加热镜头以蒸发光学镜片表面水分和油脂，然后在真空中蒸发无机盐并保持覆盖镜片表面，结果是在镜头表面形成一层坚硬、牢固、防刮的覆盖物。❺ 此方法的新颖性体现在当覆盖表层时保持光学镜片表面加热。❻ 从事后的眼光来看，这一步并不是非常重要。纽约西区联邦地区法院判决本专利有效并认定被告侵权。❼ 汉德法官认定了专利有效。为了支持本专利的有效性，汉德法官将考察重点放在了本发明之前和之后的本技术领域背景上。汉德法院认为：本领域最优秀的工人花了至少 10 年来寻求一个坚硬的、牢固的表层来防止反射；

---

❶　60 F. 273, 275 (C. C. D. Mass. 1894).

❷　Westinghouse Electric & Manufacturing Co. v. Dayton Fan & Motor Co., 106 F. 724 (C. C. S. D. Ohio 1901), aff', 118F. 562 (6th Cir. 1902).

❸　106 F. 724, 728 (C. C. S. D. Ohio 1901), aff', 118F. 562 (6th Cir. 1902).

❹　Lyon v. Bausch & Lomb Optical Co., 224 F. 2d 530 (2d Cir. 1955).

❺　Lyon v. Bausch & Lomb Optical Co., 119 F. Supp. 42, 43 (W. D. N. Y. 1953), aff', 244 F. 2d 530 (2d Cir. 1955).

❻　119 F. Supp. 42, 43–44 (W. D. N. Y. 1953).

❼　119 F. Supp. 42, 51 (W. D. N. Y. 1953).

之前也有大量的尝试，但没有一个满意；同时在相邻技术领域也没有办法推进问题的解决；本发明出现后，它取代了现有的操作方式而且实际上应用到了整个领域。我们并不认为还要什么证据才能证明本发明的改进符合第 103 条的规定，即相对于熟悉本技术领域的普通技术人员不是显而易见的。[1]

（二）各国的相关规定

欧洲专利局上诉委员会认为，在认定是否存在长期未解决的技术问题时不应当仅仅考虑时间因素，还需要综合考虑其他能够证明该事实的证据。在 T 1014/92 案中，申请人主张对比文件 1 和 2 在长达 35 年间没有被结合本身就是二者之间没有显而易见的关联性的强有力证据，欧洲专利局上诉委员会对此不予支持。欧洲专利局上诉委员会认为，如果有其他证据佐证如长期存在需求的证据，这样的结论才有可能被得出。

我国《审查指南》规定：如果发明解决了人们一直渴望解决但始终未能获得成功的技术难题，这种发明具有突出的实质性特点和显著的进步，具备创造性。例如，自有农场以来，人们一直期望解决在农场牲畜（如奶牛）身上无痛而且不损坏牲畜表皮地打上永久性标记的技术问题，某发明人基于冷冻能使牲畜表皮着色这一发现而发明的一项冷冻"烙印"的方法成功地解决了这个技术问题，该发明具备创造性。[2] 欧洲专利局上诉委员会也认为，如果现有技术中长期存在改进的强烈需求，但未提出发明的解决方案，这种情况可以作为认定创造性的一种考虑因素。[3]

（三）我国的司法实践

在我国司法实践中，有案例在创造性判断中考虑了本专利在满

---

[1] Lyon, 224 F. 2d at 535.

[2] 参见 2006 年《审查指南》第 2 部分第 4 章第 5.1 节。

[3] T 109/82, OJ 1984, 473; T 555/91, T 699/91.

足长期存在但未满足的技术需求方面的事实。在"前轮定位装置"实用新型专利权无效行政纠纷案❶中，争议焦点在于专利权利要求4相对于对比文件1和对比文件2是否具备创造性。专利复审委员会认为本专利权利要求4相对于对比文件1和2具备创造性。一审法院认为本专利权利要求4的区别特征与对比文件2披露的技术手段所起的作用相同，对于本领域技术人员而言属于常规的技术选择，因此认定本专利权利要求4不具备创造性，判决撤销了无效决定。二审法院认为对比文件2没有给出采用区别特征解决客观技术问题的技术启示。二审还考虑在对比文件1提出的1993年至本专利申请提出的2001年之间的8年间，在市场竞争比较激烈的童车领域并没有人采用本专利权利要求4的技术方案来解决对比文件1存在的技术缺陷，这也从一个侧面表明本领域技术人员不经过创造性劳动不可能在对比文件1的基础上结合对比文件2得到本专利权利要求4的技术方案，原审判决认为采用本专利权利要求4中的螺旋升降面来升降固定装置"对于本领域技术人员而言属于常规的技术选择"，没有事实依据。二审因此撤销一审判决，维持专利复审委员会的无效决定。

二、克服技术偏见

（一）我国的规定

我国《审查指南》规定：技术偏见，是指在某段时间内、某个技术领域中，技术人员对某个技术问题普遍存在的、偏离客观事实的认识，它引导人们不去考虑其他方面的可能性，阻碍人们对该技

---

❶ 参见平湖市贝斯特童车有限公司与国家知识产权局专利复审委员会、中山市隆成日用制品有限公司实用新型专利权无效行政纠纷案，北京市第一中级人民法院（2009）一中行初字第78号行政判决书，北京市高级人民法院（2010）高行终字第1102号行政判决书。

术领域的研究和开发。如果发明克服了这种技术偏见，采用了人们由于技术偏见而舍弃的技术手段，从而解决了技术问题，则这种发明具有突出的实质性特点和显著的进步，具备创造性。例如，对于电动机的换向器与电刷间界面，通常认为越光滑接触越好，电流损耗也越小。一项发明将换向器表面制出一定粗糙度的细纹，其结果电流损耗更小，优于光滑表面。该发明克服了技术偏见，具备创造性。❶

（二）技术偏见的认定

我国有判例认为，长时间没有人采用本专利的技术方案能够佐证本领域存在技术偏见。在"灯盏花素粉针剂及制备方法"发明专利权无效行政纠纷案❷中，本专利将用灯盏花素盐作为治疗心血管疾病的药品。灯盏花素在现有技术中可以用做药品，但本领域技术人员不会将灯盏花素制成灯盏花素盐用做药品。灯盏花素作为治疗心血管疾病的药品在本专利申请日前的1972年和1980年就已为本领域技术人员所知，但在此后20年间没有人提出用灯盏花素盐作为治疗心血管疾病的药品。考虑到上述因素，专利复审委员会在第4973号无效决定中认为上述事实"说明将灯盏花素盐作为治疗心血管疾病的药品需要付出创造性劳动"。❸一审法院则认为本专利不具备创造性，判决撤销无效决定。二审法院则支持专利复审委员会的意见，判决撤销一审判决，维持无效决定。

---

❶ 参见2006年《审查指南》第2部分第4章第5.2节。

❷ 参见昆明龙津药业有限公司与国家知识产权局专利复审委员会、昆明龙津药业有限公司发明专利权无效行政纠纷案，北京市第一中级人民法院（2003）一中行初字第427号行政判决书，北京市高级人民法院（2004）高行终字第19号行政判决书。

❸ 国家知识产权局专利复审委员会第4973号无效宣告请求审查决定。

　　我国有判例认为，价格昂贵并不能构成采用本专利中某项技术手段的技术偏见。在"氨氯地平对映体的拆分"发明专利权无效行政纠纷案❶中，本专利权利要求 1 与对比文件相比，区别特征仅在于所使用的助剂不同：本专利权利要求 1 使用 DMSO-d6 或者含有 DMSO-d6 的溶剂，而对比文件使用 DMSO 或者含有 DMSO 的溶剂。DMSO-d6 和 DMSO 的化学性质相同，其他性质相近。一审法院认为，虽然 DMSO-d6 主要用于核磁共振领域且价格昂贵，在本专利申请日之前也未公开此种替换，但从现有证据来看，并不存在进行这种替换的障碍。

　　美国《审查指南》规定，一项结合不可能是因为经济上或商业上的原因，并不意味着本领域技术人员不会因为解决技术上的问题而进行结合。❷ 在 1983 年的 Farrenkopf 案❸中，现有技术公开了添加抑制剂到放射性免疫测定中最为便利，但却是对解决稳定问题的最昂贵方法。联邦巡回上诉法院就认为，添加的高昂成本并不能制止本领域技术人员为了实现便利而进行这种添加。

　　(三) 技术偏见的举证责任

　　技术偏见是否存在，在专利授权行政纠纷中应当由专利复审委员会还是专利申请人承担举证责任，在专利确权行政纠纷中应当由无效请求人还是专利权人承担举证责任，实践中存在不同认识。在有的判例中，一审、二审法院对此有不同意见。在"一种

---

❶　参见石家庄制药集团欧意药业有限公司、石药集团中奇制药技术（石家庄）有限公司与国家知识产权局专利复审委员会、张喜田发明专利权无效行政纠纷案，北京市第一中级人民法院（2006）一中行初字第 810 号行政判决书，北京市高级人民法院（2007）高行终字第 68 号行政判决书。

❷　MPEP §2145. VII.

❸　In re Farrenkopf, 713 F. 2d 714, 219 USPQ 1（Fed. Cir. 1983）.

单牙轮钻头"实用新型专利权无效行政纠纷案❶中，江汉钻头公司主张，由于单牙轮钻头与 PDC 钻头属于不同类型，PDC 钻头的保径技术应用于单牙轮钻头存在技术偏见，而宜春机械厂主张这种结合不存在技术偏见。一审法院认为，虽然双方均应当举证，但如果江汉钻头公司不能证明上述结合存在技术偏见，则应承担不利后果。也就是说，江汉钻头公司应当承担所谓的证明责任或者结果意见上的举证责任。二审法院则认为，由于宜春机械厂是无效请求人，其应首先举出上述结合不存在技术偏见的证据，然后由主张存在技术偏见的江汉钻头公司举出证据。宜春机械厂并未证明单牙轮钻头与 PDC 钻头的结合不存在技术偏见的证据，因此对其主张应不予采信。二审因此撤销一审判决，维持专利复审委员会的无效决定。由于是否存在技术偏见的判断，往往需要以对某个专业技术领域的知识的了解为前提，而判断者不太可能对所有技术领域的知识都熟悉，因此在是否有技术偏见这一事实真伪不明时，应当确定由一方承担不利后果。在专利确权行政纠纷中，无效宣告请求人是发动程序的一方，是对已经授权的专利提出质疑的一方，从这个角度讲，本案二审法院认为应当由其承担不利后果，或者说承担结果意义上的举证责任，有一定的合理性。但是，技术偏见的存在，根本上是专利权人或申请人的主张，因此按证据规则恐怕由专利权人或申请人证明更有道理。

　　根据欧洲专利局上诉委员会的案例法，❷ 克服一个已有的需要

---

❶　参见宜春第一机械厂与国家知识产权局专利复审委员会、江汉石油钻头股份有限公司实用新型专利权无效行政纠纷案，北京市第一中级人民法院（2003）一中行初字第 854 号行政判决书，北京市高级人民法院（2004）高行终字第398 号行政判决书。

❷　T 119/82, OJ 1984, 217; T 48/86.

被克服的偏见如对技术事实的普遍错误认识，具备创造性。在这种情况下，专利权人或申请人应当承担证明偏见已经被克服的事实的责任，如通过援引合适的技术文献。^❶在某个技术领域普遍被专家所认为的偏见一般可以通过援引优先权日或申请日之前出版的文献或者百科全书来证明。任何在申请日之后产生的技术偏见不影响创造性的判断。^❷

三、预料不到的技术效果

（一）技术启示与预料不到技术效果的关系

有判例认为，现有技术中有技术启示，而且没有预料不到的技术效果，则本专利不具备创造性。在"金属长杆件热处理方法及其设备"发明专利权无效行政纠纷案^❸中，二审法院认为，当专利要求保护的技术方案相对于最接近的现有技术存在区别特征时，应判断现有技术是否给出将上述区别特征应用到该最接近现有技术以解决其存在的技术问题的启示；如果不存在这种技术启示，且所述技术方案获得了有益的技术效果，则该技术方案具备创造性；反之，如果存在这种技术启示，并且要求保护的技术方案没有带来意想不到的技术效果，则该技术方案不具备创造性。

如果有技术启示，而且也有预料不到的技术效果，本专利是否具备创造性？我国《审查指南》规定，当发明产生了预料不到的技术效果时，一方面说明发明具有显著的进步，同时也反映出发明的

---

❶　T 60/82，T 631/89，T 695/90，T 1212/01.

❷　T 341/94，T 531/95 and T 452/96.

❸　参见嘉兴新悦标准件有限公司与国家知识产权局专利复审委员会、沈申昆、王均捷发明专利权无效行政纠纷案，北京市第一中级人民法院（2007）一中行初字第1530号行政判决书，北京市高级人民法院（2008）高行终字第708号行政判决书。

技术方案是非显而易见的，具有突出的实质性特点，该发明具备创造性。❶ 欧洲专利局上诉委员会认为预料不到的技术效果可以作为认定创造性的标志。❷ 但是，欧洲专利局上诉委员会在 T 21/81 案❸中认为，如果相对于现有技术发明对于本领域技术人员是显而易见的，由于技术进步能够依照技术启示进行改进而自然得出，因此无论是否获得意外的技术效果都不具备创造性。❹ 这样的规则也在 T 69/83 案❺中得以确认。在该案中，因为技术问题的关键部分已经公开，本领域技术人员不得不采取某种解决方案，即使解决方案预料不到地解决了技术问题，这种解决方案也并不自动地具备了创造性。因此，预料不到的技术效果并不能使一个显而易见的发明被授予创造性。❻

而且，在 T 192/82 案❼中，欧洲专利局上诉委员会表示，本领域技术人员可以自由选择现存的最有利于实现其目的的技术手段，如果是从多个可能选项中选择一个，虽然产生了一些可以预料的进步，但也取得了一些附加的技术效果，则这种技术手段的选择可以具有专利性。在这种情况下，如果缺乏选择而构成一个"单行道"的情形，即必然导致可以预见的技术进步的情况下，尽管有一些预料不到的技术效果，也是显而易见的，不具备创造性。欧洲专利局上诉委员会在 T 506/92 案中也指出，本领域技术人员在现有技术上基础上没有付出任何努力而不可避免地取得的预料不到的技术效

---

❶ 参见 2006 年《审查指南》第 2 部分第 4 章第 5.3 节。

❷ T 181/82, OJ 1984, 401.

❸ OJ 1983, 15.

❹ T 365/86, T 226/88.

❺ OJ 1984, 357.

❻ T 231/97.

❼ OJ 1984, 415.

果并不能支持创造性认定。❶

如果没有技术启示，也没有预料不到的技术效果，本专利是否具备创造性？我国《审查指南》规定：应当注意的是，如果通过本章第3.2节中所述的方法，可以判断出发明的技术方案对本领域的技术人员来说是非显而易见的，且能够产生有益的技术效果，则发明具有突出的实质性特点和显著的进步，具备创造性，此种情况不应强调发明是否具有预料不到的技术效果。❷

欧洲专利局上诉委员会在 T 154/87 案中认为预料不到的技术效果并不是创造性的前提条件。必要的条件是确认相关的技术方案并不能被本领域技术人员从现有技术中以显而易见的手段获得。❸日本《审查指南》也规定，如果发明申请相对于引证发明具有有益的技术效果，创造性判断应当予以考虑。但是无论有无有益的技术效果，如果本领域技术人员容易做出发明申请，都应当认定不具备创造性。❹

（二）预料不到技术效果的作用

只有意想不到的技术效果，是否足以认定非显而易见性，我国有判例持肯定意见。在"挡土墙的成形方法"发明专利权无效行政纠纷案❺中，本专利主要发明点在于将现有技术中的临时支护结构的桩中插入钢筋的方案改进为将钢筋设置在桩的外侧，这样，由于

---

❶ see also T 766/92, T 794/01.

❷ 参见 2006 年《审查指南》第 2 部分第 4 章第 6.3 节。

❸ 参见 T 426/92, T 524/97.

❹ 参见日本《审查指南》第 2 部分第 2 章第 2.5 (3) 节。

❺ 参见广东珠江投资有限公司、广东韩江建筑安装工程有限公司、广东省建筑设计研究院国家知识产权局专利复审委员会、北京京冶建筑设计院、李宪奎发明专利权无效行政纠纷案，北京市第一中级人民法院（2005）一中行初字第 373 号行政判决书，北京市高级人民法院（2006）高行终字第 499 号行政判决书。

基坑支护结构是临时结构，在施工完成之后，可以很容易地将钢筋拔出，重复利用，从而大大节约钢材，降低造价。一审法院认为，本专利权利要求1保护的技术方案相比于证据2-11带来了意想不到的技术效果，本专利权利要求1与证据2-11相比具有创造性。二审对对比文件的认定与专利复审委员会和一审法院的意见不同，因此撤销了无效决定和一审判决。日本《审查指南》规定，当发明申请相对于引证发明具有的有益技术效果非常突出以至于本领域技术人员根据现有技术不能预料，则可能认定具备创造性。[1]

我国有判例认为，具有本领域技术人员预料不到的技术效果也从侧面表明了非显而易见性。在"双唑泰泡腾片剂及其制备方法"发明专利权无效行政纠纷案[2]中，专利复审委员会认为，证据2的栓剂仅用于治疗妇科局部炎症，权利要求1的泡腾片基于其对混合性感染等的协同疗效可应用于除妇科以外的更加广泛的临床领域如肛肠科及皮肤感染的临床治疗中。[3]这种协同疗效是本领域技术人员预料不到的技术效果。一审法院支持了专利复审委员会的意见，也强调了"本领域技术人员无法从上述三个证据的教导中得出使用少量泡腾片辅料就可达到使甲硝唑、克霉唑和醋酸洗必泰在现有技术公开的已知用量范围内产生协同作用的技术启示"。

我国《审查指南》有类似规定：当发明产生了预料不到的技术效果时，一方面说明发明具有显著的进步，同时也反映出发明的技术方案是非显而易见的，具有突出的实质性特点，该发明具备创造

---

[1] 参见日本《审查指南》第2部分第2章第2.5（3）节。

[2] 参见林小平与国家知识产权局专利复审委员会、西安高科陕西金方药业公司发明专利权无效行政纠纷案，北京市第一中级人民法院（2006）一中行初字第74号行政判决书。

[3] 参见国家知识产权局专利复审委员会第7602号无效宣告请求审查决定。

性。[1] 正如"双唑泰泡腾片剂及其制备方法"案所论述的那样，如果本领域技术人员预料不到的技术效果产生了，实际上也从另一个方面证明本专利的技术方案相对于本领域技术人员是非显而易见的。我国《审查指南》规定：在创造性的判断过程中，考虑发明的技术效果有利于正确评价发明的创造性。按照本章第5.3节中所述，如果发明与现有技术相比具有预料不到的技术效果，则不必再怀疑其技术方案是否具有突出的实质性特点，可以确定发明具备创造性。但是，应当注意的是，如果通过本章第3.2节中所述的方法，可以判断出发明的技术方案对本领域的技术人员来说是非显而易见的，且能够产生有益的技术效果，则发明具有突出的实质性特点和显著的进步，具备创造性，此种情况不应强调发明是否具有预料不到的技术效果。[2]

日本《审查指南》也规定，虽然引证发明和发明申请的技术方案非常相近，或者发明申请由多个引证发明结合形成，本领域技术人员能够容易地做出发明申请，但如果本领域技术人员不能预料到发明申请相对于引证发明能够取得性质上完全不同或者性质上虽然相同但数量上很突出的有益技术效果，也可以认定具备创造性。尤其是在某些技术领域从发明申请的结构很难以预料其技术效果的情况下，相对于引证发明的有益技术效果有助于认定创造性。[3]

四、其他辅助判断因素

（一）本专利在外国的授权情况

在我国有的案例中，法院明确表示对外国的专利授权情况不予

---

[1]　参见2006年《审查指南》第2部分第4章第5.3节。

[2]　参见2006年《审查指南》第2部分第4章第6.3节。

[3]　参见日本《审查指南》第2部分第2章第2.5（3）节。

考虑。在"水平仪"发明专利 PCT 申请驳回复审行政纠纷案❶中，杜安·朱格尔在诉讼中以本申请在美国获得专利授权为由主张本专利具备创造性，但一审法院认为在美国获得专利的事实与本案没有必然的联系，因此对杜安·朱格尔认为该发明申请具有创造性的主张不予支持。知识产权具有地域性，外国的专利授权情况并不影响本国的授权情况，这在法理上是没有任何问题的。

但在有的案例中，法院认为在判断创造性时可以参考本专利在国外的授权情况。在"前轮定位装置"实用新型专利权无效行政纠纷案❷中，本案的争议焦点在于专利权利要求 4 相对于对比文件 1 和对比文件 2 是否具备创造性。笔者作为该案二审承办人，在合议中提出来除了按照创造性判断的三步法说明本专利是否具备创造性之外，也应当考虑本专利权利要求 4 的技术方案在美国和英国提出过发明专利申请，而且获得了授权的事实。隆成公司在二审中提交的材料表明，本专利在美国和英国分别获得了发明专利权，在美国的专利号为 US6671926B，在英国的专利号为 GB2375955B。虽然从法理上讲，外国的专利授权情况并不影响本国专利授权，但本书的研究已经表明，各国专利创造性制度尤其是在实践层面上的规则实质性相同，有很多具体规则并不因为国别而有区别，因此，外国的授权情况往往能够从侧面表明本专利具备创造性条件。在本案中，本专利在中国申请的是实用新型专利，而在美国申请的是发明专利，从理论上讲，美国的发明专利授权条件并不比我国的实用新型

---

❶ 参见杜安·朱格尔与国家知识产权局专利复审委员会发明申请驳回复审行政纠纷案，北京市第一中级人民法院（2005）一中行初字第 491 号行政判决书，北京市高级人民法院（2005）高行终字第 428 号行政判决书。

❷ 参见平湖市贝斯特童车有限公司与国家知识产权局专利复审委员会、中山市隆成日用制品有限公司实用新型专利权无效行政纠纷案，北京市第一中级人民法院（2009）一中行初字第 78 号行政判决书，北京市高级人民法院（2010）高行终字第 1102 号行政判决书。

授权条件低，因此美国的发明专利授权事实应当可以作为本专利创造性判断的参考因素。

（二）奖励情况

我国有的判例中，专利产品获得了奖励，专利权人据此主张本专利具备创造性，但法院对于获奖与本专利的技术方案之间的关联性没有予以认可。在"一种塑铝型材保温窗"实用新型专利权无效行政纠纷案❶中，专利权人为证明本专利具备创造性，向一审法院提交了以下证据：科技部于 2000 年 7 月 18 日颁发的科技成果推广证书；黑龙江省建设厅于 2002 年 5 月 24 日颁发的节能产品认证证书；黑龙江省名牌战略推进委员会于 2001 年 9 月 25 日颁发的黑龙江名牌证书；中国质量检验协会于 2001 年 1 月 10 日颁发的国家权威检测达标产品荣誉证书。但一审法院却认为相关获奖证书与专利是否具有创造性之间并不具有必然联系，对专利权人的主张不予支持。本案二审维持原判。在美国，审查员也应当考虑本领域技术人员对发明申请进行表彰的证据。❷ 在具体案件中，应当确认奖励方面的证据与发明申请的技术贡献之间的关联性之后，才能对奖励的事实予以考虑。

欧洲专利局上诉委员会的案例很好地解释了奖励在创造性判断中的作用。在"伟哥"（Viagra）案❸中，发明涉及用西地那非治疗阳痿。欧洲专利局上诉委员会表示，商业成功要作为创造性的标志要求两个证明步骤：首先，表明有商业成功；其次，证明这种成功

---

❶ 参见于春国与国家知识产权局专利复审委员会、哈尔滨市中强铝塑复合保温门窗制造有限公司实用新型专利权无效行政纠纷案，北京市第一中级人民法院（2003）一中行初字第 31 号行政判决书。

❷ In re Beattie, 974 F. 2d 1309, 1313, 24 USPQ2d 1040, 1042 – 43 （Fed. Cir. 1992）.

❸ T 1212/01.

归功于发明申请而不是因为其他原因。伟哥获得了各种奖项并在各种期刊中得到了赞扬。欧洲专利局上诉委员会认为如果这些奖励是由那些明白专利法的技术贡献对现有技术应当是非显而易见的人而授予的，则这些奖励对创造性判断是重要的。如果这些奖励的授予只是因为产品改善生活品质的性能，或者是因为申请人研究的高标准，或者是因为销售量巨大，那么因为任何上述原因而授予的奖励对于创造性判断就没有重要性了。欧洲专利局上诉委员会得出结论认为，本发明的奖励和赞扬是因为发明的创造性而得到的观点并不成立。

结　　论

对美国专利创造性制度发展历程的回顾可以发现，长期以来，创造性只是美国司法判例创设的专利性条件。创造性条件先后经历了"发明"、"创造天赋火花"、"教导、启示或动机"和"非显而易见"等标准，判例法表现出了混乱和不确定。联邦巡回上诉法院的成立和对专利上诉案件的集中审理，统一并稳定了创造性判断标准。美国《专利法》第 103 条确定的非显而易见性标准在 Graham 案和 KSR 案中又得到了具体发展。欧洲专利制度的统一和国际专利法实体规则的协调强化了创造性制度的统一。各国的创造性制度趋向于一致。我国创造性判断中，"突出的实质性特点"的判断已经包含了"显著的进步"的判断，比较研究和实证分析都表明创造性条件不需要"显著的进步"。比较研究发现，各国的专利创造性在制度和实践层面都出现了大量的法律移植，法律移植为专利创造性制度的实体法统一打下了良好基础。

美国二百多年的创造性判断历史表明，事后眼光的影响、具体规则的不统一和判断者的分散性是造成创造性判断主观性泛滥的根本原因。创造性判断虽然本质上是一个主观判断，但各种具体判断规则的限制会有效促进创造性判断的客观化和稳定性。为了防止事后眼光的影响，可以从判断方法和步骤的规范、客观技术问题的认定、辅助判断因素的使用等方面促进创造性判断客观化。美国的历史分析和我国的实证分析表明，创造性判断根本上是个主观判断，

判断主体受到事后眼光、技术盲点和个性等因素的影响，客观化的
最有效的途径还是判断主体的集中和同质化。因此，在我国应当坚
持专利行政案件的集中管辖，应当保持审查员和专利法官的稳定，
并促进其同质化。

对专利创造性高度的认识直接影响到创造性判断尺度的掌握。
创造性高度的有关经济分析为深入认识创造性高度提供了不同的进
路。经济分析表明，最佳的创造性高度是边际社会成本与边际社会
收益相等的那个位置，但由于创造性难以量化分析，因此经济分析
难以为实践提供可操作性工具。经济分析也表明，各国在创造性判
断实践中实际上充满了经济思考。美国创造性判断标准的历史分析
表明，创造性高度很容易偏高或偏低，而且不同的社会发展阶段有
不同的要求。为了解决"专利丛林"等问题，应对社会各界对创造
性高度过低的批评，美国最高法院在 KSR 案中提高了创造性判断
标准。在实务中，与创造性高度最密切相关的是本领域技术人员创
造能力的界定。创造性判断是定性分析而非定量分析，因此发明和
实用新型在创造性高度上的差异，除了体现在对比文件的技术领域
和数量上，在实践中再也难以区分。

创造性判断应当遵守一些基本原则，本书试着总结了三个基本
原则。权利救济中专利权范围应当与专利授权和确权的范围一致，
因此创造性判断应当与专利权救济相互协调；这是创造性判断中的
相互协调原则。创造性的判断，应当针对权利要求限定的技术方案
整体进行评价，即评价技术方案是否具备创造性，而不是评价某一
技术特征是否具备创造性，这是创造性判断中的整体评价原则。在
评价专利的创造性时，审查员不仅要考虑技术方案，而且还要考虑
专利所要解决的技术问题和所产生的技术效果，将其作为一个综合
体来看待；这是创造性判断的综合评价原则。上述三个原则的具体
应用，体现了相对混乱的创造性判断具体规则中隐含着的三条

主线。

　　创造性判断是一个法律问题而不是事实问题，这是各国的普遍共识。专利行政程序中最经常发生争议的问题在于公平原则的贯彻，专利复审委员会应当严格遵循体现公平原则的听证原则和请求原则。在司法程序中，我国的法院只能对具体行政行为的合法性进行审查，因此法院不能审理专利复审委员会没有审理的理由，也不能直接宣告专利无效。举证责任及证明标准问题是创造性判断中经常发生争议的问题，其他国家的相关规则可以有选择地借鉴。专利授权案件中，专利复审委员会承担了完全的举证责任，而且其证明标准应当高于民事诉讼中的优势证据规则。在专利确权案件中，专利复审委员会具有裁判机关的性质，因此除公知常识外的其他证据应当由当事人提交；但专利复审委员会应当在证据充分的情况下才能作出决定，因为在诉讼中其作为被告负有举证责任。专利复审委员会在专利确权案件中的证明标准可以参考民事诉讼的优势证据原规则。

　　公知常识在实践中非常重要。我国可以借鉴外国的规定明确定义公知常识包括技术常识和日常生活经验；并将公知常识进行分类，以有利于专利审查和专利审判中正确分配举证责任。记载现有技术的用以判断专利性的文献被称为对比文件，对比文件和现有技术的选择尤其是最接近现有技术的选择需要符合一系列的具体规则，国外的很多规定可以借鉴。按照我国《审查指南》的规定，在解释了本专利和现有技术中的技术方案后，应当认定区别技术特征和客观技术问题，然后认定是否存在技术启示。当然，创造性判断步骤应当是灵活的，不应局限于某个公式。

　　选择发明分为数值选择发明和种类选择发明，二者的具体判断规则在美国的《审查指南》和欧洲的《审查指南》中有很多值得借鉴的内容。美国的历史表明，组合发明的创造性判断经历了协同效果标准的提出、支持、反对、支持等不同的阶段。KSR 案也是组合发明创造性判断历史上最重要判例，最终支持了协同效果标准。在我国，协同效果是组合发明具备创造性的必要条件，预料不到的技术效果是充分条件。分析表明，组合发明的创造性判断还应当要回到创造性判断的基本原则上来。

在历史上，美国对待辅助判断因素的态度曾一度比较混乱，联邦巡回上诉法院统一并稳定了辅助判断因素的作用，Graham 案将其作为基本事实要件予以确定。美国将辅助判断因素作为创造性判断的必要事实要件予以考虑，是为了创造性判断者全面理解本专利做出时的技术背景。欧洲将辅助性判断因素作为创造性判断有疑问时的辅助因素，是为了防止辅助判断因素在是否显而易见非常明确时起到决定作用。二者的规定都有合理性，只不过强调了不同阶段的不同作用，并不矛盾。结合实践经验的分析表明，尽管欧洲和美国在表面上的规定有所不同，但在实务中的应用是相同的。比较研究表明，在创造性判断中应当重视辅助判断因素的应用，也应当重视审查商业成功等辅助判断因素与创造性之间的因果关系。

本书的研究表明，在专利创造性判断这个问题上，不管各国表面上的制度有多大差异，但在实践中的做法却惊人地相似，而且基本上符合经济理性。本书在结论中结合研究成果分别对立法者、专利复审委员会和法院提出了一些建议，目的在于促进创造性判断的客观化、稳定性和统一性。

本书的研究结论可以简要归纳为一些建议。对立法机关的主要建议有：第一，修改《专利法》，删除创造性条件中的"显著的进步"；第二，明确专利行政案件的集中管辖，保证裁判规则的统一。

对专利复审委员会的主要建议有：第一，归纳司法判决提出的问题，借鉴美国和欧洲的判例法和审查指南，对创造性判断规则进一步细化和改进；第二，在审查实务中严格遵循听证原则和请求原则，保障当事人合法权益；第三，建立稳定的专业审查队伍，确保创造性判断标准的稳定性；第四，对审查员的培训应当对法官开放，加强与专利法官的交流，促进审查员和专利法官的同质化；第五，对行政判决中涉及的不是日常生活经验的公知常识提供充分证据。

对法院的主要建议有：第一，维持专利行政案件的集中管辖，采取措施稳定专利法官队伍，通过加强培训等方式促进专利法官的同质化，提高裁判规则的统一性和客观化；第二，加强国际交流，加强对美国和欧洲等国外专利审判规则和案例的学习，促进对国外规则的适当借鉴以解决我国审判实务中的问题；第三，在专利审判队伍和经验相对成熟的情况下，整理汇编类似于欧洲专利局《判例法》和美国《审查指南》的判例法，保证裁判统一；第四，通过合适的方式保证技术专家参与专利审判活动，有利于法官节省对技术知识的理解和掌握成本，正确认识技术信息，解决法官面临的技术盲点问题。

对法官的主要建议是尽量全面地了解发明做出时的技术背景，重视辅助判断因素的作用；尽量全面地掌握发明相关的背景信息，降低创造性判断的主观性，增加创造性判断的客观化；加强与其他法官之间的交流，统一协调地适用创造性判断规则。

参考文献

一、中文著作

[1] 郑成思. 知识产权论［M］. 北京：法律出版社，2003.

[2] 李明德，闫文军，黄晖，郃中林. 欧盟知识产权法［M］，北京：法律出版社，2010.

[3] 李明德. 美国知识产权法［M］，北京：法律出版社，2003.

[4] 沈宗灵. 比较法研究［M］，北京：北京大学出版社，1998.

[5] 苏力. 送法下乡——中国基层司法制度研究［M］，北京：中国政法大学出版社，2000.

[6] 李国光主编. 最高人民法院《关于民事诉讼证据的若干规定》的理解与适用［M］，北京：中国法制出版社，2002.

[7] 国家知识产权局专利复审委员会编著. 创造性——专利复审委员会案例诠释［M］，北京：知识产权出版社，2006.

[8] 国家知识产权局条法司编. 《专利法》第三次修改导读［M］，北京：知识产权出版社，2009.

[9] 张清奎主编. 专利审查概说［M］，北京：知识产权出版社，2002.

[10] 张清奎主编. 医药及生物领域发明专利申请文件的撰写与审查［M］，北京：知识产权出版社，2002.

[11] 国家知识产权局专利复审委员会编著. 现有技术与新颖性［M］，北京：知识产权出版社，2004.

[12] 张晓都. 专利实质条件［M］，北京：法律出版社，2002.

二、中文译著

[1] 茨威格特,克茨 H. 比较法总论 [M],潘汉典,米健,高鸿钧,等,译. 北京:法律出版社,2003.

[2] 格罗斯菲尔德. 比较法的力量与弱点 [M],孙世彦,姚建宗,译. 北京:清华大学出版社,2002.

[3] 马太. 比较法律经济学 [M],沈宗灵,译,北京:北京大学出版社,2005.

[4] 兰德斯,波斯纳. 知识产权法的经济结构 [M],金海军,译. 北京:北京大学出版社,2005.

[5] 波斯纳. 法理学问题 [M],苏力,译. 北京:中国政法大学出版社,2002.

[6] 曼昆. 经济学原理(上册) [M],梁小民,译. 北京:机械工业出版社,2003.

[7] 考特,尤伦. 法和经济学 [M],施少华,姜建强,等,译. 上海:上海财经大学出版社,2002.

[8] 波斯纳. 法律的经济分析 [M],蒋兆康,译. 北京:中国大百科全书出版社,1997.

三、英文著作

[1] MILLER F M, VANDOME A F, MCBREWSTER J. Inventive Step and Non-obviousness [M]. Mauritius:Alphascript Publishing, 2010.

[2] WITHERSPOON J F. Nonobviousness−−the ultimate condition of patentability:Papers compiled in commemoration of the silver anniversary of 35 USC 103 [G]. Washington:Bureau of National Affairs Inc, 1980.

[3] ADELMAN M J, RADER R R, THOMSA J R.. Cases and Material on Patent Law [G]. Minnesota:Thomson West, 2009.

[4] Alston & Bird. Federal Circuit Annual Review [G], Netherlands:Aspen Publishers, 2007.

[5] HUNT R M. Nonobviousness and the incentive to innovate：An economic analysis of intellectural property reform ［R］, Philadelphia：Federal Reserve Bank of Philadelphia, 1999.

[6] BURK D L, LEMLEY M A. The Patent Crisis and How the Courts Can Solve It ［M］, Chicago：University Of Chicago Press, 2009.

[7] HOEKMAN D J. Modern Judicial Interpretations of U. S. Patent Law ［M］, Santa Clara：DocuMech, 2009.

[8] Nordhaus W.. Invention, growth, and welfare：A theoretical treatment of technological change ［M］, Massachusetts：MIT Press, 1969.

四、中文论文

[1] 方慧聪, 和育东. 专利创造性判断之比较研究 ［M］//周林主编. 知识产权研究：第19卷. 北京：知识产权出版社, 2010：166.

[2] 孔祥俊. 审理专利商标复审行政案件适用证据规则的若干问题 ［J］. 法律适用, 2005（4）：52.

[3] 赵佑斌. 发明专利的创造性判断案例研究 ［D］. 硕士毕业论文, 导师寿步, 上海交通大学, 2010 年.

[4] 赛德曼. 评阿兰·沃森的《法律移植》：比较法的方法 ［J］. 王晨光, 译. 中外法学, 1989（5）：58.

[5] 喻敏. 对侵权行为法中过错问题的再思考 ［J］. 现代法学, 1998（4）：95.

[6] 李永红. 如何认定实用新型创造性高度？——从德国联邦法院近期的一份判决引发的思考 ［J］. 中国专利与商标. 2008（1）：24.

[7] 尹新天. 美国专利政策的新近发展及对我国知识产权制度的有关思考 ［M］//国家知识产权局条法司. 专利法研究2007. 北京：知识产权出版社, 2008：26.

[8] 肖穆辉. 构建行政诉讼多元化证明标准的必要性与可行性分析 ［J］. 法制与经济. 2009（5）：36.

[9] 殷道飞. 从发明专利授权标准的演化看专利制度面临的挑战 ［D］. 硕士毕业论文, 导师董炳和, 苏州大学, 2009 年.

[10] 程旭辉. 商业方法专利创造性问题研究 [D]. 硕士毕业论文, 导师张楚, 中国政法大学, 2009 年.

[11] 方慧聪. 专利创造性判断的客观化之比较研究 [D]. 硕士毕业论文, 导师张楚, 中国政法大学, 2007 年.

[12] 曹延军. 试论发明专利的创造性要件 [D]. 硕士毕业论文, 导师张玉敏, 西南政法大学, 2007 年.

五、英文论文

[1] RICH G S. The Vague Concept of "Invention" As Replaced By Sec. 103 of the 1952 Patent Act [J]. J. Pat. Off. Soc', 1964 (46): 855.

[2] RICH G S. Principles of Patentability [J]. Geo. Wash. L. Rev., 1960 (28): 393.

[3] GREGG E B. Tracing the Concept of "Patentable Invention" [J]. Vill. L. Rev., 1967 (13): 98.

[4] RICH G S. Laying the Ghost of the "Invention" Requirement [J]. Am. Pat. L. Ass' Q. J., 1972 (1): 26.

[5] BEIER F K. The Inventive Step in its Historical Development [J]. Int' Rev. Indus. Prop. & Copyright L., 1986 (17): 301.

[6] HARRIS R W. The Emerging Primacy of "Secondary Considerations" as Validity Ammunition: Has the Federal Circuit Gone Too Far? [J]. J. Pat. & Trademark Off. Soc', 1989 (71): 185.

[7] MERGES R P, NELSON R. On the complex economics of patent scope [J]. Columbia Law Review, 1990 (90): 839.

[8] SCOTCHMER S. Standing on the shoulders of giants: Cumulative research and the patent law [J]. Journal of Economic Perspectives, 1991 (5): 39.

[9] RICH G S. Address to American Inn of Court Inaugural Meeting [J], J. Pat. & Trademark Off. Soc', 1994 (76): 309.

[10] FROST E F. Judge Rich and the 1952 Patent Code——A Retrospective [J], J. Pat. & Trademark Off. Soc', 1994 (76): 343.

[11] GREEN J, SCOTCHMER S. On the division of profit in sequential innovation

专利创造性判断研究

［J］，RAND Journal of Economics，1995 （26）：20.

［12］ CHANG H. Patent scope, antitrust policy, and cumulative innovation ［J］，RAND Journal of Economics，1995 （26）：34.

［13］ O' onoghue T. A patentability requirement for sequential innovation ［J］，RAND Journal of Economics ［J］，1998 （29）：654.

［14］ O' onoghue T, Scotchmer S, Thisse J. F. Patent breadth, patent life, and the pace of technological progress ［J］，Journal of Economics and Management Strategy ［J］，1998 （7）：1.

［15］ LUNNEY G S, Jr.. E–Obviousness ［J］，Mich. Telecomm. & Tech. L. Rev. 2001 （7）：363.

［16］ HELLER M A, EISENBER R S. Can patents deter innovation? The anticommunist in biomedical research ［J］，Science, 2001 （280）：698.

［17］ DENICOLO V, ZANCHETTIN P. How should forward patent protection be provided ［ J ］ International Journal of Industrial Organization, 2002 （20）：801.

［18］ MANSFIELD E. Patents and innovation：an empirical study ［J］，Management Science, 1986 （32）：173.

［19］ JACOB R. National Courts and the EPO Litigation System ［J］，GRUR Int. , 2008 （8）：658.

［20］ SIRILLA G M. 35 U. S. C. 103：From Hotchkiss To Hand To Rich, The Obvious Patent Law Hall – of – Famers ［J］，J. Marshall L. Rev. , 1999 （32）：437.

六、法规与文件类

U. S. Const. art. I, § 8.

92 U. S. 347, 357 (1875).

Patent Act of 1952, 35 U. S. C. § 103.

28 U. S. C. § 1254 (1) (1994).

European Patent Convention, 14th edition , August 2010.

Manual of PATENT EXAMINING PROCEDURE, Original Eighth Edition, August

366

2001 Latest Revision July 2008.

GUIDELINES FOR EXAMINATION IN THE EUROPEAN PATENT OFFICE, June 2005 version, April 2009 version.

Case Law of the Boards of Appeal of the European Patent Office, Fifth Edition, December 2006.

REQUIREMENTS FOR PATENTABILITY, KOREAN INTELLECTUAL PROPERTY OFFICE, 2010. 1

Examination Guidelines for Patent and Utility Model in Japan, June 2010.

《中华人民共和国专利法》（1984 年, 1992 年, 2000 年, 2008 年）

《中华人民共和国行政诉讼法》（1989 年）

《中华人民共和国专利法实施细则》（2001 年, 2002 年, 2010 年）

《审查指南》（1993 年, 2001 年, 2006 年, 2010 年）

最高人民法院《关于行政诉讼证据若干问题的规定》（2002 年）

最高人民法院《关于审理专利纠纷案件适用法律问题的若干规定》（2001 年）

最高人民法院《关于审理侵犯专利权纠纷案件应用法律若干问题的解释》（2009 年）

最高人民法院《关于专利法、商标法修改后专利、商标相关案件分工问题的批复》（2002 年）

最高人民法院《关于专利、商标等确权授权类知识产权行政案件审理分工的规定》（2009 年）

北京市高级人民法院《关于执行〈关于专利法、商标法修改后专利、商标相关案件分工问题的批复〉及国际贸易行政案件分工的意见（试行）》（2002 年）

北京市高级人民法院《关于执行〈最高人民法院关于专利、商标等授权确权类知识产权行政案件审理分工的规定〉的意见》（2009 年）

北京市高级人民法院《关于审理专利复审和无效行政纠纷案件若干问题的解答（试行）》（1999 年）

北京市高级人民法院《关于专利侵权判定若干问题的意见（试行）》（2001 年）

七、中国案例

[1] 石家庄阀门一厂股份有限公司与国家知识产权局专利复审委员会、石家庄市阀门三厂实用新型专利权无效行政纠纷案，北京市第一中级人民法院（2002）一中行初字第 232 号行政判决书，北京市高级人民法院（2003）年高行终字第 64 号行政判决书。

[2] 尤小一与国家知识产权局专利复审委员会发明专利驳回复审行政纠纷案，北京市第一中级人民法院（2002）一中行初字第 64 号行政判决书，北京市高级人民法院（2003）高行终字第 13 号行政判决书。

[3] 林永恩与国家知识产权局专利复审委员会、沈阳恒光科技开发有限公司实用新型专利权无效行政纠纷案，北京市第一中级人民法院（2002）一中行初字第 88 号行政判决书，北京市高级人民法院（2003）高行终字第 16 号行政判决书。

[4] 江苏金雪集团有限公司与国家知识产权局专利复审委员会、上海德全化纤设备厂发明专利无效行政纠纷案，北京市第一中级人民法院（2002）一中行初字第 552 号行政判决书，北京市高级人民法院（2003）高行终字第 181 号行政判决书。

[5] 于春国与国家知识产权局专利复审委员会、哈尔滨市中强铝塑复合保温门窗制造有限公司实用新型专利权无效行政纠纷案，北京市第一中级人民法院（2003）年一中行初字第 31 号行政判决书。

[6] 顺德市北滘镇科惠实业有限公司与国家知识产权局专利复审委员会、山东雪圣科技股份有限公司实用新型专利权无效行政纠纷案，北京市第一中级人民法院（2003）一中行初字第 18 号行政判决书。

[7] 广东妇健企业有限公司与国家知识产权局专利复审委员会、侨凤卫生制品有限公司、顺德市美洁卫生用品有限公司实用新型专利权无效行政纠纷案，北京市第一中级人民法院（2003）一中行初字第 91 号行政判决书，北京市高级人民法院（2003）年高行终字第 216 号行政判决书。

[8] 阳江市新粤华不锈钢泵有限公司与国家知识产权局专利复审委员会、广东凌霄泵业股份有限公司实用新型专利权无效行政纠纷案，北京市第一中级人民法院（2003）年一中行初字第 00189 号行政判决书。

[9] 昆明龙津药业有限公司与国家知识产权局专利复审委员会、昆明龙津药业有限公司发明专利权无效行政纠纷案，北京市第一中级人民法院（2003）一中行初字第 427 号行政判决书，北京市高级人民法院（2004）高行终字第 19 号行政判决书。

[10] 何国辉与国家知识产权局专利复审委员会、任成甫实用新型专利权无效行政纠纷案，北京市第一中级人民法院（2003）一中行初字第 742 号行政判决书，北京市高级人民法院（2004）高行终字第 162 号行政判决书。

[11] 宜春第一机械厂与国家知识产权局专利复审委员会、江汉石油钻头股份有限公司实用新型专利权无效行政纠纷案，北京市第一中级人民法院（2003）一中行初字第 854 号行政判决书，北京市高级人民法院（2004）高行终字第 398 号行政判决书。

[12] 雅安三九药业有限公司与国家知识产权局专利复审委员会、正大青春宝药业有限公司发明专利权无效行政纠纷案，北京市第一中级人民法院（2003）一中行初字第 356 号行政判决书，北京市高级人民法院（2004）年高行终字第 42 号行政判决书。

[13] 南京宁华工艺印刷机械厂与国家知识产权局专利复审委员会、张明皋实用新型专利权无效行政纠纷案，北京市第一中级人民法院（2003）一中行初字第 205 号行政判决书，北京市高级人民法院（2004）年高行终字第 59 号行政判决书。

[14] 四川中光高技术研究所有限责任公司与国家知识产权局专利复审委员会、成都兴业雷安电子有限公司实用新型专利权行政纠纷案，北京市第一中级人民法院（2003）一中行初字第 535 号行政判决书，北京市高级人民法院（2004）高行终字第 15 号行政判决书。

[15] 如皋市爱吉科纺织机械有限公司与国家知识产权局专利复审委员会、王玉山实用新型专利权无效行政纠纷案，北京市第一中级人民法院（2003）一中行初字第 522 号行政判决书，北京市高级人民法院（2004）高行终字第 95 号行政判决，最高人民法院（2007）行提字第 3 号行政裁定书。

[16] 正泰集团公司与国家知识产权局专利复审委员会、施内德电气工业公司

发明专利无效行政纠纷案，北京市第一中级人民法院（2004）一中行初字第 146 号行政判决书。

[17] 洪泽银珠化工集团有限公司与国家知识产权局专利复审委员会、上海太平洋化工（集团）淮安元明粉有限公司、南风集团淮安元明粉有限公司、中国地质科学院勘探技术研究所发明专利权无效行政纠纷案，北京市高级人民法院（2004）一中行初字第 176 号行政判决书，北京市高级人民法院（2004）高行终字第 318 号行政判决书。

[18] 沈从岐、沈俊与国家知识产权局专利复审委员会、叶新华实用新型专利权无效行政纠纷案，北京市第一中级人民法院（2004）一中行初字第 379 号行政判决书，北京市高级人民法院（2004）高行终字第 442 号行政判决书。

[19] 熊以恒、马家骥与国家知识产权局专利复审委员会、大连市旅顺石油机械设备厂实用新型专利权无效行政纠纷案，北京市第一中级人民法院（2004）一中行初字第 01007 号行政判决书。

[20] 洪泽银珠化工集团有限公司与国家知识产权局专利复审委员会、上海太平洋化工（集团）淮安元明粉有限公司、南风集团淮安元明粉有限公司、中国地质科学院勘探技术研究所发明专利权无效行政纠纷案，北京市高级人民法院（2004）一中行初字第 176 号行政判决书，北京市高级人民法院（2004）高行终字第 318 号行政判决书。

[21] 何伟斌与国家知识产权局专利复审委员会、戴文忠实用新型专利权无效行政纠纷案，北京市第一中级人民法院（2004）一中行初字第 78 号行政判决书，北京市高级人民法院（2004）高行终字第 352 号行政判决书。

[22] 番禺创胜电子有限公司与国家知识产权局专利复审委员会、李国威实用新型专利权无效行政纠纷案，北京市第一中级人民法院（2004）一中行初字第 82 号行政判决书，北京市高级人民法院（2004）年高行终字第 353 号行政判决书。

[23] 邵通与国家知识产权局专利复审委员会、李渤、珠海经济特区伟思有限公司发明专利权无效行政纠纷案，北京市第一中级人民法院（2004）一中行初字第 546 号行政判决书，北京市高级人民法院（2005）高行终字

第 121 号行政判决书。

[24] 熊以恒、马家骥、熊晟与国家知识产权局专利复审委员会、大连市旅顺石油机械设备厂案实用新型专利权无效行政纠纷案，北京市第一中级人民法院（2004）一中行初字第 1007 号行政判决书，北京市高级人民法院（2006）高行终字第 159 号行政判决书。

[25] 日本脏器制药株式会社与国家知识产权局专利复审委员会、威世药业（如皋）有限公司发明专利权无效行政纠纷案，北京市第一中级人民法院（2005）一中行初字第 692 号行政判决书。

[26] 马瑞志诉国家知识产权局专利复审委员会发明申请驳回复审行政纠纷案，北京市第一中级人民法院（2005）一中行初字第 568 号行政判决书，北京市高级人民法院（2006）高行终字第 00104 号行政判决书。

[27] 正泰集团股份有限公司与国家知识产权局专利复审委员会、施内德电气工业公司案，北京市第一中级人民法院（2005）一中行初字第 537 号行政判决书，北京市高级人民法院（2006）高行终字第 181 号行政判决书。

[28] 冯大斌、王志乐、陈中与国家知识产权局专利复审委员会、广东水电二局股份有限公司发明专利权无效行政纠纷案，北京市第一中级人民法院（2005）一中行初字第 951 号行政判决书，北京市高级人民法院（2006）高行终字第 247 号行政判决书。

[29] 索尼公司与国家知识产权局专利复审委员会、深圳市宝安区观澜柏力电子二厂、博罗园洲华基塑胶制品有限公司发明专利权无效行政纠纷案，北京市第一中级人民法院（2005）一中行初字第 864 号行政判决书，北京市高级人民法院（2006）高行终字第 451 号行政判决书。

[30] 常州华生制药有限公司与国家知识产权局专利复审委员会、伊莱利利公司发明专利权无效行政纠纷案，北京市第一中级人民法院（2005）一中行初字第 1012 号行政判决书。

[31] 张小安与国家知识产权局专利复审委员会、沈阳新锐自动化设备有限公司、聂森发明专利无效行政纠纷案，北京市第一中级人民法院（2005）一中行初字第 539 号行政判决书。

[32] 杜安·朱格尔与国家知识产权局专利复审委员会发明申请驳回复审行政

纠纷案，北京市第一中级人民法院（2005）一中行初字第 491 号行政判决书，北京市高级人民法院（2005）高行终字第 428 号行政判决书。

[33] 李国威与国家知识产权局专利复审委员会、徐华文案，北京市第一中级人民法院（2005）一中行初字第 986 号行政判决书。

[34] 三菱电机株式会社与国家知识产权局专利复审委员会、锦州汉拿电机有限公司发明专利权无效行政纠纷案，北京市第一中级人民法院（2005）一中行初字第 116 号行政判决书。

[35] 刘晖与国家知识产权局专利复审委员会、北京伟航新技术开发有限公司实用新型专利权无效行政纠纷案，北京市第一中级人民法院（2005）一中行初字第 1002 号行政判决书。

[36] 深圳市大立贸易有限公司与国家知识产权局专利复审委员会、石锦峯实用新型专利权无效行政纠纷案，北京市第一中级人民法院（2005）一中行初字第 558 号行政判决书。

[37] 刘晖与国家知识产权局专利复审委员会、北京伟航新技术开发有限公司实用新型专利权无效行政纠纷案，北京市第一中级人民法院（2005）一中行初字第 1002 号行政判决书。

[38] 丁要武与国家知识产权局专利复审委员会、丝宝精细化工（武汉）有限公司、康谊（昆山）塑胶制品有限公司、林添大、广州宝洁有限公司实用新型专利权无效行政纠纷案，北京市第一中级人民法院（2005）一中行初字第 151 号行政判决书，北京市高级人民法院（2005）高行终字第 411 号行政判决书。

[39] 三菱电机株式会社与国家知识产权局专利复审委员会、锦州汉拿电机有限公司发明专利权无效行政纠纷案，北京市第一中级人民法院（2005）一中行初字第 4 号行政判决书，北京市高级人民法院（2006）高行终字第 202 号行政判决书。

[40] 吴凤清与国家知识产权局专利复审委员会、北京市迪兰恒进科技有限公司、林锦波发明专利权无效行政纠纷案，北京市第一中级人民法院（2005）一中行初字 1104 号行政判决书，北京市高级人民法院（2006）高行终字第 212 号行政判决书。

[41] 任宪武、国家知识产权局专利复审委员会、蔡金玉实用新型专利权无效

行政纠纷案，北京市第一中级人民法院（2005）一中行初字第00875号行政判决书，北京市高级人民法院（2006）高行终字第151号行政判决书。

[42] 北京奥星恒迅包装科技有限公司与国家知识产权局专利复审委员会、中山华翔医药包装技术有限公司实用新型专利权无效行政纠纷案，北京市第一中级人民法院（2005）一中行初字第752号行政判决书，北京市高级人民法院（2006）高行终字第231号行政判决书。

[43] 杭州松下家用电器有限公司与国家知识产权局专利复审委员会、杨建宝发明专利无效行政纠纷案，北京市第一中级人民法院（2005）一中行初字第836号行政判决书，北京市高级人民法院（2006）高行终字第84号行政判决书。

[44] 王彦林民国家知识产权局专利复审委员会发明专利驳回复审行政纠纷案，北京市第一中级人民法院（2005）一中行初字第771号行政判决书，北京市高级人民法院（2006）高行终字第240号行政判决书。

[45] 三星电子株式会社与国家知识产权局专利复审委员会发明专利驳回复审行政纠纷案，北京市第一中级人民法院（2005）一中行初字第984号行政判决书，北京市高级人民法院（2006）高行终字第200号行政判决书。

[46] 李海森与国家知识产权局专利复审委员会、本溪华夏（集团）有限公司实用新型专利权无效行政纠纷案，北京市第一中级人民法院（2005）一中行初字第868号行政判决书，北京市高级人民法院（2006）高行终字第209号行政判决书。

[47] 余姚市大和化纤制品有限公司与国家知识产权局专利复审委员会、新丽企业股份有限公司实用新型专利权无效行政纠纷案，北京市第一中级人民法院（2005）一中行初字第208号行政判决书，北京市高级人民法院（2006）高行终字第40号行政判决书。

[48] 新疆永昌复合材料股份有限公司与国家知识产权局专利复审委员会、陕西竞业玻璃钢有限公司实用新型专利权无效行政纠纷案，北京市第一中级人民法院（2005）一中行初字第953号行政判决书，北京市高级人民法院（2006）高行终字第198号行政判决书。

[49] 海尔电器国际股份有限公司与国家知识产权局专利复审委员会、青岛如立电器有限公司、海尔集团公司实用新型专利权无效行政纠纷案，北京市第一中级人民法院（2005）一中行初字第 950 号行政判决书，北京市高级人民法院（2006）高行终字第 307 号行政判决书。

[50] 广东珠江投资有限公司、广东韩江建筑安装工程有限公司、广东省建筑设计研究院国家知识产权局专利复审委员会、北京京冶建筑设计院、李宪奎发明专利权无效行政纠纷案，北京市第一中级人民法院（2005）一中行初字第 373 号行政判决书，北京市高级人民法院（2006）高行终字第 499 号行政判决书。

[51] TJM 设计株式会社、上海田岛工具有限公司与国家知识产权局专利复审委员会、廖珲燕实用新型专利权无效行政纠纷案，北京市第一中级人民法院（2005）一中行初字第 993 号行政判决书，北京市高级人民法院（2006）高行终字第 00330 号行政判决书。

[52] 玉环县华通电器有限公司与国家知识产权局专利复审委员会、陈守能实用新型专利权无效行政纠纷案，北京市第一中级人民法院（2006）一中行初字 391 号行政判决书。

[53] 上海普田橡胶制品厂与国家知识产权局专利复审委员会、上海百盛橡胶制品有限公司实用新型专利权无效行政纠纷案，北京市第一中级人民法院（2006）一中行初字第 310 号行政判决书。

[54] 林小平与国家知识产权局专利复审委员会、西安高科陕西金方药业公司发明专利权无效行政纠纷案，北京市第一中级人民法院（2006）一中行初字第 74 号行政判决书。

[55] 贵州天义电器有限责任公司与国家知识产权局专利复审委员会、上海良信电器有限公司、深圳天庆电器实业有限公司实用新型专利权无效行政纠纷案，北京市第一中级人民法院（2006）一中行初字第 109 号行政判决书，北京市高级人民法院（2006）高行终字第 503 号行政判决书。

[56] 广东欧普照明有限公司与国家知识产权局专利复审委员会、虞荣康实用新型专利权无效行政纠纷案，北京市第一中级人民法院（2006）一中行初字第 410 号行政判决书，北京市高级人民法院（2006）高行终字第 352 号行政判决书。

[57] 沈汉标与国家知识产权局专利复审委员会、广州市恋伊家庭用品制造有限公司、揭阳市南光实业有限公司实用新型专利权无效行政纠纷案，北京市第一中级人民法院（2006）一中行初字第 87 号行政判决书，北京市高级人民法院（2006）高行终字第 457 号行政判决书。

[58] 青岛海尔洗衣机有限公司与国家知识产权局专利复审委员会、伊莱克斯（中国）电器有限公司、海尔集团公司实用新型专利权无效行政纠纷案，北京市第一中级人民法院（2006）一中行初字第 394 号行政判决书。

[59] 严东民与国家知识产权局专利复审委员会实用新型专利驳回复审行政纠纷案，北京市第一中级人民法院（2006）一中行初字第 177 号行政判决书，北京市高级人民法院（2006）高行终字第 331 号行政裁定书。

[60] 安徽中人科技有限责任公司与国家知识产权局专利复审委员、孔令栋发明专利权无效行政纠纷案，北京市第一中级人民法院（2006）一中行初字第 468 号行政判决书，北京市高级人民法院（2006）高行终字第 493 号行政判决书。

[61] 青岛海尔微波制品有限公司与国家知识产权局专利复审委员会、海尔集团公司、深圳市明佳实业发展有限公司、郭代敏实用新型专利权无效行政纠纷案，北京市第一中级人民法院（2006）一中行初字第 395 号行政判决书，北京市高级人民法院（2006）高行终字第 00498 号行政判决书。

[62] 北京桑达太阳能技术有限公司与国家知识产权局专利复审委员会、北京天恒园新能源应用工程研发中心实用新型无效行政纠纷案，北京市第一中级人民法院（2006）一中行初字第 415 号行政判决书，北京市高级人民法院（2006）高行终字第 353 号行政判决书。

[63] 金民海与国家知识产权局专利复审委员会、浙江临海动力机械厂发明专利权无效行政纠纷案，北京市第一中级人民法院（2006）一中行初字第 630 号行政判决书。

[64] 劲永科技（苏州）有限公司与国家知识产权局专利复审委员会、北京华旗资讯数码科技有限公司实用新型专利权无效行政纠纷案，北京市第一中级人民法院（2006）一中行初字第 360 号行政判决书。

[65] 林小平与国家知识产权局专利复审委员会、西安高科陕西金方药业公司

发明专利权无效行政纠纷案，北京市第一中级人民法院（2006）一中行初字第74号行政判决书。

[66] 湘北威尔曼制药有限公司与国家知识产权局专利复审委员会、北京双鹤药业股份有限公司发明专利权无效行政纠纷案，北京市第一中级人民法院（2006）一中行初字第786号行政判决书，北京市高级人民法院（2007）高行终字第146号行政判决书。

[67] 石家庄制药集团欧意药业有限公司、石药集团中奇制药技术（石家庄）有限公司与国家知识产权局专利复审委员会、张喜田发明专利权无效行政纠纷案，北京市第一中级人民法院（2006）一中行初字第810号行政判决书，北京市高级人民法院（2007）高行终字第68号行政判决书。

[68] 张幼卿与国家知识产权局专利复审委员会、熊秀慧新型专利权无效行政纠纷案，北京市第一中级人民法院（2006）一中行初字第1158号行政判决书，北京市高级人民法院（2007）高行终字第128号行政判决书。

[69] 王文华与国家知识产权局专利复审委员会、王建平实用新型专利权无效行政纠纷案，北京市第一中级人民法院（2006）一中行初字第443号行政判决书，北京市高级人民法院（2007）高行终字第334号行政判决书。

[70] 宁波凌志玩具制造有限公司与国家知识产权局专利复审委员会、广州市兆鹰五金有限公司实用新型专利权无效行政纠纷案，北京市第一中级人民法院（2006）一中行初字第813号行政判决书，北京市高级人民法院（2007）高行终字第232号行政判决书。

[71] 四川绵竹剑南春酒厂有限公司与国家知识产权局专利复审委员会、马彰原、泸州老窖股份有限公司实用新型专利权无效行政纠纷案，北京市第一中级人民法院（2006）一中行初字第1198号行政判决，北京市高级人民法院（2007）高行终字第77号行政判决书。

[72] 王训明与国家知识产权局专利复审委员会、江苏智思机械制造有限公司发明专利权无效行政纠纷案，北京市第一中级人民法院（2006）一中行初字第1384号行政判决书，北京市高级人民法院（2008）高行终字第710号行政判决书。

[73] 山西仁德信塑钢型材工业有限公司与国家知识产权局专利复审委员会、

程田青实用新型专利权无效行政纠纷案，北京市第一中级人民法院（2007）一中行初字第 282 号行政判决书，北京市高级人民法院（2007）高行终字第 459 号行政判决书。

[74] 天惠有机硅（深圳）有限公司与国家知识产权局专利复审委员会、深圳市鹏亿发精密模具有限公司实用新型专利权无效行政纠纷案，北京市第一中级人民法院（2007）一中行初字第 493 号行政判决书，北京市高级人民法院（2007）高行终字第 457 号行政判决书。

[75] 北京市高级人民法院（2007）高行抗终字第 135 号行政判决书。

[76] 郑萍与国家知识产权局专利复审委员会、宁波市微循环与莨菪类药研究所发明专利无效行政纠纷案，北京市第一中级人民法院（2007）一中行初字第 523 号行政判决书，北京市高级人民法院（2008）高行终字第 128 号行政判决书。

[77] 嘉兴新悦标准件有限公司与国家知识产权局专利复审委员会、沈申昆、王均捷发明专利权无效行政纠纷案，北京市第一中级人民法院（2007）一中行初字第 1530 号行政判决书，北京市高级人民法院（2008）高行终字第 708 号行政判决书。

[78] 戴斯塔纺织纤维股份公司德国两和公司与国家知识产权局专利复审委员会、浙江龙盛集团股份有限公司、浙江闰土股份有限公司发明专利权无效行政纠纷案，北京市第一中级人民法院（2007）一中行初字第 534 号行政判决书，北京市高级人民法院（2008）高行终字第 408 号行政判决书。

[79] 新利达电池实业（德庆）有限公司、肇庆新利达电池实业有限公司与国家知识产权局专利复审委员会、深圳市龙岗区横岗松柏企业一厂、符琼、四会永利五金电池有限公司、简凤萍、许楚华、松柏（广东）电池工业有限公司实用新型专利权无效行政纠纷案，北京市第一中级人民法院（2007）一中行初字第 925 号行政判决书，北京市高级人民法院（2008）高行终字第 78 号行政判决书。

[80] 伊莱利利公司与国家知识产权局专利复审委员会、江苏豪森药业股份有限公司发明专利权无效行政纠纷案，北京市第一中级人民法院（2007）一中行初字第 540 号行政判决书，北京市高级人民法院（2009）高行终

字第 122 号行政判决书。

[81] 深圳市朗科技术股份有限公司与国家知识产权局专利复审委员会、王工发明专利权无效行政纠纷案中，北京市第一中级人民法院（2007）一中行初字第 1174 号行政判决书，北京市高级人民法院（2010）高行终字第 329 号行政判决书。

[82] 黎日佳与国家知识产权局专利复审委员会、佛山市盈邦机器有限公司案实用新型专利权无效行政纠纷案，北京市第一中级人民法院（2008）一中行初字第 256 号行政判决书，北京市高级人民法院（2008）高行终字第 521 号行政判决书。

[83] 斯比瑞尔社股份有限公司与国家知识产权局专利复审委员会、史天蕾发明专利权无效行政纠纷案，北京市第一中级人民法院（2008）一中行初字第 133 号行政判决书，北京市高级人民法院（2008）高行终字第 379 号行政判决书。

[84] 嘉兴新悦标准件有限公司与国家知识产权局专利复审委员会、沈申昆、王均捷发明专利权无效行政纠纷案，北京市高级人民法院（2008）高行终字第 708 号行政判决书。

[85] 北京世纪博康医药科技有限公司与国家知识产权局专利复审委员会、成都优他制药有限责任公司发明专利权无效行政纠纷案，北京市第一中级人民法院（2008）一中行初字第 391 号行政判决书，北京市高级人民法院（2008）高行终字第 698 号行政判决书。

[86] 史密斯克莱恩比彻姆有限公司与国家知识产权局专利复审委员会发明专利申请驳回复审行政纠纷案，北京市第一中级人民法院（2008）一中行初字第 1179 号行政判决书。

[87] 如东县三宝工具有限公司与国家知识产权局专利复审委员会、陈昌泉实用新型专利权无效行政纠纷案，北京市第一中级人民法院（2008）一中行初字第 409 号行政判决书，北京市高级人民法院（2009）高行终字第 4 号行政判决书。

[88] 章志军与国家知识产权局专利复审委员会、宁波富达电器有限公司发明专利权无效行政纠纷案，北京市第一中级人民法院（2008）一中行初字第 1390 号行政判决书。北京市高级人民法院（2009）高行终字第 1259

号行政判决书。

[89] 杭州盘古自动化系统有限公司与国家知识产权局专利复审委员会、浙江中控自动化仪表有限公司实用新型专利权无效行政纠纷案，北京市第一中级人民法院（2008）一中行初字第1247号行政判决书，北京市高级人民法院（2009）高行终字第1447号行政判决书。

[90] 施耐德电器工业公司与国家知识产权局专利复审委员会、正泰集团股份有限公司案，北京市第一中级人民法院（2008）一中行初字第1156号行政判决书，北京市高级人民法院（2009）高行终字第225号行政判决书。

[91] 诺基亚有限公司与国家知识产权局专利复审委员会、深圳市天时达移动通讯工业发展有限公司外观设计专利权无效行政纠纷案，北京市第一中级人民法院（2008）一中行初字第437号行政判决书，北京市高级人民法院（2009）高行终字第232号行政判决书。

[92] 伊莱利利公司与国家知识产权局专利复审委员会、甘李药业有限公司发明专利权无效行政纠纷案，北京市第一中级人民法院（2008）一中行初字第1290号行政判决书，北京市高级人民法院（2009）高行终字第724号行政判决书。

[93] 东莞虎门南栅国际文具制造有限公司与国家知识产权局专利复审委员会、佛山市高明新时代文具有限公司发明专利权无效行政纠纷案，北京市第一中级人民法院（2008）一中行初字第1049号行政判决书，北京市高级人民法院（2009）高行终字第524号行政判决书。

[94] 宗延杰、胡浩权与国家知识产权局专利复审委员会、张维顶发明专利权无效行政纠纷案，北京市第一中级人民法院（2008）一中行初字第1057号行政判决书，北京市高级人民法院（2009）高行终字第652号行政判决书。

[95] 三一重工股份有限公司与国家知识产权局专利复审委员会、美国路科公司实用新型专利权无效行政纠纷案，北京市第一中级人民法院（2009）一中知行初字第2330号行政判决书。

[96] 陈惟诚与国家知识产权局专利复审委员会、瑞虹电子（昆山）有限公司实用新型专利权无效行政纠纷案，北京市第一中级人民法院（2009）一

中行初字第 694 号行政判决书，北京市高级人民法院（2009）高行终字第 1285 号行政判决书。

[97] 黄仁义与国家知识产权局专利复审委员会、广东万和新电气有限公司发明专利权无效行政纠纷案，北京市第一中级人民法院（2009）一中知行初字第 1431 号行政判决书。

[98] 胡颖与国家知识产权局专利复审委员会、深圳市恩普电子技术有限公司实用新型专利权无效行政纠纷案，北京市第一中级人民法院（2009）一中行初字第 911 号行政判决书，北京市高级人民法院（2009）高行终字第 1441 号行政判决书。

[99] 平湖市贝斯特童车有限公司与国家知识产权局专利复审委员会、中山市隆成日用制品有限公司实用新型专利权无效行政纠纷案，北京市第一中级人民法院（2009）一中行初字第 78 号行政判决书，北京市高级人民法院（2010）高行终字第 1102 号行政判决书。

[100] 陈琪与国家知识产权局专利复审委员会、广东德冠包装材料有限公司实用新型专利权无效行政纠纷案，北京市第一中级人民法院（2009）一中知行初字第 2602 号行政判决书，北京市高级人民法院（2010）高行终字第 772 号行政判决书。

[101] 王清华、贺先兵与专利复审委员会、徐德芳实用新型专利权无效行政纠纷案，北京市第一中级人民法院（2009）一中行初字第 1846 号行政判决书，北京市高级人民法院（2010）高行终字第 311 号判决书。

[102] 友达光电股份有限公司与专利复审委员会发明专利申请驳回复审行政纠纷案，北京市第一中级人民法院（2009）一中知行初字第 2717 号行政判决书，北京市高级人民法院（2010）高行终字第 513 号行政判决书。

[103] 胡小泉与国家知识产权局专利复审委员会、衣连明、山东特利尔营销策划有限公司医药分公司发明专利权无效行政纠纷案，北京市第一中级人民法院（2009）一中行初字第 1666 号行政判决书，北京市高级人民法院（2010）高行终字第 285 号行政判决书。

[104] 左生华与国家知识产权局专利复审委员会、包头长河科技有限公司发明专利权无效行政纠纷案，北京市第一中级人民法院（2009）一中知

行初字第 2359 号行政判决书，北京市高级人民法院（2010）高行终字第 283 号行政判决书。

[105] 西安安特高压电器有限公司与国家知识产权局专利复审委员会、西安神电电器有限公司实用新型专利权无效行政纠纷案，北京市第一中级人民法院（2010）一中知行初字第 1250 号行政判决书，北京市高级人民法院（2010）高行终字第 1507 号判决书。

[106] 刘鸿标与国家知识产权局专利复审委员会、中山市启雅电子有限公司、创新诺亚舟电子（深圳）有限公司实用新型专利权无效行政纠纷案，北京市高级人民法院（2010）高行终字第 686 号行政判决书。

[107] 克里斯汀·雷格朗与国家知识产权局专利复审委员会、李春颖实用新型专利权无效行政纠纷案，北京市第一中级人民法院（2010）一中知行初字第 506 号行政判决书。

[108] 深圳市通则技术股份有限公司与国家知识产权局专利复审委员会、厦门敏讯信息技术股份有限公司实用新型专利权无效行政纠纷案，北京市第一中级人民法院（2010）一中知行初字第 1335 号行政判决书。

[109] 叶善园与国家知识产权局专利复审委员会、第三人张杰波发明专利无效行政纠纷案，北京市高级人民法院（2010）一中知行初字第 1718 号行政判决书，北京市高级人民法院（2010）高行终字第 1371 号行政判决书。

[110] 郭瑞平与国家知识产权局专利复审委员会、武汉昊康健身器材有限公司实用新型专利权无效行政纠纷案，北京市第一中级人民法院（2010）一中知行初字第 1376 号行政判决书。

[111] 郭瑞平与国家知识产权局专利复审委员会、武汉昊康健身器材有限公司实用新型专利权无效行政纠纷案，北京市第一中级人民法院（2010）一中知行初字第 1376 号行政判决书。

[112] 湖北葛店开发区新创热喷涂材料有限公司与国家知识产权局专利复审委员会、淄博市淄川照新化工有限公司发明专利权无效行政纠纷案，北京市第一中级人民法院（2010）一中知行初字第 234 号行政判决书。

[113] 西安安特高压电器有限公司与国家知识产权局专利复审委员会、西安神电电器有限公司实用新型专利权无效行政纠纷案，北京市第一中级人民法院（2010）一中知行初字第 1250 号行政判决书，北京市高级人民

民法院（2010）高行终字第 1507 号判决书。

[114] 刘昊与国家知识产权局专利复审委员会、吉多思实业（深圳）有限公司实用新型专利权无效行政纠纷案，北京市高级人民法院（2010）高行终字第 473 号行政判决书。

[115] 任文林与国家知识产权局专利复审委员会、佛山市南海区国森木业有限公司发明专利权无效行政纠纷案，北京市高级人民法院（2010）高行终字第 405 号行政判决书。

[116] 李日池与国家知识产权局专利复审委员会、赖永发发明专利权无效行政纠纷案，北京市第一中级人民法院（2010）一中知行初字第 374 号行政判决书，北京市高级人民法院（2010）高行终字第 846 号行政判决书。

[117] 哈尔滨世纪热能技术开发有限公司与国家知识产权局专利复审委员会、北京嘉德兴业科技有限公司实用新型专利权无效行政纠纷案，北京市第一中级人民法院（2010）一中知行初字第 1851 号行政判决书。

[118] 深圳三星科健移动通信技术有限公司与国家知识产权局专利复审委员会、华方医药科技有限公司发明专利权无效行政纠纷案，北京市第一中级人民法院（2010）一中知行初字第 784 号行政判决书，北京市高级人民法院（2010）高行终字第 912 号行政判决书。

[119] 李文亮与国家知识产权局专利复审委员会、山东百特电子有限公司实用新型无效行政纠纷案，北京市第一中级人民法院（2010）一中知行初字第 863 号行政判决书。

[120] 北京市第一中级人民法院（2010）一中知行初字第 1413 号行政判决书。

[121] 北京市高级人民法院（2010）高行监字第 432 号行政判决书。

[122] 北京市高级人民法院（2010）高行终字第 1371 号行政判决书。

[123] 北京市第一中级人民法院（2010）一中知行初字第 2610 号行政判决书。

[124] 国家知识产权局专利复审委员会第 13924 号无效宣告请求审查决定。

[125] 国家知识产权局专利复审委员会第 7332 号无效宣告请求审查决定。

[126] 国家知识产权局专利复审委员第 12067 号无效宣告请求审查决定。

［127］ 国家知识产权局专利复审委员会第 7602 号无效宣告请求审查决定。

［128］ 国家知识产权局专利复审委员会第 14492 号无效宣告请求审查决定。

［129］ 国家知识产权局专利复审委员会第 13931 号无效宣告请求审查决定。

［130］ 国家知识产权局专利复审委员会第 12250 号无效宣告请求审查决定。

［131］ 国家知识产权局第 6517 号复审请求审查决定。

［132］ 国家知识产权局专利复审委员会第 9197 号无效宣告请求审查决定书。

［133］ 国家知识产权局专利复审委员会第 4973 号无效宣告请求审查决定。

八、美国案例

［1］ Earle v. Sawyer, 8 F. Cas. 254（C. C. D. Mass. 1825）.

［2］ Hotchkiss v. Greenwood, 52 U. S. 248（1851）.

［3］ Reckendorfer v. Faber, 92 U. S. 347（1875）.

［4］ Smith v. Goodyear Dental Vulcanite Co., 93 U. S. 486（1876）.

［5］ Dunbar v. Myers, 94 U. S. 187（1876）.

［6］ Loom Co. v. Higgins, 105 U. S. 580（1881）.

［7］ Atlantic Works v. Brady, 107 U. S. 192（1883）.

［8］ Diamond Rubber Co. v. Consolidated Rubber Tire Co., 220 U. S. 428（1911）.

［9］ Parke – Davis & Co. v. H. K. Mulford Co., 189 F. 95（S. D. N. Y. 1911）.

［10］ Wire Wheel Corp. of America v. C. T. Silver, Inc., 266 F. 221（S. D. N. Y. 1919）, aff', 266 F. 229（2d Cir. 1920）

［11］ Van Heusen Products v. Earl & Wilson, 300 F. 922（S. D. N. Y. 1924）.

［12］ Kirsch Manufacturing Co. v. Gould Mersereau Co., 6 F. 2d 793（2d Cir. 1925）.

［13］ Sachs v. Hartford Elec. Supply Co., 47 F. 2d 743（2d Cir. 1931）.

［14］ American Patents Dev. Corp. v. Carbice Corp., 38 F. 2d 62（2d Cir. 1930）, rev', 283 U. S. 27（1931）.

［15］ E. I. Du Pont de Nemours & Co. v. Glidden Co., 67 F. 2d 392（2d Cir. 1933）.

［16］Otto v. Robertson, 66 F. 2d 213（D. C. Cir. 1933）.

［17］Wach v. Coe, 77 F. 2d 113（D. C. Cir. 1935）.

［18］Corp. v. Walter Kidde & Co. , 79 F. 2d 20（2d Cir. 1935）

［19］Kelley v. Coe, 99 F. 2d 435（D. C. Cir. 1938）.

［20］Cuno Eng' Corp. v. Automatic Devices Corp. , 314 U. S. 84（1941）.

［21］Automatic Devices Corp. v. Cuno Eng' Corp. , 117 F. 2d 361（2d Cir. 1941）, rev' , 314 U. S. 84（1941）

［22］Picard v. United Aircraft Corp. , 128 F. 2d 632（2d Cir. 1942）.

［23］Marconi Wireless Telegraph Co. v. United States, 320 U. S. 1（1943）;

［24］Western States Machine Co. v. S. S. Hepworth Co. , 147 F. 2d 345（2d Cir. 1945）.

［25］Safety Car Heating & Lighting Co. v. General Elec. Co. , 155 F. 2d 937（2d Cir. 1946）.

［26］In re Seid, 161 F. 2d 229, 73 USPQ 431（CCPA 1947）.

［27］Jungersen v. Baden, 166 F. 2d 807（2d Cir. 1948）.

［28］Jungersen v. Ostby & Barton Co. , 335 U. S. 560（1949）.

［29］Harries v. Air King Prods. Co. , 183 F. 2d 158（2d Cir. 1950）.

［30］Great Atlantic & P. Tea Co. v. Supermarket Equipment Corp. , 340 U. S. 147, 87 USPQ 303,（1950）.

［31］Lyon v. Bausch & Lomb Optical Co. , 224 F. 2d 530（2d Cir. 1955）.

［32］Rijckaert, 9 F. 3d at 1532, 28 USPQ2d 1956.

［33］In re Ruff, 256 F. 2d 590, 118 USPQ 340（CCPA 1958）.

［34］In re Ratti, 270 F. 2d 810, 123 USPQ 349（CCPA 1959）.

［35］Reiner v. I. Leon Co. , 285 F. 2d 501（2d Cir. 1960）.

［36］Application of Bergel, 292 F. 2d 955（1961）.

［37］In re Knapp Monarch Co. , 296 F. 2d 230, 132 USPQ 6（CCPA 1961）.

［38］In re Steele, 305 F. 2d 859, 134 USPQ 292（CCPA 1962）.

［39］In re Soli, 317 F. 2d 941, 137 USPQ 797（CCPA 1963）.

［40］In re Papesch, 315 F. 2d 381, 137 USPQ 43（CCPA 1963）.

［41］In re Soli, 317 F. 2d 941, 137 USPQ 797（CCPA 1963）.

［42］Monroe Auto Equipment Co. v. Heckethorn Mfg. & Supply Co. , 332 F. 2d 406, (CA6 1964).

［43］Ex parte Hilton, 148 USPQ 356 (Bd. App. 1965).

［44］In re Larson, 340 F. 2d 965, 144 USPQ 347 (CCPA 1965).

［45］Graham v. John Deere Co. , 383 U. S. 1 (1966).

［46］Calmar, Inc. , v. Cook Chem. Co. , 383 U. S. 1 (1966).

［47］Colgate v. Cook Chem. Co. , 383 U. S. 1 (1966).

［48］United States v. Adams, 383 U. S. 39 (1966).

［49］Jones Knitting Corp. v. Morgan, 361 F. 2d 451 (3d Cir. 1966).

［50］In re Edge, 359 F. 2d 896, 149 USPQ 556 (CCPA 1966).

［51］In re Warner, 379 F. 2d 1011, 154 USPQ 173 (CCPA 1967),

［52］Colourpicture Publishers, Inc. , v. Mike Roberts Color Prods. , Inc. , 394 F. 2d 431, (1st Cir. 1968).

［53］In re Preda, 401 F. 2d 825, 159 USPQ 342 (CCPA 1968).

［54］Anderson's－Black Rock, Inc. v. Pavement Salvage Co. , 396 U. S. 57, 163 USPQ 673 (1969).

［55］In re Sponnoble, 405 F. 2d 578, 160 USPQ 237 (CCPA 1969).

［56］In re Wilson, 424 F. 2d 1382, 165 USPQ 494 (CCPA 1970).

［57］In re Ahlert, 424 F. 2d 1088, , 165 USPQ 418 (CCPA 1970).

［58］In re Saunders, 444 F. 2d 599, 170 USPQ 213 (CCPA 1971).

［59］In re Tiffin, 443 F. 2d 394, 170 USPQ 88 (CCPA 1971).

［60］In re McLaughlin, 443 F. 2d 1392, 170 USPQ 209 (CCPA 1971).

［61］In re Linter, 458 F. 2d 1013, 173 USPQ 560 (CCPA 1972).

［62］In re Fox, 471 F. 2d 1405, 176 USPQ 340 (CCPA 1973).

［63］In re Ellis, 476 F. 2d 1370, 177 USPQ 526 (CCPA 1973).

［64］In re Rinehart, 531 F. 2d 1048, 189 USPQ 143 (CCPA 1976).

［65］Sakraida v. Ag Pro, Inc. , 425 U. S. 273, 189 USPQ 449, reh'g denied, 426 U. S. 955 (1976).

［66］Dann v. Johnston, 425 U. S. 219, 189 USPQ 257 (1976).

［67］In re Wertheim, 541 F. 2d 257, 191 USPQ 90 (CCPA 1976).

［68］ Dann v. Johnston, 425 U. S. 219, 189 USPQ 257（1976）.

［69］ In re Antonie, 559 F. 2d 618, 195 USPQ 6（CCPA 1977）.

［70］ In re Wright, 569 F. 2d 1124, 193 USPQ 332（CCPA 1977）.

［71］ In re Oelrich, 579 F. 2d 86, 198 USPQ 210（CCPA 1978）.

［72］ In re Wiseman, 596 F. 2d 1019, 201 USPQ 658（CCPA 1979）.

［73］ In re Grose, 592 F. 2d 1161, 201 USPQ 57（CCPA 1979）.

［74］ In re Wiseman, 596 F. 2d 1019, 201 USPQ 658（CCPA 1979）.

［75］ In re Grose, 592 F. 2d 1161, , 201 USPQ 57（CCPA 1979）.

［76］ In re Kerkhoven, 626 F. 2d 846 205 USPQ 1069,（CCPA 1980）.

［77］ Ex parte Andresen, 212 USPQ 100,（Bd. Pat. App. & Inter. 1981）.

［78］ In re Fout, 675 F. 2d 297, 213 USPQ 532（CCPA 1982）.

［79］ Environmental Designs, Ltd. V. Union Oil Co. , 713 F. 2d 693, , 218 USPQ 865（Fed. Cir. 1983）.

［80］ Stratoflex, Inc. v. Aeroquip Corp. , 713 F. 2d 1530, 218 USPQ 871（Fed. Cir. 1983）.

［81］ Schenck v. Nortron Corp. , 713 F. 2d 782, 218 USPQ 698（Fed. Cir. 1983）.

［82］ W. L. Gore & Associates, Inc. v. Garlock, Inc. , 721 F. 2d 1540, 220 USPQ 303（Fed. Cir. 1983）.

［83］ In re Piasecki, 745 F. 2d 1468, 223 USPQ 785（Fed. Cir. 1984）.

［84］ W. L. Gore & Associates, Inc. v. Garlock, Inc. , 721 F. 2d 1540, 220 USPQ 303（Fed. Cir. 1983）, cert. denied, 469 U. S. 851（1984）.

［85］ Ex parte Ionescu, 222 USPQ 537（Bd. Pat. App. & Inter. 1984）.

［86］ Ex parte Grasselli, 231 USPQ 393（Bd. App. 1983）aff' d mem. 738 F. 2d 453（Fed. Cir. 1984）.

［87］ In re Gordon, 733 F. 2d 900, 221 USPQ 1125（Fed. Cir. 1984）.

［88］ In re Merck & Co. , Inc. , 800 F. 2d 1091, 231 USPQ 375（Fed. Cir. 1986）.

［89］ Accessories, Inc. v. Jeffrey – Allan Industries, Inc. , 807 F. 2d 955, 1 USPQ2d 1196（Fed. Cir. 1986）.

[90] In reO' Farrell, 853 F. 2d 894, 7 USPQ2d 1673 (Fed. Cir. 1988).

[91] In re Nilssen, 851 F. 2d 1401, 7 USPQ2d 1500 (Fed. Cir. 1988).

[92] In re Fine, 837 F. 2d 1071, 5 USPQ2d 1596 (Fed. Cir. 1988).

[93] Ex parte Meyer, 6 USPQ2d 1966 (Bd. Pat. App. & Inter. 1988).

[94] Constant v. Advanced Micro-Devices Inc. , 848 F. 2d 1560, 7 USPQ2d 1057 (Fed. Cir. 1988).

[95] Merck & Co. v. Biocraft Laboratories Inc. , 874 F. 2d 804, 10 USPQ2d 1843 (Fed. Cir. 1989).

[96] Ex parte Wu, 10 USPQ 2031 (Bd. Pat. App. & Inter. 1989).

[97] In re Eli Lilly & Co. , 90 F. 2d 943, 14 USPQ2d 1741 (Fed. Cir. 1990).

[98] In re Woodruff, 919 F. 2d 1575, 16 USPQ2d 1934 (Fed. Cir. 1990).

[99] In re Dillon, 919 F. 2d 688, 16 USPQ2d 1897 (Fed. Cir. 1990) (in banc).

[100] In re Dillon, 919 F. 2d 688, 16 USPQ2d 1897 (Fed. Cir. 1990).

[101] In re Jones, 958 F. 2d 347, 21 USPQ2d 1941 (Fed. Cir. 1992).

[102] In re Oetiker, 977 F. 2d 1443, 24 USPQ2d 1443 (Fed. Cir. 1992).

[103] In re Bell, 991 F. 2d 781, 26 USPQ2d 1529 (Fed. Cir. 1993).

[104] In re Rijckaert, 9 F. 3d 1531, 28 USPQ2d 1955 (Fed. Cir. 1993).

[105] Ex parte Levengood, 28 USPQ2d 1300 (Bd. Pat. App. & Inter. 1993).

[106] In re Baird, 16 F. 3d 380, 29 USPQ2d 1550 (Fed. Cir. 1994).

[107] In re Deuel, 51 F. 3d 1552, 34 USPQ2d 1210 (Fed. Cir. 1995).

[108] In re GPAC, 57 F. 3d 1573, 35 USPQ2d 1116 (Fed. Cir. 1995).

[109] In re Ochiai, 71 F. 3d 1565, 37 USPQ2d 1127 (Fed. Cir. 1995).

[110] In re Brouwer, 77 F. 3d 422, 37 USPQ2d 1663 (Fed. Cir. 1996).

[111] Arkie Lures, Inc. v. Gene Larew Tackle, Inc. , 119 F. 3d 953 (Fed. Cir. 1997).

[112] In re Geisler, 116 F. 3d 1465, 43 USPQ2d 1362 (Fed. Cir. 1997).

[113] In re Mayne, 104 F. 3d 1339, 41 USPQ2d 1451 (Fed. Cir. 1997).

[114] Al-Site Corp. v. VSI Int. 1, Inc. , 174 F. 3d 1308 (CA Fed. 1999).

[115] Ruiz v. AB Chance Co. , 357 F. 3d 1270, 69 USPQ2d 1686 (Fed. Cir.

2004).

[116] Iron Grip Barbell Co., Inc. v. USA Sports, Inc., 392 F. 3d 1317, 73 USPQ2d 1225 (Fed. Cir. 2004).

[117] Ruiz v. A. B. Chance Co., 357 F. 3d 1270, 69 USPQ2d 1686 (Fed. Cir. 2004).

[118] In re Kahn, 441 F. 3d 977, 78 USPQ2d 1329 (Fed. Cir. 2006).

[119] Alza Corp. v. Mylan Laboratories, Inc., 464 F. 3d 1286, 80 USPQ2d 1001 (Fed. Cir. 2006).

[120] DyStar Textilfarben GmbH & Co. Deutschland KG v. C. H. Patrick Co., 464 F. 3d 1356, 80 USPQ2d 1641 (Fed. Cir. 2006).

[121] KSR International Co. v. Teleflex Inc. (KSR), 550 U. S. _ _ _ , 82 USPQ2d 1385 (2007).

[122] Pfizer, Inc. v. Apotex, Inc., 480 F. 3d 1348, 82 USPQ2d 1321 (Fed. Cir. 2007).

[123] Ex parte Kubin, 83 USPQ2d 1410 (Bd. Pat. App. & Int. 2007).

[124] Leapfrog Enterprises, Inc. v. Fisher–Price, Inc., 485 F. 3d 1157, 82 USPQ2d 1687 (Fed. Cir. 2007).

[125] Ex parte Catan, 83 USPQ2d 1568 (bd. Pat. App. & Int. 2007).

[126] Ex parte Smith, 83 USPQ2d 1509 (Bd. Pat. App. & Int. 2007).

九、欧洲专利局案例

[1] G 1/95.

[2] T 939/92, OJ 1996, 309.

[3] T 181/82, OJ 1984, 401.

[4] T 164/83, OJ 1987, 149.

[5] T 1/80, OJ 1981, 206.

[6] T 20/81, OJ 1982, 217.

[7] T 24/81, OJ 1983, 133.

[8] T 248/85, OJ 1986, 261.

[9] T 24/81, OJ 1983, 133.

［10］ T 5/81, OJ 1982, 249.

［11］ T 2/83, OJ 1984, 265.

［12］ T 7/86, OJ 1988, 381.

［13］ T 641/00, OJ 2003, 352.

［14］ T 37/82, OJ 1984, 71.

［15］ T 2/83, OJ 1984, 265.

［16］ T 119/82, OJ 1984, 217.

［17］ T 65/82, OJ 1983, 327.

［18］ T 167/84, OJ 1987, 369.

［19］ T 93/95, OJ 2001, 441.

［20］ T 1173/97, OJ 1999, 609.

［21］ T 641/00, OJ 2003, 352.

［22］ T 26/86, OJ 1988, 19.

［23］ T 769/92, OJ 1995, 525.

［24］ T 641/00, OJ 2003, 352.

［25］ T 37/85, OJ 1988, 86.

［26］ T 119/82, OJ 1984, 217.

［27］ T 155/85, OJ 1988, 87.

［28］ T 939/92, OJ 1996, 309.

［29］ T 641/100, OJ 2003, 252.

［30］ T 2/83, OJ 1984, 265.

［31］ T 109/82, OJ 1984, 473.

［32］ T 15/81, OJ 1982, 2.

［33］ T 195/84, OJ 1986, 121.

［34］ T 56/87, OJ 1990, 188.

［35］ T 171/84, OJ 1986, 95.

［36］ T 171/84, OJ 4/1986, 95.

［37］ T 206/83, OJ 1987, 5.

［38］ T 51/87, OJ 1991, 177.

［39］ T 197/86, OJ 1989, 371.

［40］ T 20/81，OJ 1982，217.

［41］ T 164/83，OJ 1987，149.

［42］ T 109/82，OJ 1984，473.

［43］ T 119/82，OJ 1984，217.

［44］ T 181/82，OJ 1984，401.

［45］ T 564/89.

［46］ T 645/92.

［47］ T 795/93.

［48］ T 730/96.

［49］ T 48/86.

［50］ T 72/95.

［51］ T 225/84.

［52］ T 630/92.

［53］ T 43/97.

［54］ T 768/90.

［55］ T 153/97.

［56］ T 616/93.

［57］ T 1019/99.

［58］ T 172/03.

［58］ T 676/94.

［60］ T 51/87.

［61］ T 772/89.

［62］ T 206/83.

［63］ T 676/94.

［64］ T 206/83.

［65］ T 766/91.

［66］ T 234/93.

［67］ T 772/89.

［68］ T 606/89.

［69］ T 650/01.

致　谢

　　本书是在博士毕业论文的基础上完成的。博士研究生三年学习期间能顺利完成所有学习任务，离不开许传玺教授和潘汉典先生为首的导师组的悉心教导。导师许传玺教授对博士论文的选题、结构和内容都提供了重要的指导。他对法学教育的观点、对研究方法的建议都对我产生了重要影响。在此衷心表示感谢！

　　本书所依据的博士论文的选题征求了李明德教授、张楚教授的意见，得到了重要指导。师兄和育东博士、同事刘晓军博士对博士论文选题也提供了中肯的意见。本书的完成离不开北京市高级人民法院知识产权庭陈锦川庭长、张雪松副庭长提供的条件和指导。具有丰富专利审判经验的刘辉、岑宏宇、焦彦等法官给予了诸多启发。谢谢你们！

　　我在北京市海淀区人民法院和北京市高级人民法院工作期间的师傅、同事和徒弟们对我深入认识实践中的法律提供了丰富营养。我在审理案件过程中通过行政决定和专利判决间接地、通过庭审直接地接触到的那些审查员、专利代理人和法官们，活生生地实践和塑造着中国的专利创造性制度。如果本书还有一些价值，都是你们的。

　　还要感谢我的家人！本书和咱家虎娃同时孕育、出生、成长，他的第一次胎动、第一次哭啼、第一次咧开嘴笑伴随了论文的写作，不断为我清除疲劳、注入欢乐。妻子刘锋长时间独自担当养育虎娃的重任，为我提供了强大后援。双方父母为了照顾家人在北京和老家不辞辛劳来回奔波，让人感动。本书写作过程中收获的家庭幸福是本书的价值无法比拟的！

本书能够如期出版，离不开知识产权出版社的王润贵先生和汤腊冬女士的大力支持。汤腊冬女士等编辑人员细致、耐心的编辑工作纠正了本书的很多错误，他们的认真负责令人尊敬。在此深表感谢！